Zu diesem Buch

Als am 2. Mai 1919 der deutsche Philosoph und bayrische Volksbeauftragte Gustav Landauer von einem Trupp Soldaten im Stadelheimer Gefängnis brutal ermordet wurde, ahnte niemand, daß diese Brutalität nach dem Ende der Weimarer Republik zum Staatsprinzip erhoben werden sollte.

Was war die Weimarer Republik? Wie ist sie entstanden, welche politischen Kräfte haben für, welche gegen sie gearbeitet? Der Marburger Historiker Reinhard Kühnl bekennt sich zu einer Geschichtsschreibung, die sich selbst als politisches Eingreifen versteht. Seine am kritischen Materialismus orientierte Studie möchte den «politischen Charakter der Weimar-Literatur aufhellen». Denn Weimar ist bis in die Gegenwart fester Bestandteil der politischen Argumentation: Wo die einen ihr politisches Verhalten an den Lehren von Weimar orientieren, werfen sie den jeweils anderen vor, sie förderten Kräfte, die den Untergang Weimars zu verantworten hätten, und umgekehrt.

Wie steht es mit dieser These, die Weimarer Republik sei zerrieben worden, zwischen den «Extremen von rechts und links»? Sie sei eine «Demokratie ohne Demokraten», ein Opfer der Selbstpreisgabe gewesen? Das Buch beschreibt die Kräfte, die mit präzis benennbaren Zielen und Interessen Weimar zerstört haben. Nicht Machtergreifung durch die faschistische Bewegung, so die These des marxistischen Historikers Kühnl, sondern Machtübertragung durch die wirtschaftlichen Machteliten habe das Ende der Weimarer Demokratie besiegelt. «Von deren Interessenlagen und ideologischen Traditionen ist der Eroberungskrieg nach 1914 ebenso erklärbar wie ihr Kampf gegen die Revolution 1918, die Aushöhlung der demokratischen Verfassung ebenso wie ihr Streben nach Diktatur nach 1930. Diese Politik war Resultat bewußten Handelns und nicht etwa ökonomischer Determinismus ‹des Kapitals› oder der plötzliche Einbruch irrationaler Ideologien, der über Deutschland kam.»

Reinhard Kühnl mag sich nicht darauf beschränken, Weimar zu deuten – bewußt zieht er Parallelen zur Situation der Bundesrepublik Deutschland, warnt vor den Kräften, die nach seiner Überzeugung auch nach 1949 entscheidenden Einfluß auf die Bonner Republik haben.

REINHARD KÜHNL, geb. 1936, ist Professor für wissenschaftliche Politik an der Universität Marburg.

Veröffentlichungen des Autors bei rororo aktuell:

Formen bürgerlicher Herrschaft I, Liberalismus – Faschismus (1971, rororo aktuell 1342);
Formen bürgerlicher Herrschaft II, Der bürgerliche Staat der Gegenwart (1972, rororo aktuell 1536);
Geschichte und Ideologie (1973, rororo aktuell 1956);
Texte zur Faschismusdiskussion 1 (1974, rororo aktuell 1824);
Faschismustheorien, Texte zur Faschismusdiskussion 2 (1979, rororo aktuell 4354).

Reinhard Kühnl

Die Weimarer Republik

Errichtung, Machtstruktur
und Zerstörung einer Demokratie

Rowohlt

rororo aktuell – Herausgegeben von Freimut Duve

Originalausgabe

Veröffentlicht im Rowohlt Taschenbuch Verlag,
Reinbek bei Hamburg, August 1985
Copyright © 1985 by Rowohlt Taschenbuch Verlag GmbH,
Reinbek bei Hamburg
Alle Rechte vorbehalten
Umschlagentwurf Werner Rebhuhn (Foto: Philipp Scheidemann ruft
am 9. November 1918 vom Balkon des Reichstages in Berlin die
Republik aus/Ullstein Bilderdienst)
Satz Times (Linotron 202)
Gesamtherstellung Clausen & Bosse, Leck
Printed in Germany
980-ISBN 3 499 15540 0

Inhalt

Einleitung

Darstellungen über Geschichte sind nie beschränkt auf die «wert-freie» Aufzählung von Fakten und den Bericht von Ereignissen. Schon die Auswahl der Fakten, die berichtet werden, enthält ein Urteil darüber, was denn wesentlich und was unwesentlich sei. Jede historische Darstellung enthält – explizit oder implizit – Interpretationen darüber, welche Ursachen, Bedingungen und Kräfte es waren, die bestimmte historische Entwicklungen bewirkt oder verhindert haben.

So wird die traditionelle «Ereignisgeschichte» sich auf das Handeln «großer Männer» und politischer Eliten, auf die politischen und militärischen Aktivitäten des Staates konzentrieren, eine andere Interpretation hingegen wird ebenso die Arbeits- und Lebensbedingungen, das Leiden und Handeln der arbeitenden Bevölkerung in ihre Darstellung einbeziehen und zeigen, wie die Massen durch ihre Arbeit und durch ihre sozialen und politischen Kämpfe die Welt veränderten, also Geschichte gemacht haben. Mit solchen unterschiedlichen Antworten auf die Frage, welche Kräfte es sind, die den Geschichtsprozeß bestimmen, sind aber auch unterschiedliche Aussagen über politische Handlungsmöglichkeiten in der Gegenwart verbunden. Denn jede dieser Antworten nimmt Einfluß auf das Weltbild und das politische Bewußtsein des Adressaten, ermutigt ihn entweder zu politischem Handeln oder erzeugt eher Resignation. Noch deutlicher sind die politischen Elemente historiographischer Darstellungen, wenn große politische Kontroversen anstehen, zu deren rationaler Entscheidung die geschichtlichen Erfahrungen unabdingbar sind. Wenn es zum Beispiel um die Gefahr eines neuen Krieges und um die Behauptung geht, daß Aufrüstung den Frieden sichert, ist es notwendig zu wissen, aus welchen Gründen und mit welchen Zielen insbesondere in unserem Zeitalter Kriege geführt worden sind und wie diese historischen Erfahrungen für die Bewältigung dieses aktuellen Problems nutzbar gemacht werden können.

Es läßt sich also folgern, daß es «rein wissenschaftliche» historische Darstellungen nicht gibt, sofern damit Darstellungen ohne politische Aussagen und Wirkungen gemeint sind. Jede historiographische Darstellung beeinflußt das Weltbild und die politische Handlungsbereitschaft des Lesers und wirkt damit politisch. Dies gilt auch dann, wenn der Autor dies nicht weiß oder nicht will, wenn er seine Arbeit als «rein wissenschaftlich» versteht. Jede Geschichtsdarstellung ist also zugleich eine politische Handlung. Mit der Frage der Gültigkeit und

Richtigkeit der Darstellung, mit der Wahrheitsfrage also, hat das zunächst nichts zu tun. Geschichtsdarstellungen beeinflussen das politische Bewußtsein auch dann, wenn sie objektiv falsch oder verzerrt sind. Die Frage nach der Wahrheit geschichtswissenschaftlicher Aussagen liegt auf einer anderen Ebene und ist nach anderen Kriterien zu prüfen – und nicht etwa danach, ob sie sich explizit als politisch verstehen oder sich als unpolitisch ausgeben.

Der politische Charakter geschichtswissenschaftlicher Darstellungen ist im Falle der jüngsten deutschen Vergangenheit besonders ausgeprägt. Die riesigen Verbrechen, die der Faschismus begangen hat, haben nach 1945 bei allen politischen Kräften den Drang erzeugt, sich selbst als dafür nicht verantwortlich darzustellen und statt dessen andere Kräfte – sei es den toten Führer, sei es den politischen Gegner – verantwortlich zu machen. Dies gilt natürlich auch und gerade für diejenigen Kräfte, die tatsächlich die faschistische Diktatur errichten halfen und deren Politik dann wesentlich mitgestalteten. Und da diese Führungsschichten aus Großwirtschaft, Militär und Staatsapparat im Gefolge der Restauration in der Bundesrepublik weitgehend wieder in ihre alten Machtpositionen einrückten, konnten sie die öffentliche Meinung mit ihrer Version des Geschichtsverlaufs stark beeinflussen und das Geschichtsbild dieser Gesellschaft wesentlich bestimmen.

Ein Schlüsselproblem in der politisch-argumentativen Auseinandersetzung stellt die Weimarer Republik dar. Dies wird schon daran deutlich, daß bei den politischen Auseinandersetzungen der Gegenwart die Beteiligten jeweils ihre eigene Position damit zu rechtfertigen pflegen, daß sie den Erfahrungen von Weimar entspreche, während sie dem jeweiligen politischen Gegner vorwerfen, genau das Verhalten, das er jetzt praktiziere, habe damals zum Untergang der Weimarer Republik, der ersten deutschen Demokratie, beigetragen.

Wie steht es mit der gängigen These, die Weimarer Republik sei zerrieben worden zwischen den «Extremen von rechts und links»? Oder der nahe verwandten These, es habe sich um eine «Demokratie ohne Demokraten» gehandelt? Beide Thesen unterstellen, daß letzten Endes die Volksmassen für den Untergang der Weimarer Republik verantwortlich sind, weil sie die Demokratie im Stich gelassen haben. Oder wie steht es mit der These von der «Auflösung» der Demokratie, von ihrer «Selbstpreisgabe», die davon nicht allzuweit entfernt ist? Hat die Demokratie sich selbst aufgelöst – oder ist sie etwa von angebbaren Kräften mit angebbaren Zielen und Interessen zerstört worden? Welche Rolle spielte dabei die faschistische Bewegung? Ist die Errichtung der faschistischen Diktatur 1933 als «Machtergreifung» durch die NSDAP zu kennzeichnen, hat also diese Partei selbst

– sozusagen aus eigener Kraft – die Macht an sich gerissen? So stellte es der Faschismus selbst dar, und so ist es von vielen Historikern übernommen worden. Oder handelt es sich um eine «Machtübertragung» an die NSDAP? Und wenn es eine «Machtübertragung» war – wer waren dann die Subjekte der Handlung? Wer hat der NSDAP die Macht übertragen? Welches waren dabei die Ziele der Handelnden, und gegen wen richtete sich die Bildung der Regierung Hitler?

Die Ereignisse der Niedergangsperiode der Weimarer Republik sind nicht verständlich ohne die Machtstrukturen, die sich nach 1918/19 herausgebildet hatten. Also muß die Entstehung und Entwicklung dieser Republik untersucht werden, muß geklärt werden, wer die politischen Kräfte und welche sozialen Interessen es waren, die den kaiserlichen Obrigkeitsstaat gestürzt und die Republik erkämpft haben, wer an der Verteidigung und Erweiterung der in der Revolution erkämpften politischen und sozialen Rechte interessiert war und wer diese als Bedrohung empfand und deshalb dagegen anging. Der gegenwärtig erreichte Forschungsstand läßt – bei allen Kontroversen in Einzelfragen – klare Antworten in den Hauptfragen zu.

Angestrebt wird also eine Darstellung über die Errichtung dieser Republik, über die großen Hoffnungen, die diese Revolution für beträchtliche Teile der Bevölkerung bedeutete, und über die Furcht und den Zorn, die die Revolution bei den bisher herrschenden Kräften erzeugte. Dann die Härte des Kampfes um die soziale und politische Gestaltung dieser Republik, der auch nach der definitiven Niederwerfung der revolutionären Bewegung 1923 nicht aufhörte, sondern nur seine Form änderte: Nunmehr wurde er ausgetragen innerhalb des scheinbar gefestigten Gefüges der parlamentarischen Demokratie. Es wird deutlich werden, daß es in diesem Kampf nicht nur um die Alternative Demokratie oder autoritärer Staat ging, sondern immer zugleich auch um die Alternative Friedenssicherung oder neuer Eroberungskrieg. Es soll gezeigt werden, welche Interessen und Ziele, welche Hoffnungen und Illusionen das Handeln beider Seiten bewegten, welche Strategien sie entwickelten, welche politischen und geistigen Mittel ihnen zur Verfügung standen, wie die alten Führungsschichten in Großwirtschaft und Staat ihre Machtpositionen allmählich wieder ausbauen und schließlich auch die schwankenden und von Proteststimmungen geprägten Schichten in eine rechtsgerichtete Politik integrieren konnten. Es wird deutlich werden, daß der Kampf gegen die Ergebnisse der Novemberrevolution, gegen die politischen und sozialen Rechte der arbeitenden Massen, gegen die Emanzipation der Frauen und gegen die Beschränkungen der Rüstung und des Militarismus mit der Revolution beginnt und nicht aufgehört hat, bis die demokratische Republik schließlich zerstört und durch eine faschistische Diktatur ersetzt worden war; daß die große Wirtschaftskrise diesen Prozeß zwar beschleunigt hat, daß er aber auch in den Jahren der relativen Stabilisierung in mancherlei Hinsicht schon vorbereitet worden ist. Es wird sogar deutlich werden, daß in dieser Phase der scheinbaren Stabilität der Demokratie die machtpolitischen Grundlagen entschieden gefestigt worden sind, die nach 1929 die Zerstörung der Demokratie ermöglicht haben. Und daß dieser Prozeß dennoch keineswegs zwangsläufigen Charakter hatte, daß es in jeder Phase und bis zuletzt Handlungs- und Entwicklungsalternativen und reale Möglichkeiten der Gegenwehr gegeben hat.

Das vorliegende Buch will also – auf der Basis der bisherigen wissenschaftlichen Forschung und Diskussion – eine Gesamtdarstellung der Weimarer Republik geben, die es in dieser Weise bisher nicht gibt. Es will die Geschichte der Weimarer Republik nicht nur nacherzählen, sondern ihren Gang begreiflich machen, indem es die Kräfte sichtbar macht, die auf ihn eingewirkt haben. Und es will dies in einer solchen Weise tun, daß dieser historische Prozeß für jedermann, der sich für Geschichte interessiert, nachvollziehbar und verständlich wird – auch wenn er sich bisher mit der wissenschaftlichen Diskussion über die Weimarer Republik nicht befaßt hat. Denn in der Tat geht die Frage, wie die erste deutsche Demokratie geschaffen wurde, sich entwickelt hat und gescheitert ist, jeden an, der in der zweiten deutschen Demokratie politisch handeln will.

Zur Vorgeschichte

Im November 1918 brach der monarchische Militärstaat in Deutschland zusammen. Er hatte 1914 einen Krieg begonnen mit Eroberungszielen von Ostfrankreich bis weit nach Rußland hinein.[1] Die deutsche Industrie war entschlossen, sich die Rohstoffe, Absatzmärkte und Arbeitskräfte dieser Länder anzueignen, um im Konkurrenzkampf mit den anderen kapitalistischen Staaten zur Weltmacht aufzusteigen. Und der deutsche Militärapparat war entschlossen, diesen Kampf zu führen und die Weltmachtgeltung strategisch abzusichern. Dafür wurden Millionen von Menschen auf die Schlachtfelder und in den Tod getrieben. Und dafür wurde der Bevölkerung eine Militärdiktatur auferlegt, die jeden Ansatz von Opposition gegen den Krieg, den Hunger und das Elend ersticken sollte. Im Herbst 1918 mußte die Führung dieses Deutschen Reiches eingestehen, daß der Krieg verloren war. Die Antikriegsbewegung, die bisher durch den staatlich-militärischen Gewaltapparat einigermaßen niedergehalten worden war, gewann nun die Oberhand, erlangte die Wucht einer umfassenden revolutionären Bewegung und stürzte nicht nur die bestehende Regierung, sondern das gesamte Herrschaftssystem, und dies so gut wie ohne Blutvergießen.[2] Schon wenige Tage nach dem Beginn der Revolution stand fest, daß der alte Machtapparat nicht mehr handlungsfähig war und daß die politische Macht nunmehr bei den Organen lag, die die Revolution selbst hervorgebracht hatte: bei den Arbeiter- und Soldatenräten und der von ihnen getragenen provisorischen Regierung, dem Rat der Volksbeauftragten.

Das deutsche Kaiserreich, das noch 1914 so glanzvoll und mächtig erschienen war, wurde im November 1918 ohne größeren Widerstand gestürzt. Verschiedene Versuche, angesichts der herannahenden militärischen Niederlage und der an Boden gewinnenden Volksbewegung durch einige Konzessionen die Substanz des alten Systems zu retten, hatten keine Chance: Die von der kaiserlichen Obersten Heeresleitung im Kronrat vom 29. September eilig beschlossene partielle Parlamentarisierung und die Aufnahme von zwei Sozialdemokraten in die Regierung konnten die Revolution nicht mehr aufhalten. Und als am 9. November Kaiser Wilhelm II. abdankte und vom alten System noch rasch ein Sozialdemokrat – Friedrich Ebert – zum Reichskanzler ernannt wurde, hatte die Revolution in vielen großen Städten bereits gesiegt.

Nach dem Sturz des alten Systems stand nun die Frage zur Entscheidung, welches System an seine Stelle treten sollte, welchen Charakter die Republik haben sollte, die am 9. November in Berlin ausgerufen worden war. Der Sozialdemokrat Scheidemann hatte die «Freie Deutsche Republik», der Kommunist Karl Liebknecht hingegen hatte am gleichen Tag die «Freie Sozialistische Republik» ausgerufen. Es ging also nicht nur um die politische Form des neuen Staates, sondern es ging auch und wesentlich um seine sozialökonomischen Grundlagen, es ging um die Eigentumsordnung.

Verlauf und Resultat dieser Kämpfe, die weitere Entwicklung der Republik und insbesondere ihr Scheitern zu Beginn der 30er Jahre sind jedoch nicht verständlich ohne die gesellschaftlichen, politischen und ideologischen Voraussetzungen, die im November 1918 als Resultat längerer geschichtlicher Entwicklungen vorlagen. Dies soll nicht heißen, daß diese Voraussetzungen den weiteren geschichtlichen Verlauf nach 1918 unausweichlich determiniert hätten. Determinationen solcher Art gibt es in der Geschichte nicht. Jede geschichtliche Situation enthält Entwicklungsalternativen. Wohl aber soll das heißen, daß mit diesen geschichtlichen Voraussetzungen gewisse Grundbedingungen gegeben waren, auf deren Basis die politischen Kräfte 1918 und danach zu agieren hatten, Grundbedingungen zugleich, die für bestimmte politische Kräfte günstige, für andere weniger günstige Wirkungsmöglichkeiten enthielten.

Diese Bedingungen ergaben sich einerseits aus der geschichtlichen Entwicklung Deutschlands in den Jahrzehnten vor der Errichtung der Weimarer Republik, in deren Verlauf sich soziale Herrschaftsformen, politische Strukturen und geistige Traditionen und auch mancherlei nationale Besonderheiten ausgebildet hatten. Und sie ergaben sich andererseits aus der internationalen Konstellation, die sich im Gefolge des Ersten Weltkrieges ergeben hatte und in der die Weimarer Republik nun ihren Platz suchen mußte.

Deutschland war bis weit ins 19. Jahrhundert hinein im Vergleich zu den anderen großen Ländern Westeuropas ökonomisch rückständig und politisch zersplittert gewesen. Bis ins 16. Jahrhundert hatten sich die deutschen Städte, Handwerk, Handel und Bergbau sehr günstig entwickelt. Durch die Verlagerung der Handelswege von Mitteleuropa an den Atlantik (infolge der Entdeckung Amerikas 1492 und des Seeweges nach Indien 1498) waren die deutschen Städte jedoch – ähnlich den oberitalienischen – an den Rand gedrängt worden. Und die enormen materiellen Verwüstungen des Dreißigjährigen Krieges (1618–1648), der zudem ein Drittel der Bevölkerung ausrottete, sowie die dann vertraglich fixierte politische Zersplitterung des Landes in etwa 2000 «souveräne» Territorien (darunter 360 größere weltliche und geistliche Fürstentümer) warfen Deutschland in seiner ökonomischen Entwicklung stark und dauerhaft zurück.[3] Das städtische Bürgertum blieb in seiner ökonomischen und geistigen Entfaltung schwach und unfähig, Feudalismus und Absolutismus durch einen revolutionären Akt zu stürzen – wie dies in Holland, England und Frankreich geschehen war. Entsprechende Versuche wurden vom Absolutismus mit Militärgewalt niedergehalten.

Bürgerliche Rechte und Freiheiten gelangten in Deutschland zur Geltung durch die französischen Armeen, die nach der Revolution das Rheinland besetzten (nachdem sie die Aggression des preußischen und österreichischen Absolutismus gegen die Revolution abgewehrt hatten), und dann durch die Armeen Napoleons, die ganz Deutschland eroberten. Und da es dem französischen Bürgertum nicht nur um die Verbreitung fortschrittlicher Ideen und Lebensformen, sondern auch um die ökonomische Nutzung der eroberten Gebiete ging, konnten die Ideen der Volkssouveränität und der bürgerlichen Rechte von reaktionären Kräften in Deutschland gleich doppelt denunziert werden: als von außen aufgezwungen und dem deutschen Volk wesensfremd und als bloßer Deckmantel für die Ausplünderung durch fremde Mächte. Und nach der Vertreibung der französischen Armeen 1813/14 konnten sich die alten Mächte wieder bequem einrichten und durch ein rigides System von Zensur und Bespitzelung – und wenn nötig auch durch Militärgewalt wie in der Revolution 1848/49 – ihre Herrschaft wieder festigen. So blieb in Deutschland der halbabsolutistische Staat an der Macht, der nicht nur im staatlichen Handeln nach dem Obrigkeitsprinzip verfuhr, sondern auch die entsprechenden Ideologien aufrechterhielt. Ideen der Aufklärung, des Liberalismus und der Demokratie blieben auf kleine Minderheiten beschränkt und wurden als staatsfeindlich und gotteslästerlich verfolgt.

1871 wurde zwar die politische Einheit Deutschlands hergestellt, doch nicht in Gestalt eines bürgerlich-parlamentarischen Nationalstaates, sondern als preußisch-deutsche Monarchie, herbeigeführt durch die preußischen Bajonette und gestützt auf sie. Das Bürgertum aber ließ nun seine Ideale von Liberalität fahren und ging mit fliegenden Fahnen zum preußisch-deutschen Militärstaat über.

Es hatte dafür freilich gute Gründe: Dieser Staat garantierte ihnen einerseits die Niederhaltung der lohnabhängigen Massen, die im Verlaufe der Industrialisierung rasch zugenommen und sich politisch und gewerkschaftlich organisiert hatten. Der Aufstand der schlesischen Weber 1844 und die radikalen Tendenzen in der Revolution von 1848, besonders in Paris beim Juni-Aufstand der Arbeiter, und dann vor allem die Pariser Commune von 1871 hatten deutlich gemacht, daß diese Massen sich zu einer ernsten Bedrohung für die Eigentumsordnung entwickeln konnten. Andererseits garantierte das 1871 geschaffene Deutsche Reich dem Bürgertum aber auch vorzügliche Möglichkeiten ökonomischer Entfaltung durch die Herstellung eines einheitlichen Wirtschafts- und Handelsraums und durch die alsbald einsetzende, durch eine starke Militärmacht abgesicherte Expansionspolitik auf dem Weltmarkt, im kolonialen Raum und in Richtung Balkan – Türkei – Naher Osten.

So beruhte das Kaiserreich auf einer Koalition zwischen den feudalaristokratischen Kräften, die weiterhin über den staatlich-militärischen Gewaltapparat verfügten, und den Kräften aus Großindustrie und Banken, die – gestützt auf ihre ökonomische Macht – in wachsendem Maße Einfluß auf die Richtung der staatlichen Politik gewannen und die Expansionsprogramme vor 1914 und im Ersten Weltkrieg schon wesentlich bestimmten.

In der Tat avancierte Deutschland bis zur Jahrhundertwende zur ersten Industriemacht in Europa. Vor allem der Eisenbahnbau hatte der Industrialisierung starke Impulse vermittelt. Neben den dominanten Industrien von Eisen, Stahl und Bergbau gewannen die Chemie- und Elektroindustrien rasch an Boden. Die Wissenschaft erlebte einen gewaltigen Aufschwung: Die Bildungsinvestitionen verdoppelten sich alle zehn Jahre, eine ganze Reihe von technischen Hochschulen wurde neu gegründet, die deutsche Naturwissenschaft nahm eine führende Stellung in der Welt ein, die deutsche Sprache wurde zur führenden Wissenschaftssprache.[4]

Die aufstrebende Industriemacht Deutschland stieß allerdings immer stärker an die Grenzen ihrer Expansion, die durch die etablierten imperialistischen Mächte mit ihren riesigen Kolonialreichen gesetzt waren.[5] Das Hauptproblem des jungen, nach 1871 rasch erstarkenden deutschen Kapitalismus bestand also in dem Widerspruch zwischen einem großen Expansionspotential und den geringen realen Expansionsmöglichkeiten – eben weil die Welt im wesentlichen schon verteilt war, als der deutsche Kapitalismus das Stadium des Imperialismus erreichte. Daraus ergab sich ein starker Drang nach einer Neuverteilung der Welt.

Dieser Konkurrenzkampf der großen kapitalistischen Mächte um die Beherrschung von Rohstoffgebieten und Exportmärkten trieb die Militärausgaben in allen großen Staaten in die Höhe und führte zum Rüstungswettlauf und zu erhöhten internationalen Spannungen. Die Armeen wurden rasch verstärkt, in Deutschland z. B. von etwa 430 000 Soldaten im Jahre 1875 auf fast 620 000 im Jahre 1902. Industrie und Wissenschaft wurden in wachsendem Maße auf die Kriegs-vorbereitung konzentriert. Dies galt insbesondere für die Eisen- und Stahlindustrie, den Maschinenbau, seit der Jahrhundertwende aber auch für die Chemieindustrie und die Naturwissenschaften, die im 19. Jahrhundert in allen entwickelten Ländern einen enormen Aufschwung genommen hatten. Diese Entwicklung bedeutete nicht nur erhöhte Lasten und Entbehrungen für die arbeitende Bevölkerung, sondern auch eine Deformierung des gesamten Produktivkraftsystems, die Vernachlässigung der für die materiellen und kulturellen Bedürfnisse der arbeitenden Bevölkerung wichtigen Bereiche. Diese aus dem kapitalistischen Konkurrenzkampf resultierende, aber bereits staatlich gesteuerte Militarisierung von Wirtschaft, Politik und Geistesleben mündete schließlich im Ersten Weltkrieg.

Diese Tendenzen waren in Deutschland besonders stark ausgeprägt, denn hier gab es eine so gut wie ungebrochene Kontinuität des autoritären Staates vom Absolutismus bis zum Ersten Weltkrieg – mitsamt den entsprechenden Ideologien. Der Tugendkodex der preußischen Militärkaste, die Verklärung des Militärs als Idealbild von Männlichkeit und menschlicher Existenz überhaupt und die Verklärung des Staates als eines höheren Wesens, wurde nach 1871 auch vom Bürgertum weitgehend übernommen. Die besitzenden Klassen waren es gewohnt zu herrschen – auf dem Gutshof, in der Fabrik und im Staat. Das war für sie die natürliche, die gottgegebene Ordnung. Auf der Basis solcher Traditionen konnte der Übergang zum modernen Imperialismus auch ideologisch besonders leicht vollzogen werden und besonders extreme Formen annehmen. In der Tat durchdrang diese Ideologie [6] alle Poren des «bürgerlichen Lebens». Sie bestimmte Schule und Hochschule, Staatsrechtslehre und Philosophie, Zeitungen und politische Parteien, Turnvereine und Reservistenverbände, und sie beeinflußte auch den rechten Flügel der Arbeiterbewegung.

Obgleich fast drei Millionen Menschen bis 1914 sich zur Auswanderung nach Übersee gezwungen sahen, stieg die Bevölkerung rasch an (von 40 Millionen 1870 auf 67 Millionen 1913). Die Arbeiterklasse war im Gefolge der Industrialisierung überproportional angewachsen. Auf der Basis der allgemeinen Schulpflicht, kombiniert mit verschiedenen Fortbildungsmöglichkeiten, an denen auch die Privatindustrie interessiert war, konnten sich Teile der Arbeiterklasse ein Qualifikationsniveau aneignen, das dem in den anderen Ländern ein Stück voraus war. Dieser Faktor bewirkte – zusammen mit dem hohen Stand von Technik und Wissenschaft –, daß die Produktivitätssteigerung pro Arbeitsstunde in Deutschland vor 1914 höher war als in allen anderen Ländern (mit Ausnahme der USA). [7] Die politische Qualifizierung andererseits vollzog sich in harten Kämpfen gegen die Kapitalbesitzer und den Staat.

So konnte sich die Arbeiterbewegung seit den 60er Jahren des 19. Jahrhunderts rasch und erfolgreich entwickeln und aus der Phase offener staatlicher Repression (Sozialistengesetze 1878–1890) sogar gestärkt hervorgehen. Am Vorabend des Ersten Weltkrieges verfügte die SPD über einen Stimmenanteil von 35 Prozent und über 1,1 Millionen Mitglieder. Die sozialistischen Gewerkschaften hatten 2,5 Millionen Mitglieder (gegenüber 350000 der christlichen und 110000 der liberalen Gewerkschaften). Allerdings hatten sich gegenüber der linken, marxistischen Richtung eine rechte, auf Integration in den Kapitalismus zielende und eine starke mittlere reformistische Richtung herausgebildet, deren Dominanz die Arbeiterbewegung schon 1914 beim Kriegsausbruch handlungsunfähig machte: Die rechten und die zentristischen Kräfte unterstützten die Kriegspolitik des Kaiserreichs und arbeiteten mit den herrschenden Klassen bis 1918 zusammen. Sie waren deren Ideologie auf den Leim gegangen und glaubten, daß die Weltmachtgeltung des deutschen Kapitals auch für die abhängig Arbeitenden von Vorteil sei.[8] Erst die stärker werdende Bewegung der Massen, die sich seit 1917 in großen Streiks und in der Abspaltung der USPD ausdrückte, verschob hier die Machtverhältnisse, und die Russische Revolution vom Oktober 1917 signalisierte, daß die bürgerliche Eigentumsordnung in der Tat gestürzt werden konnte.

Der Krieg hatte einerseits – angesichts der enormen Verelendung der Massen und des millionenfachen wechselseitigen Massenmords auf den Schlachtfeldern – der Antikriegsbewegung und dem Drang nach einer grundlegenden Veränderung der gesellschaftlichen Verhältnisse starken Auftrieb gegeben. Er hatte aber andererseits moralische Verrohung in großem Maßstab erzeugt, hatte Gewalttätigkeit und Töten zum Alltagserlebnis werden lassen. Gigantische Sieges- und Eroberungswünsche und nationalistische Überlegenheitsillusionen waren erzeugt worden, die nun 1918 zusammenstürzten. So waren die sozialen und die ideologischen Kräfte Deutschlands durch den Krieg radikalisiert und polarisiert worden. Alle diese Kräfte, Energien und Interessen trafen nun nach dem November 1918 aufeinander.

Die internationale Konstellation des Jahres 1918 war hauptsächlich durch zwei Merkmale charakterisiert: Einerseits war Deutschlands «Griff nach der Weltmacht»[9], der Versuch des bei der Verteilung der Welt zu spät gekommenen deutschen Imperialismus, eine Neuverteilung der Welt durch militärische Gewalt herbeizuführen, von den etablierten imperialistischen Mächten abgewehrt worden. In einem

Krieg, der 10 Millionen Menschen das Leben kostete, war die gefürchtete deutsche Wirtschafts- und Militärmacht als Konkurrent und als Gefahr mindestens vorläufig ausgeschaltet worden. Andererseits aber war nach dem Sieg der Russischen Oktoberrevolution ein alternatives soziales System im Entstehen begriffen, das trotz seiner Rückständigkeit, seiner Schwäche und seiner enormen Aufbauprobleme von den herrschenden Kräften aller bürgerlichen Staaten als Bedrohung aufgefaßt wurde: Bisher nämlich hatten diese Staaten die ganze Welt beherrscht und unter sich aufgeteilt, und die Auseinandersetzungen hatten sich lediglich auf die Verteilungsproportionen bezogen. Nun aber war ein Sechstel der Erdoberfläche (mit sehr beträchtlichen Rohstoffvorkommen) gänzlich aus diesem bisher globalen Herrschaftsbereich herausgebrochen worden; zudem wirkte diese Revolution für die kolonial unterdrückten Völker wie ein Fanal, und auch starke soziale Bewegungen in den kapitalistischen Ländern selbst orientierten sich an der Russischen Revolution und schickten sich an, nach deren Vorbild in ihren eigenen Ländern ebenfalls soziale Umwälzungen herbeizuführen.

Zwar scheiterten diese Bestrebungen in den übrigen Ländern, und die Revolution in der Sowjetunion blieb isoliert. Dennoch stellte sich die Frage, in welchem Verhältnis nun die beiden Prinzipien, die die internationalen Beziehungen der folgenden Jahrzehnte bestimmten, konkret zueinander standen: das Prinzip der Konkurrenz zwischen den kapitalistischen Staaten, insbesondere zwischen den westlichen Siegermächten und dem besiegten Deutschland, und das Prinzip der Systemkonkurrenz zwischen Kapitalismus und dem im Aufbau begriffenen Sozialismus. Konkreter: in welchem Verhältnis bei den Westmächten das Interesse an der Niederhaltung des deutschen Konkurrenten zu dem anderen Interesse stand, eine möglichst starke gemeinsame Front gegen die Sowjetunion zustande zu bringen – unter Einschluß des deutschen Wirtschafts- und Militärpotentials. Daß es angesichts der Russischen Revolution für die kapitalistischen Mächte eine zentrale Aufgabe sein mußte, «dieses Baby schon in der Wiege zu erdrosseln», hat Winston Churchill, schon damals Minister, in aller Klarheit gesehen.[10] Aus der Sicht Deutschlands: ob es das Motiv des Antibolschewismus bei den Westmächten nutzen konnte zur Überwindung des Besiegtenstatus oder ob es die Annäherung an die Sowjetunion suchen sollte auf der Basis der gemeinsamen Frontstellung gegen die Westmächte.

Die außenpolitische Orientierung des Deutschen Reiches war natürlich nicht unabhängig von der Frage, welche sozialen Kräfte nach 1918 die Oberhand behalten würden. Und andererseits war der Ausgang der Revolution in Deutschland wegen des großen Wirtschafts- und Bevölkerungspotentials und wegen der europäischen Zentrallage von überragender Bedeutung für ganz Europa.

Diese innenpolitischen und internationalen Konfliktlinien wirkten auf die Entwicklung der Weimarer Republik von ihrem Anfang bis zu ihrer Zerstörung. Zunächst allerdings ging es darum, welchen politischen und sozialen Charakter denn der Staat haben sollte, der aus den Trümmern des Kaiserreichs hervorging.

Revolution und Konterrevolution

Der Kampf um die Gestaltung der neuen Republik (1918–1923)

In der revolutionären Bewegung, in der Arbeiter aus den Fabriken und aus der in Auflösung begriffenen Armee die entscheidende Rolle spielten, drängten starke Kräfte auf eine durchgreifende Demokratisierung von Staat und Gesellschaft, auf eine Rätedemokratie, und vor allem auf eine Veränderung der Eigentumsverfassung, auf Sozialismus. Das Ziel des Sozialismus entsprach der Programmatik, wie sie von der Sozialdemokratie seit ihrer Gründung entwickelt worden war. Und der Rätegedanke – als Prinzip, politisches Handeln von der Basis her zu entwickeln – entsprang den Kämpfen der durch die Militärgesetze entrechteten Arbeiter in den Kriegsjahren und den spontanen Aktivitäten der revolutionären Bewegung; er entsprach auch den Erfahrungen der Russischen Revolution. In wichtigen Regionen Deutschlands konnten diese linken Kräfte zunächst maßgeblichen Einfluß oder sogar die Führung erlangen und Teile der Staatsmacht übernehmen. Dies gilt insbesondere für die Reichshauptstadt Berlin, das mitteldeutsche Industriegebiet, das Ruhrgebiet, München und Bremen.

Die bisher herrschenden Klassen – Großbürgertum und Großgrundbesitz – waren also in ihrer Machtposition aufs äußerste bedroht. Dennoch gelang es ihnen, diese Gefahren abzuwehren und ihre Positionen wieder zu festigen. Die Strategie, mit deren Hilfe sie diese Aufgabe bewältigten, bestand im wesentlichen aus drei Elementen:

1. Sie waren zu beträchtlichen Konzessionen bereit, die für die arbeitenden Massen spürbare soziale und politische Verbesserungen brachten, um die die Arbeiterbewegung lange und bisher vergeblich gekämpft hatte, die aber die sozialen Grundlagen der bestehenden Machtstrukturen nicht in Frage stellten: «Was wir brauchen, ist eine Atempause, die unsere Arbeit ermöglicht, nachher wird sich alles von selbst regeln», kommentierte der Großindustrielle Hugo Stinnes kühl und realistisch.[1]

Schon 1916 hatten Militär und Industrie, in der Erkenntnis, daß eine wirksame Kriegführung ohne die Beteiligung der kooperations-

willigen Teile der Gewerkschaften nicht zu sichern war, im «Hilfs-
dienstgesetz» Arbeiter- und Angestelltenausschüsse zugestanden und
die Gewerkschaften als kollektive Interessenvertreter der abhängig
Arbeitenden anerkannt. Im Spätsommer 1918 wurden dann mit den
Gewerkschaften Verhandlungen aufgenommen, die am 15. November zum «Zentralarbeitsgemeinschafts-Abkommen» («Stinnes-Le-
gien-Abkommen») führten. In diesem, vom Rat der Volksbeauftragten dann auch staatlich anerkannten, Abkommen sowie in weiteren
Regelungen wurden die Gewerkschaften, die bis zum Ersten Weltkrieg nur in ihrer Existenz toleriert worden waren, als kollektive
Interessenvertreter der abhängig Arbeitenden gegenüber dem Kapital bestätigt. Die Unternehmer verzichteten auf die ihnen ergebenen
«Werksvereine» als Konkurrenz zu den Gewerkschaften und erklärten sich zur Bildung von Arbeiterausschüssen in den größeren Betrieben (ab 50 Beschäftigten) bereit. Konzediert wurden der 8-Stunden-
Tag und die Unterstützung für Erwerbslose. Und nicht mehr zu
verhindern war auch das allgemeine und gleiche Wahlrecht – auch für
Frauen.

2. Die alte Gesellschaftsordnung konnte nur gerettet werden,
wenn es gelang, Bundesgenossen bei jenen Kräften zu finden, die in
den Augen der arbeitenden Bevölkerung nicht durch Verbindung mit
dem alten System diskreditiert, sondern vertrauenswürdig waren.
Deshalb schlossen sowohl die kaiserlichen Offiziere von der Obersten
Heeresleitung wie auch die große Industrie ein Bündnis mit dem rechten Flügel der Arbeiterbewegung. So konnten die revolutionären
Energien gespalten und partiell kanalisiert werden.

Mit der Parole «Nationalversammlung» (statt «Rätediktatur»,
«Bolschewismus», «Chaos», «Terror» usw.) konnten nicht nur alle
bürgerlichen Kräfte zunächst einmal zu einer Front gegen die Revolution vereinigt, sondern auch die Bedürfnisse beträchtlicher Teile der
arbeitenden Massen nach «friedlicher Arbeit», «Ruhe und Ordnung»
und nach «Legalität» befriedigt werden – zumal zugleich die «Sozialismus»-Parole von der SPD-Führung weiterhin propagiert und sogar
von der politischen Rechten demagogisch benutzt wurde.

3. Zur Niederwerfung jenes Teils, der sich damit nicht kanalisieren
ließ, mußten – angesichts der Handlungsunfähigkeit des alten Staatsapparates – neue Organe geschaffen werden, die mindestens formal
durch die aus der Revolution entstandenen Autoritäten legitimiert
waren. So wurden in dem Bündnis zwischen der kaiserlichen Armee
und dem sozialdemokratisch geführten Rat der Volksbeauftragten
«Freikorps» und «Bürgerwehren» gebildet, um die Arbeiter zu ent-
waffnen und die revolutionären Kräfte gewaltsam niederzuwerfen.

Organisationen wie die «Antibolschewistische Liga» wurden gegründet und großzügig finanziert als «Versicherungsprämie» gegen den «Bolschewismus als Weltgefahr»[2].

Die Führung der Sozialdemokratie war zu einer solchen Politik bereit, weil sie – entsprechend ihrem reformistischen Selbstverständnis[3] – die friedliche Transformation «vom Obrigkeitsstaat zum Volksstaat»[4] als ihr Hauptziel ansah. Sie hatte sich an der im Oktober 1918 gebildeten kaiserlichen Regierung beteiligt in der Überzeugung, daß damit der Weg zu einer weiteren Parlamentarisierung geöffnet und der Sozialdemokratie ein wesentliches Mitwirkungsrecht gewährleistet sei. Revolutionäre Massenaktionen oder gar auf Umsturz der Eigentumsordnung zielende Aktivitäten mußten ihr von daher als große Gefahr erscheinen. So drängte sie auf politische und soziale Reformen, weil sonst, wie Friedrich Ebert klar erkannte, «die soziale Revolution unvermeidlich» sei. «Ich aber will sie nicht, ja, ich hasse sie wie die Sünde.»[5]

Die SPD-Führung erstrebte eine parlamentarisch reformierte Monarchie und dann, als die Revolution über dieses Konzept hinweggegangen war, die demokratische Republik als diejenige Staatsform, in der – so ihre Vorstellung – der Wille der Mehrheit in institutionell abgesicherter Form zur Geltung kommen konnte und sich die Lebensbedingungen der abhängig Arbeitenden fortlaufend verbessern ließen – bis hin zu einer Gesellschaftsordnung mit sozialistischem Charakter. Und die Gewerkschaften waren überzeugt, daß es mit den Abmachungen der Zentralen Arbeitsgemeinschaft gelungen war, «der Arbeiterschaft einen mitbestimmenden Einfluß rechtlich zu sichern»[6]. Für Großwirtschaft und Militär aber bedeutete dieses Bündnis, daß sie die Chance erhielten, ihre Kräfte wieder zu formieren und ihre sozialen und politischen Machtpositionen abzusichern. Die kaiserliche Armeeführung war nun als der berufene Sachwalter von «Ruhe und Ordnung» anerkannt und konnte bei der Niederwerfung der Revolution entsprechend verfahren. In den Augen dieser Kräfte war die Sozialdemokratie ein Faktor, dessen man sich in dieser Lage notgedrungen bedienen mußte. Die von der Führung der Sozialdemokratie erhoffte dauerhafte Anerkennung der neuen politischen Ordnung und der tragenden Rolle der Sozialdemokratie war damit keineswegs verbunden.

Für die Massen andererseits, die die Revolution trugen, waren die Vorgänge und Frontlinien schwer durchschaubar. «Die kriegsmüden Soldaten, die durch Hunger, Preissteigerung, Ausplünderung zerschlissenen Arbeiter waren aufgestanden, politisch ungeschult, ohne revolutionäre Führung ... Sie, die bewußt eine revolutionäre Linie verfolgten, machten eine Minderheit in den Arbeiterparteien aus, auch diejenigen, die tätig waren in den Räten, waren aufgewachsen unter der These der Mehrheitspartei, daß die Voraussetzung für eine sozialistische Entwicklung in der Eroberung der parlamentarischen Demokratie läge. Auch die Aktivisten unter ihnen waren geprägt von Idealen, wie sie in den sozialdemokratischen Bildungsvereinen gelehrt wurden, nie gerichtet auf die Polarisierung der Kräfte, sondern auf Ausgleich, Zusammenarbeit zwischen den Klassen, nie auf revolutionäre Disziplin, sondern auf Disziplin in einem gegebenen Arbeitsverhältnis.» Hinzu kam die «Gutgläubigkeit, die Ehrfurcht vorm Wort, ... diese Zuversicht, daß eine hohe Führung zu ihrem Besten wirksam würde», die es ihnen unmöglich machte, «den Gegner im eigenen Lager zu erkennen».[7]

Während sich die Führung der SPD also einerseits erfolgreich um den maßgebenden Einfluß in den obersten Revolutionsorganen bemühte, beauftragte zugleich der sozialdemokratisch geführte Rat der Volksbeauftragten die bisherigen kaiserlichen Staatssekretäre und die Chefs der Reichsbehörden mit der Weiterführung der Amtsgeschäfte und bestätigte die bisherigen Offiziere in ihren Funktionen. Die in der Revolution von den Arbeiter- und Soldatenräten verlangten und zum Teil schon erkämpften Rechte zur Demokratisierung des Militärs – die Wählbarkeit der Kommandeure, die Abschaffung des «Kadavergehorsams», die Entfernung aller Rangabzeichen – wurden bereits im Januar 1919 wieder aufgehoben.

Die militärischen Kräfte, die zur Niederwerfung der revolutionären Teile der Arbeiterbewegung benötigt wurden, rekrutierten sich aus der Masse der ehemaligen Offiziere der Weltkriegsarmee, den durch den Krieg verrohten Soldaten und den durch die jahrzehntelange Propaganda gegen die «gemeingefährlichen Bestrebungen der Sozialdemokratie»[8] zum Haß auf die Linke erzogenen Bürgern, Studenten und Akademikern. Sie erledigten die ihnen gestellte Aufgabe mit äußerster Brutalität.

Über die Ermordung des Philosophen Gustav Landauer, der in der Räteregierung in München der Volksbeauftragte für Volksaufklärung gewesen war, berichtet ein Zeuge: «Am 2. Mai stand ich als Wache vor dem großen Tor zum Stadelheimer Gefängnis. Gegen eineinviertel Uhr brachte ein Trupp bayrischer und württembergischer Soldaten Gustav Landauer. Auf dem Gang vor dem Aufnahmezimmer versetzte ein Offizier dem Gefangenen einen Schlag ins Gesicht. Die Soldaten riefen dazwischen: ‹Der Hetzer, der muß weg. D'erschlagts ihn!› Landauer wurde dann mit Gewehrkolben an der Küche vorbei in den ersten Hof rechts hinausgestoßen. Im Hof begegnete der Gruppe ein Major in Zivil, der mit einer schlegelartigen Keule auf Landauer einschlug. Unter Kolbenschlägen und den Schlägen des Majors sank Landauer zusammen. Er stand jedoch wieder auf und wollte zu reden anfangen. Da rief ein Vizewachtmeister: ‹Geht mal weg!› Unter Lachen und freudiger Zustimmung der Begleitmannschaft gab der Vizewachtmeister zwei Schüsse ab, von denen einer Landauer in den Kopf traf. Landauer atmete immer noch. Da sagte der Vizewachtmeister: ‹Das Aas hat zwei Leben, der kann nicht kaputtgehen!› Da Landauer immer noch lebte, legte man ihn auf den Bauch. Unter dem Ruf: ‹Geht zurück, dann lassen wir ihm noch eine durch!› schoß ein Vizewachtmeister Landauer in den Rücken, daß es ihm das Herz herausriß und er vom Boden wegschnellte. Da Landauer immer noch zuckte, trat ihn der Vizewachtmeister mit Füßen zu Tode. Dann wurde ihm alles herausgerissen und seine Leiche zwei Tage lang ins Waschhaus geworfen.»[8a]

Im Brief eines Freikorpssoldaten an seine Schwester heißt es über die Kämpfe gegen die bewaffneten Ruhrarbeiter im März 1920: «Selbst die Verwundeten erschießen wir noch. Die Begeisterung ist großartig, fast unglaublich … Alles, was uns in die Hände kommt, wird mit dem Gewehrkolben zuerst abgefertigt, und dann noch mit der Kugel. Ich dachte während des ganzen Gefechts an die Station A. Das kommt nämlich daher, daß wir auch zehn Rote-Kreuz-Schwestern sofort erschossen haben, von denen jede eine Pistole bei sich trug. Mit Freuden schossen wir auf diese Schandbilder, und wie sie geweint und gebetet haben, wir sollten ihnen das Leben lassen! Nichts! Wer mit der Waffe angetroffen wird, der ist unser Gegner und muß dran glauben. Gegen die Franzosen waren wir im Feld viel humaner.»[9] In Kampfmethoden, Feindbildern und Ideologie repräsentierten diese Verbände schon eine Frühform des Faschismus. Einige von ihnen trugen an ihrem Stahlhelm auch bereits das Hakenkreuz.

So wurden bereits im ersten Halbjahr 1919 die Zentren der revolutionären Bewegung in allen Regionen des Deutschen Reiches nacheinander niedergeworfen.

Im Herbst 1919 fühlten sich Teile der herrschenden Kräfte schon wieder so stark, daß sie die vollständige Beseitigung der demokratischen Republik und die Errichtung einer Militärdiktatur für realisierbar hielten. Sie erwogen sogar den Gedanken, «einsichtige Sozialdemokraten wie Noske» in eine solche Regierung hineinzunehmen, verwarfen ihn jedoch, da diese in einem solchen Fall überhaupt keinen Masseneinfluß ausüben könnten; «damit entfällt aber der einzige Grund, der für eine solche Hineinnahme sprechen könnte», heißt es sehr bezeichnend in einer Denkschrift vom September 1919.[10]

Im März 1920 wurde der «Kapp-Putsch», der von Teilen der Reichswehr getragen wurde und besonders in der Schwerindustrie und den bürgerlichen Rechtsparteien Unterstützung fand, dann riskiert. Zwar suchten Reichspräsident Ebert und die sozialdemokratischen Regierungsmitglieder noch Verhandlungsmöglichkeiten mit den Putschisten und distanzierten sich von Aufrufen zum Generalstreik, doch der Druck der arbeitenden Massen war zu stark. Ein machtvoller Generalstreik, verbunden mit bewaffneter Gegenwehr, führte schon nach vier Tagen zum Zusammenbruch der Militärdiktatur. Mindestens in der Defensive erwies sich die Arbeiterbewegung als noch so stark, daß sie diesen Anschlag abwehren konnte. Dieser Erfolg gab ihr erneut starken Auftrieb, den Kampf um die soziale Umgestaltung der Gesellschaft noch einmal aufzunehmen[11]. Aber die von großen Streiks unterstützte Revolutionsbewegung, die ihre militärischen Zentren in der Roten Ruhr-Armee hatte, wurde von Reichswehr und Freikorps niedergeworfen.

Nun waren die herrschenden Kräfte wieder in der Offensive: 1921 wurden neue Generalstreiks und Erhebungen der Arbeiter besonders in Mitteldeutschland niedergeschlagen. Unter dem Druck der Inflation und massenhafter Verelendung und angesichts des bedrohlichen Aufmarsches der verfassungsfeindlichen Rechten, die, ermutigt durch den Sieg des Faschismus in Italien im Oktober 1922, erneut die Liquidierung der Errungenschaften der Revolution in Angriff nahm, wuchs die Streikbewegung der Arbeiterschaft 1923 noch einmal mächtig an. In Sachsen und Thüringen wurden im Oktober Arbeiterregierungen auf parlamentarisch-verfassungsmäßiger Basis, getragen von SPD und KPD, gebildet. Doch der Reichspräsident Ebert übertrug die vollziehende Gewalt an den Reichswehrminister, das Parlament stimmte, einschließlich der Mehrheit der SPD-Abgeordneten, einem Ermächtigungsgesetz zu, so daß nun erneut Militärgewalt eingesetzt werden konnte, um diese Regierungen zu stürzen. Zugleich wurde ein letzter kommunistischer Aufstand in Hamburg unterdrückt und die KPD verboten.

Ende 1923 war der Kampf um den sozialen Charakter des neuen Staates entschieden. Die Gefahr einer sozialistischen Revolution war abgewehrt, die bürgerliche Eigentumsordnung konsolidiert, die Revolution auf halbem Wege zum Stehen gebracht. Die herrschenden Kräfte hatten sich gegenüber der arbeitenden Bevölkerung und ihren Organisationen als strategisch klar überlegen erwiesen. Sie besaßen in der für sie äußerst bedrohlichen Lage 1918/19 präzise Vorstellungen, worauf es ankam und worauf man – vorübergehend – verzichten konnte, welche Maßnahmen jetzt notwendig waren und mit welchen

Kräften sie durchgesetzt werden konnten. So hatten sie die Revolution, in der der Verlust ihrer gesamten sozialen und politischen Machtpositionen drohte, überstanden und die Grundlagen ihrer Macht gerettet.

Aber die Bilanz dieser Kämpfe war dennoch zwiespältig. Gewisse Erfolge der Revolution konnten doch stabilisiert werden. Denn ins Gewicht fiel nicht nur der starke Druck der Massenbewegung in Deutschland selbst, sondern auch die Russische Revolution und deren Verfassung von 1918, von der Friedrich Naumann (DDP) im Verfassungsausschuß sagte, sie habe – mit ihrer ganzen Weltanschauung in Hinsicht auf politische und soziale Rechte – «in unserem eigenen Volke und Vaterlande eine sehr große werbende Kraft»[12].

So hatte die Arbeiterbewegung eine demokratisch-parlamentarische Staatsform mit weitgehenden politischen und sozialen Rechten erkämpft: dem Recht auf politische und gewerkschaftliche Organisation und auf innerbetriebliche Mitbestimmung. Die im August 1919 verabschiedete Weimarer Reichsverfassung fixierte die Sozialbindung des Eigentums (Art. 151, 153), die «gleichberechtigte» Mitwirkung der abhängig Arbeitenden an der Gestaltung des Wirtschaftslebens (Art. 165), den Aufbau eines mehrstufigen wirtschaftlichen Rätesystems bis hin zu einem Reichsarbeiterrat (Art. 165). Sie übertrug dem demokratisch legitimierten Gesetzgeber das Recht, die Sozialordnung neu zu gestalten, stellte also die kapitalistische Eigentumsordnung zur Disposition (bes. Art. 156).

Auf dem Lande war die halbfeudale «Gesindeordnung» entfallen, die die Landarbeiter, Knechte, Mägde und Hausbediensteten in einem Zustand nahe der Leibeigenschaft gehalten hatte, d. h. nicht nur in juristischer, sondern auch in geistiger Knechtschaft. Die Aufhebung dieser «Gesindeordnung» bedeutete für die Feudalklasse einen starken Verlust an sozialer und ideologischer Macht. Nicht minder bedeutsam waren die Veränderungen, die die Revolution den Frauen brachte. Bis dahin waren ihnen – nicht nur in Deutschland, sondern auch in den großen bürgerlich-parlamentarisch verfaßten Staaten – die politischen Rechte verweigert worden, und auch privatrechtlich waren sie als unmündig behandelt worden. Weder in der Kindererziehung noch in der Frage der Berufstätigkeit waren sie gleichberechtigt, und nicht einmal über ihr in die Ehe eingebrachtes Vermögen konnten sie selber verfügen. Vom Studium waren sie bis zur zweiten Hälfte des 19. Jahrhunderts ausgeschlossen worden, in Deutschland sogar – mit wenigen Ausnahmen – bis zum Beginn des 20. Jahrhunderts. Nachdem aber die Russische Revolution – entsprechend der Programmatik der internationalen Arbeiterbewegung – in ihrer Verfassung von 1918 die Gleichberechtigung der Frauen verkündet hatte, gerieten auch die bürgerlichen Staaten und Kräfte in Zugzwang. In Deutschland erhielten die Frauen durch die Revolution das aktive und passive Wahlrecht (in den USA 1920, in England 1928, in Frankreich 1944, in der Schweiz 1971; vor 1918 war es lediglich in Neuseeland, Australien, Dänemark und Norwegen eingeführt worden). Sie erhielten auch die Verfassungsgarantie, daß die Ehe auf der «Gleichberechtigung der beiden Geschlechter» beruhe (Art. 119) und daß überhaupt «Männer und Frauen ... grundsätzlich dieselben staatsbürgerlichen Rechte und Pflichten» haben (Art. 22). Der Zugang zu allen Ämtern wurde geöffnet (1922 zum Richteramt, zu Kaufmanns- und Gewerbegerichten), die diskriminierenden Sonderbestimmungen gegenüber weiblichen Beamten wurden abgebaut (Art. 128 WRV).

Mit alledem hatten also die bisher unterdrückten Bevölkerungsteile juristisch ihre Gleichberechtigung erhalten und damit die Chance, um ihre reale Gleichberechtigung zu ringen. Denn diese war damit noch keineswegs hergestellt. Die Frauen z. B. erhielten weder den gleichen Lohn für gleiche Arbeit noch die Gleichberechtigung im Zivilrecht. Hier weigerte sich die Nationalversammlung sogar ausdrücklich, die entsprechenden Benachteiligungen aufzuheben.[13] Und die arbeitenden Klassen hatten das gesetzlich garantierte Recht erkämpft, auf die politische und soziale Gestaltung der Republik Einfluß zu nehmen. Das Wahlrecht hatte insofern demokratischen Charakter, als es allgemein und gleich war und eine den Stimmen proportionale Vertretung gewährleistete. Die Forderungen der Rätebewegung nach Verantwortlichkeit der Abgeordneten gegenüber den Wählern und nach Abberufbarkeit der Abgeordneten (oder gar der Richter, der Beamten und der Offiziere) durch das Volk wurden jedoch nicht aufgenommen. Die Abgeordneten blieben «nur ihrem Gewissen unterworfen» (Art. 21).

Andererseits hatten die bisher herrschenden Kräfte die sozialen Grundlagen ihrer Macht verteidigen können: die Verfügung über den Großgrundbesitz, die Fabriken und die Banken. So war formalverfassungsrechtlich ein Zustand geschaffen, den der Liberale Friedrich Naumann als «eine Art Verständigungsfriede zwischen Kapitalismus und Sozialismus» angestrebt hatte[14], der aber realpolitisch eben doch bedeutete, «den Kapitalismus weiter zu befestigen», wie der USPD-Sprecher Könen feststellte[15]. Darüber hinaus war es den bisher herrschenden Kräften gelungen, auch wichtige Schalthebel der politischen Macht weitgehend in ihren Händen zu behalten: das Militär, die Justiz und die staatliche Bürokratie. Von diesen sozialen und politischen Machtpositionen aus versuchten sie, die 1918 notgedrungen und widerwillig gewährten Konzessionen wieder rückgängig zu machen.

Als gesichert konnten die sozialen und politischen Errungenschaften der Revolution also keineswegs gelten. Der 8-Stunden-Tag wurde bereits 1923 wieder abgeschafft. Der durch die Verfassung geschaffene Reichswirtschaftsrat wurde auf das Abstellgleis geschoben, die übrigen in der Verfassung vorgesehenen Räteorgane wurden überhaupt nicht gebildet. Die Sozialdemokratie, die in den Wochen der Revolution die gesamte politische Macht zu besitzen schien, wurde wieder aus der Regierung entfernt. Bereits Mitte 1920 konnte wieder eine rein bürgerliche Regierung gebildet werden. Der Versuch, durch den Militärputsch von 1920 sozusagen im Frontalangriff das gesamte demokratische Verfassungssystem wieder zu beseitigen, war allerdings gescheitert.[16]

So wurde insgesamt also als Resultat der ersten Phase der Weimarer Republik ein Kompromißsystem stabilisiert, das ein äußerst labiles Gleichgewicht vorläufig fixierte. Beide Seiten verfügten über beachtliche Handlungs- und Entwicklungsmöglichkeiten. Es kam nun alles darauf an, wie diese Möglichkeiten im weiteren Verlauf genutzt wurden. Die arbeitenden Massen und ihre Organisationen hatten ihre Position gegenüber dem Kaiserreich wesentlich verbessert, die alten Führungsschichten hatten allerdings – wenn auch eingeschränkt – die Machtpositionen in der Wirtschaft und im Staatsapparat behalten.

In welchem Sinne war dies nun eine *Weimarer* Republik? Die Einberufung der Verfassungsgebenden Nationalversammlung nach Weimar, der Wirkungsstätte von Goethe und Schiller, ist oft aufgefaßt worden als Willensbekundung aller beteiligten Kräfte, sich den humanistischen Idealen der deutschen Klassik zuzuwenden und vom Militarismus und Imperialismus der preußisch-deutschen Vergangenheit abzukehren. Tatsächlich aber lagen dieser Entscheidung ganz andere Erwägungen zugrunde. Gesucht wurde eine kleinere Stadt in Mittel- oder Süddeutschland, in der nicht mit dem «Druck der Straße» zu rechnen war. Scheidemann (SPD) gab bei den Beratungen zu bedenken, «daß man in Berlin jeden Tag Hunderttausende von Menschen auf die Beine bringen kann, die sich wie Mauern um die Gebäude lagern. Dagegen schützen alle militärischen Machtmittel gar nichts. Man kann auf diese Menschenmassen nicht einfach schießen.» Ergänzend kam dann hinzu, daß «die Stadt Goethes als ein gutes Symbol für die junge deutsche Republik» dargestellt werden konnte.[17]

Die Wirklichkeit dieser Weimarer Republik war freilich von Anfang an von solchen Ansprüchen weit entfernt. Die Vorbereitung und die Tagung dieser Nationalversammlung erfolgten in den Monaten, in

27

denen die sozialistische Arbeiterbewegung blutig niedergeworfen wurde, in denen Rosa Luxemburg, Karl Liebknecht, Leo Jogiches, der Philosoph Gustav Landauer, der bei der Münchner Räterepublik mitgewirkt hatte, und tausende Arbeiter auf oft bestialische Weise ermordet wurden, in denen die Freikorps schon demonstrierten, wozu rechtsextremer, frühfaschistischer Terror in der Lage war, und die Justiz zeigte, was sie unter «Recht und Ordnung» verstand. Und die schließliche Zerstörung dieser Republik und die Machteinsetzung des Faschismus 1933 mit Hilfe eben jener Kräfte, die das Kaiserreich beherrscht und die Novemberrevolution überdauert hatten, läßt die Beziehung dieser Republik zur Weimarer Klassik ebenfalls in einem sehr zweifelhaften Licht erscheinen.

Für die relativ «unpolitischen» Bereiche des Geisteslebens, besonders für die Phase nach der Beseitigung der «Gefahr von links», nach der Stabilisierung der bürgerlichen Eigentumsordnung, mochte die Berufung auf die Weimarer Klassik jedoch einige Berechtigung haben. Ein breites und anregendes Kulturleben entstand, Literatur, Journalismus, Malerei, Theater und Architektur konnten sich in einem Maße und in einer bisher nicht gekannten Freiheit entwickeln. Das Deutsche Theater in Berlin erlangte unter Max Reinhardt Weltruf, das Bauhaus-Gebäude von Walter Gropius in Dessau von 1925/26 und dessen Schule legten Zeugnis ab von den Möglichkeiten moderner Architektur – um nur zwei Beispiele zu nennen. Auf harte Grenzen stieß diese Freiheit allerdings – wie noch zu zeigen sein wird – immer dort, wo sie politisch unmittelbar brisant wurde.

So wie in Deutschland war auch in den übrigen Ländern Europas die revolutionäre Bewegung der Nachkriegsperiode niedergeworfen und die bürgerliche Eigentumsordnung stabilisiert worden. In England und Frankreich wurde – wie in Deutschland – «die schwer erschütterte Bourgeoisie mit diesem Ansturm nur fertig, weil sie sich zu Konzessionen an die Arbeiterbewegung bereit fand», aber letztlich «ging die Kapitalseite als Sieger aus diesem erbitterten Kampf hervor» [18], allerdings bei Aufrechterhaltung parlamentarisch-demokratischer Herrschaftsformen. In Ungarn hatte die Gegenrevolution über die Räterepublik 1919 vollständig triumphiert und eine Militärdiktatur errichtet, die schon faschistische Züge aufwies. In Italien war die Offensive der Arbeiterbewegung 1921 durch den Terror der faschistischen Bewegung gebrochen worden, der im Oktober 1922 dann auch die Regierungsgewalt übertragen wurde. Auch in den anderen Ländern Osteuropas waren die revolutionären Bewegungen besiegt und Regime errichtet worden, die die Linke mit Mitteln staatlicher Repression niederhielten. Von Polen über Rumänien bis Bulgarien und

Jugoslawien erstreckte sich schließlich ein Gürtel von Militärdiktaturen – als «cordon sanitaire» gegen die Russische Revolution zur Sicherung der bestehenden Eigentumsordnung. Nur in der Tschechoslowakei und – eingeschränkt – in Finnland gelang die Stabilisierung der parlamentarischen Systeme. Lediglich in Rußland, dem «schwächsten Glied» in der Kette der kapitalistischen Staaten, konnte sich die Revolution konsolidieren, und auch hier erst nach einem über dreijährigen Krieg gegen die Kräfte der Gegenrevolution und die Interventionsarmeen, die aus 14 Ländern nach Rußland entsandt worden waren, und unter Bedingungen extremer Rückständigkeit.

Soziale Oberklassen und Machteliten

Lage und Perspektiven

Für die Kräfte, die das Kaiserreich beherrscht hatten, bedeutete das Jahr 1918 eine schwere Niederlage – sowohl nach innen wie nach außen. Nach innen mußten sie den Obrigkeitsstaat preisgeben und der arbeitenden Bevölkerung beträchtliche politische und gewerkschaftliche Rechte einräumen. Und nach außen waren nicht nur ihre gewaltigen Eroberungspläne gescheitert, die auf Errichtung einer Weltmacht gezielt hatten, sondern sie mußten darüber hinaus mit dem Friedensvertrag von Versailles (28. 6. 1919) schwerwiegende Verluste hinnehmen[1]: Die Westmächte hatten den Krieg mit dem Ziel geführt, den deutschen Konkurrenten ökonomisch und militärisch dauerhaft zu schwächen. Die Russische Revolution und die revolutionären Kämpfe in Deutschland hatten jedoch die Gefahr einer sozialen Umwälzung in der Mitte Europas mit weitreichenden Folgen für die gesamte kapitalistische Welt vor Augen geführt. «Wenn wir nicht sofort handeln, wird eine Liebknecht-Mehring-Diktatur in Berlin unvermeidlich dieselbe Rolle spielen wie Lenins Diktatur in Petrograd», stellte der Außenminister der USA schon kurz nach Kriegsende fest.[2] So war die Politik der Siegermächte also einerseits darauf gerichtet, Deutschland zu schwächen, niederzuhalten und ökonomisch auszubeuten, andererseits aber die bürgerlichen Kräfte so stark zu machen, daß Deutschland kapitalistisch blieb. Zwischen beiden Zielen bestand natürlich ein gewisser Widerspruch, an dem die deutsche Diplomatie immer aufs neue anzusetzen versuchte.

Im übrigen verfolgte jede der Siegermächte ihre eigenen Interessen: Frankreich strebte die Hegemonie auf dem Kontinent an und wollte den deutschen Rivalen möglichst in jeder Hinsicht stark schwächen, Großbritannien war an der Ausschaltung Deutschlands als Handels- und Seemacht und als ökonomischer Konkurrent auf dem Weltmarkt interessiert, nicht aber an einer absoluten Dominanz Frankreichs auf dem Kontinent, und auch die USA waren eher an einer Konkurrenzsituation zwischen mehreren Staaten in Europa interessiert.

Mit dem Friedensvertrag demonstrierten die Westmächte sehr drastisch, daß auch sie den Krieg mit imperialistischen Zielen geführt hatten. Er stieß in der Tat bei allen politischen Kräften in Deutschland auf Ablehnung und Empörung. Die Regierung sprach in ihrem Aufruf von «Gewalt ohne Maß und Grenzen», und in der Zeitung der USPD «Freiheit» schrieb Rudolf Hilferding: «Was die Frevelgewalt des deutschen Imperialismus begonnen, das beendet jetzt die blindwütige Gewalt der Sieger. Und was die herrschenden Klassen verbrochen haben, müssen die Völker büßen.»[3] Während die USPD die Hoffnung auf den Vormarsch der sozialistischen Weltrevolution setzte, erwogen Teile der Führungsschichten, die allseitige Empörung nationalistisch zu nutzen zur Wiederaufnahme des Krieges, konnten sich jedoch – angesichts der militärischen Schwäche und der «Gefahr von links» – nicht durchsetzen. Auch die Bemühungen, von den Siegern die Erlaubnis zu einer stärkeren Militärmacht mit dem Argument zu erhalten, daß man sonst nicht in der Lage sei, mit dem «inneren Feind» fertig zu werden, blieben erfolglos.[4] Zwischendurch wurde von der Regierung auch erwogen, Beziehungen mit Sowjetrußland aufzunehmen, um auf diese Weise den Druck der Westmächte zu vermindern. Doch die Unterzeichnung des Vertrages war schließlich nicht zu umgehen. Größten Wert legten die Führungsschichten dann aber darauf, daß die Verantwortung für diesen Vertrag gegenüber der Öffentlichkeit von Repräsentanten der demokratischen Republik übernommen wurde. Die Regierung, die den Vertrag zu unterzeichnen und vor der Öffentlichkeit zu vertreten hatte, bestand aus Sozialdemokraten, Liberalen (DDP) und Zentrum. So konnten später jene, die für den Krieg und seine Folgen tatsächlich verantwortlich waren, sogar noch demagogischen Gewinn aus dieser Niederlage schlagen.

Obgleich die deutsche Delegation bei den Verhandlungen über den Friedensvertrag die gemeinsame Frontstellung gegen die Revolution politisch zu nutzen bemüht war und die «bolschewistische Gefahr» in grellen Farben an die Wand malte, setzte sich – unter dem Druck Frankreichs, das die größten Kriegsschäden und das größte Sicherheitsbedürfnis hatte – der Drang nach Niederhaltung und Ausbeutung Deutschlands im Versailler Vertrag weitgehend durch: Deutschland mußte Elsaß-Lothringen, das es 1871 dem besiegten Frankreich abgenommen hatte, wieder an Frankreich abtreten und – bis zu einer für das Jahr 1935 vorgesehenen Volksabstimmung – auch das Saarland; im Osten mußte es beträchtliche Gebiete, die sich Preußen im 18. Jahrhundert bei der Aufteilung Polens angeeignet hatte, an den wieder gegründeten polnischen Staat abtreten. Die linksrheinischen deutschen Gebiete sowie einige rechtsrheinische Brückenköpfe wurden von den Alliierten besetzt. Sie sollten – bei Wohlverhalten Deutschlands – zonenweise in fünf, zehn und fünfzehn Jahren geräumt werden. Außerdem mußte das Deutsche Reich seine – ökonomisch allerdings nicht sehr bedeutsamen – Kolonien abgeben, die die Siegermächte nicht etwa in die Unabhängigkeit entließen, sondern als Kriegsbeute untereinander als «Völkerbundsmandate» verteilten. Weiterhin verlor Deutschland das im Ausland investierte Kapital samt den Patenten und den größten Teil der Handelsflotte. Ein Anschluß Österreichs wurde untersagt.

In den abgetretenen Gebieten befanden sich – nach dem Vorkriegsstand – zehn Prozent der Bevölkerung[5], fünfzehn Prozent der landwirtschaftlichen Nutzfläche, achtzig Prozent der Eisenerzförderung, sechzig Prozent der Zinkerzförderung und sechsundzwanzig Prozent der Steinkohleförderung[6]. Von erheblicher Bedeutung waren auch die Reparationen, die dem Deutschen Reich in Form von Sachleistungen und Bargeldüberweisungen auferlegt, deren Höhe und Dauer aber zunächst nicht festgelegt wurden. (1920 wurde dann festgelegt, daß Frankreich 52 Prozent, Großbritannien 22 Prozent, Italien 10 Prozent und Belgien 8 Prozent erhalten sollten; 8 Prozent sollten an andere Länder gehen.)

Das Militär als mögliches Kriegsführungsinstrument wurde dem Deutschen Reich genommen: Die Reichswehr, die von den Siegermächten noch erlaubt wurde, war nicht nur zahlenmäßig schwach (100000 Soldaten für das Heer und 15000 für die Marine), sondern auch auf leichte Waffen beschränkt, so daß sie für einen Krieg nicht in Betracht kam. Sie war so beschaffen und ausgerüstet, daß sie nur zur Niederhaltung des «inneren Feindes» in der Lage war. Zur Kontrolle der militärischen Bestimmungen wurden alliierte Überwachungsausschüsse nach Deutschland entsandt. Die Verfügungsrechte über Eisenbahnen, Wasserstraßen, Häfen und Flugeinrichtungen wurden zum Teil den Alliierten übertragen. Für alle Einfuhren nach Deutschland sicherten sich die Sieger die Meistbegünstigung – natürlich ohne entsprechende Gegenleistung.

Dieser Vertrag brachte enorme Belastungen für die Bevölkerung mit sich. Und er bedeutete zugleich machtpolitisch eine wesentliche Schwächung Deutschlands im Konkurrenzkampf der kapitalistischen Staaten. Insgesamt waren die traditionellen Führungsschichten Deutschlands also durch die militärische Niederlage und durch die Novemberrevolution von 1918 ökonomisch, militärisch und politisch sehr geschwächt. Sie waren aber doch so stark geblieben, daß sie eine Revision dieser Niederlage ins Auge fassen und mit aller gebotenen Vorsicht in Angriff nehmen konnten. In den folgenden Jahren ging es ihnen um die Konsolidierung der politischen Macht im Innern, um die Stärkung der ökonomischen Potenz, um die Lockerung der Fesseln des Versailler Vertrages und die Vorbereitung einer neuen Aufrüstung, die notgedrungen illegal vonstatten gehen mußte. Welche Gefahren aus deren Kurs innen- und außenpolitisch erwachsen konnten, hatte Kurt Tucholsky bereits 1922 sehr klar gesehen:

Prophezeiung

Natürlich kommt noch mal die Stinnes-Zeit:
mit Streikverboten, Posten an den Ecken,
mit Schwarz-Weiß-Rot und den Etappenrecken –
das kommt bestimmt. Nur ists noch nicht so weit.

Hoch oben Landwirtschaft und Industrie.
Handlangerdienste tut der kleine Bürger.
Der Großknecht war noch stets ein guter Würger
(nach unten hin) – er liebt die Monarchie.

Wie bläht sich dann der kleine Mittelstand!
Geschwollen blickt er auf zum Reichsverweser.
«Die Pazifisten? Und die ‹Vorwärts›-Leser?
Die Kerle müssen alle an die Wand!»

Potsdam steht auf. Heraus die Uniform!
Für Klassenurteil, Haft, für feiles Morden
gibts Titel, Stellen, Rang und schöne Orden ...
«Der Adler Erster» – so was hebt enorm!

Du, Proletarier, bist der tiefste Stein.
Auf dir wird immer feste druff getreten.
Das putzt die Stiefel sich an dem Proleten –
Und jeder, jeder will ein Cäsar sein.

Wann, Deutschland, siehst du ein, was hier gespielt wird?
He, Republik –!
    Sie fährt empor, nickt, döst und schlummert wieder ein.

In der Tat gab es bei den herrschenden Kräften schon früh Konzeptionen, die sich durch Klarheit und Realismus mindestens in Hinsicht auf die Hauptaufgaben auszeichneten: Schon am 20. Dezember 1918 hatte Major von Schleicher von der Obersten Heeresleitung im Generalstab ein Stufenprogramm entwickelt, die Errichtung einer «durchsetzungsfähigen» Regierungsgewalt im Innern, die «Gesundung der Wirtschaft» und dann «die Wiedererrichtung der äußeren Macht».[7] Schleicher wurde 1919 Chef des Truppenamtes im Reichswehrministerium, im Mai 1932 Reichswehrminister und im Dezember 1932 schließlich Reichskanzler. Über diese Ziele bestand Einigkeit zwischen allen maßgeblichen Gruppen in der Großindustrie und den Banken, dem Großgrundbesitz, dem Militär und der hohen Bürokratie[8].

Die «handlungsfähige» Regierung war schon im Frühjahr 1919 errichtet, nachdem die «Staatsfrage» entschieden war: zugunsten von Nationalversammlung und parlamentarischer Demokratie und zuungunsten der Rätedemokratie. Die rasche Einberufung der Nationalversammlung war deshalb so wichtig, weil nun eine «legale» Regierung gebildet werden konnte, um «die revolutionären Zustände (zu) beenden». Denn diese Regierung könne gegen die nach links drängenden Massenbewegungen «viel entschlossener, unbekümmerter und rücksichtsloser vorgehen als die gegenwärtige provisorische Regierung», wie der Chef der Reichskanzlei Kurt Haake (SPD) offen sagte.[9] So konnte die konservative *Deutsche Tageszeitung* am 12. 2. 1919 mit Recht schreiben: «Von heute ab gibt es keine Revolutionäre mehr, sondern nur noch Aufrührer.» Mit der Verabschiedung der Weimarer Reichsverfassung im Juni 1919 war auch die «Legalität» der kapitalistischen Eigentumsordnung wiederhergestellt. Zwar dauerten die Massenkämpfe noch über vier Jahre an, doch Ende 1923 waren Regierungsgewalt und Eigentumsordnung definitiv wieder gefestigt.

Auch die ökonomische Potenz, die Grundbedingung eines neuen Aufstiegs, konnte im Laufe der 20er Jahre wesentlich gestärkt werden. 1918 hatte die Industrieproduktion nur noch 57 Prozent des Jahres 1913 betragen. Gebietsverluste und Reparationen hatten weitere Einbußen gebracht. Doch unter kapitalistischen Bedingungen boten aufgestaute Konsumnachfrage und riesige Kapitalvernichtung gute Chancen für neue Investitionen und hohe Profite – sofern es gelang, die Kosten für die Ware Arbeitskraft niedrig zu halten und die Staatsmacht unter Kontrolle zu bekommen. Zwar mußten 1919 noch mehr als die Hälfte der Staatsausgaben für die militärischen Kräfte verwendet werden, die die revolutionäre Bewegung niederzuwerfen hatten[10], doch dann folgten große Staatsaufträge an die Privatwirtschaft für die Erneuerung der Eisenbahnen, der Energieerzeugung und der Handelsflotte sowie Entschädigungen für das verlorene Eigentum in den besetzten Gebieten. Die riesigen Profite, die die Rüstungsindustrie durch den Krieg gemacht hatte, blieben nach 1918 unangetastet und stärkten die ökonomische und politische Machtstellung gerade dieser Konzerne, die sich nun freilich auf Friedensproduktion umstellen mußten. Die Inflation, die seit 1921 allmählich und schließlich 1923 in rasendem Tempo gesteigert wurde, ermöglichte den Unternehmern, äußerst billig zu produzieren, da die abhängig Beschäftigten nur nahezu wertloses Papiergeld in die Hand bekamen, und zugleich die Ersparnisse der Mittelschichten zu entwerten, also das Volksvermögen zugunsten des großen Kapitals umzuverteilen.[11]

So konnte die Produktion rasch gesteigert werden; sie erreichte 1922 wieder den Vorkriegsstand. Exportoffensiven ermöglichten es dem deutschen Kapital, die verlorenen Weltmarktpositionen in einigen Ansätzen zurückzugewinnen. Die Grundlagen waren allerdings brüchig, der Produktionsapparat war veraltet und die sozialen Kosten waren sehr hoch: Die Verelendung der Arbeiter schritt rasch voran; «weder in den Nahrungs- noch in den Lohnverhältnissen hatten sie noch viel mit den englischen oder amerikanischen Arbeitern gemeinsam»[12]. Mit der Verelendung nahm nicht nur die körperliche Leistungsfähigkeit der Arbeitskräfte drastisch ab, sondern wuchs auch die Gefahr neuer sozialer Eruptionen. Und in den anderen kapitalistischen Ländern rief die deutsche Exportoffensive bereits Abwehrreaktionen (Einfuhrverbote, Zollerhöhungen usw.) hervor. Frankreich ergriff sogar militärische Maßnahmen und besetzte im Januar 1923 – unter allerlei Vorwänden – das Ruhrgebiet, um seine Vormachtstellung auf dem Kontinent aufrechtzuerhalten. Die wirtschaftlichen Folgen dieser Besetzung waren so schwerwiegend, daß die Politik der Inflation und der Exportoffensive nach außen und der schonungslosen Auspressung der Arbeitskräfte nach innen aufgegeben werden mußte – zumal die revolutionäre Bewegung wieder einen mächtigen Aufschwung nahm.

Nach der militärischen Niederwerfung dieser Bewegung und der Räumung des Ruhrgebiets Ende 1923 wurde die Währung stabilisiert. Jetzt waren in der Tat Voraussetzungen für einen neuen Aufstieg der deutschen Wirtschaft im internationalen Maßstab gegeben. Unterstützt durch Investitionen aus den USA, die nun in Deutschland nach der Festigung der kapitalistischen Eigentumsordnung sichere und profitträchtige Anlagemöglichkeiten sahen, sowie durch die niedrigen Löhne und die verlängerte Arbeitszeit, die infolge der politischen

Anteile an der kapitalistischen Industrieproduktion (Prozent)

Jahr	Deutschland	England	Frankreich	Italien	USA	Japan
1913	16	14	6	3	36	1
1929	12	12	6	4	44	3

Niederlage der Arbeiterbewegung im Winter 1923/24 durchgesetzt werden konnten, war es möglich, die Produktion wieder zu steigern. Der Produktionsapparat wurde modernisiert und rationalisiert, die Industrie wurde elektrifiziert, das Fließbandsystem wurde eingeführt, die Arbeitsproduktivität (samt dem Arbeitstempo) also wesentlich erhöht, besonders in der chemischen und elektrotechnischen Industrie. Im Durchschnitt stieg sie von 1924 bis 1929 um 40 Prozent. Staat und Privatwirtschaft investierten gemeinsam hohe Summen insbesondere im Bereich von Naturwissenschaft und Technik, um dem «geschwächten Deutschland von heute neue Entwicklungsmöglichkeiten zu gewinnen, die es an dem durch den Krieg der Väter gesteigerten Wettbewerb auf dem Weltmarkt teilzunehmen befähigen» [12a].

Die Rationalisierung führte zum Bankrott vieler kleiner und mittlerer Unternehmen, die im Konkurrenzkampf nicht mehr mithalten konnten, zu wachsender Arbeitslosigkeit insbesondere bei den Büro- und Verwaltungsangestellten, bei Bahn und Post, und zu einer nunmehr «wissenschaftlich» geplanten Arbeitsorganisation, die in den USA bereits entwickelt war und es ermöglichte, aus den Arbeitskräften eine höhere Leistung herauszuholen. Mit der Zusammenfassung beträchtlicher Teile der Eisen- und Stahlindustrie zu den Vereinigten Stahlwerken (1926), die allein 40 Prozent des Rohstahls produzierten, und der wichtigsten Chemieunternehmen zu der IG-Farben (1925), dem größten Chemiekonzern der Welt, und dem weiteren Aufstieg von AEG und Siemens, die 80 Prozent der Elektroindustrie kontrollierten, entstanden Industriekonzerne von bisher unbekannten Ausmaßen.

Die Industrieproduktion stieg bis 1929 um 46 Prozent und erreichte damit wieder das Niveau von 1913 – trotz des stark verminderten Territoriums.[13] Sie wuchs schneller als die der wichtigsten Rivalen, wenn auch ihr Anteil an der Weltindustrieproduktion mit 12 Prozent nicht mehr den Anteil des Jahres 1913 (16 Prozent) erreichte, weil inzwischen besonders die USA (daneben auch Japan) ihren Anteil beträchtlich erhöht hatten:

1926 konnte zum erstenmal wieder ein Exportüberschuß erzielt werden. Am Ende der 20er Jahre war das Deutsche Reich wieder die erste Industriemacht in Europa und verfügte «über den technisch fortgeschrittensten Produktionsapparat Europas»[14].

Diese Konzentration des Kapitals und die Stärkung der ökonomischen Potenz erhöhten auch den politischen Machtanspruch dieser Großkonzerne nach innen sowie deren Expansionsbedürfnisse nach außen. Exportmärkte wurden wieder erobert. So besaß der IG-Farben-Konzern bald Betriebe in Frankreich, Spanien, der Schweiz und der Tschechoslowakei und einigte sich 1927 mit der Rockefeller-Gruppe aus den USA über die Aufteilung des Weltmarktes.[15] 1926 schlossen die Eisenindustrien aus Deutschland, Frankreich, Belgien, Luxemburg und dem Saargebiet sich zu einem entsprechenden Kartellverband zusammen, der Produktionsquoten festlegte. Doch solche Absprachen stellen unter den Bedingungen des kapitalistischen Konkurrenzkampfes immer nur «Waffenstillstände»[16] her. Auf dem französischen Markt konnten die deutschen Exporte die Konkurrenz aus England und den USA zurückdrängen, so daß 1930 52 Prozent der importierten Werkzeugmaschinen, 40 Prozent der chemischen Produktion und 35 Prozent der Eisen- und Stahlerzeugnisse aus Deutschland kamen.[17]

Erneut in Angriff genommen wurde Ende der 20er Jahre auch die ökonomische Durchdringung der südosteuropäischen Länder.[18] Damit wurde eine Expansionsrichtung wieder aufgenommen, die schon vor 1914 die deutsche Politik und dann auch die Kriegszielplanung wesentlich bestimmt und britische und französische Interessen verletzt hatte.

Hier ging es vor allem darum, diese Länder auf dem Status von Rohstofflieferanten, Lieferanten landwirtschaftlicher Produkte zu halten, sie in Hinsicht auf Industrieproduktion von Deutschland abhängig zu machen und den Aufbau einer eigenen Industrie in diesen Ländern möglichst zu hemmen. Den ersten Schritt bei dieser Expansion mußte notgedrungen Österreich darstellen. Bereits 1921 hatte der Stinnes-Konzern die Allgemeine Montangesellschaft in Österreich aufgekauft. Nun wurde eine Zollunion mit Österreich in Aussicht genommen (als Vorstufe zum Anschluß Österreichs), die 1931 jedoch durch den Widerstand Frankreichs und ein Urteil des Haager Gerichtshofes verhindert wurde. Auch die Rückeroberung von Kolonien wurde angestrebt.[19] Bereits 1929 konnte der Reichsbankpräsident Schacht bei den Reparationsverhandlungen schon offen die Rückgabe der ehemaligen deutschen Kolonien und zudem noch die Revision der deutschen Ostgrenzen fordern.

Für das deutsche Kapital war also im Laufe der 20er Jahre erneut

Jahr	Deutschland	England	Frankreich	USA	Japan
1913	13	15	8	11	2
1925	8	15	–	14	3
1929	9	13	6	14	4
1932	8	14	7	11	4

eine Situation wie schon im Kaiserreich entstanden, nämlich eine zu geringe Auslastung der Produktionskapazitäten.[20]

Einem starken und wachsenden Expansionspotential stand nicht nur die Enge des Binnenmarktes, sondern auch die Enge der Expansionsmöglichkeiten nach außen gegenüber. Dieser Widerspruch, der vor 1914 wesentlich zum Drang nach gewaltsamen militärischen Lösungen beigetragen hatte, war nun aber noch wesentlich schärfer geworden, weil der Verlust wichtiger Gebiete an Frankreich und an Polen, der Verlust der Kolonien und die Fesseln des Versailler Vertrages und die damit verbundenen Einschränkungen der politischen Souveränität (z. B. durch Einsetzung einer Überwachungsinstanz für die Reparationszahlungen) noch engere Schranken für die ökonomische, die friedliche Expansion setzten. Hinzu kam, daß seit dem Ersten Weltkrieg die Konkurrenz auf dem Weltmarkt durch das Erstarken der neuen Großmächte USA und Japan und einiger «Schwellenländer» ohnehin noch wesentlich schärfer geworden war.

So waren in Deutschland bis 1926 die industriellen Kapazitäten nur zu 50 bis 60 Prozent ausgelastet, und trotz einer gewissen Stabilisierung in den folgenden Jahren konnte diese starke Diskrepanz zwischen Produktionskapazitäten und Absatzchancen nicht überwunden werden. Der Anteil Deutschlands am Welthandel, der 1913 noch 13 Prozent betragen hatte, kam auch im besten Jahr 1929 über 9 Prozent nicht hinaus:[21]

Ein zweiter Widerspruch war nach 1918 hinzugekommen: der Widerspruch zwischen der großen ökonomischen Potenz und der relativen politischen Schwäche der deutschen Industrie nach innen und außen. Im Innern war ihre Durchsetzungsfähigkeit begrenzt durch die politischen Kräfte der Linken, denen die Weimarer Verfassung freie Entfaltungsmöglichkeiten garantierte. Und nach außen war der Versailler Vertrag insbesondere mit seinen militärischen Bestimmungen eine spürbare Schranke. Denn ohne ein entsprechendes Gewaltpotential, also ohne «Rüstungsfreiheit», mußte der Drang nach einer neuen «Weltgeltung» absolut illusorisch erscheinen.

Eine ökonomisch und politisch sehr lästige Beschränkung stellten auch die Reparationszahlungen dar. Der Dawes-Plan vom August 1924, der nicht zufällig den Namen eines Bankiers aus den USA trug (des Direktors der Morgan-Bank), verpflichtete Deutschland, bestimmte Beträge von Reparationszahlungen jährlich zu leisten, und zwar ohne zeitliche Begrenzung. Zur Absicherung des Wirtschaftsaufschwungs und der Zahlungsfähigkeit wurden Auslandskredite gewährt. Deutschland geriet damit in hohem Maße ökonomisch und politisch unter die Kontrolle auswärtiger Mächte: «1929 gibt es keine deutsche Monopolorganisation (Konzern, Trust), die nicht im Ausland, insbesondere in den USA, geborgt hatte und einen Teil des Profits an ausländisches Kapital abführen mußte.»[22] «Das amerikanische Kapital wurde in Deutschland zum eigentlichen konjunkturellen Bestimmungsfaktor.»[23]

Was diese Anleihen für die westlichen Siegermächte insgesamt bedeuteten, sprach der englische Ministerpräsident Baldwin offen aus: Sie stellten erstens ein Mittel dar, um Deutschland ökonomisch zu stabilisieren, «als Schutzwall der westeuropäischen Zivilisation» so stark zu machen, daß diese «allen zerstörenden Angriffen aus dem Osten standhalten kann». Sie waren zweitens ein Mittel, die deutschen Exporte in die Sowjetunion zu lenken, anstatt daß Deutschland sie «in unserem Lande oder in unseren Kolonien auf den Markt wirft». Und drittens sollten sie Deutschland instand setzen, langfristig Reparationen zu zahlen, damit die westeuropäischen Mächte daraus ihre Schulden an die USA abzahlen konnten.[24]

In dem Drang, das besiegte Deutschland niederzuhalten und auszupressen, und in der Furcht vor seiner erneut anwachsenden Wirtschaftskraft drückte sich der auch schon vor 1914 die internationalen Beziehungen bestimmende Konkurrenzkampf zwischen den kapitalistischen Mächten aus. Neu war jedoch der Machtverlust der westeuropäischen Großmächte gegenüber den USA, von denen sie nun allesamt mehr oder weniger ökonomisch abhängig waren.

England erkannte 1923 gegenüber den USA Kriegsschulden in Höhe von 4,6 Milliarden Dollar an, die im Verlauf von 62 Jahren zurückgezahlt werden sollten. Und Frankreich stürzte 1924 in eine schwere Wirtschaftskrise und war dann ebenfalls genötigt, die Vormachtstellung der USA anzuerkennen; dies war das Ende der französischen Vorherrschaft in Europa.[25]

Die USA hatten den Versailler Vertrag nicht unterzeichnet und schickten sich seit 1923 an, in Europa auch die politische Initiative zu übernehmen. Und andererseits gab es nun die mit der Russischen Revolution und den revolutionären Erhebungen der Arbeiterbewegung auch in den anderen europäischen Ländern entstandene Furcht, der

Sozialismus könne auch auf Deutschland und Mitteleuropa übergreifen.

Insgesamt zielte der Dawes-Plan jedenfalls darauf ab, «Europa in eine Geisel der amerikanischen Hochfinanz zu verwandeln»[26]. Besonders betroffen aber war Deutschland. Die Forderungen, die der Dawes-Plan an das Deutsche Reich enthielt, wurden durch die Verpfändung von Eisenbahn- und Industrieobligationen abgesichert. Ein Reparationsagent wurde eingesetzt, der die Zahlungen überwachen sollte und befugt war, mit Hilfe verschiedener Gremien in die Wirtschafts- und Finanzpolitik Deutschlands einzugreifen.

Der Reichsverband der Deutschen Industrie (RDI) hatte zwar für die Annahme des Planes votiert, weil nun der Spielraum für die Entwicklung der deutschen Wirtschaft zunächst erweitert war und die direkten Pressionen von außen (insbesondere von Frankreich) aufhörten. 1925 wurden das Ruhrgebiet und die Kölner Zone von ausländischem Militär geräumt, und 1926 erhielt Deutschland die Lufthoheit zurück. Für die herrschenden Kräfte in Deutschland war die Anlehnung an die USA also zunächst ein Mittel, um mehr Freiraum zur Verfolgung ihrer eigenen Großmachtpläne zu erhalten. Dennoch bedeutete der Dawes-Plan noch eine wesentliche Einschränkung der Souveränität des Deutschen Reiches, die vertraglich abgesicherte Vorherrschaft insbesondere des US-Kapitals in Deutschland, also den Status einer Art von Halbkolonie, mit dem sich die Führungsschichten längerfristig nicht abfinden konnten. Der Konflikt auch mit den USA war also absehbar, zumal die USA begonnen hatten, «in traditionelle Hochburgen der deutschen Exportindustrie einzudringen (Stahl; Chemie, insbesondere Farbstoffe; Seide; Leder)»[27].

Zunächst führte der Kampf gegen diese Einschränkungen 1928 zum Abzug der alliierten Militärkommission und 1929 zu einem neuen Reparationsplan, der nach dem US-Bankier Young benannt wurde. Er legte zwar Reparationszahlungen bis zum Jahr 1988 fest, verminderte aber die Jahresbeträge (1929 bis 1932 betrugen die Reparationszahlungen durchschnittlich nur knapp 8 Prozent des Außenhandelswertes)[28]. Vor allem aber beseitigte er die ausländischen Kontrollen in der deutschen Wirtschaft und sicherte die Räumung des Rheinlandes 1930 zu. Die große Wirtschaftskrise mit ihren Zwängen und ihren neuen Chancen verstärkte dann nach 1930 auch in dieser Hinsicht die Widersprüche und den Drang nach durchgreifenden Veränderungen.

Innere Differenzen[29]

Nach dem Willen der Führungsschichten sollte die ökonomische Potenz, die Expansionsfähigkeit und die militärische Macht Deutschlands wiederhergestellt und die mit der Weimarer Reichsverfassung und dem Versailler Vertrag verbundenen Hemmnisse überwunden werden. Erhebliche Differenzen gab es aber in der Frage der Reichweite der Veränderungen, der Methode, der Bündnispolitik nach innen und außen und der Höhe des Risikos, das dabei in Kauf zu nehmen war.

Der *gemäßigte Flügel der Führungsschichten*, der die Mehrheit stellte, hatte sich mit der Existenz des parlamentarischen Systems und ebenso mit der Existenz des Versailler Vertrages vorläufig und notgedrungen, aber keineswegs definitiv abgefunden. Seine Politik der Konsolidierung der Macht suchte zunächst innerhalb des Weimarer Verfassungssystems die Stellung der Exekutive zu stärken, die parlamentarischen Kontrollmöglichkeiten und die demokratischen Rechte der Bevölkerung einzuengen und so die von der Arbeiterbewegung in der Novemberrevolution gewonnenen Einflußmöglichkeiten im Staat und in den Betrieben schrittweise wieder zu reduzieren. Dabei wollte er aber größere soziale Kämpfe vermeiden, um die Expansion auf den Weltmärkten und das Vertrauen der ausländischen Kreditgeber nicht zu gefährden.[30] Einigkeit bei den Unternehmern bestand darüber, daß das deutsche Volk wieder mehr arbeiten müsse und die «Lasten an Löhnen, Gehältern und ... Sozialbeiträgen» gesenkt werden müßten.[31] In den Äußerungen von Paul Silverberg, dem stellvertretenden Vorsitzenden des Reichsverbandes der Deutschen Industrie, aus den Jahren 1926/27 kommt diese Haltung besonders klar zum Ausdruck: Es könne nicht ohne die Arbeiterschaft regiert werden, und da die Mehrheit der Arbeiterschaft in der SPD organisiert sei, «muß man den Mut zur Konsequenz haben: Es soll nicht ohne die Sozialdemokratie regiert werden.» Das Ziel müsse natürlich sein, «die Arbeiterschaft vor unseren Wagen (zu) spannen».[32]

Doch auch diese Richtung hoffte – trotz aller vorübergehender Bekenntnisse zur Verfassung –, «daß wir den starken Mann finden werden, der uns endlich alle unter einen Hut bringt ... Wenn Deutschland wieder groß werden soll, dann müssen alle Klassen unseres Volkes einsehen, daß Führer nottun, die ohne Rücksicht auf Massenstimmungen handeln.»[33] 1925/26 veröffentlichte «Der Arbeitgeber», das offizielle Sprachrohr der Unternehmerorganisation, eine Artikelserie über den italienischen Faschismus, die aufmerksam und nicht ohne Wohlwollen die Umfunktionierung der Gewerkschaften, die «Ausrottung» von Sozialismus und Kommunismus, die «nationale Erziehung» des Volkes sowie die «geniale, willensstarke Persönlichkeit» des Führers Mussolini vermerkte.[34]

Seit dem Sommer 1927 forderten der Deutsche Industrie- und Handelstag und der Reichsverband der Deutschen Industrie auch ganz öffentlich eine Verfassungsänderung und einen Finanzdiktator.[35]

Diese Kräfte konnten sich bei ihrem Konzept der «Verfassungsreform», der friedlichen Revision der Weimarer Reichsverfassung, auf die seit dem Kaiserreich nahezu unveränderten Apparate der Justiz und der staatlichen Bürokratie, insbesondere der Ministerialbürokratie, stützen. Und sie konnten bestimmte Elemente der Weimarer Verfassung nutzbar machen, insbesondere die starke Stellung des Reichspräsidenten, der die Regierung zu ernennen hatte und im Notstandsfall mit weitgehenden Vollmachten ausgestattet war, vor allem mit der Kompetenz, Grundrechte außer Kraft zu setzen und militärische Gewalt anzuwenden (Art. 48 WRV), und so eine Art «Ersatzkaiser» darstellte. Mit der Wahl Hindenburgs, des ehemaligen Oberbefehlshabers der kaiserlichen Weltkriegsarmee (1925), wuchsen die Chancen zur Verfassungsrevision auf diesem Wege.

In der Außenpolitik erstrebten diese Kräfte eine Revision des Versailler Vertrages durch vorläufige formale Anerkennung dieses Vertrages und die Herstellung guter Beziehungen zu den Westmächten – bei gleichzeitiger illegaler Aufrüstung und mehr oder weniger offen proklamierten Revisionsforderungen besonders gegenüber Polen. Bei den Grenzforderungen konnten die deutschen Minderheiten in Ost- und Südosteuropa als Hebel benutzt und «Minderheitenschutz» und «Selbstbestimmungsrecht» verlangt werden; bei der Aufrüstung konnte man «Gleichberechtigung» und «Gerechtigkeit» fordern und damit Parolen aufgreifen, die die Siegermächte 1918 zwar ideologisch proklamiert, aber keineswegs realisiert hatten.

Daß dies nun gerade solche Kräfte in Deutschland taten, die im Ersten Weltkrieg ihrerseits ein umfassendes Programm der Unterwerfung, Entmündigung und Ausplünderung anderer Völker in Angriff genommen hatten, offenbart einerseits das Ausmaß an Demagogie, andererseits aber die veränderten politischen Verhältnisse, die

43

es erforderlich machten, für imperialistische Ziele neue ideologische Gewänder zu schneidern und zur «Umwandlung von Expansionszielen in Menschenrechtsforderungen»[36] zwangen. Prinz Max von Baden, der letzte Kanzler des dem Untergang zutreibenden Kaiserreichs, hatte schon 1918 in seiner Denkschrift über den «Ethischen Imperialismus» diese Leitlinien entwickelt: «Will der deutsche Imperialismus dem Ansturm der Demokratie mit ihrem Anspruch auf Weltverbesserung standhalten, so muß er sich ethisch fundamentieren. Mit dem reinen Machtanspruch kann die Demokratie mühelos fertig werden.»[37]

Der deutsche Imperialismus holte so einen Rückstand auf gegenüber den Westmächten in der ideologischen Handhabung der Phrasen von Demokratie und Menschenrechten und deren Verschmelzung mit dem Rassismus, die diese bei der Unterjochung der Kolonialvölker schon seit langem sehr wirksam praktiziert hatten. Allerdings wandte er Rassismus und Versklavung mit aller Konsequenz auch auf die Völker Europas an, besonders die Osteuropas – da seine Expansionsräume nun einmal hauptsächlich in Europa (und nicht in Asien oder Afrika) lagen.[38]

Diese «gemäßigte» politische Richtung wurde in der Innenpolitik getragen von den weltmarktorientierten, modern und effektiv produzierenden neuen Industrien, den Chemie- und Elektrokonzernen und dem Maschinenbau, die angesichts guter Ertragslage, hoher Rationalisierung und geringem Anteil der Löhne an den Gesamtkosten auch zu gewissen sozialen Konzessionen an die abhängig Arbeitenden bereit waren. Diese Richtung hielt auch die entscheidenden Positionen im Reichsverband der Deutschen Industrie besetzt. Sie wurde unterstützt von der Mehrheit der hohen Bürokratie und des Militärs (nachdem dessen Diktaturpläne 1920 und 1923 gescheitert waren). Ihre politischen Bundesgenossen suchte sie bei den bürgerlichen Parteien der Mitte und der gemäßigten Rechten und beim rechten Flügel der SPD, die, soweit notwendig und integrationsfähig, in Koalitionsüberlegungen einbezogen wurde. Politisch wurde sie vertreten von den Reichsregierungen der Phase der «relativen Stabilisierung» (1924 bis 1929), die von den Bürgerblockregierungen (bis 1928) und dann von der «großen Koalition» (unter Führung der SPD) gebildet wurden.

In der Außenpolitik fand diese Linie ihren Ausdruck besonders klar in vier Verträgen: in dem Abkommen von Locarno (Oktober 1925) zwischen Deutschland und den Westmächten, in dem die im Versailler Vertrag festgelegte Westgrenze Deutschlands anerkannt wurde, seine Ostgrenze (gegenüber Polen und der Tschechoslowakei) jedoch nicht; im Beitritt zum Völkerbund (September 1926), in dem Deutschland einen ständigen Ratssitz erhielt; und in dem Dawes-Plan von 1924 und dem Young-Plan von 1929, die die Reparationsfrage betrafen.

Diese Politik wurde gegenüber der deutschen Bevölkerung wie gegenüber der internationalen Öffentlichkeit als «Friedenspolitik» dargestellt. Der Außenminister, der sie (1923 bis 1929) repräsentierte, Gustav Stresemann, erhielt dafür – zusammen mit seinem französischen Kollegen Briand – 1926 den Friedensnobelpreis. Bei dieser Kennzeichnung als Friedenspolitik, die sich im herrschenden Geschichtsbild bis heute gehalten hat, wird jedoch zweierlei übersehen: Erstens wurde die Grenze im Osten als absolut unerträglich betrachtet; diese Frage «offen» zu halten galt als ein wesentliches Ziel auch in allen Verhandlungen mit den Westmächten. Und zweitens war die «Verständigungspolitik» gegenüber Frankreich eingebettet in die Vorbereitungen zu einer neuen, auch militärisch fundierten Großmachtpolitik. Sie war also im wesentlichen taktisch bestimmt.

Dies wird besonders brutal in einer geheimen Denkschrift eines Fraktionskollegen von Stresemann ausgesprochen: «Gerade in unserer jetzigen Lage müssen wir den Mund voll nehmen mit Friedensphrasen, Völkerversöhnung und so weiter, ohne deshalb wie die pazifistischen Phantasten an diesen Schwindel zu glauben.»[39]

Aber auch für Stresemann selbst ging es darum, daß Deutschland «die Kraft zum entscheidenden Freiheitskampf gewinne»[40]. In einem vertraulichen Schreiben an den ehemaligen Kronprinzen Wilhelm von Hohenzollern legte er die wirklichen Ziele seiner Politik dar. Schon die Tatsache, daß er mit dem gestürzten und verjagten obersten Repräsentanten des kaiserlichen Imperialismus in dieser vertraulichen Weise verkehrte (während er die deutsche und internationale Öffentlichkeit zugleich irreführte), ist bezeichnend genug. Noch aufschlußreicher aber ist der Inhalt des Briefes. Stresemann erläuterte in diesem Brief, daß die deutsche Politik, solange auswärtige Kontrollorgane im Land seien, noch gezwungen sei, «zu finassieren und den großen Entscheidungen auszuweichen». Die «Sicherung des Friedens» sei im Rahmen dieser Politik also «die Voraussetzung für eine Wiedererstarkung Deutschlands». Doch schon für die «nächste absehbare Zeit» seien «die Korrektur der Ostgrenzen – die Wiedergewinnung Danzigs, des polnischen Korridors und eine Korrektur der Grenze in Oberschlesien» – sowie der Anschluß Österreichs anzugehen. Die Anerkennung der Westgrenze bedeute zwar einen Verzicht auf Elsaß-Lothringen, «der aber insoweit nur theoretischen Charakter hat, als keine Möglichkeit eines Krieges gegen Frankreich besteht». Optieren zwischen Osten und Westen könne Deutschland ohnehin nicht; optieren könne man nur, «wenn man eine militärische Macht hinter sich hat. Das fehlt uns leider.»[41] (Diese Politik Stresemanns verliert den Anschein des Überraschenden, wenn man sich erinnert, daß Stresemann bis 1918 stellvertretender Vorsitzender des Bundes Deutscher Industrieller gewesen war, im Krieg eine scharfe Annexionspolitik vertreten, 1920 sogar den Kapp-Putsch unterstützt hatte und erst aus dessen Scheitern die Folgerung gezogen hatte, daß eine neue parlamentarisch-legale Taktik notwendig sei; geändert hatten sich also die Bedingungen, nicht aber der imperialistische Charakter seiner Politik.)

Was für die den Völkerbund beherrschenden Westmächte, besonders für Frankreich, der Versuch war, das neu erstarkende Deutschland durch Verträge im Rahmen des Völkerbundes einzubinden, war für Deutschland nur ein Schritt zur Wiedererlangung der Großmachtstellung. Die «Entspannung» zwischen Deutschland und Frankreich war also «nur die Fortsetzung des ‹Kalten Krieges› mit anderen Mitteln».[42] Ideologisch wurde die Anti-Versailles-Stimmung in Deutschland ohnehin ständig weiter geschürt, insbesondere durch eine vom Auswärtigen Amt gesteuerte Revisionspropaganda.[42a]

Die Beziehungen zur Sowjetunion hatten innerhalb dieser politischen Linie zunächst die Funktion, die internationale Ächtung und Isolierung zu durchbrechen, mit der das Deutsche Reich nach 1918 konfrontiert war, und ökonomisch, politisch und militärisch Kontakte zu entwickeln, die für die Rekonsolidierung der Macht im Innern und im internationalen Feld bedeutsam waren. Zugleich konnte damit signalisiert werden, daß Deutschland gegenüber der Politik der Anlehnung an den Westen auch Alternativen habe, und so gegenüber den Westmächten ein gewisser Druck ausgeübt werden. Nach innen hin hatten Abmachungen mit der Sowjetunion zudem die Funktion, die Arbeiterschaft ruhig zu halten, in der die Solidaritätsgefühle gegenüber der Sowjetunion relativ stark waren. Insbesondere die Abwehrhaltung gegenüber allen Versuchen, neue militärische Interventionen vorzubereiten, war sehr verbreitet – weit über die kommunistische Arbeiterbewegung hinaus. Dominant blieb jedoch von 1918 an die «Westorientierung». Das Ziel war, die Eingliederung in die antibolschewistische Front zu Bedingungen zu erreichen, die zugleich eine Stärkung der eigenen Machtstellung ermöglichten.

So erscheint die Entwicklung der Beziehungen zum revolutionären Rußland und dann zur Sowjetunion auf den ersten Blick kurvenreich und wechselhaft. 1918/19 ließ die militärische Führung – auch unter der neuen republikanischen Regierung und auch nach der Kapitulation im Westen – ihre Truppen im Osten gegen das revolutionäre Rußland zunächst weiterkämpfen. Dies war freilich nicht nur ein Angebot an die Westmächte zu einer gemeinsamen Interventionspolitik, sondern auch noch der Versuch, besonders in der Ukraine und in den baltischen Ländern eigenständige imperialistische Interessen zu realisieren. Da die Westmächte 1919 dann jedoch überaus harte Friedensbedingungen diktierten, auch 1920/21 in der Reparationsfrage absolut hart blieben, und da sich zudem 1920/21 erwies, daß die Russische Revolution sich gegen die Interventionsarmeen behaupten konnte, war die bürgerliche Regierung der Weimarer Republik im April 1922 zu einem Vertrag mit der Sowjetunion bereit.

Dieser Rapallo-Vertrag sah den gegenseitigen Verzicht auf Reparationen und Entschädigungen für Nationalisierungen, die Aufnahme voller diplomatischer Beziehungen und Meistbegünstigungen in den Handelsbeziehungen vor. In einem zusätzlichen, vertraulichen Notenwechsel sicherte die deutsche Regierung zu, sich nicht an internationalen antisowjetischen Wirtschaftsmaßnahmen zu beteiligen. Für die Sowjetunion war die Rapallo-Politik eine Chance, politisch die internationale Isolation zu durchbrechen, militärisch die Gefahren einer gemeinsamen Intervention aller großen kapitalistischen Staaten zu vermindern und ökonomisch das rückständige und durch Krieg und Bürgerkrieg ruinierte Land wieder aufzubauen. Durch die Verträge mit den Westmächten, die mit dem Dawes-Abkommen 1924 begannen, setzte sich dann zwar die «Westorientierung» recht eindeutig durch – am deutlichsten mit dem Locarno-Vertrag, dessen antisowjetische Stoßrichtung unverkennbar war. Doch die «Rapallo-Linie» wurde auch später nicht gänzlich abgebrochen: Die seit 1924 vorliegenden Vorschläge der sowjetischen Regierung, einen Neutralitätsvertrag zu schließen, wurden von der deutschen Bürgerblockregierung im April 1926 akzeptiert. Dieser «Berliner Vertrag» wurde 1931 (und dann sogar noch einmal im Mai 1933) um fünf Jahre verlängert (blieb natürlich dann praktisch bedeutungslos).

Innerhalb dieser außenpolitischen Konzeption gab es allerdings beträchtliche Differenzen über die längerfristigen Ziele wie auch über die Bündnispolitik. Und hier überlagerten sich auch die traditionellen Interessendifferenzen zwischen Schwerindustrie und neuen Industrien mit einer neuen Konfliktlinie: Sie verlief zwischen den vom US-Kapital stark beeinflußten Gruppen einerseits und den von diesem Einfluß noch relativ freien und gegen diese «Amerikanisierung» Front machenden Gruppen. Die erste wurde hauptsächlich repräsentiert vom Reichsbankpräsidenten Schacht und von Thyssen, die zweite von der Deutschen Bank, den Vereinigten Stahlwerken, der

IG-Farben, Hoesch und Siemens.[43] Drei Varianten, die freilich nicht scharf voneinander getrennt waren, lassen sich unterscheiden:

Die erste nahm den schon im Ersten Weltkrieg verfolgten Gedanken eines integrierten europäischen Wirtschaftsraumes unter deutscher Führung wieder auf und paßte ihn den neuen Machtverhältnissen an. Denn jetzt gab es einerseits die Vormachtstellung Frankreichs in Europa und andererseits die beginnende ökonomische Durchdringung durch amerikanisches Kapital, gegen die sich allmählich eine Gegenfront bildete. Diese Variante baute auf eine ökonomische Verflechtung mit der französischen Industrie, aus der eine politische und schließlich militärische Zusammenarbeit hervorgehen sollte. So glaubte man, die politischen und militärischen Schranken des Versailler Vertrages mit Zustimmung Frankreichs abbauen zu können, und so sollte kraft des ökonomischen und militärischen Potentials Deutschlands (nach der Revision der Ostgrenzen und dem Anschluß Österreichs!) längerfristig die Vormachtstellung auf dem Kontinent erreicht werden.

Diese Variante war hauptsächlich gegen die Sowjetunion gerichtet, an deren Beseitigung auch Frankreich interessiert war. Deutschland hätte sich in Rußland «sanieren» können, ohne französische Gebiete und Interessen zu bedrohen. Polen, der Bundesgenosse Frankreichs, hätte von Deutschland in seiner Existenz anerkannt werden müssen, allerdings nach territorialen Konzessionen an Deutschland. Und es hätte in die antisowjetische Front eingebaut werden können. Im südosteuropäischen Raum, der als Exportmarkt für Industrieerzeugnisse und als Lieferant für Rohstoffe und Agrarprodukte fungieren sollte, hätten das deutsche und das französische Kapital gemeinsam Expansionsmöglichkeiten erhalten können. Und auf dem Weltmarkt sollte so ein Gegengewicht Europas gegen die Übermacht der USA aufgebaut werden.

Diese Variante der Verständigung mit Frankreich und – längerfristig – der Bildung der «Vereinigten Staaten von Europa»[44] wurde (mit dieser oder jener Modifikation) von den Kapitalgruppen vertreten, die vom US-Kapital weitgehend unabhängig geblieben waren und die 1931 dann auch den Mitteleuropäischen Wirtschaftstag (MWT) trugen. Auch führende Vertreter der Schwerindustrie wie Stinnes und Krupp waren beteiligt. Im «Stahlkartell» und im «Kalisyndikat» sah man dafür die ersten Schritte. Der RDI-Vorsitzende Carl Duisberg hat die wesentlichen Elemente dieser Strategie in einem berühmten programmatischen Satz zusammengefaßt: «Erst ein geschlossener Wirtschaftsblock von Bordeaux bis Odessa wird Europa das wirtschaftliche Rückgrat geben, dessen es zur Behauptung seiner Bedeutung in der Welt bedarf.»[45] Die Entsprechung auf französischer Seite stellte der Europaplan des Außenministers Briand dar, der ein deutsch-französisches Bündnis gegen die UdSSR und gegen den Einfluß der USA in Europa anvisierte – aber natürlich unter Absicherung der Vormachtstellung Frankreichs.[46]

Eine etwas andere Fassung des Europa-Konzepts findet sich in der Paneuropa-Bewegung des Grafen Coudenhove-Kalergi.[47] Hier sollte eine europäische Zollunion mit deutlicher Frontstellung gegen die Sowjetunion hergestellt werden, von der England ausgeschlossen bleiben sollte. Die Einbeziehung pazifistischer Ideen ermöglichte es dieser Variante, nicht nur bei den antiamerikanischen Gruppen der Großindustrie, sondern auch bei den Parteien der bürgerlichen Mitte und auf dem rechten Flügel der SPD Unterstützung zu finden.

Die zweite Variante wollte Großbritannien in das antisowjetische Bündnis einbeziehen. Eine radikale Version war schon 1919 vom Reichswehr-Oberst Reinhard formuliert worden: «Frankreich und auch England haben ein vitales Interesse daran, mit uns irgendein Arrangement zu treffen, müssen uns die Möglichkeit geben, uns wirtschaftlich herauszupauken. Das können wir aber nur – gemeinsam mit den Westmächten – in Rußland ... Daran müssen wir uns alle sanieren.»[48] Durch die Einbeziehung Englands konnte Deutschland in diesem Konzept zugleich ein Gegengewicht gegen die Hegemonialansprüche Frankreichs auf dem Kontinent schaffen. Dieses Konzept des Bündnisses mit England und Frankreich (unter Einbeziehung Polens) gegen die Sowjetunion wurde auch von General Schleicher favorisiert, der die Politik der Reichswehr-Führung seit Mitte der 20er Jahre maßgeblich bestimmte.

Die dritte Variante baute auf die Intensivierung der Handelsbeziehungen mit der Sowjetunion, die zu einer allmählichen ökonomischen Durchdringung führen sollten. Für eine solche Politik, die natürlich die ökonomische und politische Position Deutschlands auch gegenüber den Westmächten wieder gestärkt hätte, war eine Kooperation mit Frankreich durchaus willkommen – allerdings nicht als aggressives Militärbündnis. Am Osthandel waren besonders Siemens und AEG, die Gutehoffnungshütte, die MAN und die Reederei Blohm & Voss interessiert.[49]

Dies waren also die innen- und außenpolitischen Konzeptionen der «gemäßigten», insgesamt bestimmenden Kräfte innerhalb der Führungsschichten der Weimarer Republik bis zum Ende der 20er Jahre. Erst unter den Bedingungen, die sich Ende der 20er Jahre auf der Basis nun gestärkter ökonomischer und politischer Potenz und angesichts des Wahlsieges der Arbeiterparteien (1928) und dann der großen Wirtschaftskrise ergaben, veränderten diese Kräfte ihre Politik und näherten sich innenpolitisch jener Linie an, die von den *radikaleren Kräften der Rechten* von Anfang an vertreten worden war. Diese – in ihrer Stärke allerdings schwankende – Minderheit innerhalb der gesellschaftlichen Führungsschichten vertrat seit der Novemberrevolution die Position, daß die Existenz des parlamentarisch-demokratischen Verfassungssystems absolut unannehmbar sei und baldmöglichst und vollständig wieder abgeschafft und der Versailler Vertrag gesprengt werden müsse und daß diese Ziele nicht ohne die rücksichtslose Anwendung militärischer Gewalt nach innen wie nach außen erreichbar seien.

In den Krisenjahren 1919 bis 1923 fand diese Linie ihren Ausdruck im Militärputsch von 1920, der auch aus Kreisen der Großbanken unterstützt wurde[50], in verschiedenen Diktaturplänen aus der Schwerindustrie und der Reichswehrführung und dann auch in der finanziellen und politischen Unterstützung der Vorbereitungen des Hitler-Putsches vom November 1923[51]. So verlangte Hugo Stinnes, der damals vermutlich mächtigste Konzernführer Deutschlands, schon 1922, die Erfüllung des Versailler Vertrages und der Reparationsverpflichtungen zu verweigern. Zugleich forderte er ein Streikverbot für fünf Jahre, um dem deutschen Volk unbezahlte Überstunden auferlegen zu können.[52] Und der Schwerindustrielle Klöckner, Reichstagsabgeordneter der Zentrumspartei, nannte den 8-Stunden-Tag eine «Prämie auf die Faulheit»[53].

In der Periode der relativen Stabilisierung nach 1924 konzentrierte sich diese Richtung auf die Forderung nach Entmachtung des Parlaments und Überwindung des «Parteienstreits» durch Etablierung einer Präsidialregierung, gestützt auf den «Diktatur-Artikel» 48 der Weimarer Verfassung.[54] Der Reichslandbund, die Interessenorganisation des Grundbesitzes, erklärte schon 1925: «Die Staatsvernunft verlangt die Beseitigung der parlamentarischen und Finanzcliquen, die unter der Maske des Massenwillens unser Staatswesen in schmarotzerhafter Weise aussaugen.»[55] Auch ein Teil der Großindustrie schmiedete weiterhin Staatsstreichpläne[56], doch hatte sich die Mehrheit zunächst mit der Existenz der parlamentarischen Republik abgefunden und drängte sogar die Deutschnationalen zur Regierungsbeteiligung[57]. Inflationsgewinne und ökonomische Stabilisierung hatten auch den Spielraum der Schwerindustrie für materielle Zugeständnisse an die Arbeiterschaft erweitert. Schon 1925/26 allerdings intensivierte diese Industriegruppe ihre Kontakte zur NSDAP.[58] Emil Kirdorf, ein führender Industrieller des Ruhrgebiets, berichtet, das politische Programm Hitlers «begeisterte mich derart, daß ich mich völlig einverstanden erklärte mit dem, was er vorgetragen hatte». Und die Wirtschaftsführer, die im Oktober 1927 im Hause Kirdorfs dann Hitlers Vortrag hörten, waren allesamt von dessen «packenden Darlegungen tief ergriffen»[59]. Schon 1927 verschärfte sich die sozialpolitische Auseinandersetzung mit den Gewerkschaften.[60] Und im Januar 1928 wurde der «Bund zur Erneuerung des Reiches» gegründet, der auf eine wesentliche Einschränkung der parlamentarischen Demokratie abzielte und von maßgeblichen Repräsentanten der Schwerindustrie und des Reichslandbundes mitgetragen wurde. Für die Öffentlichkeit war diese Linie hauptsächlich präsent in der Agitation der politischen Rechten, die freilich, insbesondere vermittelt durch die Deutschnationale Volkspartei, auch in die Parlamente und in die Politik der Reichsregierung hineinreichte.

Schwerindustrie und Bergbau waren weniger technisiert und deshalb weit lohnintensiver als die großen neuen Industrien und deshalb für eine härtere Politik gegenüber den Gewerkschaften.[61] Vom Staat erwarteten sie nicht nur die Disziplinierung der Arbeiterschaft, sondern auch Subventionen und gewinnsichernde Aufträge. Das ökonomische (und deshalb auch politische) Gewicht dieser Industrien war zwar seit dem Aufkommen der Chemie- und Elektroindustrie im Rückgang begriffen und hatte durch Gebietsabtretungen und Reparationen sowie durch den Niedergang der «gelben» wirtschaftsfriedlichen Gewerkschaften nach der Novemberrevolution besonders stark gelitten, aber es war immer noch beachtlich: Die Schwerindustrie stellte (1929) noch fast 60 Prozent der Gesamtproduktion und der Gesamtbeschäftigung und war zudem in Interessenverbänden straff organisiert.[62] Da sie weniger weltmarktorientiert waren, brauchten sie bei ihren Forderungen weniger Rücksicht auf das Ausland zu nehmen. In den Kreisen der Schwerindustrie wurden auch schon früh Stimmen laut, die den italienischen Faschismus als Vorbild priesen: Mussolini sei durchdrungen von der «überragenden Bedeutung der Unternehmerpersönlichkeit»; der Faschismus habe sich die Aufgabe gesetzt, «den die moderne Welt durchsetzenden Klassenkampfgedanken restlos zu vernichten und zu ersetzen»[63].

In außenpolitischer Hinsicht galt diesen Kräften Frankreich, seit Jahrzehnten der Rivale im Kampf um die Vormachtstellung in Europa und seit 1919 nun auch die Garantiemacht der mit dem Versailler Vertrag entstandenen Ordnung, als der Hauptfeind. Gänzlich unannehmbar war für diese außenpolitische Konzeption auch die Existenz Polens. Hier ging es nicht – wie in der Politik der «gemäßigten» Kräfte – um Grenzrevisionen, sondern um die vollständige

Vernichtung Polens als Staat. General von Seeckt, bis 1926 Chef der Reichswehr (und dann Reichstagsabgeordneter der Deutschen Volkspartei), schrieb dazu in seiner Denkschrift 1923: «Polens Existenz ist unerträglich, unvereinbar mit den Lebensbedingungen Deutschlands. Es muß verschwinden und es wird verschwinden durch eigene innere Schwäche und durch Rußland – mit unserer Hilfe ... Mit Polen fällt eine der stärksten Säulen des Versailler Friedens, die Vormachtstellung Frankreichs.» [64]

Die Sowjetunion erscheint hier als eine Macht, die durch ihre Gegnerschaft gegenüber Polen zum Bundesgenossen Deutschlands in dessen Kampf gegen die Ordnung von Versailles wird. In der Tat war Polen nicht nur als Oststaat zur Einklammerung Deutschlands (wie die Tschechoslowakei), sondern auch als Barriere gegen die Russische Revolution gegründet und von Frankreich gestützt worden. Und auch der Krieg Polens gegen das von allen Seiten bedrängte und geschwächte Sowjetrußland 1920, durch den sich Polen beträchtliche Teile Weißrußlands und der Ukraine gewaltsam aneignete und weit über die von den Westmächten nach ethnischen Gesichtspunkten entwickelte Grenze («Curzon-Linie») hinausgriff, war mit der Hilfe Frankreichs gewonnen worden.

Auffällig ist, daß die Sowjetunion in dem vorliegenden Konzept als «Rußland» fungiert, d. h. als ein Staat mit traditionellen Großmachtinteressen betrachtet wird, nicht aber in seiner neuen sozialökonomischen Qualität, als sozialistischer Staat. Und obgleich die Konservativen innenpolitisch fanatisch gegen die Kommunisten eingestellt waren und deren gewaltsame Ausschaltung verlangten, konnten sie doch zugleich für eine «Verständigung mit Rußland in äußeren Fragen» [65] – bis hin zu einer militärischen Zusammenarbeit – plädieren. Dabei spielte freilich auch die Erinnerung an die Bündnispolitik des von ihnen hoch verehrten Bismarck eine gewisse Rolle, zugleich aber auch das realistische Urteil, daß von der UdSSR noch für lange Zeit eine militärische Gefahr nicht ausgehen konnte.

Während also beträchtliche Teile der Industrie und die bürgerlich-liberalen Parteien zwar den Konkurrenzkampf gegen die kapitalistischen Mächte fortzusetzen entschlossen waren, aber schon die bloße Existenz der Sowjetunion als Gefahr für alle kapitalistischen Staaten begriffen und ihre Strategien auf der Gemeinsamkeit dieser Interessenlage aufbauten, dachten Teile der konservativen Kräfte noch viel stärker in den Bahnen der traditionellen Machtpolitik. Diese außenpolitischen Konzepte fanden nicht nur in der Führung der Reichswehr, sondern auch bei einflußreichen Vertretern des Auswärtigen Amtes (z. B. beim Grafen Brockdorff-Rantzau) Unterstützung. Vor allem aber wurde eine strikt antifranzösische Politik von den Deutsch-nationalen und anderen rechtsgerichteten Massenorganisationen und Gruppierungen gefordert und unterstützt.

Die beiden hier aufgezeigten politischen Linien – der «gemäßigten» Teile der Führungsschichten der Weimarer Republik einerseits und der «radikalen» andererseits – waren natürlich nicht strikt voneinander getrennt und gingen ineinander über, sind aber doch als zwei Grundkonzeptionen deutlich unterscheidbar. Sehr bedeutsam für die weitere Entwicklung war es, daß beträchtliche Teile der ideologischen Apparate die zweite, radikalere Linie propagierten. Das ökonomische und politische Gewicht der Schwerindustrie kam hier besonders stark zur Geltung: «Die Schwerindustrie verlegte sich auf unterschiedliche Taktiken, um ihre Sichtweise Millionen von Deutschen aufzuzwingen. Ihre Perspektive der Dinge wurde entweder unmittelbar ausschlaggebend im politischen, gesellschaftlichen und wirtschaftlichen Leben, oder sie legte zumindest die restriktiven Bedingungen des politischen Handelns in dieser Zeit fest.» Die Schwerindustrie der Weimarer Republik zeigt besonders gut, «wie privatwirtschaftliche Macht in öffentliche Einflußnahme umgesetzt» werden kann. «Sie versuchten, auf die Presse und die Massenmedien Einfluß zu nehmen. Sie infiltrierten die politischen Parteien und unterstützten paramilitärische und andere Massenorganisationen ... Sie förderten alle politischen Gruppen, die versprachen, die Weimarer Republik in autoritäre Bahnen zu lenken.»[66] Zusammen mit den anderen autoritären Kräften und Traditionen führten diese Einflüsse dazu, daß sich eine starke ideologische Strömung herausbildete, die entschieden nach rechts drängte. Organe der in den 20er Jahren beginnenden «Unterhaltungsindustrie», also Boulevard-Presse, Illustrierte und Spielfilme, eine unübersehbare Flut von Broschüren und Büchern, eine Fülle von Jugendbünden und Studentenkorporationen, Soldatenverbänden und Intellektuellenzirkeln, starke Strömungen in Geschichtswissenschaft, Germanistik und Staatsrechtslehre, aber auch in Medizin und Biologie propagierten ununterbrochen die Ideologie, die dann von der faschistischen Partei mit höchster Wirksamkeit aufgegriffen wurde: daß Deutschlands ruhmreiche, im Felde unbesiegte Armee 1918 durch einen «Dolchstoß» zu Fall gebracht worden sei, daß die Weimarer Republik das Produkt dieser «Novemberverbrecher» sei, die Deutschland in dem «Schanddiktat von Versailles» seinen Feinden bedingungslos ausgeliefert hätten, daß alles soziale Elend und alle ökonomischen Probleme dort ihre Wurzel hätten und daß Deutschlands Ehre und Größe nur durch eine neue militärische Gewaltpolitik wiederherzustellen sei – deren Voraussetzung die Aus-

schaltung der «Novemberverbrecher» im Innern, also die Zerschlagung der Arbeiterbewegung sei.

Diese Strömungen waren stark verwurzelt in der militaristischen
und imperialistischen Ideologie des Kaiserreichs, mit deren Hilfe die
Bevölkerung schon vor 1914 auf den Krieg vorbereitet worden war.
Sie schuf das politische Klima, in dem in den Jahren 1919–1923 eine
Serie von Mordanschlägen und Terroraktionen gegen Repräsentanten der Arbeiterbewegung und der Verständigungspolitik der bürgerlichen Parteien gedeihen konnte – meist gedeckt und wohlwollend
behandelt von den Staatsorganen. Diesen Mordanschlägen fielen Anfang 1919 nicht nur führende Persönlichkeiten der Arbeiterbewegung
wie Rosa Luxemburg und Karl Liebknecht sowie der bayrische Ministerpräsident Kurt Eisner (USPD) zum Opfer, der die Kriegsschuld
des Deutschen Reiches offenzulegen unternommen hatte, sondern
auch bürgerliche Politiker wie Erzberger (1921) und Rathenau
(1922).[67]

Mit der Niederwerfung der letzten Arbeiteraufstände, der Konsolidierung der bürgerlichen Republik und dem Beginn der ökonomischen Stabilisierung 1923/24 ließen ideologischer Fanatismus und
Terroranschläge der Rechten zwar nach. Aber die Grundrichtung dieser Agitation und deren starker Einfluß in der bürgerlichen «öffentlichen Meinung» blieben erhalten. Solange die sozial-ökonomische
Lage einigermaßen stabil blieb, war diese Ideologie zwar nicht in der
Lage, Massen in größerem Maßstab für die extreme Rechte zu mobilisieren und zu fanatisieren. Sie präparierte jedoch die Kader für eine
wirksame Verbreitung, und sie bereitete den ideologischen Boden
vor, auf dem eine solche Massenbewegung gedeihen konnte, als die
Wirtschaftskrise nach 1929 Millionen von Menschen ihrer sozialen
Existenz beraubte und in Angst und Verzweiflung stürzte.

Das politisch-ideologische Instrumentarium

Um die eigenen Interessen und Ziele durchzusetzen, benötigten die sozialen Oberklassen einerseits die Mittel der Staatsgewalt, andererseits aber auch außerstaatliche Mittel zur Beeinflussung und Lenkung der Bevölkerung.

Der Staatsapparat

Während die Befürworter einer Rätedemokratie die Konzentration aller Macht bei den vom Volk gewählten Organen, die Wahl auch der Beamten, Richter und Offiziere und die jederzeitige Abberufbarkeit der gewählten Repräsentanten verlangt hatten, wurde mit der Weimarer Reichsverfassung 1919 das bürgerlich-demokratische Prinzip der Gewaltenteilung zwischen Exekutive, Legislative und Judikative verankert. Das bedeutete, daß das Volk, formal der Souverän, direkt nur auf die Zusammensetzung des Parlaments und indirekt auf die Zusammensetzung der Regierung Einfluß nehmen konnte, daß aber der Exekutivapparat und die Justiz der Einflußnahme durch das Volk entzogen waren. In allen bürgerlichen Demokratien war die Gewaltenteilung eine Abwehrmaßnahme des Bürgertums gegen die Gefahren von Volkssouveränität und allgemeinem Wahlrecht. In Deutschland kam nun freilich hinzu, daß Justiz, Militär und hohe Beamtenschaft dem monarchischen Obrigkeitsstaat und seinen ideologischen Traditionen entstammten und also nicht nur entschieden antisozialistische, sondern auch entschieden antidemokratische und antiliberale Haltungen repräsentierten.

Das Militär stellt in jedem Staat ein zentrales Machtinstrument dar. In allen Epochen war das Militär jenes Machtinstrument, mit dem die sozialen Oberklassen die arbeitende Bevölkerung im Innern niedergehalten und die Eroberung von zusätzlichen Reichtümern, Rohstoffen, Produktionsmitteln und Arbeitskräften in Angriff genommen haben. Dies gilt auch für die entwickelten Staaten des 19. und 20. Jahrhunderts. Immer wieder wurden parlamentarisch-demokratische Verfassungssysteme durch das Militär beseitigt: so in Spanien 1936 bis 1939, in Griechenland 1967, in Chile 1973, in Argentinien 1976, in der Türkei 1980 – um nur einige Beispiele aus den letzten Jahrzehnten zu nennen. Der Einsatz des Militärs zur Beseitigung demokratischer und zur Errichtung autoritärer Staatsformen ist geradezu als «Normalfall» zu bezeichnen, während die Etablierung einer rechtsgerichteten Diktatur mit Hilfe einer faschistischen Massenbewegung (wie in Italien 1922 und in Deutschland 1933) eher die Ausnahme darstellt.

Trotz dieser zentralen Funktion, die das Militär in allen Staaten hat, ist es berechtigt, von einem besonderen «deutschen Militarismus» zu sprechen. Spitze Zungen haben schon im 18. Jahrhundert gesagt, daß andere Staaten über eine Armee verfügen, in Preußen jedoch die Armee über einen Staat verfügt. Aus dieser Tradition ist das deutsche Kaiserreich hervorgegangen, das ja mit der Macht der preußischen Bajonette geschaffen wurde und auf dieser Macht beruhte.

Das Militär stellte im Kaiserreich nicht nur das entscheidende Machtmittel gegen den inneren wie gegen den äußeren Feind dar und damit das Hauptsymbol von politischer Reaktion und aggressivem Imperialismus. Sondern es bildete zugleich sozial eine von der übrigen Bevölkerung abgehobene, durch besonders starken Standesdünkel gekennzeichnete Kaste, deren höhere Ränge der grundbesitzenden Aristokratie und dem Großbürgertum reserviert waren[68], und es stellte ideologisch in seiner bedingungslosen Fixierung auf Disziplin und Gehorsam, Autorität und Staat das Vorbild menschlichen Verhaltens schlechthin in diesem preußisch-deutschen Militärstaat dar.

Diese so beschaffenen militärischen Führungskader erlangten, nachdem sie den Krieg im Herbst 1918 verloren hatten, in der Reichswehr der Republik wieder die entscheidenden Positionen. Diese Reichswehr nämlich, die sich aus den Freikorps, aus «zuverlässigen» Truppenteilen der monarchischen Armee und anderen antisozialistischen Bürgerkriegstruppen der Revolutionsperiode entwickelt hatte, stand von Anfang an unter dem Kommando der ehemaligen kaiserlichen Offiziere. Schon am 10. November 1918 hatte sich Friedrich

Ebert in einem geheimen Telefongespräch mit General Groener von der Obersten Heeresleitung geeinigt, daß die militärische Führung für die «Aufrechterhaltung von Ordnung und Disziplin im Heer» und die «Bekämpfung des Bolschewismus» verantwortlich sei. «Dieses ‹Bündnis› zwischen Ebert und Groener zog die Armee in die werdende Republik hinüber.»[69] Mit der Bildung der «Vorläufigen Reichswehr» am 6.3.1919 war die Institutionalisierung ihrer Macht schon gesichert. In seinen Memoiren schrieb General Groener, der 1927 Reichswehrminister und 1930 zusätzlich Reichsinnenminister wurde: «Wir hofften, durch unsere Tätigkeit einen Teil der Macht im neuen Staat an Heer und Offizierskorps zu bringen; gelang das, so war der Revolution zum Trotz das beste und stärkste Element des alten Preußentums in das neue Deutschland hinübergerettet.»[70]

Novemberrevolution und demokratische Republik waren für die führenden Militärs das eine Schandmal, das auszulöschen war, militärische Niederlage und Versailler Vertrag das andere. Strategisch waren beide eng miteinander verknüpft, weil in ihren Augen die Republik das Resultat und das Symbol der militärischen Niederlage war und die Abschaffung der schwächlichen, durch «Parteiengezänk» zerrissenen Republik und die Errichtung eines «starken Staates» die Voraussetzung für einen neuen machtpolitischen Aufstieg des Reiches war. Entsprechend ihrer sozialen und ideologischen Tradition standen diese Offiziere nicht nur der Arbeiterbewegung, sondern der gesamten Republik und ihrer Verfassung mit Haß und Verachtung gegenüber. 1918/19 hatten sie sich notgedrungen mit der SPD verbünden und einen Eid auf die Verfassung leisten müssen, um «Schlimmeres zu verhindern», nämlich die sozialistische Revolution. Doch schon in den Kämpfen des Jahres 1919 ging es ihnen darum, grundsätzlich die linken Kräfte wieder zurückzuwerfen: Sie sorgten für die Entwaffnung der Arbeiterschaft und bewaffneten zugleich das Bürgertum (in Gestalt von Bürgerwehren, Freikorps usw.).

Ihr längerfristiges Ziel war und blieb die Errichtung eines autoritären Staates und die vollständige Ausschaltung der Arbeiterbewegung im Innern sowie die Einleitung einer neuen militärisch fundierten Großmachtpolitik nach außen. Oder, um es mit den drohenden Worten von General von Loßberg zu sagen: Die Zeit werde kommen, «wo wir abrechnen müssen mit denen, die uns jetzt drangsalieren»[71].

«Kaum war die junge Reichswehr 1921 konsolidiert, begann sie, sogenannte Mobilmachungsvorbereitungen einzuleiten.» Und schon «zwischen 1921 und 1924 wurden die militärorganisatorischen Grundlagen der Entwicklung der deutschen Armee bis 1936 gedanklich erarbeitet ... Die Reichswehr war ein Treibhaus für Ideen und Planun-

gen für eine industrialisierte Kriegführung und für eine industrialisierte Armee.»[72] Aus der Niederlage im Ersten Weltkrieg zogen insbesondere die jüngeren Offiziere die Schlußfolgerung, daß der nächste Krieg als ein totaler, alle Ressourcen und Lebensbereiche umfassender Krieg vorbereitet und geführt werden müsse. Geplant wurde
die «Nation in Waffen», der «totale Volkskrieg auf dem Rücken des
Volkes».

Eine solche Kriegskonzeption aber verlangte eine massive «Beeinflussung der gesamten Gesellschaft», den Aufbau «umfassender Propagandaorganisationen … und die Erfassung und Ausbildung der
schulentlassenen Jugend»[73].

Realpolitisch standen solchen Vorstellungen allerdings zunächst
starke Hindernisse entgegen. Da sowohl die Versuche, sich an der
Interventionspolitik der Westmächte gegenüber dem revolutionären
Rußland zu beteiligen (durch Entsendung von Militär in die Balten-
staaten und die Ukraine) wie auch Kriegspläne gegenüber dem neu
gebildeten polnischen Staat[74] 1920/21 endgültig gescheitert waren,
mußte sich das Militär auch außenpolitisch auf eine längerfristige Politik einstellen. Dabei standen die Möglichkeiten, daß der Versailler
Vertrag gemildert und daß er «von uns bewußt gebrochen» wird, zunächst als taktische Varianten nebeneinander.[75] Unter dem Zwang
der Umstände mußte dann aber der Weg geduldiger Revisionspolitik
eingeschlagen werden. «Wir müssen den Vertrag von Versailles noch
für unabsehbare Zeit zur einzig realen Unterlage für alle unsere Überlegungen … machen … Wir vertreten die Ansicht, daß gegen diesen
Vertrag unter Anwendung aller möglichen Tarnungsmittel alles nur
irgend Denkbare geschehen muß», ohne aber die Reichsregierung
«außenpolitisch – und leider muß man im Deutschen Reiche auch
sagen innenpolitisch» in Schwierigkeiten zu bringen.[76]

Auch in der Frage der innenpolitischen Taktik aber gab es zunächst
beträchtliche Meinungsverschiedenheiten. Bereits im März 1920 hielt
ein Teil des Militärs die Stunde für gekommen, um durch einen Militärputsch die Republik zu liquidieren. Der Oberbefehlshaber der
Reichswehr, General von Seeckt, antwortete auf die Aufforderung
des sozialdemokratischen Reichswehrministers Noske, seine Pflicht
zu erfüllen und gegen die Putschisten vorzugehen, kurz und bündig:
«Truppe schießt nicht auf Truppe». Dies war eindeutig Meuterei und
Hochverrat und politisch eine klare Unterstützung der Putschisten.
Die Regierung mußte nach Süddeutschland fliehen. Regierung und
Republik wurden gerettet durch einen Generalstreik, dessen «Rä-
delsführer» die Putschisten mit dem Tode zu strafen verfügt hatten.
Nach vier Tagen brach der Putsch zusammen.

Die große Mehrheit der militärischen Führer zog aus dieser Niederlage den Schluß, daß die Herstellung eines autoritären Staates schrittweise in Angriff genommen werden müsse und daß das Militär nicht
isoliert handeln könne, sondern der Unterstützung von Teilen der Bevölkerung bedürfe, daß die Reichswehr also als eigenständiges
Machtinstrument, als «Staat im Staat», intakt zu halten sei für den
richtigen Zeitpunkt und daß die Zwischenzeit genutzt werden müsse
für die politische und ideologische Konsolidierung, für den Aufbau
eines Bündnissystems mit anderen rechtsgerichteten Kräften, für die
illegale Aufrüstung und – als Voraussetzung für das gesamte Programm – für die strikte Abschirmung gegenüber demokratischer und
parlamentarischer Kontrolle.

Im Herbst 1923 kam es noch einmal zu einer inneren Zerreißprobe.
Im Gefolge der Ruhrbesetzung durch Frankreich hatte sich, gedeckt
von Reichswehr und Regierung, eine Fülle von rechtsextremen Wehrverbänden gebildet und insgesamt die militante Rechte einen starken
Aufschwung genommen. Zugleich aber waren in Sachsen und Thüringen auf parlamentarisch-legalem Wege Arbeiterregierungen aus SPD
und KPD gebildet worden, die die «Gefahr von links» wieder sichtbar
werden ließen. Erneut verbündete sich das Militär mit dem Sozialdemokraten Friedrich Ebert, der, jetzt als Reichspräsident, den Auftrag
gab, diese Regierungen mit militärischer Gewalt zu beseitigen. Dies
war nun eine Konstellation, in der Teile der Reichswehr den Zeitpunkt für eine «grundsätzliche Lösung» gekommen sahen. Ihren
Schwerpunkt hatten diese Bestrebungen in Bayern, wo nach der Niederwerfung der Räterepublik Anfang Mai 1919 ein halbdiktatorisches
reaktionäres Regime errichtet worden war, das rechtsextremen Organisationen aller Art vorzügliche Entfaltungschancen bot und sich
selbst als «Ordnungszelle» innerhalb eines demokratisch-marxisti-
schen Chaos in Deutschland verstand. Die bayrische Reichswehr
sagte sich von der Reichswehrführung in Berlin los und wollte – im
Bündnis mit anderen rechtsextremen Kräften, unter ihnen die
NSDAP – die Republik stürzen. Die Reichswehrführung konnte die
Abenteurer jedoch noch unmittelbar vor dem Beginn der Aktion wieder auf Linie bringen. Eine Bestrafung oder auch nur eine Entmachtung der Täter – immerhin handelte es sich erneut um die Planung von
Meuterei und Hochverrat – erfolgte, wie schon 1920 gegenüber den
am Kapp-Putsch beteiligten Offizieren, auch diesmal nicht.

Im Gefolge der allgemeinen Konsolidierung der bürgerlichen Republik nach 1924 setzte sich auch in der Reichswehr die Ansicht durch,
daß man sich auf eine längerfristige und schrittweise Realisierung des
eigenen Programms einrichten müsse. Bis zur Errichtung der faschi-

stischen Diktatur blieb das Bestreben, sich nicht in putschistische Abenteuer verwickeln zu lassen und die Reichswehr als politisch und ideologisch festgefügten und handlungsfähigen Machtblock zu sichern, ein zentrales Motiv der Reichswehrführung. Nach ihrem Selbstverständnis war die Reichswehr mit diesem Kurs sowie dem Fernhalten von parteipolitischen und parlamentarischen Einflüssen «unpolitisch» und nur «dem Staat» als solchem verpflichtet – aber eben nicht der konkreten demokratischen Republik und ihrer Verfassungsordnung.

Die Ziele der Reichswehr blieben dieselben. In Übereinstimmung mit der allgemeinen Linie der Führungsschichten, wie sie auch vom Reichsverband der Deutschen Industrie und in den Bürgerblockregierungen der Stabilisierungsphase vertreten wurde, erstrebte die Reichswehrführung eine längerfristige und schrittweise Realisierung ihres Programms, nämlich im Innern die Zurückdrängung der Arbeiterbewegung und die Revision der Weimarer Reichsverfassung und nach außen die Sprengung der Fesseln des Versailler Vertrages und die Erringung einer neuen Weltmachtstellung. Die innenpolitischen Ziele hatte der Reichswehrchef General von Seeckt in seinem «Regierungsprogramm» 1923 noch einmal umrissen: «Aufhebung der Tarifverträge. Ersatz der Gewerkschaften durch Berufskammern» und «Einführung einer Reichsständekammer» neben dem Reichstag [77]. Von Seeckt wollte allerdings auch im Rahmen seiner Diktaturkonzeption durch die «Staatsautorität» sichergestellt wissen, daß die Arbeiterschaft nicht «erneut in Kampfstellung zur Werksleitung» gedrängt wird, und deshalb die Kapitalinteressen – Verlängerung der Arbeitszeit, Lohnabbau, Ablehnung des Schlichtungsverfahrens und Aufhebung der Urlaubsvorteile – nicht «gleichzeitig oder kurz nacheinander» durchgesetzt haben. [78]

Das außenpolitische Programm kommt besonders klar in einer geheimen Denkschrift des Reichswehrministeriums von 1926 zum Ausdruck. [79] Dort heißt es, es sei «klar, daß es sich für Deutschland in den nächsten Stadien seiner politischen Entwicklung nur um die Wiedergewinnung seiner europäischen Stellung und viel später erst um das Wiedererkämpfen seiner Weltstellung handeln wird». In dieser ersten Phase sei der Hauptgegner Frankreich. «Es ist ohne weiteres anzunehmen, daß ein wiedererstandenes Deutschland bei seinem späteren Kampfe um die Rohprodukte und Absatzmärkte in Gegensatz zum amerikanisch-englischen Machtkreise kommen ... wird. Aber diese Auseinandersetzung wird erst auf der Grundlage einer festgefügten europäischen Stellung nach einer erneuten Lösung der französisch-deutschen Frage auf friedlichem oder kriegerischem

Wege in Betracht kommen.» Es ist bemerkenswert, in welcher Klarheit hier nicht nur die Ziele formuliert, sondern auch die Etappen angegeben sind, in denen sich dann nach 1933 der neue «Griff nach der Weltmacht» tatsächlich vollzogen hat. Der Reichswehrführung aber war klar, «daß das Ziel nicht im Sturm erreicht werden kann und daß man sich deshalb auf lange Sicht einzustellen hat». Es komme also darauf an, «die Wehrmacht für diese kommende Zeit als das scharfe, schlagfertige Instrument modernster Kriegführung auf die höchste Stufe zu entwickeln».[80]

Auch für die deutsche Marineführung war «ein – vorübergehend getarnter – aggressiver Imperialismus» kennzeichnend, «der den großen Krieg gegen die angelsächsische Seemacht und Revisionskriege, die sowohl als Revanche als auch als Gewinnung der Ausgangsstellungen für die Konfrontation mit Großbritannien gedacht wurden, von Anfang an als unvermeidbar einkalkulierte». Schon in einer offiziellen Denkschrift der Reichsmarineleitung von Ende 1918, als der erste große Weltkrieg gerade verloren war, wurden solche Ziele in Aussicht genommen. Und die ideologische Prägung der Marine in den Jahren danach sorgte dafür, daß es dann 1933 nicht nur gewährleistet war, «den Übergang zum neuen Staat reibungslos zu vollziehen, sondern auch Hitler eine Marine zuzuführen, die ideologisch nicht mehr umerzogen werden mußte».[81]

Als potentieller Hauptgegner des Heeres galt in diesem Konzept Frankreich, die eigentliche Garantiemacht des Versailler Vertragssystems. Von hier aus ergaben sich gewisse Tendenzen, mit der Sowjetunion zu kooperieren, da diese gleichfalls in den westlichen Siegermächten die Hauptgefahren sehen mußte und zudem auf diese Weise an moderne Militärtechnologie herankam.

Zunächst aber ging es um die Schaffung der politischen, ideologischen und ökonomischen Voraussetzungen im Innern. Die illegale Aufrüstung mußte finanziell abgesichert werden, und sie mußte abgeschirmt sein gegenüber der demokratischen Öffentlichkeit, gegenüber parlamentarischen Kontrollmöglichkeiten und gegenüber den Garantiemächten des Versailler Vertrages, besonders gegenüber Frankreich. Dies alles konnte natürlich nur dann gewährleistet werden, wenn diese Politik der Reichswehr mit einem breiten «Sympathisantenfeld» in Wirtschaft und Bürokratie, in Justiz und Presse, im Parlament und bei den bürgerlichen Parteien rechnen konnte. Da es sich jedoch um das Programm aller Kräfte der herrschenden Klasse handelte, war diese Voraussetzung in hohem Grade gegeben:

«Es gab einen ungewöhnlich breiten Rüstungskonsens in der Weimarer Republik, der ... von der Mehrzahl der republikanischen Parteien mitgetragen wurde ..., ohne daß es zu einer Diskussion über Strategie und Rüstung und die Zwecksetzung der Reichswehr gekommen wäre.» So war es möglich, «daß man im Rahmen einer Abrüstungskonferenz Aufrüstungspolitik betreiben und mit einer rechtsstaatlichen Regierung über illegale Rüstungen verhandeln» konnte. Diese Politik wurde 1928/29 besiegelt, als die sozialdemokratisch geführte Regierung Müller «die geheimen und illegalen Rüstungsarbeiten auf personellem und materiellem Gebiet offiziell durch Kabinettsbeschluß genehmigte».[82] Diese positive Einstellung zum Thema Krieg und Militär galt übrigens auch für die Kirchen[83], deren Einfluß auf Stimmung und Weltbild der Bevölkerung hier von besonderem Gewicht war.

Die an der Rüstung interessierten Konzerne waren bereit zur illegalen Aufrüstung, soweit die Finanzierung abgesichert war. Diese vollzog sich über allerlei versteckte Posten, besonders in den Etats des Reichswehrministeriums, des Innenministeriums und des Verkehrsministeriums. Die innere «Geschlossenheit» der Reichswehr wurde dadurch gesichert, daß nur solche als Berufssoldaten akzeptiert wurden, deren «vaterländische» Gesinnung gewährleistet erschien. Die Reichswehr blieb absolut «sozialistenrein» – in dieser Eigenschaft war sie der Universität und der hohen Bürokratie vergleichbar.

Ideologische Struktur und soziale Herkunft bildeten also vorzügliche Voraussetzungen für den faschistischen Staat, und in der Tat hatte «das Führerkorps der Waffen-SS bis in den Krieg hinein hinsichtlich seiner sozialen Herkunftsstruktur große Ähnlichkeit mit dem Offizierskorps der Wehrmacht», «die Mehrzahl» stammte «aus den ehemals ‹offiziersfähigen› Kreisen».[84]

So war die Reichswehr ein «Staat im Staat», ein festgefügter Block antidemokratischer und antirepublikanischer Gesinnung in der parlamentarischen Republik. Zu keinem Zeitpunkt und unter keiner Regierung ist eine parlamentarische Kontrolle der Reichswehr gelungen, zumal der für die Reichswehr zuständige Minister praktisch von der Reichswehr selbst ernannt und seit 1927 aus ihrer obersten Führung in die Regierung entsandt wurde. Von 1927 bis zum Frühjahr 1932 war dies der ehemalige kaiserliche General Groener, der neben Hindenburg und Ludendorff führende Mann der Obersten Heeresleitung bis 1918; im Mai 1932 wurde er abgelöst, weil er gegenüber der NSDAP zu starke Vorbehalte hatte, und durch General von Schleicher ersetzt. Seit 1925 war zudem der Oberbefehlshaber der kaiserlichen Weltkriegsarmee, der ehemalige Generalfeldmarschall Hindenburg, Präsident der Republik und damit zugleich derjenige, der über den Einsatz der Reichswehr gegen den «inneren Feind» im Notstandsfall zu befinden hatte.

Ab und zu wurde von kommunistischen und sozialdemokratischen Abgeordneten oder von demokratischen und pazifistischen Journalisten und Schriftstellern ein Skandal, d. h. konkret: ein Verfassungsbruch, aufgedeckt, doch auch dies blieb für die Reichswehr meist folgenlos. Zwar mußte General von Seeckt 1926 von seinem Posten als Chef der Heeresleitung zurücktreten, weil die Öffentlichkeit erfuhr, daß der ehemalige Kronprinz Wilhelm von Preußen an Militärmanövern teilgenommen hatte, und 1927 mußte Reichswehrminister Geßler zurücktreten, weil anläßlich eines Firmenzusammenbruchs die Praktiken der illegalen Aufrüstung ans Licht gekommen waren. Doch an der Politik der Reichswehr änderte dies nichts. Der Nachfolger von Geßler, General von Groener, kam nun sogar direkt aus dem Machtzentrum der Reichswehrführung.

Gravierend waren die Folgen solcher Enthüllungen eher für diejenigen, die die illegale Aufrüstung aufgedeckt hatten. Zur Zeit der Schwarzen Reichswehr bis 1923/24 war es an der Tagesordnung, daß solche «Verräter» durch «Fememord» beseitigt wurden. Die Mörder zu decken war dann Aufgabe der staatlichen Exekutivorgane und der Justiz.[85] Doch auch nach Festigung der bürgerlichen Republik und Herstellung «normaler» Verhältnisse war solcher «Verrat» gefährlich. Journalisten und Schriftsteller, die dies taten, hatten nicht nur mit wüsten Diffamierungen, sondern auch mit einer Anklage wegen «Landesverrat» zu rechnen. So wurde der Schriftsteller und Herausgeber der Zeitschrift *«Weltbühne»*, Carl von Ossietzky, angeklagt und verurteilt, weil er Vorgänge der illegalen Aufrüstung aufgedeckt hatte.

Die illegale Aufrüstung vollzog sich Schritt für Schritt: Neue Waffensysteme wurden entwickelt und erprobt, oft im Ausland, so in Italien, Spanien, Schweden, Dänemark, der Schweiz, den USA, Japan und in der Sowjetunion[86]. Krupp entwickelte ein neues Panzermodell und ließ es bei der Firma Bofors in Schweden testen, die Firmen Junkers, Heinkel und Dornier nahmen den Aufbau einer neuen Luftwaffe in Angriff, und die von der Reichswehr geschaffene private Tarnfirma «Ingenieurbüro für Wirtschaft und Technik» konstruierte neue U-Boote. Generell dominierten diejenigen Firmen, die auch schon im Ersten Weltkrieg die Rüstungsproduktion beherrscht hatten (Krupp, Borsig, Klöckner, Carl Zeiss, Telefunken sowie der 1926 entstandene Großkonzern Vereinigte Stahlwerke). Panzerfahrer und Flugzeugpiloten wurden in den entsprechenden Rüstungsfirmen in privaten Fluggesellschaften (u. a. der Lufthansa), in Klubs (z. B.

Aero-Klub), im «Reichskuratorium für die Motorisierung der Landwirtschaft» usw. ausgebildet. Tarngesellschaften wurden eingerichtet,
die die Finanzierung abwickelten und die Produktion planten. 1925
vereinbarten Reichswehrministerium und Reichsverband der Deutschen Industrie die Bildung einer Rüstungsbehörde, die den harmlo-
sen Namen «Statistische Gesellschaft» erhielt. Am Ende der 20er
Jahre wurde der Bau neuer Kriegsschiffe forciert, der vom Reichswehrminister Groener präzis begründet wurde mit ökonomischen Ex-
pansionsinteressen nach außen und Repressionsinteressen gegen die
Gefahr von links im Innern: «Je größer der Seehandel ..., um so größer das Bedürfnis nach ‹Seemacht›.» Und: «Unterstützung der staatlichen Gewalt bei inneren Unruhen im Küstengebiet.»[87] Diese im
Versailler Vertrag übrigens nicht verbotene Flottenrüstung fand auch
Wohlgefallen in militärischen Kreisen Großbritanniens, die darin
eine «Sicherung gegen die russischen Ränke in der Ostsee» sahen.[88]
Hier deutet sich schon jene Linie an, die dann zu der wohlwollenden
Politik gegenüber dem Faschismus und seiner Rüstung führte und
über das Münchner Abkommen 1938 bis zum Kriegsbeginn die britische und in ihrem Gefolge auch die französische Politik bestimmte.
    Auch in militärwissenschaftlicher Hinsicht wurden Grundlagen
geschaffen, auf denen die Kriegführung des faschistischen Systems
später aufbauen konnte. Das gilt sowohl für die Ausarbeitung einer
modernen Blitzkriegsstrategie unter maßgeblichem Einsatz der Pan-
zerwaffe wie auch für die Probleme, die mit dem «totalen Krieg» verbunden waren. Ideologisch lag diesen Schriften vielfach ein brutaler
Sozialdarwinismus zugrunde, der dann auch den faschistischen Rassismus auszeichnete: Krieg sei «in der biologischen Form des Kampfes
ums Dasein der herrschende Zustand zwischen den Lebewesen».[89]
    Die Hunderttausend-Mann-Grenze konnte freilich nicht offen
überschritten werden. Zwar hatte die Reichsregierung schon im April
1920 die Westmächte bedrängt, doch 200000 Mann zu erlauben:
Deutschland könne seine Rolle als Bollwerk gegen den Bolschewismus nicht wahrnehmen, wenn es nicht einmal über eine Armee ver-
füge, die Ruhe und Ordnung im Innern aufrechterhalten könne.[90]
Doch die Westmächte hatten abgelehnt. Daraufhin wurde eine Art
geheime Ersatzarmee gebildet, die sich selbst «Schwarze Reichswehr» nannte und aus der Fülle der Bürgerwehren, Freikorps und
nicht aufgelösten Verbänden der Weltkriegsarmee rekrutierte. Diese
Truppen wurden größtenteils aus privaten Geldern der Industrie und
der Großgrundbesitzer finanziert. «Die meisten Geldgeber dachten
vorwiegend an die innenpolitische Lage. Einige aber faßten die Ge-
samtlage ins Auge», d. h. die «Errettung aus fremder Knechtschaft».

Die Mentalität dieser Verbände charakterisierte einer ihrer Führer rückblickend mit dem Satz: «Wir hauen den ganzen Sauladen zusammen.»[91]

Nach der Konsolidierung der Republik und dem Arrangement mit den Westmächten in der Reparationsfrage (Dawes-Plan 1924) mußte diese Taktik modifiziert werden. Nun wurde die Zusammenarbeit mit den «legalen» Veteranen-Organisationen wie dem «Stahlhelm» intensiviert, die – unter Anleitung von Reichswehroffizieren – militärische Ausbildung in großem Maßstab betrieben. Unter verschiedenen Decknamen («personeller Landesschutz», «Heimatschutz», «Eisenbahnschutz») wurden Reserveorganisationen aufgebaut. Die Reichswehr selbst wurde zum «Führerheer» ausgebaut, d. h., alle Angehörigen wurden so ausgebildet, daß sie mit dem Übergang zum Massenheer sogleich höhere Funktionen wahrnehmen konnten. So gelang es der Reichswehr im Verlaufe der 20er Jahre, ihre innere Struktur und ihre Machtposition in der Weimarer Republik wesentlich zu festigen und zugleich rüstungstechnische Vorbereitungen für den Aufbau einer neuen, modernen und schlagkräftigen Massenarmee zu schaffen. General Groener konnte 1930 für die Reichswehr durchaus realistisch verlangen: «Im politischen Geschehen Deutschlands darf kein Baustein mehr bewegt werden, ohne daß das Wort der Reichswehr ausschlaggebend in die Waagschale geworfen wird.»[92] Zu Beginn der Krisenperiode nach 1930, als sich die politischen und sozialen Auseinandersetzungen verschärften und die Rechte zur Offensive überging, stand die Reichswehr also als zuverlässige antirepublikanische Truppe Gewehr bei Fuß.

Die Justiz

Aufgabe der Justiz in der bürgerlichen Gesellschaft ist es einerseits, Konflikte zwischen den Privateigentümern zu regeln, andererseits und hauptsächlich aber die auf dem Privateigentum beruhende Gesellschaftsordnung zu sichern. Dies ist nur dann gewährleistet, wenn die wichtigsten Positionen in der Justiz in der Verfügungsgewalt der höheren Schichten sind, wenn die Richter, Staatsanwälte und höheren Justizbeamten sich in hohem Maße aus diesen Schichten rekrutieren. Das war im Kaiserreich der Fall, und auch in der Weimarer Republik hatte die Justiz diese soziale Exklusivität bewahrt – sogar in Hinsicht auf die «Laienrichter», die Schöffen und Geschworenen. Schon darum «kennzeichnet das Wort Klassenjustiz einen objektiven Zustand»[93], der sich aber natürlich auch in dem Inhalt der Rechtsprechung ausdrückt.

Die Justiz nimmt die Aufgabe, die privatkapitalistische Eigentumsordnung zu schützen, in der Regel dadurch wahr, daß sie die gegebenen gesetzlichen Normen anwendet. Bis 1918 gab es hier auch keine ernsten Probleme. Revolution und Parlamentarisierung hatten dann jedoch neue, von den arbeitenden Massen beeinflußte Gesetzesnormen geschaffen, und überhaupt war – angesichts der erstarkten Arbeiterbewegung und des allgemeinen Wahlrechts – auf den Gesetzgeber, das Parlament, kein rechter Verlaß mehr.

Die Richter (wie die anderen Machteliten im Staatsapparat) waren nach 1918 in ihren Positionen belassen worden. Entgegen dem Erfurter Programm der SPD von 1891, das eine «Rechtsprechung durch vom Volk gewählte Richter» verlangt hatte, erkannte der Rat der Volksbeauftragten schon am 16. November 1918 das Prinzip der «Unabhängigkeit» des Richters an.

Diese starke Machtposition, die ihr verblieben war, nutzte die Justiz nun sehr konsequent aus. Unter Berufung auf ihre «Unabhängigkeit» konnten die Richter solche Gesetzesnormen, die ihnen unwillkommen waren, durch ihre Interpretationskünste gemäß den Interessen der Besitzenden abändern. Sie erhoben sogar den Anspruch, jedes Gesetz nach seiner Verfassungsmäßigkeit überprüfen und gegebenenfalls seine Gültigkeit bezweifeln zu können. Und überhaupt beriefen sie sich auf «höhere», den vorhandenen Gesetzen angeblich übergeordnete «naturrechtliche» Normen, die jeder nach eigenem Belieben interpretieren konnte. Oder sie beriefen sich auf Generalklauseln wie «Sicherheit und Ordnung», «Treu und Glauben», «das Wohl des Staates» usw., die ebenfalls beliebig dehnbar waren. (Nach 1933 konnte mit der Generalklausel vom «gesunden Volksempfinden» dann jeder Willkürakt begründet werden.)

Zunächst ging es darum, die Bedrohung der bürgerlichen Eigentumsordnung abzuwehren. Die *Strafjustiz*, die es bis 1918 als ihre wesentliche Aufgabe begriffen hatte, «im Namen des Königs» Demokraten und Sozialisten zu verfolgen, ging auch jetzt – nunmehr «im Namen des Volkes» – mit äußerster Härte gegen alle jene vor, die nach dem November 1918 die Eigentumsordnung verändern wollten. Sie vollendete mit ihren Mitteln das, was die Freikorps bei ihren militärischen Aktionen und Erschießungen noch nicht vollzogen hatten. Sie verhängte Todesurteile und hohe Gefängnis- und Zuchthausstrafen gegen die Vorkämpfer der Räterepublik. Und sie deckte die Terror- und Mordaktionen der Rechten, sorgte für Einstellung oder endlose Verschleppung der Gerichtsverfahren, für Freisprüche oder für milde

Urteile, die ebenfalls mit baldiger Freilassung der Täter endeten. Das betraf die Teilnehmer am Kapp-Putsch von 1920 ebenso wie die Mordaktionen, die das Marburger Studentenkorps bei seinem Rachefeldzug an Arbeitern in Thüringen nach dem gescheiterten Kapp-Putsch beging. Es betraf die Teilnehmer am Hitler-Ludendorff-Putsch von 1923 ebenso wie die Mörder an den Sozialisten Gareis und Eisner und an den bürgerlichen Verständigungspolitikern Erzberger und Rathenau.

Der Heidelberger Dozent Gumbel hatte diese Praxis statistisch genau dokumentiert.[94] Es bekam ihm schlecht. Die Universität fühlte sich in ihrer Würde verletzt und vertrieb ihn von der Hochschule. Die von Gumbel angeprangerte Praxis der Justiz entsprach eben den allgemeinen Vorstellungen des deutschen Besitz- und Bildungsbürgertums.

Diese krasse Einseitigkeit der Justiz war nicht auf die Phase der Revolution und des rechtsextremen Terrors beschränkt. Auch später wurden demokratisch gesinnte Staatsbürger, die Dokumente zur deutschen Kriegsschuld publizierten oder die illegale Aufrüstung der Reichswehr kritisierten, wegen «Landesverrat» angeklagt und verurteilt. Fechenbach, der Sekretär des 1919 ermordeten bayrischen Ministerpräsidenten Eisner, wurde 1922 vom Volksgericht München zu elf Jahren Zuchthaus verurteilt, und Carl von Ossietzky, der Herausgeber der «Weltbühne», erhielt vom Reichsgericht 1931 eineinhalb Jahre Gefängnis.[95] So hat diese Justiz «jede Kritik, die liberale, pazifistische oder sozialistische Politiker und Publizisten an der illegalen Institution der Schwarzen Reichswehr und anderen Erscheinungen eines militaristischen Rechtsradikalismus übten, als Landesverrat geahndet»[96] und damit die Aktivitäten der Rechten geschützt und gedeckt.

Auch gegen künstlerische Äußerungen, die diese Justiz für politisch gefährlich hielt, ging sie mit der Waffe des politischen Strafrechts vor. Der Vortrag revolutionärer Gedichte wurde «als Vorbereitung des Hochverrats» verfolgt. Das Reichsgericht erfand den Tatbestand des «literarischen Hochverrats», der nicht nur den Dichter, sondern auch den Rezitator, den Literaturkritiker, den Verleger und den Buchhändler traf.[97]

Der Maler und Zeichner George Grosz wurde samt seinem Verleger wegen Gotteslästerung vom Schöffengericht verurteilt, vom Landgericht aber freigesprochen, worauf das Reichsgericht den Freispruch wieder aufhob.

Bei alledem verstanden sich diese Richter als Hüter der «hohen sittlichen Güter des Volkes».[98] Und sie sahen die Justiz als «unabhängig» und «unpolitisch». Die Gefahr der Politisierung drohte in ihren Augen dann, wenn Sozialdemokraten Richter werden wollten, weil diese weltanschaulich voreingenommen seien.[99] Deshalb war auch Kritik an dieser Justiz nicht erlaubt und wurde rigoros unterdrückt. Aus Filmen mußten z. B. – auf Anordnung der zuständigen Filmprüfungsstellen der Reichsbehörden – solche Stellen herausgenommen werden, die sich kritisch mit der Justiz befaßten.

Mit besonderer Härte ging die Justiz natürlich gegen die Kommunisten vor. In einer Flut von Kommunistenprozessen wurden «gegen eine Unzahl kleiner namenloser Funktionäre Freiheitsstrafen von Tausenden von Jahren verhängt», ohne daß überhaupt substantielle Handlungen vorlagen. «Die ‹Handlung› war lediglich der Vorwand, um die Gesinnung bestrafen zu können.» Hier ist es ganz offensichtlich, daß «diese Justizpraxis ... den Boden für die Konzentrationslager der Nationalsozialisten» bereitete, «die auf den Vorwand einer strafwürdigen ‹Handlung› ganz verzichteten».[100]

Es ist nicht verwunderlich, daß die Justiz in dem Augenblick, als die NSDAP zu einer politischen Kraft geworden war, auch zur direkten politischen Förderung überging: Die «angesetzten Hochverratsprozesse gegen die NSDAP» wurden «wieder und wieder verschleppt oder mit dem Hinweis auf die kommunistische Gefahr abgesetzt».[101] Diese Praxis wurde durchgehalten, obwohl die Terror- und Mordaktivitäten der NSDAP, insbesondere gegen die Linke, seit 1930 enorm zunahmen und obwohl konkrete Beweise für ihre Putschpläne vorlagen (z. B. durch die «Boxheimer Dokumente» 1931).

Die *Arbeitsgerichtsbarkeit* sah sich mit dem Problem konfrontiert, daß in der Weimarer Reichsverfassung in aller Klarheit die Koalitionsfreiheit der abhängig Arbeitenden garantiert war und daß darin Streikrecht und Tarifautonomie der Gewerkschaften eingeschlossen waren. Ihre Bemühungen zielten nun darauf ab, den Handlungsspielraum der Gewerkschaften so einzuengen, daß die Kapitalbesitzer ihre Interessen dennoch optimal durchsetzen konnten, und möglichst die Gewerkschaften und die Betriebsräte noch als Instrument zu benutzen, um die abhängig Arbeitenden in diese Interessenstruktur einzubinden.

So übertrug die Arbeitsgerichtsbarkeit die von der akademischen Rechtslehre entwickelte Ideologie von der «Betriebsgemeinschaft» auf die Praxis. Danach waren die abhängig Arbeitenden und ihre Organisationen dem gemeinsamen «Betriebszweck» von Kapital und Arbeit verpflichtet. Auf diese Weise wurde das Unternehmerinteresse, Profit zu erzielen, zum Allgemeininteresse erhoben. Den Arbeitern und Angestellten wurde eine «Treuepflicht» gegenüber ihrem

Unternehmer auferlegt, die bis in das Privatleben und die freie Meinungsäußerung hineinwirkte. Das faschistische System hat dann aus dieser Lehre die Konsequenzen gezogen, den Unternehmer zum «Führer des Betriebes» ernannt, die Arbeiter und Angestellten zur «Gefolgschaft», und hat Gewerkschaften und Streiks gänzlich verboten – im Interesse der «Betriebsgemeinschaft» und der «Volksgemeinschaft».[102]

Das Ansehen der verschiedenen Justizberufe hing ab von der Nähe zur Obrigkeit, so daß die freien Rechtsanwälte ganz unten standen. Unter ihnen gab es allerdings auch eine starke liberale und demokratische Strömung. Sprach ein solcher Anwalt einmal von «Klassenjustiz», so wurde er sehr rasch disziplinarisch belangt. Die Richter und Staatsanwälte, die das höchste Ansehen genossen, sahen sich politisch meist von den Deutschnationalen repräsentiert. Die Nationalsozialisten waren ihnen zu ordinär – wie den meisten Angehörigen des konservativen Bildungsbürgertums, den Offizieren, den Professoren und Pastoren. Als freilich die faschistische Diktatur 1933 errichtet war, gingen sie zu diesem Regime über und sprachen nun – weiterhin im «Namen des Volkes» – jenes Recht, das der «Führer» verlangte. Bereits am 19. März 1933 «begrüßt» der Deutsche Richterbund im Namen seiner 13 000 Mitglieder das Konzept der Hitler-Regierung und versichert, daß er ihr «volles Vertrauen» entgegenbringe.[102a]

Was von dieser, durch Weltkriegserlebnis und Juraausbildung nach 1918 geprägten Richtergeneration zu erwarten war, hat Kurt Tucholsky schon 1921 erstaunlich klarsichtig vorausgesagt:

Deutsche Richtergeneration 1940
...
Du warst im tiefen Flandern
Etappenkommandant.
Du spucktest auf die andern
auch hier, im Vaterland.

...
Nun, deutsche Jugend, richte!
Hier Waage! Da das Schwert!
Räch dich für die Geschichte!
Zeig dich des Kaisers wert!

Würg mit dem Paragraphen!
Benutz den Kommentar!
Du mußt den Landsmann strafen,
der kein Teutone war.

...

Ich grüß dich, wunderbare
Zukunft der Richterbank!
Du nennst das einzig Wahre:
Rechtspruch nach Stand und Rang!

...

Die staatliche Bürokratie

Auch die staatliche Bürokratie war trotz des Übergangs zur Republik
in den Händen der alten Führungsschichten geblieben. Entstanden
zur Zeit des Absolutismus, war die Beamtenschaft geprägt vom Geist
des Obrigkeitsstaates. Abgesehen von den allgemeinen Untertanen-
pflichten, die auch für sie galten, war sie dem Oberhaupt des Staates
besondere Treue und besonderen Gehorsam schuldig. Seit der Bis-
marck-Zeit wies sie «die hierarchische Geschlossenheit einer Kaste»
auf, «die eine oft bis ins Groteske gehende Gleichartigkeit der Ge-
wohnheiten und Anschauungen und nicht zuletzt eine verhältnismäßig uniforme Einstellung zu politischen Fragen» besaß[103]. Zusammen
mit dem Militär bildete diese Beamtenschaft die zweite Hauptsäule
des monarchischen Staatsapparates. Und der Tugendkodex der preußischen Militärkaste war für sie – noch stärker als für die Gesellschaft
insgesamt – die Grundlage des eigenen Weltbildes. So konnte der
konservative Historiker Otto Hintze 1911 mit Recht feststellen: «Die
militärische Disziplin mit ihrer Gewöhnung an Ordnung und Pünkt-
lichkeit, an Promptheit im Gehorsam und Bestimmtheit im Auftreten
ist eine ausgezeichnete Schule für untere Beamte, bei denen es weniger auf Intelligenz als auf Zuverlässigkeit ankommt.»[104] Die Zugehö-
rigkeit zur SPD galt selbstverständlich als unvereinbar mit dem Beam-
tenstatus. Die höheren Ämter, insbesondere die der Ministerialbürokratie des Reiches und der Einzelstaaten, waren dem Adel und dem
gehobenen Bürgertum reserviert. Deren geistige Geschlossenheit
war zusätzlich durch das Juristenmonopol abgesichert. Dieser «Be-

amtenstand» sah sich als Repräsentant der «Staatsautorität» und des «Gemeinwohls» gegenüber parlamentarischen und parteipolitischen Einflüssen. Sein Konservativismus galt ihm als unpolitisch.

Während die revolutionäre Bewegung darauf gedrängt hatte, auch die Beamtenschaft den Grundsätzen der Wahl und der Abberufbarkeit, d. h. der demokratischen Kontrolle zu unterwerfen, rief die sozialdemokratisch geführte Regierung die Beamtenschaft nicht nur auf, ihre Pflichten weiter wahrzunehmen, sondern sicherte ihr auch die Respektierung aller «gesetzlichen Ansprüche» zu. Und die Weimarer Reichsverfassung (Art. 128–131) bestätigte ihr dann die «Unverletzlichkeit» ihrer «wohlerworbenen Rechte». Damit war nicht nur die dem Obrigkeitsstaat entstammende und ihm entsprechende Institution des Berufsbeamtentums in die Republik hineingenommen, sondern auch der konkrete Beamtenapparat, so wie er vor 1918 gewesen war.

Dieser Apparat wahrte seine soziale und ideologische Geschlossenheit auch in den Jahren der Republik in hohem Maße. Eine auch nur partielle Durchdringung mit jenen Kräften, die die Republik geschaffen hatten und sich ihrer Verfassungsordnung verpflichtet fühlten, gelang ebensowenig wie eine parlamentarische Kontrolle. Die höheren Ämter rekrutierten sich weiterhin aus den besitzenden Klassen, die Ministerialbürokratie und der diplomatische Dienst sogar in starkem Maße aus der Aristokratie. Auch das Juristenmonopol blieb erhalten, und «politische», d. h. absetzbare (oft aus der Sozialdemokratie und der arbeitenden Bevölkerung kommende) Beamte wurden strikt abgelehnt. Angesichts der sozialen und ideologischen Kontinuität mit dem Kaiserreich war die ablehnende Haltung dieser Schichten gegenüber Republik und Weimarer Verfassung, Demokratie und Arbeiterbewegung die gleiche wie bei der militärischen Führung. Ihre Sympathie galt allen Bestrebungen, die auf Überwindung dieses Zustandes gerichtet waren, also auch der illegalen Aufrüstung und den verschiedenen rechtsextremen Strömungen, sofern diese sich einfügen ließen in eine «realistische» Strategie. Die höheren wie die niederen Ränge der Beamtenschaft fühlten sich – in der Tradition des Obrigkeitsstaates – dem «Staatsganzen» verpflichtet, d. h. oberhalb von parteipolitischen und parlamentarischen Einflüssen. «Das autoritäre Staatsbild einer auf technischer Leistungsfähigkeit aufgebauten Ordnung, die förmliche Vergottung eines hierarchisch gestrafften Obrigkeitsstaates» lag ihnen wesentlich näher als der parlamentarische Parteienstaat[105], der sie zudem ihrer zentralen Stellung im Staatsleben beraubt, also ihren gesellschaftlichen Status stark vermindert hatte. Nur dort, wo die SPD lange regierte, wie in Preußen, konnten in der inneren Verwaltung einige Veränderungen erreicht werden. Im ganzen stand die Beamtenschaft der Republik fremd gegenüber.

Mit dem Selbstverständnis von «Überparteilichkeit» und «Neutralität» war es durchaus vereinbar, daß die Beamten sich überwiegend in antigewerkschaftlichen «nationalen» Verbänden organisierten[106] und nach 1929 in beträchtlichem Ausmaß auch zur NSDAP übergingen[107]. Als in der Wirtschaftskrise die gesellschaftlichen Führungsschichten die demokratischen Rechte und Institutionen abbauten, konnten sie sich – neben Militär und Justiz – in hohem Maße auf den Beamtenapparat stützen. 1932, in der Ära Papen, vollzog sich dann «das politische Heraustreten der Bürokratie aus der Deckung der ‹Neutralität›»[108] – verbunden mit einem «Massenhinauswurf republikanischer Beamter»[109] in Preußen, legitimiert als «Wiederherstellung des Berufsbeamtentums». So hieß dann auch das Gesetz, mit dem die faschistische Regierung am 7. April 1933 den Beamtenapparat von den noch verbliebenen demokratischen Elementen säuberte – zur Zufriedenheit nicht nur der «nationalen Rechten», sondern auch des Deutschen Beamtenbundes. Nicht nur große Teile des Personals konnte der faschistische Staat übernehmen, sondern beispielsweise auch die Dossiers, die die politische Polizei in der Weimarer Republik über linksgerichtete Bestrebungen angelegt hatte. Im faschistischen System funktionierte der Beamtenapparat dann sehr zuverlässig: «Ohne die Leistung und Pflichterfüllung eines staatstreuen Beamtentums wären die beträchtlichen Anfangserfolge des Dritten Reiches wie seine relativ hohe innere Stabilität nicht erklärlich. Das Beamtentum bildete neben der Reichswehr den stärksten traditionalen und stabilisierenden Faktor im Herrschaftsgefüge des Dritten Reiches.»[110]

Organisierung und Propagierung der Interessen

Schon die Verfügungsgewalt über zentrale Instrumente der Staatsmacht (wie Militär, Justiz und Bürokratie) enthält bereits ideologische Komponenten: Sie wirkt auch auf das Bewußtsein – zunächst natürlich bei den Angehörigen dieser Institution selbst. Das gilt vor allem für das Militär, das nicht zufällig von allen rechtsgerichteten Kräften als «Schule der Nation» betrachtet wurde (und wird). Diese Verfügungsgewalt wirkt aber auch bei anderen Teilen der Bevölkerung dadurch, daß die Machtfülle, die hierarchische Struktur und die Effektivität dieser Institutionen sowohl Angst und Unterwerfungsbereitschaft wie Bewunderung und Zustimmung erzeugen. Diese direkte, sozusagen spontan ideologische Wirkung von Herrschaft und Herrschaftssymbolen wird wesentlich intensiviert durch ein vielfältiges Instrumentarium ideologischer Beeinflussung und Bewußtseinsbildung. Anknüpfend an die Erfahrungen und Bedürfnisse der verschiedenen sozialen Schichten werden diesen Interpretationen vermittelt über die Ursachen ihrer Lage, ihre Möglichkeiten der Lösung ihrer Probleme und überhaupt über die Beschaffenheit der politischen und sozialen Welt, die sie umgibt.

Die Formierung eines Gesellschafts- und Weltbildes geht einher mit dem Versuch, die verschiedenen sozialen Schichten und Gruppen in Organisationen zu erfassen, um einerseits der Bewußtseinsbeeinflussung Kontinuität zu verleihen und dem politischen Verhalten, das daraus folgt, eine stärkere Wirkung zu geben; andererseits aber auch deshalb, um die unterschiedlichen Interessen und Bedürfnisse miteinander zu vermitteln und in übergreifenden Interessenstrukturen, letztendlich in die der herrschenden Klassen, einzubinden: im Falle der Weimarer Republik also innenpolitisch in die des Privateigentums und außenpolitisch in die einer neuen Expansion. Für die Darstellung dieser Interessen als «Gemeinwohl» und für eine solche «Weltanschauung» auch die kleinen Ladenbesitzer, Handwerker und Bauern, die Angestellten, kleinen Beamten und Hausfrauen und – wenn möglich – auch noch Teile der Arbeiterschaft zu gewinnen war offensichtlich keine leichte Aufgabe.

Im Kaiserreich hatte das herrschende Machtkartell aus Großbürgertum und Großgrundbesitz seine Interessen vor allem mit Hilfe einer starken, demokratischen Kontrolle gänzlich entzogenen Exekutivgewalt politisch umgesetzt: durch Polizei, Militär und Beamtenapparat. Diese Exekutivgewalt war zwar durch Parlamente und Parteien verfassungsmäßig in einem gewissen Maße eingeschränkt, aber im Konfliktfall eben doch durchsetzbar. Das Parlament wirkte zwar an der Gesetzgebung mit, hatte aber keine Möglichkeit, Regierung und Verwaltung zu kontrollieren – oder gar das Militär. Und das sogenannte «Budgetrecht» des Reichstages war schon deswegen eine stumpfe Waffe, weil bis zu 90 % des gesamten Reichsetats als langfristige Ausgaben für Heer und Flotte festgelegt waren.

Die Exekutivgewalten repräsentierten die «Überparteilichkeit» und damit angeblich das «Gemeinwohl». Justiz und Verwaltung arbeiteten zuverlässig im Sinne dieses Kartells; Presse, Schulen, Hochschulen und Kirchen sicherten die ideologischen Flanken. So blieben die bürgerlichen Parteien von sekundärer Bedeutung. Dies kam auch in ihrer Struktur zum Ausdruck: Es waren lockere Zusammenschlüsse aus den Schichten von Besitz und Bildung mit geringen Mitgliederzahlen, oft überhaupt ohne feste Mitgliedschaft, also «Honoratiorenparteien». Sie standen stark unter dem Einfluß von großagrarischen und großindustriellen Interessenverbänden. Sie besaßen weder den Willen noch die Fähigkeit zur Massenintegration und zur Massenmobilisierung.

Dies änderte sich im letzten Drittel des 19. Jahrhunderts hauptsächlich aus drei Gründen: Erstens schlossen sich die lohnabhängigen Massen, die mit der Industrialisierung rasch zunahmen, in wachsendem Maße zu gewerkschaftlichen und politischen Organisationen zusammen und erhöhten damit ihre Handlungsfähigkeit. Angesichts dieser Entwicklung der Arbeiterklasse drängten bürgerliche Kräfte nach einem Gegengewicht.

Zweitens galt bei den Reichstagswahlen seit 1871 für die männliche Bevölkerung das allgemeine und gleiche Wahlrecht, und so gering die Kompetenzen des Reichstags auch waren, so konnte das Parlament doch als Tribüne für Meinungen und Forderungen benutzt werden. Zudem wuchs das Verlangen auch in bürgerlichen Kreisen nach einer Stärkung der Befugnisse des Parlaments. Also mußten auch die besitzenden Klassen nach Möglichkeiten suchen, die Bevölkerung kontinuierlich und intensiver als bisher politisch zu beeinflussen.

Drittens hatten sich infolge der industriellen und technischen Entwicklung die Methoden der Kriegsvorbereitung und Kriegführung wesentlich verändert. Schon für die Rüstung und die kolonialen Eroberungen war ein gewisses Maß an Massenzustimmung erforderlich. Unabdingbar aber war die Beeinflussung und Mobilisierung der Massen, wenn man einen großen Krieg führen wollte, in dem Millionen von Menschen für die Schlachtfelder zu aktivieren waren. Dies verlangte intensive, d. h. organisierte und längerfristige Vorbereitung.

Verbände

So bildeten sich einerseits Verbände, die Teilinteressen zu koordinieren und auszugleichen und eine organisierte Interessenvertretung der besitzenden Klassen sowohl gegenüber dem Staat wie der Öffentlichkeit herzustellen trachteten: Die Schwerindustrie organisierte sich 1876 im Centralverband Deutscher Industrieller (CDI), die neuen Industrien, die Fertigwaren- und Exportindustrien und der größere

Teil der Banken 1895 im Bund der Industriellen (BdI), der Großgrundbesitz 1893 im Bund der Landwirte (BdL). Alle diese Verbände waren bestrebt, auch die Kleineigentümer ihres Bereiches anzusprechen und gegen die Bedrohung des Privateigentums durch die Sozialdemokratie zu mobilisieren.

Andererseits wurden Verbände gebildet, die – ohne spezielle Interessen zu vertreten – die Massenmobilisierung gegen die Arbeiterbewegung nach innen und für den Eroberungskrieg nach außen zum Ziel hatten. So entstand der «Reichsverband gegen die Sozialdemokratie» (1904), der «Deutsche Kolonialverein» (1882) und der «Alldeutsche Verband» (1891/94), der dann im Krieg zentrale Bedeutung als Propagandaorganisation erlangte.

Auch für die bürgerlichen Parteien blieben diese Entwicklungen nicht ohne Folgen. Sie veränderten Struktur und Propagandamethoden, um die Bevölkerung besser ansprechen zu können. Mit der «Christlich-Sozialen Arbeiterpartei» entstand (1871) bereits eine Partei, die sich mit antisemitischen Parolen an Arbeiter und Mittelschichten wandte, um die Sozialdemokratie zu bekämpfen und den autoritären Staat zu festigen. Das Grundmuster der faschistischen Agitation ist hier schon erkennbar.

Nach 1918 war die Zusammenfassung der Interessen des Privatkapitals dringlicher denn je geworden. Denn erstens verfügten nun die abhängig Arbeitenden über starke, als legal anerkannte Organisationen mit beträchlichen politischen Rechten und Entfaltungsmöglichkeiten, die entsprechende Gegengewichte erforderten. Und zweitens übernahm der Staat immer stärker Aufgaben bei der Steuerung der Wirtschaft und in der Sozialpolitik, so daß ohne die ständige und nachdrückliche Beeinflussung des staatlichen Handelns ökonomische Interessen nicht mehr hinreichend durchsetzbar waren. Dies erforderte Organisationen, die sowohl die Teilinteressen zu integrieren wie auch die Öffentlichkeit einerseits und den Staat andererseits im Sinne der Gesamtinteressen des Kapitals zu beeinflussen vermochten.

So war es kein Zufall, daß sich im Frühjahr 1919 die bisher getrennt agierenden Groß- und Schwerindustriellen einerseits und die eher mittelständischen Leicht- und Fertigwarenindustrien andererseits zusammenschlossen: der Centralverband Deutscher Industrieller und der Bund der Industriellen vereinigten sich zum *Reichsverband der Deutschen Industrie* (RDI), der von nun ab annähernd tausend regionale und branchenspezifische Unternehmerverbände unter der Dominanz des Großkapitals zusammenfaßte. Damit gehörten dem RDI etwa drei Viertel aller Industriebetriebe an – ein Organisationsgrad, den die Gewerkschaften nie auch nur annähernd erreichten.

Über die politische Richtung wurde vom Präsidium entschieden, in dem die großen Konzerne den Ausschlag gaben. Bis 1924 hatte die Schwerindustrie die Führung (in Gestalt des Vorsitzenden Sorge, eines ehemaligen Krupp-Direktors), von 1925 bis 1931 die Chemieindustrie (Vorsitzender war Carl Duisberg), und ab 1931 übernahm Gustav Krupp von Bohlen und Halbach den Vorsitz. Unternehmer, die sich dem Kurs der RDI-Führung widersetzten, mußten mit wirksamen Sanktionen, z. B. mit Kunden-, Material- und Kreditsperren rechnen. Auch in Hinsicht auf Straffheit der Organisation, Verbindlichkeit der Entscheidungen und Sanktionsmöglichkeiten gegen «Abtrünnige» konnten also die Gewerkschaften bei weitem nicht mithalten.

Die Beeinflussung der Öffentlichkeit vollzog sich direkt durch Stellungnahmen und Denkschriften, die von der befreundeten Presse aufgegriffen wurden, und indirekt durch die bürgerlichen Parteien, deren Führungen teilweise direkt aus dem Großkapital kamen und die auch finanziell weitgehend von ihm abhängig waren. Dies galt in besonderem Maße für die Deutsche Volkspartei, aber auch für die Deutschnationalen, die Deutsche Demokratische Partei, das Zentrum und die anderen bürgerlichen Parteien. Finanziert wurden vom Großkapital auch die Militärverbände, mit denen 1919/20 die revolutionäre Bewegung zerschlagen wurde, sowie die Organe, mit denen diese Politik propagandistisch abgesichert wurde.[111] So wurden am 10. Januar 1919 500 Millionen Mark zur Verfügung gestellt für die «Antibolschewistische Liga» (die sich auch «Liga zum Schutz der deutschen Kultur» nannte). Auch nach der Stabilisierung der bürgerlichen Republik wurden die Wehrverbände (wie der Stahlhelm, der Jungdeutsche Orden usw.) weiter unterstützt, weil diese Verbände den «Wehrwillen» und die Kampfbereitschaft gegen die Linke im eigenen Lande förderten.

Die Beeinflussung der staatlichen Entscheidungen vollzog sich indirekt über die bürgerlichen Parteien und die öffentliche Meinung und direkt über Parlamentarier und Regierungsmitglieder, die aus der Industrie kamen oder ihr nahestanden. 1926 wurde die «Staatspolitische Vereinigung» gegründet, zu der der Initiator Carl Duisberg sagte: «Wie man es machen muß, das kann man in Amerika sehen. Die ganze Politik wird von einem Gremium von Wirtschaftlern gemacht.»[112] Maßgebliche Großindustrielle gehörten selbst den bürgerlichen Parteien an, die Führung des RDI konnte ihre Forderungen direkt dem Reichspräsidenten Hindenburg vortragen, mindestens die Finanz- und Wirtschaftsminister der Bürgerblockregierungen 1924 bis 1928 und dann ab 1930 der Präsidialregime (und nach 1933 auch der faschistischen Regierung) kamen in der Regel aus Großbanken und Großindustrie – ebenso wie der Präsident der Reichsbank.[113]

So verfügte das Großkapital über den RDI über vielfältige Wirkungsmöglichkeiten. Und als die Krise herannahte, formulierte es in der RDI-Denkschrift «Aufstieg oder Niedergang» im Dezember 1929 jenes Programm, das dann in den folgenden Jahren zur Leitlinie beim Abbau der sozialen Rechte und beim Weg in den autoritären Staat werden sollte.

Die ideologische Hegemonie des Großeigentums war schon im Kaiserreich so stark ausgeprägt, daß auch die Organisationen der Kleineigentümer in Handwerk und Handel eingebunden werden konnten. «Das Vaterland, so wie es die Mittelständler auffaßten, war das Land des Mittelstandsschutzes und des Sozialistengesetzes.» Die protektionistischen Forderungen dieser Schichten wurden vom Staat erfüllt, sofern sie nicht «mit großindustriellen Interessen kollidierten»[114]. Da diese ideologische Hegemonie nach der Niederlage der revolutionären Bewegung alsbald wieder gefestigt werden konnte, gelang es auch, an diesen ideologischen Traditionen des Mittelstandes anzuschließen und auf dieser Basis eine gemeinsame Frontstellung aller Eigentümer nicht nur gegen die Gefahren einer Revolution, sondern auch gegen gewerkschaftliche und reformistische Forderungen herzustellen. Mit der Einbindung in diese ideologische Hegemonie gelang es also, den selbständigen Mittelschichten ihr vermindertes soziales Prestige und ihre wachsende sozialökonomische Gefährdung, die hauptsächlich aus dem verlorenen Krieg, der Inflation und der Konzentration des Kapitals resultierten, als Folge der Novemberrevolution, des Versailler Vertrages und der gestärkten Gewerkschaftsmacht darzustellen. Damit war zugleich der Boden bereitet, der im Gefolge der akuten Krise nach 1929 gerade diese Schichten für die Propaganda des Faschismus besonders anfällig machte.

Was der RDI für die Industrie war, war der *Reichs-Landbund* (RLB) für die Landwirtschaft. Auch er wurde gegründet nach der Novemberrevolution als Zusammenschluß bisher getrennter Organisationen, doch dauerte es zwei Jahre, bis schließlich im Dezember 1920 die Zusammenführung gelang. Allzu stark war «der Haß des mittleren und kleinen Grundbesitzes gegen den Großgrundbesitz» verbreitet, der den bisherigen Bund der Landwirte beherrscht hatte.[115] Aber schließlich gelang es dem Großgrundbesitz doch, einen großen Teil der Bauern unter seiner Führung zu organisieren und ideologisch zu dominieren. Nach 1924 hatte der RLB (nach eigenen Angaben) 5,6 Millionen Mitglieder. Die von ihm propagierte «Landvolk»-Ideologie suggeriert eine Schicksalsgemeinschaft aller landwirtschaftlich Tätigen und zugleich eine tiefe Kluft zwischen agrarisch Arbeitenden und der industriellen Arbeiterschaft. Und mit der Ideologie vom «gesunden Bauerntum» als «Rückgrat der Wehrkraft» konnte in der Landbevölkerung auch der Geist des Militarismus wachgehalten und die soziale Basis der Wehrverbände gesichert werden. Von hier aus ergab sich zunächst eine enge Beziehung zu den Deutschnationalen, die dieser Partei auch eine breite Wählerbasis auf dem flachen Lande garantierte. Schon 1931 aber nahm die Führung des RLB Verbindung mit der NSDAP auf, um die verschiedenen Kräfte der «nationalen Opposition» zusammenzuführen. Am Vormarsch der NSDAP auf dem Lande hatte dieser RLB ohne Zweifel einen wesentlichen Anteil – sowohl durch ideologische Vorbereitungen wie durch finanzielle Unterstützung.

Parteien

Zwar war den herrschenden Kräften seit dem Aufkommen der Arbeiterbewegung deutlich geworden, daß die Formierung von Gegenkräften sinnvoll sei. Doch die Notwendigkeit, Methoden zur Massenintegration zu entwickeln, wurde erst 1918 ganz offensichtlich: der autoritäre Staat war weggefallen, der bisher ein zuverlässiges Bollwerk gegen die «Gefahr von links» dargestellt hatte, und die Russische Revolution und die mächtige revolutionäre Welle in allen anderen Ländern Europas hatten demonstriert, wozu die Massenbewegung von links in der Lage war. Hinzu kam, daß nun eine parlamentarisch-demokratische Verfassung entstand, in der die politischen Parteien zwar nicht ausdrücklich erwähnt wurden, faktisch aber über parlamentarische Mehrheiten die Regierung zu bilden und zu tragen hatten.

Nun erst bemühten sich die bürgerlichen Parteien wirklich darum, die Fähigkeit zu erlangen, Massen politisch zu binden, und um eine stärkere Betonung sozialer und populistischer Komponenten. So bezeichneten sich die großen bürgerlichen Parteien, die bis 1918 allesamt den Gedanken der Demokratie und Volkssouveränität weit von sich gewiesen hatten, nun als «Volksparteien» oder als «demokratisch». Die ehemaligen Konservativen nannten sich jetzt «Deutschnationale Volkspartei», die ehemaligen Nationalliberalen «Deutsche Volkspartei», die ehemaligen linksliberalen Gruppen «Deutsche Demokratische Partei». Der Versuch, wenigstens die liberalen Parteien zu einem Bürgerblock zusammenzufassen und so die Zersplitterung des bürgerlichen Lagers mindestens teilweise zu überwinden, schlug allerdings fehl. Allzu stark waren die Meinungsverschiedenheiten in der Frage, ob man die parlamentarische Demokratie als Staatsform und die Sozialdemokratie als Koalitionspartner akzeptieren könne. Und allzu stark waren auch die Vorbehalte bei den Linksliberalen gegen die «Annexionisten» des Ersten Weltkrieges, die jetzt – wie z. B. Stresemann – die Führung der Rechtsliberalen übernahmen.

In der Veränderung der Bezeichnungen drückte sich zwar einerseits der Versuch aus, sich verbal und opportunistisch den neuen Gegebenheiten, insbesondere der Stimmung der Volksmassen, anzupassen. Andererseits aber doch auch die Notwendigkeit, angesichts der neuen politischen und verfassungsrechtlichen Strukturen mindestens zunächst einmal den Parlamentarismus samt Wählermobilisierung und Wahlkämpfen benutzen zu müssen, wenn man überhaupt auf Regierungsbildung und Gesetzgebung Einfluß nehmen wollte. Daß alle bürgerlichen Parteien die auf eine Umgestaltung der Eigentumsverhältnisse drängenden revolutionären Kräfte bekämpften, versteht sich von selbst. Mit dem Kompromiß, wie er sich in der Weimarer Verfassung von 1919 ausdrückte, vermochten sich die Deutschnationalen und die Deutsche Volkspartei nicht abzufinden. Beide stimmten gegen die Verfassung.

Die vom Großgrundbesitz und dem rechten Flügel der Großindustrie beherrschte *Deutschnationale Volkspartei* agitierte ganz offen für die Abschaffung der demokratischen Republik, die Errichtung einer Diktatur (sei es als Wiederherstellung der Monarchie, sei es als «nationale Diktatur» neuer Prägung) und die gewaltsame Sprengung der Fesseln des Versailler Vertrages. In ihren Augen war die Novemberrevolution «die große Verbrecherin, die Sittlichkeit, Staatsordnung und Wirtschaft zertrümmerte und uns der Verachtung der Welt preisgab». Sie forderte die Sicherung von «Privateigentum», «Unternehmungsgeist und Erwerbssinn des einzelnen» und – bereits 1920 – «ein neu erstarktes Reich» einschließlich «der für unsere wirtschaftliche Entwicklung notwendigen Kolonien». Von der «Vertiefung des christlichen Bewußtseins» erwartete sie nicht nur «die Reinheit der Familie» und die «Versöhnung der sozialen Gegensätze», sondern überhaupt «die sittliche Wiedergeburt unseres Volkes, die eine Grundbedingung seines politischen Wiederaufstiegs ist».[116]

So waren führende Kräfte der Deutschnationalen auch beim Militärputsch von 1920 dabei. Nach 1924 beteiligten sie sich – gedrängt vom Reichslandbund und vom Reichsverband der Deutschen Industrie – zwar vorübergehend auch an Bürgerblockregierungen, um so die Interessen des Großgrundbesitzes und der Großindustrie in Kooperation mit den anderen bürgerlichen Parteien besser zur Geltung zu bringen, die Aufrüstung und den «Wehrwillen» zu unterstützen und den «zersetzenden, undeutschen Geist, mag er von jüdischen oder anderen Kreisen ausgehen»[117], auch mit den Mitteln der Staatsmacht bekämpfen zu können. Ihre Ziele gab sie damit aber nicht preis: «Wir müssen den parlamentarischen Weg mißbrauchen, um in die Machtstellungen des Staates zu kommen mit der festen Absicht, eines Tages von diesen Machtstellungen das Parlament zu vernichten.»[118] Ab 1928 ging sie denn auch wieder auf den Kurs totaler Opposition gegen Parlamentarismus und Weimarer Verfassung. Das Bündnis mit der NSDAP wurde bereits 1929 geschlossen, um alle Kräfte der nationalen Opposition zusammenzufassen und aus dem zweiten Reparationsplan, dem Young-Plan, eine maximale nationalistische Demagogie herauszuschlagen. 1931 wurde dieses Bündnis in der «Harzburger Front» gefestigt und – trotz allerlei interner Konkurrenzkämpfe – am 30. Januar 1933 schließlich durch eine gemeinsame Regierungsbildung konkretisiert.

Die im wesentlichen von der Großindustrie beherrschte und von deren Geldern völlig abhängige rechtsliberale *Deutsche Volkspartei* bezeichnete sich zwar als liberal, doch ihr Liberalismus bezog sich fast auschließlich auf die Wirtschaftsverfassung, d. h. auf die Freiheit der Unternehmerentscheidungen und des Marktes: «Deutsches Wesen besteht von alters her in dem Streben nach freier Entfaltung des einzelnen und seiner Eigenart im Rahmen der vom Gemeinsinn beherrschten Volksgemeinschaft.» Die sozialen Unterschiede und Spannungen sollten «in der innerlichen Gleichberechtigung aller Volksgenossen und der sittlichen Überwindung aller Gegensätze» aufgehoben werden – und nicht etwa durch reale gesellschaftliche Veränderungen. Dieser Liberalismus erforderte in den Augen der DVP durchaus «eine starke festgefügte Staatsgewalt», das «Pflichtbewußtsein gegen den Staat bis zum Tode, die Manneszucht und Kameradschaft», um «eine gedeihliche Entfaltung der deutschen Volkskraft nach außen und innen» zu gewährleisten. Die schon 1919 erhobene Forderung nach Kolonien wurde mit «wirtschaftlichen Bedürfnissen» begründet, aber auch mit der «geistigen und sittlichen Hebung der auf niedriger Kulturstufe stehenden Völker».[119] Die DVP akzeptierte in dem Maße die Weimarer Verfassung, in dem die Mehrheit der Führungsschichten dies nach der Konsolidierung der bürgerlichen Eigentumsordnung tat, und ebenso akzeptierte sie die «Verständigungspolitik» mit Frankreich, deren profilierter Repräsentant der DVP-Vorsitzende Stresemann wurde. Sie beteiligte sich auch an der Regierung, blieb jedoch das Organ einer «‹antimarxistischen› Interessenpolitik des Großbürgertums und besonders der Industrie»[120], vollzog deshalb nach 1929 im Gefolge dieser Kräfte wieder eine strikte Wendung nach rechts und unterstützte fortan die Präsidialregime.

Nur die linksliberale *Deutsche Demokratische Partei*, die vor allem von den nichtmonopolisierten Teilen in Industrie und Handel und von Gruppen der neuen Industrien gestützt wurde, votierte von 1919 bis zur großen Wirtschaftskrise eindeutig für die Weimarer Verfassung. Sie sah nach der Revolution ihre Hauptaufgabe darin, «die Vergesellschaftung der Produktionsmittel» zu verhindern und «die Privatwirtschaft» und das «Eigeninteresse» der Wirtschaftenden aufrechtzuerhalten. Dafür erschien ihr das Bündnis mit der SPD und der Zentrumspartei erforderlich, was gewisse soziale Konzessionen einschloß. So verlangte die DDP 1919 – in Übereinstimmung mit bürgerlich-liberalen Traditionen – die «entschlossene Aufteilung des Großgrundbesitzes zur Schaffung von selbstwirtschaftlichen bäuerlichen Familienbetrieben»[121]. In der Tat stammten «ihre parlamentarischen Vertreter ... zu einem Gutteil aus Handel, Banken und Industrie, und diese haben offensichtlich die DDP immer primär als eine Partei zur Verhinderung einer ‹sozialistischen› Mehrheit verstanden und benutzt»[122]. Als dies 1924 gesichert erschien, verließen sie zum Teil die DDP – was an ihrem politischen Kurs allerdings wenig änderte. Nach 1929 ging die DDP dann freilich, wie alle bürgerlichen Kräfte, ebenfalls zu autoritären Konzepten über.

Das sozial sehr heterogene, von großindustriellen Interessen bis zur katholischen Arbeiterbewegung reichende und nur durch die katholische Konfession zusammengehaltene *Zentrum* war «ein Beispiel für die Macht einer kirchlich-organisatorisch abgestützten Ideologiepartei»[123], die während der gesamten Periode der Weimarer Politik in hohem Maße handlungsfähig blieb, ohne ein detailliertes Programm zu besitzen. Das Zentrum beteiligte sich von Anfang an und lange Zeit an der «Weimarer Koalition» mit SPD und DDP, wobei es auch ihr Hauptanliegen war, daß die mit der Novemberrevolution entstandene Ordnung «nach dem Sturz der Monarchie nicht die Form der sozialistischen Republik erhalten» dürfe, sondern das Eigentum geschützt werde.[124] Wie die DDP hielt auch die Mehrheit des Zentrums dafür eine Koalition mit der Sozialdemokratie für notwendig, die zugleich den Forderungen des Gewerkschaftsflügels nach sozialen Reformen entsprach. Dagegen opponierte von Anfang an der großindustrielle und konservativ-klerikale Flügel, der ein Bündnis mit den anderen bürgerlichen Parteien anstrebte und ab 1923, als die Eigentumsordnung gesichert war, an Boden gewann.

Das Zentrum nahm für diese Koalitionspolitik mit der SPD sogar in Kauf, daß sich die militant-konservative und nationalistische *Bayrische Volkspartei* 1920 aus der Fraktionsgemeinschaft mit dem Zentrum löste und im Reichstag eine eigene Fraktion bildete. Die BVP war also nicht einfach der bayrische Flügel des Zentrums, sondern eine eigenständige Partei mit scharf rechtsgerichtetem Charakter (sie votierte z. B. 1925 bei der Reichspräsidentenwahl für Hindenburg, den Kandidaten der Rechten, und gegen Marx, den das Zentrum nominiert hatte). Die «Politik der Mitte», die das Zentrum nach links wie nach rechts koalitionsfähig machte, wurde – wie bei allen bürgerlichen Parteien – am Ende der 20er Jahre durch eine klare Wende nach rechts abgelöst. Beim Parteitag 1928 wurde der Gewerkschaftsflügel unter Stegerwald vollständig besiegt; unter dem Druck von Großwirtschaft und konservativem Klerus wurde nun ein Kurs eingeschlagen, der auf Überwindung des Parlamentarismus im Sinne eines autoritären Staates zielte. Im Parteivorsitzenden, dem Prälaten Kaas, und im Reichskanzler Brüning, der als Regierungschef 1930–1932 im Verein mit dem Reichspräsidenten Hindenburg die stufenweise Abschaffung der parlamentarischen Demokratie organisierte, fand diese Wendung ihren personellen Ausdruck, und in dem Bündnis mit den Parteien der Rechten, der DVP und partiell auch der DNVP, fand sie ihren politischen Ausdruck.

Diesen Parteien gelang es, die bürgerlichen Schichten sehr weitgehend als Wähler an sich zu binden und Teile der abhängig Arbeitenden, besonders die Angestellten, zu gewinnen. So präsentierten sich die Deutschnationalen als militante, volkstümliche, national-konservative, evangelische und antisemitisch geprägte Sammlungsbewegung gegen Weimarer Republik und Versailler Vertrag, die der sozialen Zusammensetzung ihrer Wähler nach schon beinahe den Charakter einer «Volkspartei» erreichte. Sie gewann evangelische Kleineigentümer in Handel, Handwerk und Landwirtschaft, Beamte, Angestellte und Intellektuelle (Pastoren, Lehrer, Professoren usw.) und konnte – vermittelt über die evangelischen Arbeitervereine und wirtschaftsfriedlichen («gelben») Gewerkschaften – auch in der Arbeiterschaft einige Erfolge erzielen. Durch enge Verflechtungen mit dem Reichslandbund, den Wehrverbänden, besonders dem Stahlhelm, und dem Deutschnationalen Handlungsgehilfenverband gelang den Deutschnationalen eine weit intensivere Bindung ihrer Massenbasis als den liberalen Parteien.

Die Deutsche Volkspartei sprach besonders Kleineigentümer mit Unternehmerbewußtsein und Beamte an, die Deutsche Demokratische Partei insbesondere das gebildete und besitzende, sich als liberal verstehende Bürgertum. Und Zentrum und Bayrische Volkspartei sprachen die bewußt katholischen Bevölkerungsteile an, insbesondere bei den bäuerlichen Schichten und den Kleineigentümern in Handel und Handwerk. Einige Einbrüche in die Arbeiterschaft gelangen neben den Deutschnationalen nur den katholischen Parteien, und selbst diese blieben geringfügig.

Die Integrationskraft der bürgerlichen Parteien war allerdings schon dadurch begrenzt, daß sie sich im wesentlichen auf die Gewinnung von Wählern beschränkten und ihre Massenbeeinflussung auf die Zeiten der Wahlkämpfe konzentrierten. Ihre Mitgliederzahlen blieben niedrig, sie machten in der zweiten Hälfte der 20er Jahre nur etwa 5% der Wähler aus[125]; ihre Organisationsstruktur war nur gering entwickelt. Dies hatte seinen Grund nicht nur in der liberalen Tradition und dem auf das Individum bezogenen Selbstverständnis dieser Parteien, sondern auch in einer fundamentalen Furcht der Schichten von Besitz und Bildung davor, sich mit den «Massen» einzulassen. Die Ideologie von der «Vermassung» war eben Ausdruck eines elitären Verständnisses von Staat und Gesellschaft. So blieben sie im wesentlichen «Repräsentationsparteien», die sich um Abgeordnete, repräsentative Sprecher und Regierungsmitglieder gruppierten und von daher ihre Identität gewannen.

Die Folge von alledem war, daß die Bindung der Anhänger an die Parteien relativ locker war. So war einerseits die Beeinflussung der eigenen Massenbasis durch die Führung wenig intensiv, andererseits konnten die Führungsgruppen relativ ungestört Politik betreiben, so daß also in der Tat die Abgeordneten «nur ihrem Gewissen unterworfen und an Aufträge nicht gebunden» waren, wie es in Art. 21 der Weimarer Verfassung (und analog in Art. 38 des GG) heißt. Die Verselbständigung der Führungsgruppen wurde noch dadurch gefördert, daß die Gelder für diese Parteien nur in geringem Maße von den eigenen Mitgliedern und statt dessen in hohem Maße von Spendern aus den besitzenden Klassen aufgebracht wurden. Für die Frage, wer in diesen Parteien den politischen Kurs bestimmte, blieb das natürlich nicht ohne Folgen.

Die strukturbedingten Grenzen der Integrationskraft dieser Parteien zeigten sich bereits darin, daß sie starken Schwankungen unterworfen war. 1918/19 hatten große Teile der Angestellten und auch einige Teile der Kleineigentümer ihre Hoffnungen auf die Arbeiterbewegung gesetzt, und erst zu Beginn der 20er Jahre, nach dem weitgehenden Sieg der Gegenrevolution, waren sie von den bürgerlichen Parteien zurückgewonnen worden. Diese Rechtsentwicklung zeigte sich auch in den bürgerlichen Parteien selbst: Die republiktreue DDP fiel von 18,6% (1919) auf 5,7% (1924) zurück, während die DVP von 4,4% auf 9,2% und die DNVP sogar von 10,3% auf 19,5% anstieg. Teile dieser Schichten sahen sich in diesen Parteien überhaupt nicht mehr repräsentiert und bildeten allerlei kurzlebige Mittelstandsparteien, von denen die «Reichspartei des deutschen Mittelstands» 1928 immerhin 4,5 % erzielte. Nach 1929 wandten sich diese Schichten wieder ab von den bürgerlichen Parteien, die offensichtlich nicht in der Lage waren, die Krise zu bewältigen. Und obwohl sich diese Parteien nun die größte Mühe gaben, sich als resolute Gegner der parlamentarischen Demokratie darzustellen und ein autoritäres Ansehen zu verleihen, galten sie doch in den Augen der meisten als Repräsentanten «des Systems», das versagt hatte. So fielen diese drei bürgerlichen Parteien, die 1928 noch 27,8 % erlangt hatten, bis zum Juli 1932 auf 8,1 % zurück, verloren also fast drei Viertel ihres Wähleranteiles. Dabei hielten sich die Deutschnationalen, die die parlamentarische Demokratie von Anfang an bekämpft hatten, mit 5,9 % noch am besten, während die beiden liberalen Parteien zusammen nur noch 2,2 % bekamen. Auch die Wirtschaftspartei fiel (mit 0,4 %) in die Bedeutungslosigkeit zurück. Am stabilsten blieben die katholischen Parteien Zentrum und BVP, die über eine «stabile Organisation» und «erfahrene klerikale Organisatoren» verfügten [126] und so die Integrationskraft der gemeinsamen religiösen Konfession voll zur Geltung bringen konnten: etwa jeder zweite Katholik wählte diese Parteien. Der Niedergang der bürgerlichen Parteien und der Verlust der Integrationskraft verstärkte bei den Führungsschichten den Drang nach Abschaffung des parlamentarischen Systems, das solche Risiken enthielt.

Die Frauenverbände

Neben den Interessenverbänden und politischen Parteien gab es eine Fülle anderer Organisationen, die auf Integration und Mobilisierung von Massen über den Wahlakt hinaus zielten und in der Tat beträchtliche Teile besonders aus den bürgerlichen Mittelschichten auch zu erreichen vermochten. Hierher gehören auch bürgerliche Sportvereine und Gesangvereine, die sich selbst als ganz unpolitisch verstanden, tatsächlich aber vielfach die in bürgerlichen Kreisen gängigen ideologischen Traditionen pflegten – mitsamt den Feindbildern, die damit verbunden waren. Deutschtümelei und Franzosenhaß, Verehrung für den starken Staat und Verachtung gegenüber den arbeitenden Massen bildeten die Grundelemente dieses Weltbildes, das für antidemokratische Ideologien weit offen war. Bei den Schützenvereinen war das eher noch drastischer ausgeprägt.

Dringlich für die herrschenden Kräfte wurde seit der Formierung politischer und sozialer Emanzipationsbewegungen um die Mitte des

19. Jahrhunderts auch die Integration der *Frauen*, zumal diese nach der Novemberrevolution auch das Wahlrecht erhalten hatten. Diese Integration gelang ihnen, was die Frauen aus dem Bürgertum betrifft, recht gut. Nachdem die Frauen seit Jahrhunderten von Kirche und Staat erzogen worden waren in einer Ideologie des Dienens und der Fürsorge für die Familie, konnte die so erzeugte Bereitschaft zur Aufopferung für andere nach 1914 benutzt werden, um die Frauen nun für den «Dienst fürs Vaterland» zu mobilisieren. In der Tat wurden die bürgerlichen Frauenvereine, die im übrigen durchaus Forderungen nach gleichen Rechten und gleichen Bildungs- und Berufsmöglichkeiten erhoben hatten, vom nationalistischen Begeisterungstaumel voll ergriffen und konnten so durch den «vaterländischen Hilfsdienst» in die Kriegspolitik integriert werden. Die Vorsitzende des Bundes Deutscher Frauenvereine (BDF) Gertrud Bäumer, sah den «Tod auf dem Schlachtfeld . . . eingefügt in die große Kette menschlichen Strebens und Ringens». Zu allen Zeiten habe der «Soldat es süß und ehrenhaft gefunden, für das Vaterland zu sterben. Und das können die Frauen in tiefster Seele nachfühlen. Es ist ein mütterliches Grunderlebnis, daß Leben und Kraft hingeopfert werden, damit neues Leben um so schöner erblühen kann.» [127]

Zwar ergriffen antimilitaristische Stimmungen dann auch viele Frauen aus dem Bürgertum, denn die Massaker des Ersten Weltkrieges hinterließen 533 000 Witwen, über 1,7 Millionen Voll- und Halbwaisen und einen «Frauenüberschuß» von 2,8 Millionen. [128] Zwar waren es Revolution und Arbeiterbewegung, die den Frauen das Wahlrecht und die übrigen bürgerlichen Rechte und die Aufhebung des Zölibats für Lehrerinnen und andere weibliche Beamte erkämpften und damit wesentliche Forderungen der bürgerlichen Frauenbewegung erfüllten. (1922 wurde dann die erste Frau als Rechtsanwältin zugelassen, 1924 folgte die erste Richterin.) Doch die konservative Grundstimmung der bürgerlichen Frauenorganisationen blieb sehr stark. Die oben zitierte Gertrud Bäumer sah in der Revolution «die blinde und brutale Gewalt, in deren Fäuste im unglücklichsten Augenblick das deutsche Schicksal gefallen war» [129]. Revolution und Arbeiterbewegung erschienen ihnen weithin als Bedrohung all dessen, was der großen Mehrheit der Frauen heilig war: Sitte und Moral, Religion und Kirche, Eigentum und Familie. So konnten auch die bürgerlichen Frauen-Organisationen wieder weitgehend in die herrschende Ideologie eingebunden werden.

Antimilitaristische Positionen blieben allerdings in einem gewissen Grade erhalten. Im Juni 1919 wurde der deutsche Zweig der Internationalen Frauenliga für Frieden und Freiheit (IFFF) gegründet, der aus dem schon 1915 entstandenen Deutschen Frauenausschuß für dauernden Frieden hervorging. Die IFFF vertrat demokratisch-pazifistische Positionen und arbeitete auch mit Organisationen der Arbeiterbewegung, auch mit Kommunisten, zusammen.

Daß die Integration nach rechts aber weithin gelang, hing auch mit realen Erfahrungen dieser Frauen zusammen, die den reaktionären Ideologien ihre Wirksamkeit erleichterten. Da die bürgerlichen Mittelschichten durch Kriegsanleihen und Inflation ihr Geldvermögen weitgehend verloren hatten, waren nun viele Frauen aus diesen Schichten zur Erwerbstätigkeit gezwungen. Mit der wachsenden sozialstaatlichen Tätigkeit des Staates und mit der Konzentration des Kapitals expandierten die staatlichen und privatwirtschaftlichen Bürokratien stark und ermöglichten so vielen Frauen nun eine Berufsmöglichkeit als Büroangestellte oder im Handel (nach der Berufszählung von 1925 waren 36% der Frauen berufstätig, davon 5 Millionen als Arbeiterinnen, fast 1,5 Millionen als Angestellte und Beamtinnen und 4,1 Millionen als mithelfende Familienangehörige). Von diesen neuen Erfahrungen aus gelangte ein Teil dieser Frauen zu gewerkschaftlich orientierten Bewußtseinsformen. Andererseits stand der Status der abhängig Arbeitenden und die niedrige Entlohnung im Gegensatz zu den Prestigeansprüchen, die sie aus dem bürgerlichen Elternhaus mitbrachten. Und sie mußten zudem die Erfahrung machen, daß es auch für sie weder sichere Arbeitsplätze noch gleichen Lohn für gleiche Arbeit gab. Auf diese widersprüchliche Bewußtseinslage aber boten die Rechtsparteien eine attraktive Antwort, indem sie, erstens, die Familie als den Hort der Sicherheit und der wesensgemäßen Bestimmung der Frau propagierten und, zweitens, indem sie Revolution und Arbeiterbewegung, Parlamentarismus und Versailler Vertrag als verantwortlich für diesen «Niedergang» darstellten.

Solche Ideologien wirkten besonders bei den Frauen aus bürgerlichen Familien, die gerade wegen des sozialen Abstiegs an ihren Prestigeansprüchen eines «standesgemäßen Lebens» festhielten und auch ihre Töchter in diesem Geist erzogen. Aber auch Frauen aus Arbeiterfamilien waren geprägt von solchen ideologischen Traditionen und klerikalen Einflüssen, zumal die freien Gewerkschaften selbst weitgehend in patriarchalischen Vorstellungen befangen blieben, sich der Probleme der Frauen kaum annahmen und in ihren Vorstand während der gesamten Periode der Weimarer Republik nicht eine einzige Frau aufnahmen. Auch die SPD hatte den Frauen wenig anzubieten, neigte dazu, die Weimarer Republik als die Erfüllung aller Wünsche zu preisen und nahm die Forderungen der in der SPD organisierten Frauen nie so recht ernst. Und die KPD griff zwar die

Probleme der Frauen – von der Abtreibung bis zum sozialen Schutz für Mutter und Kind – immer wieder auf und hatte nach 1930 auch – noch vor der SPD – den höchsten Frauenanteil in ihren Reichstagsfraktionen (zwischen 10 und 13%), war aber von Tradition und Selbstverständnis der meisten Frauen aus dem Bürgertum und auch vieler Frauen aus der Arbeiterschaft allzu weit entfernt, als daß sie als politische Alternative ins Bewußtsein hätte treten können.

Die Resultate zeigten sich im Wahlverhalten. Die Frauen wählten überproportional bürgerliche Parteien, insbesondere Zentrum und Deutschnationale. Beiden kam der starke Einfluß der Kirchen auf die Frauen zugute (der Deutsch-Evangelische Frauenbund z. B., vor der Revolution ein erbitterter Gegner des Frauenwahlrechts, erklärte zweieinhalb Wochen nach dem Beginn der Revolution in einem Aufruf an die evangelischen Frauen Deutschlands die Ausübung des Wahlrechts zur Pflicht)[130]. Da in verschiedenen Bezirken die Stimmen getrennt nach Geschlechtern abgegeben wurden, sind über das Wahlverhalten genauere Aussagen möglich.[131] Danach erhielt bei den ersten Reichstagswahlen 1920 die KPD 37% ihrer Stimmen von Frauen und die SPD 43%, während die Deutschnationalen, die DVP und das Zentrum über 50% lagen. Diese Relationen haben sich bei den folgenden Wahlen nur geringfügig verschoben: Im Dezember 1924 entfielen bei der KPD auf 100 Männerstimmen 70, bei der SPD 97, dagegen bei den Deutschnationalen 127 und beim katholischen Zentrum gar 153 Frauenstimmen. Seit dem Ende der 20er Jahre wurde die SPD für Frauen attraktiver und erhielt 1930 sogar mehr Frauen- als Männerstimmen (104 zu 100) – vielleicht deshalb, weil sie nicht mehr als «revolutionäre» Partei galt, sondern das Image einer «staatserhaltenden» Kraft erlangt hatte. Auch jetzt aber blieben Deutschnationale und Zentrum (mit 100 zu 134) die großen Nutznießer des Frauenwahlrechts – also gerade diejenigen Parteien, die die politische Gleichberechtigung der Frauen immer bekämpft hatten und unter ihren Abgeordneten den geringsten Anteil an Frauen hatten.

Auch die organisatorische Erfassung der Frauen aus dem Bürgertum gelang in einem beachtlichen Ausmaß. Der BDF vereinigte 87 Frauenverbände mit 4000 Vereinen und etwa 1 Million Mitglieder (1918). Er proklamierte zwar in seinem Programm vom September 1919 die Mitwirkung der Frauen «bei der Gestaltung des politischen Lebens» auf der Grundlage der Weimarer Verfassung, zugleich aber die «Überwindung sozialer, konfessioneller und politischer Gegensätze durch Opferbereitschaft, Gemeinsinn und ein starkes einheitliches Volksbewußtsein»[132] und blieb damit konservativem Denken doch verhaftet. Dies ging den rechtsextremen Kräften allerdings schon zu weit. Sie bildeten im April 1920 den Ring nationaler Frauen als Dachorganisation der nationalistischen Verbände und 1923 den «Bund Königin Luise», der eng mit dem Stahlhelm verbunden war und ausgesprochen militaristische Positionen vertrat. Im gleichen Jahr gründete die NSDAP, die den Frauen grundsätzlich untersagte, in der Partei leitende Funktionen zu übernehmen, den «Deutschen Frauenorden – Rotes Hakenkreuz», der allerdings bis zu seiner Auflösung im September 1931 nur geringe Bedeutung erlangte. Weit einflußreicher waren die Frauenorganisationen der Zentrumspartei, die sich intensiv um die Schulung der weiblichen Parteimitglieder bemühte, 1922 auch regionale Frauenbeiräte bildete und 1928 den Verband der Katholischen Frauen- und Müttervereine. Die katholischen Jugendverbände organisierten (1926) 430000 Mädchen, die evangelischen 224000 (gegenüber 94000 der sozialdemokratischen Jugendverbände und etwa 25000 Mädchen und Frauen im kommunistisch orientierten RFMB). Insgesamt konnten in den bürgerlichen Jugendverbänden fast 1,5 Millionen Mädchen organisiert werden.[133]

Während sich die Zentrumspartei damit begnügte, die Frauen in das konservative Weltbild von Familie, Eigentum und Religion einzubinden – unterstützt durch die päpstliche Enzyklika vom 31.12.1930, die die Gleichberechtigung der Frau, die Geburtenregelung und das Recht auf Ehescheidung strikt ablehnte –, griffen die Frauenorganisationen der extremen Rechten in wachsendem Maße aktiv in das politische Geschehen ein. So unternahm die Führung des Bundes Königin Luise im Sommer 1930 eine «Studienreise» in das faschistische Italien, wurde dort von Mussolini empfangen und propagierte danach die Frauenpolitik des Faschismus als vorbildlich. Die NSDAP-Fraktion brachte um die gleiche Zeit einen Gesetzentwurf ein, der bereits erkennen ließ, wohin die Familienpolitik des deutschen Faschismus zielte: Wegen «Rassenverrats» wurde jeder mit Zuchthaus bedroht, der «die natürliche Fruchtbarkeit des deutschen Volkes hemmt» bzw. durch Vermischung mit Angehörigen anderer Rassen zur «Zersetzung des deutschen Volkes beiträgt».[133a] Die Stoßrichtung – gegen Geburtenkontrolle und Abtreibung – ist bei all diesen Initiativen offensichtlich die gleiche. Für den BDF wurde es angesichts der unterschiedlichen Strömungen, die er repräsentierte, immer schwieriger, sich klar zu artikulieren. Doch als im Gefolge der Wirtschaftskrise die Ideologie vom «Doppelverdienertum» an Boden gewann, die darauf hinauslief, die Frauen aus der Berufstätigkeit hinauszudrängen, bezog auch er deutlich Stellung im Sinne bürgerlich-konservativer Ideologie: Er erklärte es (im April 1931) für gesünder, «wenn die Erhaltung der Familien sich auf Männerarbeit und Männerlöhne stützen kann»[134]. Damit exponierte sich der BDF allerdings keineswegs, da sowohl die Brüning-Regierung und der größte Teil der bürgerlichen Presse wie auch die ADGB-Führung die These vom «Doppelverdienertum» vertraten. So konnten führende Vertreterinnen des BDF und des Katholischen Frauenbundes drei Monate später die Maßnahmen der Brüning-Regierung gutheißen, die zur Verelendung der arbeitenden wie der arbeitslosen Frauen wesentlich beitrugen, und die Frauen auffordern, in dieser Lage zur «Stütze des inneren Friedens» zu werden.

Dennoch war nun der Bruch zwischen bürgerlich-demokratischen und militaristisch-nationalistischen Kräften in den Frauenorganisationen nicht mehr aufzuhalten: Da die ersteren sich zugleich zu den bevorstehenden Genfer Abrüstungsverhandlungen positiv geäußert hatten, traten der Reichsverband Deutscher Hausfrauenvereine, der Reichsverband landwirtschaftlicher Hausfrauenvereine und ideologisch verwandte Verbände im Frühjahr 1932 aus dem BDF aus. Sie schlossen sich der «nationalen Opposition» an, die auf das Bündnis mit der NSDAP setzte. (Bei den Frauenorganisationen allerdings besaß die NSDAP auch 1932 noch kein sehr großes Gewicht – trotz der Gründung der NS-Frauenschaft und des BDM 1930/31. Immerhin konnte der BDM bis zum Ende 1932 24000 Mitglieder gewinnen.) Im Januar 1932 forderten 16 nationalistische Frauenverbände anläßlich der Genfer Abrüstungskonferenz für Deutschland das «Recht auf Wehrhoheit» und gliederten sich damit voll ein in die politische Offensive der militaristischen Kräfte, die allerdings bei den anderen Frauenverbänden noch auf starken Widerstand stieß: Der BDF sammelte Unterschriften gegen das Wettrüsten, die IFFF sogar für die von der UdSSR geforderte totale Abrüstung, und im August 1932 nahmen die IFFF und andere Frauenorganisationen am Internationalen Antikriegskongreß in Amsterdam teil, den u. a. Romain Rolland einberufen hatte.

Doch die Errichtung des faschistischen Systems konnte nicht mehr aufgehalten werden – und der BDF reagierte so wie die bürgerlichen Parteien: Er löste seine Organisation, die immerhin noch 450000 Mitglieder hatte, am 15. Mai 1933 auf – und am Ende des Jahres schloß sich ein Teil seiner Verbände dem vom faschistischen Staat neu gegründeten «Deutschen Frauenwerk» an. Die frühere Vorsitzende des BDF, Gertrud Bäumer, in der Weimarer Zeit Mitglied der DDP und Ministerialrätin im Reichsinnenministerium, paßte sich gleichfalls den neuen Machtverhältnissen an und schrieb, daß es für die Frauen «im letzten Grunde vollkommen gleichgültig» sei, «wie der Staat beschaffen ist ...: ob es ein parlamentarischer, ein demokratischer, ein faschistischer Staat ist».[135] Sie durfte ihren Posten als Mitherausgeberin der Zeitschrift *Die Frau* bis 1944 behalten (und ließ sich so für die faschistische Politik benutzen). Der Deutsch-Evangelische Frauenbund hatte seine 30000 Mitglieder bereits im Juni aufgerufen, mitzubauen am «neuen Reich».

Die Wehrverbände und Jugendorganisationen

Bewirkten die bürgerlichen Frauenorganisationen eher eine passive Einordnung in die politische Linie der bürgerlichen Kräfte, so zielten die *Wehrverbände*[135a] auf eine aktive Mobilisierung der Massen gegen Demokratie, Arbeiterbewegung und Versailler Vertrag. Ihre Massenwirksamkeit beruhte darauf, daß sie die militaristische Ideologie der Kriegszeit aufgriffen, den Leiden und Opfern, den Brutalitäten und Massenmorden des Krieges einen Sinn gaben und damit das starke Bedürfnis gerade der ehemaligen Soldaten befriedigten, daß all das Schreckliche, das sie erlebt hatten, doch nicht umsonst gewesen sein dürfte. So erschien der Krieg als der große opferreiche Kampf für das Vaterland, für Heim und Herd und zugleich für Deutschlands Größe und Zukunft. Diese ideologische Lösung war für viele attraktiver als der Weg zum Antimilitarismus, der das subjektiv sehr schwere Eingeständnis vorausgesetzt hätte, daß man sich hatte mißbrauchen und irreführen lassen, daß man falsch gelebt hatte. (Ähnliche Probleme stellten sich unmittelbar nach dem Kriegsende 1945 für die Millionenmassen der faschistischen Mitläufer – bis durch Restauration und kalten Krieg ihnen bestätigt wurde, daß mindestens ihr militanter Antikommunismus vollkommen richtig gewesen war.)

Zudem boten die Wehrverbände die Möglichkeit, die gewohnten militärischen Lebensformen, die mit ihrer klaren Befehlsstruktur das Gefühl von Sicherheit und Eingeordnetsein vermittelten, mindestens in Ansätzen weiterzuführen – und zugleich den Kampf gegen jene Kräfte aktiv und offensiv zu führen, die in diesem Weltbild nicht nur für die Niederlage Deutschlands verantwortlich waren, sondern auch noch das heroische Kriegserlebnis in den Schmutz zogen. Besonders die bürgerlichen Schichten waren für solche Ideologien empfänglich, aber auch manche Arbeiter der Front-Generation – zumal das Erlebnis der gemeinsamen Gefahr im Schützengraben nun zum «Frontsozialismus» glorifiziert wurde, zum «wirklichen», «deutschen» und «nationalen» Sozialismus.

So fungierten die Wehrverbände, die meist aus den Freikorps der Jahre 1919/20 hervorgingen, nicht nur als massenwirksame Propagandaorganisationen, die durch Aufmärsche, Fahnenweihen, Wehrübungen und «vaterländischen Geschichtsunterricht» militaristische Ideologie lebendig erhielten, sondern ebenso als potentielle Bürgerkriegsarmee im Kampf gegen den «inneren Feind» und zugleich als Massenorganisationen zur Rekrutenausbildung. Die Reichswehr, der dies durch den Versailler Vertrag nur in sehr beschränktem Maße möglich war, stellte für diesen «Wehrsport», in den auch die Hochschulen weitgehend einbezogen waren, Ausbilder, Material und oft genug auch Waffen zur Verfügung. Der Aufbau zu Massenorganisationen vollzog sich nach 1924, als die revolutionäre Bewegung niedergeworfen war und die Bürgerkriegsverbände nicht mehr direkt benötigt wurden – also gerade in der Zeit der scheinbar gefestigten demokratischen Republik. Die Geldmittel wurden hauptsächlich vom Großgrundbesitz, von der Industrie und von der Reichswehr aufgebracht.

Der bedeutendste dieser Verbände war der «*Stahlhelm*», der ideologisch den Deutschnationalen eng verbunden war und um die Mitte der 20er Jahre über etwa 400 000 Mitglieder verfügte. Die jüngere Generation wurde im «Jungstahlhelm», die studentische Jugend seit 1929 im «Stahlhelm-Studentenring Langemarck» erfaßt. Dieser Verband erschien politisch so bedeutsam, daß der italienische Faschismus seine Hoffnungen auf einen Faschisierungsprozeß in Deutschland bis zum Beginn der 30er Jahre nicht auf die NSDAP, sondern auf den Stahlhelm konzentrierte. Die Frontstellung war klar: «Wir hassen mit ganzer Seele den augenblicklichen Staatsaufbau, seine Form und seinen Inhalt.» Die gesamte Weimarer Republik galt dem Stahlhelm als «marxistische Diktatur». Ziel sei nach innen die nationale Diktatur und nach außen die Rückeroberung der 1918 verlorenen «Heimat- und Kolonialgebiete» sowie die Eroberung «des notwendigen Ostraums»[136].

Dies alles hinderte den Reichspräsidenten Hindenburg nicht daran, Ehrenmitglied im Stahlhelm zu sein. Nach 1930 verlor der Stahlhelm an Bedeutung gegenüber der SA, ganze Ortsgruppen traten über. In der Regierung Hitler wurde der Stahlhelm-Führer Seldte Arbeitsminister, und am 27. 4. 1933 unterstellte sich der Stahlhelm «als geschlossene soldatische Einheit dem Führer Adolf Hitler»[137].

Die andere Richtung der bürgerlichen Kräfte repräsentierte der «*Jungdeutsche Orden*», der immerhin über 200 000 Mitglieder verfügte. Er votierte seit 1925 dafür, «daß sich die Westmächte Frankreich und England der bolschewistischen Gefahr aus dem Osten gegenüber mit Deutschland einigen müssen»[138]. Als seine Hauptaufgabe begriff der Jungdeutsche Orden «die geistige und seelische Rüstung der wehrhaften Jugend»[139]. Als Staatsform hielt er ebenfalls eine Diktatur für erforderlich. Dabei wurden ideologische Elemente des mittelalterlichen Reiches und des Deutschen Ordens aktualisiert, und zugleich wurde antikapitalistische Propaganda einbezogen – freilich, ähnlich der NSDAP, mit der Versicherung, daß «der Kampf gegen die Plutokratie ... kein Kampf gegen das Kapital an sich» sei, denn «die Kapitalsbildung ist ein notwendiger Prozeß im Wirtschaftsleben».[140] Die Führungskader rekrutierten sich wie bei allen Wehrverbänden aus ehemaligen Offizieren und Intellektuellen, beim Jungdeutschen Orden auch vielfach aus der bürgerlichen Jugendbewegung der Vorkriegszeit und nicht so sehr – wie beim Stahlhelm – aus Großgrundbesitzern der ostelbischen Gebiete. Ein Jugend- und ein Frauenverband («Schwesternschaft») ergänzten die Organisationsstruktur.

Mit seiner «Franzosenpolitik» isolierte sich der Jungdeutsche Orden gegenüber den anderen Kräften der «nationalen Opposition», verlor an Bedeutung, vereinigte sich 1930 mit der DDP zur «Deutschen Staatspartei», konnte den Niedergang jedoch nicht aufhalten. Am 5. März 1933 bot dann sein Führer Mahraun Adolf Hitler die Mitarbeit am neuen Staat an.

So bereiteten also diese und andere Wehrverbände (wie der «Werwolf», der «Bund Oberland» usw.) ihre Mitglieder und Anhänger ideologisch und praktisch auf den Tag der «Befreiung» von den «Novemberverbrechern» und vom «Versailler Schanddiktat» vor.

Auch die Integration der bürgerlichen *Jugend* in die herrschende Ideologie und schließlich deren Mobilisierung gegen die Demokratie gelang in hohem Maße. Zwar war die gewaltige Begeisterung bei Kriegsbeginn 1914 angesichts des Verlaufes und des Resultates des Krieges allmählich einer Desillusionierung gewichen, und diese hätte – wie bei anderen bürgerlichen Gruppen, insbesondere bei Kleineigentümern, Angestellten und Intellektuellen und bei den Frauen – auch bei diesen Jugendlichen zu einer Neuorientierung führen können, wenn es den Kräften der Linken gelungen wäre, mit der Revolution eine wirkliche Neugestaltung Deutschlands zu erringen. Statt dessen wurde die Revolution niedergeworfen und die ideologische Hegemonie der alten Kräfte wieder restauriert. So konnten die Proteststimmungen dieser Generation, ihre bohrenden Fragen nach den Ursachen des materiellen und seelischen Elends und ihr Suchen nach einer besseren Welt in die Bahnen der konservativen und militaristischen Kräfte gelenkt und zum Kampf gegen Demokratie und Arbeiterbewegung eingesetzt werden. «Die Alten», die versagt hatten, das waren demnach diejenigen, die durch ihren Dolchstoß die militärische Niederlage herbeigeführt und durch ihren nationalen Verrat dem Versailler Vertrag Geltung verschafft hatten; denjenigen, die Deutschland in den Krieg, in den Massenmord und in die Niederlage getrieben hatten, wurde allenfalls vorgeworfen, daß sie den Krieg und den Kampf gegen die Linke nicht energisch genug geführt hatten.

Der größte Teil der bürgerlichen Jugendverbände, die es in großer Zahl gab, zeichnete sich dementsprechend durch antidemokratische, elitäre und oft auch militaristische Bewußtseinsformen aus, die sich auch in der Organisationsstruktur dieser «Bünde» ausdrückten: Eine straffe Hierarchie regelte die Beziehungen zwischen Führern und Gefolgschaft.

Was die kirchlichen Jugendgruppen betrifft, so waren sie eingebunden in die politische Linie ihrer Institutionen. Und auf der Seite der Parteien gelang den liberal-demokratischen Kräften – gegenüber den Deutschnationalen – überhaupt keine nennenswerte Organisierung von Jugendlichen. So trug auch diese bürgerliche Jugendbewegung dazu bei, daß die Demokratie politisch und geistig nicht zu Kräften kommen und daß nach 1930 die Offensive der Rechten so durchschlagenden Erfolg haben konnte.

Alle diese Verbände und Organisationen verfügten über Publikationsorgane, mit denen sie mindestens ihre Mitglieder erreichten. Die hier verbreiteten politischen Ideen, wurden erzeugt von intellektuellen Führungsschichten in Wissenschaft, Literatur und Publizistik.

Hochschule und Wissenschaft

Besondere Beachtung verdienen Hochschule und Wissenschaft[141], weil hier nicht nur ein Teil der jungen Generation in seinem Weltbild wesentlich geformt wurde, sondern weil hier auch die Eliten herangebildet wurden, die dann in Justiz und Verwaltung, Erziehung und Wissenschaft, Wirtschaft, Kirche und Presse Schlüsselpositionen erlangten.

Wie in den anderen Ländern Europas waren die gebildeten Schichten auch in Deutschland vom Geist der Aufklärung und der Französischen Revolution ergriffen worden. Sie strebten nach geistiger und politischer Freiheit, und sie litten unter der Unterdrückung durch den autoritären Staat und der Bevormundung durch die Kirche. Ihre Hoffnungen hatten dann jedoch eine schwere Enttäuschung erlitten, als die Revolution von 1848 von preußischem Militär im Blute erstickt wurde. Aber so wie nach 1871 die besitzenden und gebildeten Schichten im allgemeinen zum preußisch-deutschen Militärstaat übergingen, so verhielten sich auch die Professoren und Studenten an den Universitäten, die ja zu diesen Schichten gehörten und sich aus ihnen rekrutierten.

Diese Anpassung fiel den Professoren um so leichter, als sie vom Staat nicht nur gut besoldet, sondern auch mit hohem Prestige ausgestattet, als die geistige Elite der Nation anerkannt wurden. Und rein fachwissenschaftlich gesehen, war dieses Prestige auch gar nicht unbegründet. Die politische Beschränktheit hinderte diese Wissenschaftler nicht daran, als Mediziner, Physiker und Historiker hervorragende Leistungen zu erbringen. Die rasche Entwicklung der materiellen Produktivkräfte, die wesentlich durch naturwissenschaftliche Erkenntnisse bedingt war, sowie die Zahl der Nobelpreise an solche Wissenschaftler sind dafür ebenso ein Beleg wie die Ausgestaltung der methodologischen Verfahren der Quelleninterpretation in der Geschichtswissenschaft.

Dabei verstanden sich diese Professoren und Akademiker durchaus als «unpolitisch», da sie sich dem «Ganzen», dem «Staat» verpflichtet fühlten und sich von den Niederungen der Tagespolitik fernhielten. Als «politisch» und damit ablehnenswert galten in ihren Augen nur solche Positionen, die sich für Demokratie und Sozialismus einsetzten, damit im Gegensatz zum Normalen standen und sich exponieren mußten, durch Gesellschaftskritik und «Klassenkampf» die «Einheit der Nation» bedrohten und natürlich als soziale und politische Gefahr empfunden wurden. (Heute lauten die entsprechenden Vokabeln «sachbezogen» und «ideologisch» oder «irrational»). Solche «politischen» Positionen galten überdies, da mit der Arbeiterbewegung identifiziert, als ungeistig und unwissenschaftlich.[142]

Wie stark das konservative, autoritäre und sogar militaristische Bewußtsein dieser Hochschullehrer und Wissenschaftler ausgeprägt war, zeigte sich, als das Deutsche Reich im August 1914 den Krieg begann. Im Oktober 1914 unterzeichneten über 3000 Professoren – das war fast die gesamte Professorenschaft – einen Aufruf, der ganz und gar von nationalistischer Kriegsbegeisterung bestimmt war. Dort heißt es: «Unser Glaube ist, daß für die ganze Kultur Europas das Heil an dem Sieg hängt, den der deutsche ‹Militarismus› erkämpfen wird, die Manneszucht, die Treue, der Opfermut des einträchtigen freien deutschen Volkes.»[143] Auch rassistische Töne waren schon vernehmbar. So verkündete der Dekan der Medizinischen Fakultät der Universität Gießen, Prof. Erich Opitz: «Leben heißt Töten. Der uns aufgezwungene Kampf ist nichts anderes als der bittere Kampf der Minderwertigen gegen die Höherstehenden.»[144]

Auch die allermeisten Historiker waren von Kriegsbegeisterung ergriffen. Gaevernitz verlangte deutsche Siedlungskolonien im Baltikum. Ernst Jäckh forderte ein «deutsches Mitteleuropa» vom Nordkap bis zum Persischen Golf[145] und Hans Delbrück die «Zertrümmerung der Russischen Großmacht» und die Eroberung eines deutschen Imperiums in Afrika[146]. Otto von Gierke bescheinigte der entarteten englischen Nation eine Krämerseele[147], und Ernst Troeltsch formulierte: «Könnte sich doch jedes Wort wandeln in ein Bajonett.»[148] Ging es um Rußland, so waren rassistische Akzente schon unüberhörbar: Was bei Delbrück noch «moskowitische Barbarei» hieß, nannte Karl Lamprecht, ein in geschichtsmethodologischen Fragen durchaus fortschrittlicher Historiker, schon «mongolisch verunreinigt»[149].

Militaristische Begeisterung und Eroberungswünsche waren bei den liberalen Historikern kaum geringer als bei den konservativen. Zwar erlangten die ersteren angesichts des Kriegsverlaufs schon 1915/16 ein gewisses Realitätsbewußtsein insofern, als sie die vollständige Niederwerfung aller Gegner des Deutschen Reiches und die totale Durchsetzung des «Siegfriedens» nicht mehr für möglich erachteten, aber sie glaubten weiterhin, «daß dieser Krieg mit einem vollen Sieg Deutschlands enden wird» und daß das deutsche Volk einen Siegespreis beanspruchen dürfe, nämlich «einen Frieden ..., der den strategischen Bedürfnissen, den politischen und wirtschaftlichen Interessen des Landes und der ungehemmten Betätigung seiner Kraft und seines Unternehmungsgeistes in der Heimat und auf dem freien Meere gesicherte Grundlagen gibt.»[150] Buchstäblich bis zum letzten Tag des Krieges hielten die deutschen Akademiker und Professoren an ihren Sieges- und Eroberungskonzepten fest.

Die militärische Niederlage riß auch sie – wie die bürgerlichen Schichten generell – aus allen ihren Weltmachtsträumen, die Novemberrevolution stürzte auch noch den Obrigkeitsstaat. In ihren Augen waren Demokratie und Marxismus dasselbe wie Pöbelherrschaft und öde Gleichmacherei, gegen die sie sofort den Kampf aufnahmen. Schon am 22. November 1918 bildete sich ein «Reichsausschuß akademischer Berufsstände», der 22 Berufsverbände mit 150 000 Mitgliedern vereinigte, zur Gegenwehr gegen die Revolution aufrief und Freikorps aufstellte.[151] Auch nach der Niederwerfung der Revolution war für sie die Weimarer Republik der Repräsentant dieser Pöbelherrschaft und zugleich das Resultat und das Sinnbild der militärischen Niederlage. Sie galt ihnen als schwächlicher und schlapper Staat nach innen und nach außen, stand in grellem Kontrast zu dem glänzenden und machtvollen Kaiserreich.

Und als Hindenburg am 3. Juni 1919 offiziell den Oberbefehl über die deutsche Armee niederlegte, gaben «die Universitäten und technischen Hochschulen Deutschlands» eine gemeinsame Erklärung ab, in der es heißt: «Inmitten der Trauer, die sich über unser Vaterland gesenkt hat, haben Euer Exzellenz den Entschluß bekundet, den durch vier Kriegsjahre ruhmreich geführten Feldherrnstab aus der Hand zu legen ... Für Heer und Heimat sind Euer Exzellenz Führer und leuchtendes Vorbild gewesen.» Dieses «wird uns in kommenden schweren Tagen als erhebendes Beispiel vorleuchten.» [152]

Mit Zorn und Angst erlebten die Akademiker auch das Dahinschwinden ihrer eigenen sozialen Vorrechte. Sie, die bis dahin als die geistige Elite der Nation behandelt und gefeiert worden waren, sahen sich nun in die Defensive gedrängt. Die unteren Schichten begannen, sozial und geistig in die Hochschulen einzudringen, und kein Professor erhielt jetzt noch einen Adelstitel oder einen Fürstenorden oder den Titel eines Geheimrats.

Andererseits hatte es auch hier die Revolution nicht vermocht, grundlegende Veränderungen herbeizuführen. Die strikt hierarchische Struktur der Hochschulen, die einer Minderheit, den Ordinarien, eine fast absolute Herrschaftsstellung garantierte und die jüngeren Wissenschaftler in persönlicher Abhängigkeit hielt, blieb erhalten und sorgte dafür, daß auch autoritäre Bewußtseinsformen ständig reproduziert wurden. Ebenso blieb das Rekrutierungsfeld der Professoren auf die höheren Schichten beschränkt; dies schon deshalb, weil man ein beachtliches Vermögen besitzen mußte, um die viele Jahre dauernde, schlecht oder gar nicht honorierte Zeit des Privatdozenten durchzustehen – bevor man schließlich wohldotierter Professor werden konnte. Auch verteidigten die Ordinarien ihr Recht auf Selbstergänzung des Lehrkörpers gegenüber dem Staat sehr zäh und damit auch dessen Exklusivität. Und ebenso verteidigten sie die «Autonomie» der Hochschulen und die «Freiheit von Forschung und Lehre» gegenüber einer Staatsgewalt, die durch Revolution und Weimarer Reichsverfassung gewissen Einflüssen aus den arbeitenden Klassen zugänglich geworden war. Im Namen dieser «Autonomie» verwahrten sie sich gegen alle Versuche der Demokratisierung der Hochschule. (So blieben auch die Reformansätze des sozialdemokratischen Kultusministers Becker Mitte der 20er Jahre in Preußen auf halbem Wege stecken.)

Die Professoren waren also einerseits über die Revolution und die Republik enttäuscht, erschrocken und empört und in Hinsicht auf Prestige und Einflußmöglichkeiten auch tatsächlich beeinträchtigt. Andererseits aber hatten sie ihre Positionen innerhalb der Hochschule erhalten können. Und von hier aus begaben sie sich nun in ihrer großen Mehrheit in eine geistige und politische Frontstellung gegen die verachtete und bedrohlicheRepublik. Sie begaben sich damit aber keineswegs in die Niederungen der «parteipolitischen» Auseinandersetzungen. In ihrem Selbstverständnis war auch dieses Verhalten unpolitisch, da es am «Ganzen» orientiert war, am Staat, an der Nation, und nicht an Parteiinteressen, die sie in der Weimarer Republik und ihrer Verfassung repräsentiert sahen und die sie ja gerade bekämpften. Daß sich manche von ihnen auch den politischen Parteien der Rechten anschlossen (meist den Deutschnationalen und der Deutschen Volkspartei), stand dazu nicht im Widerspruch, da sie dort genau jenes Verständnis von Staat und Nation vorfanden, das sie selbst besaßen.

Es waren im wesentlichen diese Hochschullehrer und Intellektuellen, die die Ideologie, das Weltbild formulierten, das dann in vulgarisierter Form auch den politischen Tageskampf der Rechten gegen die Republik bestimmte.

Von beträchtlicher Wirkung war vor allem das, was die Geisteswissenschaftler (die Historiker, Philosophen, Germanisten, Erziehungswissenschaftler und Theologen) und die Staatsrechtslehrer in ihrer Lehre vertraten. Hier war die geistige Krise der bürgerlichen Gesellschaft, das Gefühl von wachsender Gefährdung und drohendem Niedergang, besonders stark ausgeprägt. Die «Lebensphilosophie» [153] erlangte bestimmenden Einfluß, die das Vertrauen in die Erkennbarkeit und rationale Gestaltbarkeit der Welt verloren hatte und deshalb auf das Gefühl, die Leidenschaft, die Intuition setzte. Die Abwendung von den Ideen der Vernunft und des Fortschritts, denen das Bürgertum in der Periode seines historischen Aufstiegs vertraut hatte, konnte politisch leicht umschlagen in die gänzliche Preisgabe der Ideen der allgemeinen Menschenrechte und in die Verklärung von Irrationalismus und Unmittelbarkeit, von Blut und Boden und von Krieg und Eroberung als unmittelbare Äußerungen von Lebenswillen und Tatkraft. Nietzsche, Dilthey u. a. hatten dafür die gedanklichen Grundlagen gelegt, Weltkrieg und militärische Niederlage, Russische Oktoberrevolution und deutsche Novemberrevolution hatten die emotionalen Bedingungen geschaffen für diese gefährliche Mischung aus Verzweiflung über den «Untergang des Abendlands» (Oswald Spengler) und dem «Willen zur Macht» (Friedrich Nietzsche), der Entschlossenheit, es den rebellierenden Massen und den anderen Völkern zu zeigen, was Deutschland vermag.

Die «Lebensphilosophie» schuf ideologische Dispositionen, die dem faschistischen Irrationalismus den Weg bereiteten. Und in der Tat war der Faschismus dann auf den Irrationalismus besonders angewiesen: Eroberungen und Verbrechen, Opfer und Leiden solchen Ausmaßes waren nur realisierbar, wenn gewährleistet war, daß keinerlei auf Vernunft gestützte Erwägungen in den Massen die Oberhand gewinnen konnten. So war es ganz konsequent, daß der faschistische Führer sich bei all seinen Entscheidungen auf seine Intuition berief und damit jeglicher rationaler Begründung und jeglicher Kontrolle enthoben war. Die Wissenschaftler, die von den Ideen der «Lebensphilosophie» beeinflußt waren – und das war in der Weimarer Zeit die Mehrheit –, haben diese Folgen so sicher nicht gewollt und waren auch keineswegs die Hauptakteure, die sie bewirkten. Aber sie haben doch dazu beigetragen, den Boden zu bereiten, auf dem der Irrationalismus im allgemeinen und die konkreten Bestrebungen der politischen Rechten im besonderen gedeihen konnten. Neben der «Lebensphilosophie», die gewissermaßen als eine allgemeine Stimmung die Geisteswissenschaften durchdrang, wirkten natürlich auch andere, je nach der Fachrichtung spezifische Traditionen und Ideen – aber sie wirkten vielfach politisch in die gleiche Richtung.

Insbesondere Historiker und Staatsrechtslehrer erzielten mit ihren wissenschaftlichen Lehren starke politische Wirkungen. Die *Historiker* erreichten durch ihre Vorlesungen vor allem die künftigen Gymnasiallehrer, wirkten aber generell auf das Bildungsbürgertum, «für das die Geschichte noch handlungsorientierende Funktion hatte» [154]. Diese Historiker sahen sich zu geistigen Führern der Nation gerade in dieser Zeit berufen, die sie als Zeit der Wirren und der umfassenden Gefährdung von Sitte und Ordnung erlebten. Für sie war Geschichtswissenschaft «Dienst» für den Staat, Belehrung für die Nation, wie der Historiker Gerhard Ritter sagte. Wie sah nun das Weltbild aus, das sie der Nation präsentierten? [155]

Da war erstens die Vorstellung von der Individualität des deutschen Volkes, vom besonderen deutschen Nationalcharakter – eine Vorstellung, die gegenüber der Rassenideologie durchaus offen war. Aus diesem besonderen «deutschen Wesen» aber ergab sich in dieser Vorstellungswelt nach innen hin die Notwendigkeit von Führertum und Gehorsam, von autoritären Staatsverhältnissen, und die Ablehnung von Liberalismus und Demokratie als undeutsch, als westlich. Hier wurde also die politische Rückständigkeit Deutschlands, in dem die bürgerliche Revolution gegen den monarchischen Obrigkeitsstaat sich nicht hatte durchsetzen können, als besondere «deutsche Wesenheit» verklärt. Und zugleich wurde aus dem besonderen deutschen Nationalcharakter eine deutsche Sendung gegenüber anderen Völkern abgeleitet, die sich schon im Ersten Weltkrieg als Eroberung und Unterwerfung dieser Völker erwiesen hatte.

Da war zweitens die Vorstellung, daß der Staat einen höheren Wert darstelle und politisches Handeln am Wohl und an der Machtentfaltung des Staates auszurichten sei. Geschichte war also das Handeln der großen Führerpersönlichkeiten, die Volksmassen bildeten in diesem Weltbild lediglich das Material, die Verfügungsmasse in den Händen der politisch Handelnden. Auch diese, stark von der preußischen Staatsideologie beeinflußte, Vorstellung mündete in das Votum für den starken Staat und war weit offen für das faschistische Führerprinzip und ebenso für die Befürwortung imperialistischer Machtpolitik, da die internationalen Beziehungen sozialdarwinistisch als Kampf der Staaten untereinander aufgefaßt wurden, in dem sich der Stärkere mit gutem Recht durchsetzt. Ebenso zu diesem Geschichtsbild gehörten der «Primat der Außenpolitik» und die Ableitung innerer Probleme aus der Außenpolitik, und auch von hier aus ergab sich die Forderung nach einheitlichem Handeln eines starken Staates, d. h. nach Ausrichtung aller Kräfte der Nation auf die außenpolitische Machtentfaltung.

Und drittens war da die Vorstellung vom «Reich», die sich aus mittelalterlichen Traditionen vom Heiligen Römischen Reich deutscher Nation speiste. Sie war 1871 von der preußischen Militärmonarchie aufgenommen worden, die sich nun als das neue, das «Zweite Reich» darstellte. Diese Vorstellung war verbunden mit der Idee der geistig-kulturellen Durchdringung der Nachbarvölker im Westen und im Osten mit dem Geist des Deutschen Reiches. Sie hatte sich schon im Ersten Weltkrieg vermischt mit der Vorstellung eines starken Mitteleuropa unter deutscher Führung, das die übrigen Völker, insbesondere in Ost- und Südosteuropa, diesem politischen und ökonomischen Herrschaftszentrum zuordnete. Die Ideologie des Dritten Reiches und dessen Eroberungskonzepte konnten sich hier nahtlos anschließen und sind in der Tat von diesen Historikern schon vor 1933 mitformuliert worden.

Alle diese ideologischen Elemente, die schon vor 1918 entwickelt worden waren, wurden in der Weimarer Republik weitergeführt und als Kampfmittel eingesetzt: gegen die Demokratie als politische Form, gegen die Arbeiterbewegung als soziale Kraft und gegen die Politik der internationalen Verständigung und der Anerkennung der Grenzen. Zunächst stand nun freilich die Aufgabe an, alle Deutschen in einem Reich zu vereinigen, insbesondere also Österreich und das Saarland, wenn möglich auch Elsaß-Lothringen sowie die in Polen und der Tschechoslowakei lebenden deutschen Minderheiten, also das sogenannte «Grenz- und Auslandsdeutschtum», zu einem deutschen Staat zusammenzufassen.[156] Daraus ergab sich eine stärkere Betonung des nationalen Gedankens als vor 1918.

Ein neues Element war allerdings in diese Vorstellungswelt noch hineingekommen. Die Russische Oktoberrevolution von 1917 hatte auch die bildungsbürgerlichen Schichten in allen kapitalistischen Ländern aufs äußerste alarmiert. Nach der Abwehr der Interventionskriege und angesichts der Konsolidierung der Sowjetunion im Verlaufe der 20er Jahre festigte sich die Überzeugung, daß vom Kommunismus und von der Sowjetunion eine gewaltige Gefahr ausgehe, der man mit allen Mitteln entgegentreten müsse.

Diese vier eben genannten Motive bildeten die Grundelemente der Weltanschauung der meisten deutschen Historiker in der Weimarer Zeit. Wer dazu in Opposition stand, hatte keine Chance, einen Lehrstuhl zu erlangen, oder galt gar als Sympathisant des Kommunismus. So bezeichnete Gerhard Ritter den jungen Eckart Kehr, der sich zu dieser Weltanschauung kritisch verhielt und zudem sozialgeschichtlich orientiert war, als einen «für unsere Historie ganz gefährlichen ‹Edelbolschewisten›»[157]. Diese weltanschaulichen Elemente bestimmten aber auch weithin das Denken der Germanisten, Philosophen und Volkskundler, stellten also die wirklich herrschende Ideologie der deutschen Akademiker und Professoren dieser Zeit dar.

Die politischen Folgerungen der deutschen Historiker (und der ihnen verwandten Disziplinen wie der Volkskundler usw.)[158] entsprachen dieser Weltanschauung. Weitgehende Einigkeit bestand darin, daß die mit dem Versailler Vertrag entstandenen Grenzen für Deutschland absolut unannehmbar seien. Im Westen seien mindestens das Saarland und Elsaß-Lothringen, im Osten die an Polen verlorenen Gebiete und Teile des Baltikums zu beanspruchen und möglichst noch in Afrika ein Kolonialreich. Institute und Zeitschriften wurden gegründet und aus Geldern der Industrie und des Staates großzügig gefördert, die das «Grenz- und Auslandsdeutschtum» zu erforschen und politisch zu mobilisieren trachteten; das führende Organ der deutschen Historiker, die *Historische Zeitschrift*, behandelte diese Gebiete unter der Überschrift «Deutsche Landschaften». Besondere Bedeutung erlangte die «Ostforschung». 1926 wurde der Historikertag nach Breslau verlegt, in die «Vorwerke deutschen Wesens gen Osten», wie der Tagungsleiter kundtat, und auch der Historikertag in Göttingen 1932 war eindeutig auf den «deutschen Lebensraum im Osten» gerichtet. Hermann Aubin lieferte für diese Frontstellung die ideologische Begründung: Es handle sich schon im Mittelalter «um eine Außengrenze des ganzen abendländischen Bereichs gegenüber heidnischen Völkerschaften niederer Kultur.» Die Mitteleuropaidee wurde von Wilhelm Schüßler so gefaßt: Es bestehe eine «innerliche Verbindung der Länder zwischen der Nordsee, der Ostsee, dem Adriatischen, dem Ägäischen und Schwarzen Meere». Angesehene Historiker sprachen nun von «Lebensraum» und «Raumpolitik». Daß eine neue Macht- und Eroberungspolitik mit der demokratischen Verfassung der Weimarer Republik nicht zu machen war, wurde von dem starken rechten Flügel der Historiker klar gesehen. Georg von Below stellte 1926 fest: «... die heutige Verfassung bildet ein großes Hindernis für die Kräftigung des heutigen Staates.»[159]

Auf andere Weise wirkend, aber politisch nicht weniger bedeutsam war das, was die *Staatsrechtslehrer* wissenschaftlich vertraten.[160] Ihre Lehren bildeten die Leitlinien nicht nur für das Verhalten der Richter, der Staatsanwälte und der höheren Beamtenschaft, sondern auch für das Weltbild ihrer Studenten, die den Nachwuchs für diese Führungsschichten darstellten.

Bis 1918 stand die Weltanschauung der deutschen Staatsrechtslehre in Übereinstimmung mit den politischen Machtverhältnissen und der bestehenden Staatsordnung. Sie vertraten daher in ihrer Wissenschaft mehrheitlich den Positivismus, d. h. die Lehre, daß die Justiz die bestehenden Gesetze anzuwenden habe, ohne nach ihrer Berechtigung zu fragen. Mit der Revolution und der Weimarer Reichsverfassung aber entstand eine Diskrepanz zwischen ihrer Weltanschauung und der bestehenden Staatsordnung. Nunmehr suchten die meisten Staatsrechtslehrer einerseits nach Möglichkeiten, die aus dem Kaiserreich herübergeretteten Apparate der Justiz, der Verwaltung und des Militärs gegenüber Einflüssen des demokratisch legitimierten und durch das allgemeine Wahlrecht auch demokratisch beeinflußten Gesetzgebers abzuschirmen. Und sie suchten andererseits nach Ansatzpunkten in der Weimarer Reichsverfassung selbst, um demokratische Einflußmöglichkeiten zurückzudrängen und Wege in Richtung auf einen autoritären Staat zu eröffnen.

Die erste Strategie führte zur Preisgabe des Positivismus und zur Entwicklung von Lehren, die den bestehenden Gesetzen «höhere» Normen gegenüberstellten, also die Legalität im Namen der Legitimität bestritten. So wurde zum Beispiel von Rudolf Smend die geistesgeschichtlich begründete «Integrationstheorie» entwickelt, die aus der Polarität von Individuum und Gemeinschaft die Notwendigkeit ständiger Integration des Volkes in den Staat, der die eigentliche Sinngemeinschaft repräsentiere, ableitete. Und Erich Kaufmann entwickelte auf spekulativem Weg überpositive Ordnungen und Rechtsideen, die höhere Geltung als das positive Recht zu beanspruchen hätten.

Solche Lehren, deren «höhere Normen» aus dem Wesen des Menschen oder aus dem Wesen der Gemeinschaft oder aus dem Willen

Gottes abgeleitet werden, können mit sehr unterschiedlichen Inhalten gefüllt werden. Sie konnten zur Zeit der Aufklärung und der bürgerlichen Revolution auch mit fortschrittlichen Inhalten gefüllt, mit Berufung auf die allgemeinen Menschenrechte gegen das bestehende absolutistische System eingesetzt werden. In der Weimarer Republik jedoch wurden sie von der Rechten dazu benutzt, um die vom Parlament beschlossenen Gesetze in ihrer Geltung zu beschränken und in Frage zu stellen und so die staatliche Exekutivgewalt demokratischer Kontrolle möglichst zu entziehen. Diese Lehren wurden ergänzt und praktisch wirksam gemacht durch die These, daß wegen der «Unabhängigkeit» der Richter jedes Gericht das Recht habe, die vom Parlament erlassenen Gesetze daraufhin zu überprüfen, ob sie mit den Prinzipien der Verfassung in Übereinstimmung seien. Auch hier bot sich der Justiz ein weiter Interpretationsspielraum – bis hin zur willkürlichen Verfälschung des Willens der Verfassung.

Die zweite Strategie setzte hauptsächlich an der starken Stellung des Reichspräsidenten an, dem in Art. 48 die Entscheidung über den Ausnahmezustand und die Außerkraftsetzung von Grundrechten sowie über den Einsatz militärischer Gewalt im Innern übertragen worden war. Schon der Reichspräsident Ebert hatte davon mehrfach Gebrauch gemacht und auf diesem Wege z. B. im Oktober 1923 die legal gebildeten Arbeiterregierungen in Sachsen und Thüringen durch militärische Gewalt beseitigt. Seit 1925 aber hieß der Reichspräsident nun gar Paul von Hindenburg. So konzentrierten sich fortan fast alle Diktaturpläne der Rechten auf dieses Amt. Und die Staatsrechtslehrer lieferten dafür die nötigen «Verfassungsinterpretationen». Carl Schmitt[160a] verwies darauf, daß derjenige, der militärische Macht einzusetzen befugt sei, damit vollendete Tatsachen schaffen könne, die durch keinerlei nachträgliche Nachprüfung wieder aus der Welt zu schaffen seien. Seine theoretische Schlußfolgerung lautete deshalb: «Souverän ist, wer über den Ausnahmezustand entscheidet.» Und seine politisch-strategische Folgerung lautete: Der Reichspräsident müsse als der «Hüter der Verfassung» aufgefaßt, sein Amt entsprechend benutzt werden. In der Tat vollzog sich dann nicht nur die Aushöhlung der demokratischen Rechte, die Entmachtung von Parlament und politischen Parteien und die Errichtung des Präsidialregimes ab 1930 auf diesem Wege, sondern auch die Ernennung der Regierung Hitler und die Errichtung der faschistischen Diktatur: Auf die Notverordnungen vom 28. Februar und vom 21. März 1933, mit denen der Reichspräsident die wichtigsten Grundrechte außer Kraft setzte, stützte sich juristisch-formal nicht nur die terroristische Zerschlagung der Arbeiterbewegung 1933, sondern auch die Errichtung der Konzentrationslager.

Es versteht sich, daß die große Mehrheit der Staatsrechtslehrer 1933 die Errichtung der faschistischen Diktatur begrüßte und unterstützte und daß sie nun, da ihre Weltanschauung wieder in Übereinstimmung mit der Staatsordnung war, auch wieder zur Lehre des Positivismus zurückkehren konnte: Fortan lehrten diese Staatsrechtslehrer wieder, daß die Richter an die bestehenden, vom Staat gesetzten Normen gebunden seien (zu denen jetzt in wachsendem Maße allerdings auch die «Führerbefehle» gehörten).

Auch in der *Soziologie* gab es starke, von der «Lebensphilosophie» und von Elitegedanken geprägte Strömungen [161] – allerdings nicht mit so deutlicher Dominanz wie bei den übrigen Geisteswissenschaften. Soziologie war freilich schon als Fachdisziplin den anderen Geisteswissenschaften verdächtig, weil sie vielfach von «Gesellschaft» (statt von «Gemeinschaft» und vom «Staat») sprach, weil sie nach Gesetzmäßigkeiten der gesellschaftlichen Entwicklung suchte (statt die «Individualität» und die «großen Männer» ins Zentrum zu stellen) und weil überhaupt Soziologie schon so ähnlich klang wie Sozialismus.

Im konservativen Flügel erlangte insbesondere Othmar Spann, der in Wien lehrte, großen Einfluß. Spann definierte die Kapitalbesitzer als «Wirtschaftsführer» und die Arbeiter als «Gefolgschaft», entwikkelte also jene Begrifflichkeit, die der deutsche Faschismus dann im «Gesetz zur Ordnung der nationalen Arbeit» 1934 anwandte (allerdings wollte er den Staat katholisch-ständisch organisiert wissen, ein Modell, dem dann der Klerikal-Faschismus in Österreich nach 1934 nahekam). Und Freyer verkündete: «Herr ist man durch Geburt ..., Höriger ist man von Natur, nicht durch Pech.» [162] Herrschaft nach innen und Eroberung nach außen gehören zusammen: «Nicht bloß der Wirklichkeit nach ..., sondern dem Sinn nach begründet sich der Staat im Krieg.» Die dafür erforderliche Homogenität des Volkes wird gestiftet durch Blut und geformt vom Führer: «Das Blut der Rasse ist das heilige Material, aus dem das Volk gebildet wird.» Und der Führer schafft «das eine klassenlose, aber vielschichtige, herrschaftsfreie, aber streng gefügte Gebilde des Volkes.» [163]

Was die *Theologen* betrifft, so stand der größte Teil entweder, soweit er evangelisch war, in der deutschnationalen Tradition, oder, soweit er katholisch war, in der klerikal-autoritären. Demokratie, Liberalismus und Rationalismus war ihnen gleichermaßen abscheulich. Der katholische Theologe Georg Pfeilschifter, Rektor der Universität München, forderte schon 1923: «Christlich muß das Reich sein! Unser Volk hat sich versündigt an seiner gottgewollten Bestimmung, als es die Waffen weggeworfen hat. Fort mit der selbstmörderischen Phantasie einer internationalen Verbrüderung der Massen ... Wir brauchen einen großen Siegfried, aber er darf nicht zu lange säumen.»[164]

Auch für das Weltbild der *Naturwissenschaftler*[165] war die Entwicklung des Kapitalismus zum Imperialismus nicht ohne Folgen geblieben. Ihre von Darwin begründete fachwissenschaftliche Überzeugung vom «Kampf ums Dasein» und vom «Überleben der Besten» stimmte scheinbar überein mit der politischen Alltagserfahrung im Kapitalismus, dem harten Konkurrenzkampf, der starken Ausprägung der Klassengegensätze und der Unterwerfung der farbigen Völker durch die europäischen Großmächte. So breiteten sich sozialdarwinistische und rassistische Vorstellungen unter Biologen und Medizinern rasch aus, und Naturwissenschaftler lieferten ihrerseits für rassistische Positionen scheinbar wissenschaftliche, nämlich biologistische Begründungen. Bereits 1905 wurde eine «Gesellschaft für Rassenhygiene» gegründet, 1908 wurden in der deutschen Kolonie Südwest-Afrika Mischehen verboten. 1920 erschien das Buch *«Die Freigabe der Vernichtung lebensunwerten Lebens»*, das der Jurist Prof. Binding und der Psychiater Prof. Hoche gemeinsam verfaßt hatten. Der Zoologe Ludwig Plate verkündete 1924: «Die Judenfrage ist zweifellos eine Rassenfrage und gehört daher in eine zoologische Vorlesung.» Und «falsch ist die pazifistische Einstellung der Sozialdemokratie, denn die ganze Natur ist durch und durch militaristisch»[166]. (Mit solchen Argumenten konnte er ein Disziplinarverfahren abwehren und das Disziplinargericht überzeugen.) 1931 schrieb der Mediziner Prof. Lenz in dem renommierten Standardwerk *«Baur-Fischer-Lenz»*: «Daß der Nationalsozialismus ehrlich eine Gesundung der Rasse anstrebt, ist nicht zu bezweifeln ... die Frage der Erbqualität ist hundertmal wichtiger als der Streit um Kapitalismus oder Sozialismus und tausendmal wichtiger als der um Schwarz-Weiß-Rot oder Schwarz-Rot-Gold.»[167] Und der Hygiene-Professor Kuhn von der Universität Gießen verlangte von den Studenten «gute Wehr und Waffen zu ihrem Kampfe für Deutschlands Erneuerung» und sagte über das bevorstehende Dritte Reich, dort würde es «nur eine große gewaltige Bewegung geben ..., die den von Minderwertigen und Fremdblütigen gereinigten Volkskörper umfaßt».[168]

Es versteht sich, daß diese Mediziner und Psychiater vom Faschismus zu «Rassenhygiene» und der Vernichtung «lebensunwerten Lebens» nicht genötigt werden mußten, sondern darin die Erfüllung eigener Wünsche sahen und oft genug selbst dem faschistischen Staat entsprechende Vorschläge unterbreiteten. Hinzu kam, daß die freiberuflichen Ärzte und ihre Standesorganisation, der Hartmannbund, ärztliche Selbständigkeit und Vertragsfreiheit durch Sozialversicherungen und Sozialgesetze der Weimarer Republik beeinträchtigt sahen – während die NSDAP versprach, «die Berufsfreiheit der Ärzte» und ihr «Priestertum» voll wiederherzustellen.[169] Sozialdarwinistische Vorstellungen und eigene Standesinteressen stimmten vorzüglich mit den Interessen des Kapitals überein – sowohl in Einzelfragen der Auseinandersetzung zwischen Kapital und Arbeit wie in der Frage der Klassenstruktur der Gesellschaft insgesamt. Die Folgerungen, die sich aus diesen Voraussetzungen ergaben, wurden besonders klar nach 1933 ausgesprochen. Danach war «Krankheit ... ein Versagen. Wer krankheitshalber häufig am Arbeitsplatz fehlt, ist ein schlechter Arbeiter.» Das gesamte System der Sozialversicherung züchte «staatliches Sozialrentnertum» und töte «die Selbstverantwortlichkeit des Menschen», sei also, «mit einem Wort, Marxismus schlechthin». Und die «Gemeinschaftsunfähigen», zu denen auch die politisch Oppositionellen zählten, speisten sich aus den «Unterschichten», aus denen «immer wieder die Blutströme neuer asozialer Familien und Sippen hervorquellen»[170].

Aber nicht nur individuell und in ihrer Fachdisziplin, sondern auch kollektiv äußerten sich die deutschen Wissenschaftler und Akademiker zur politischen Lage. Der deutsche Akademikertag beschloß 1927: «Der Weg zu Volk, Staat und Freiheit geht durch Kampf, Kampf für wahre völkische Weltanschauung, gegen die Internationalisierung, gegen die überstaatlichen Mächte, die den deutschen Nationalstaat aushöhlen und das deutsche Volkstum zersetzen.» Daß damit nicht nur der Internationalismus der Arbeiterbewegung gemeint war, sondern auch das Judentum, hatte dieser Akademikertag schon 1925 in einem einstimmig gefaßten Beschluß ausgeführt: «Der Überfremdung der deutschen Hochschulen durch jüdische Lehrkräfte und Studierende ist ein Riegel vorzuschieben.»[171] Die «Säuberung» der Hochschulen von Sozialisten und Juden, die dann 1933 von den Nationalsozialisten praktiziert wurde, ist hier also geistig schon vorweggenommen.

So war der an den deutschen Hochschulen vorherrschende Geist bestimmt durch die gleiche Ideologie, die die politische Rechte der Weimarer Zeit generell kennzeichnete. Ihrem Selbstverständnis nach hatte diese Hochschule dabei die Aufgabe geistiger Führerschaft wahrzunehmen. In dem programmatischen Sammelwerk *Das Akademische Deutschland* hieß es 1930: «Nachdem die mächtige Führerschule der Armee zertrümmert worden ist, stellt die Universität unbestritten die oberste Schule der Nationalerziehung dar und ist ... die Trägerin der höchsten Aufgaben der Führerbildung.»[172] Tatsächlich wurden die Hochschulen damit zu Instrumenten ganz unwissenschaftlicher und unakademischer Interessen, wie der sozialdemokratische Staatsrechtslehrer Gustav Radbruch 1926 anschaulich ausführte: «Nur zu oft war vor und während des Krieges der Professor die Trompete, die selbst zu tönen meinte und nicht wußte, daß und von wem sie geblasen wurde ... Mit den Gesten der Führerschaft waren die Universitäten vielfach Geführte, wo nicht Angeführte des Zeitgeistes.»[173]

Nur eine Minderheit bezeichnete sich als «Vernunftrepublikaner»[174]. Diese Professoren wollten damit ausdrücken, daß sie zwar im Herzen weiter dem Obrigkeitsstaat anhingen, daß sie sich aber mit den bestehenden Verhältnissen, so wie sie nun einmal waren, abzufinden bereit waren. Sie waren einerseits bereit, zur Kenntnis zu nehmen, daß das Kaiserreich auch an seinen eigenen Fehlern und Schwächen zugrunde gegangen und daß es nicht mehr wiederherstellbar war. Und sie hatten andererseits wahrgenommen, daß angesichts von Russischer Revolution und Novemberrevolution die bürgerliche Eigentumsverfassung in den Fundamenten bedroht war. Eben daraus folgerten sie, daß diese Frontstellung zur Leitlinie der Innen- und Außenpolitik gemacht werden müsse.

Von hier aus gelangten sie zur Einschätzung der Demokratie als einer «eisernen politischen Notwendigkeit»[175], um Schlimmeres zu verhindern, und zur Befürwortung eines Bündnisses mit der Sozialdemokratie, die sich in der Novemberrevolution als entscheidende Barriere gegen die «Gefahr von links» und auch in der Folgezeit als fähig erwiesen hatte, die Mehrheit der Arbeiterklasse in die bürgerliche Ordnung einzubinden. Außenpolitisch folgerten sie, daß der Versailler Vertrag zunächst anerkannt werden müsse, um die Verständigung mit den Westmächten zu gewährleisten; daß diese Verständigung fungieren könne als Barriere und, falls möglich, auch als Offensivbündnis im Kampf gegen die UdSSR und längerfristig auch als Mittel zur Aufhebung der Fesseln des Versailler Vertrages. Diese Wissenschaftler hatten also begriffen, daß nach dem Ersten Weltkrieg nicht einfach die alten Prinzipien der Machtpolitik zwischen den europäischen Rivalen unverändert weiterbestanden, sondern daß seit 1917/18 neue Konfrontationslinien existierten, die die innenpolitischen Auseinandersetzungen, vor allem aber auch die internationalen Beziehungen bestimmten.

Diese politische Linie wird sehr anschaulich ausgeführt in einem Aufsatz des Historikers Friedrich Meinecke über den Locarno-Vertrag von 1925.[176] In diesem Vertrag wurden die Westgrenzen Deutschlands anerkannt, die Ostgrenzen aber offengehalten. Die englische

Politik sei «von sozialen Interessen» bestimmt, d. h. gegen Gefahren gerichtet, die «nicht nur dem englischen Volk und der englischen Gesellschaft, sondern der gesamten abendländischen Staaten- und Kulturwelt» drohten. «Man will Deutschland durch den Pakt von Locarno in die gemeinsame Front gegen Rußland und den Bolschewismus hineindirigieren. Bolschewistische Keime sind in die englische Arbeiterschaft hinübergeflogen und beunruhigen die mittleren Klassen Englands ... Was sagt das deutsche Interesse dazu? ... Sollte es ... zu einem großen Entscheidungskampfe zwischen russisch-asiatischer und abendländischer Welt und Kultur kommen, so ist unser Platz da, wohin uns ein Jahrtausend der Weltgeschichte gestellt hat, auf der Seite des Abendlandes.»

Zu Anhängern der Demokratie wurden diese «Vernunftrepublikaner» damit natürlich keineswegs. Meinecke klagte bewegt: «Das ist ja das Schreckliche in unserer Zeit, daß jede neue Idee, die einen guten Kern enthalten könnte, sobald sie in den Strudel der Massenbewegungen, der großen kollektiven Interessen gerät, sofort in Gefahr kommt, entfärbt und entgeistigt, mechanisiert und trivialisiert zu werden.»[177] Auch diese Vernunftrepublikaner blieben beherrscht von Elitevorstellungen und Massenverachtung. Meinecke setzte sich deshalb entschieden ein «nicht nur für die Erhaltung des bisherigen Staatsapparats mit seinem überparteilichen Beamtentum, sondern auch für einen starken Reichspräsidenten, um die Politik den Parteien und Massen nicht unmittelbar auszuliefern»[178]. Es ist klar, daß von dieser Position aus keine energische Verteidigung der Demokratie gegen den Faschismus erfolgen konnte.

Nur eine verschwindend kleine Minderheit der Professoren war bereit, die demokratische Verfassung voll und ganz zu akzeptieren. In der Soziologie waren diese Strömungen noch relativ am stärksten. Das Frankfurter Institut für Sozialforschung versuchte, am Marxismus orientierte Kategorien mit der Psychoanalyse zu verbinden und so in der wissenschaftlichen Diskussion ein Gegengewicht gegen die herrschenden konservativen Lehren zu bilden. Tatsächlich kam allerdings eine wissenschaftliche Diskussion kaum zustande, weil die Arbeiten dieses Instituts von der herrschenden Wissenschaft weitgehend ignoriert wurden. Auch politisch blieben die Arbeiten des Instituts folgenlos, weil sich seine Mitarbeiter von jeglichem politischen Engagement fernhielten. Andere Soziologen wie Theodor Geiger, Karl Mannheim und Emil Lederer aber griffen auch aktuelle Probleme auf und arbeiteten an ihrer Lösung im Kontext der Sozialdemokratie. Wegen ihrer Begrifflichkeit und wegen ihrer Beschäftigung mit dem Marxismus wurden sie von den meisten Geisteswissenschaftlern fälschlicherweise für Marxisten gehalten und entsprechend gemieden.

Wie schwach die «verfassungstreuen Hochschullehrer» waren, erwies sich, als 1926 ein Kongreß nach Weimar einberufen wurde, zu dem kaum 70 Teilnehmer kamen, unter denen die «Vernunftrepublikaner» die Mehrheit bildeten.

Der Gedanke, daß man sich zusammenschließen und organisiert, d. h. auch mit einer gewissen Kontinuität, die eigenen Positionen in der Hochschule und der Öffentlichkeit zur Geltung bringen müsse, kam auch diesen Hochschullehrern nicht in den Sinn. Während die abhängig Arbeitenden die Notwendigkeit der organisierten Vertretung ihrer gewerkschaftlichen und politischen Interessen schon im 19. Jahrhundert begriffen und in Angriff genommen und die fortschrittlichen Schriftsteller dies nach 1918 mindestens in Ansätzen vollzogen hatten, verharrten die verfassungstreuen Hochschullehrer in der Ideologie von der «Einheit der Nation», die man durch «Parteienstreit» nicht gefährden dürfe. Dieser Gedanke von «innerer Einheit» stellte sich an der Hochschule als «universitäre Kollegialität» dar, verband sich also mit vordemokratischen, ständischen Vorstellungen. (Erst nach 1945 schlossen sich kleinere Gruppen von Wissenschaftlern den Gewerkschaften an, und erst 1968 kam es in der Bundesrepublik zur Gründung eines «Bundes demokratischer Wissenschaftler» – als es in den anderen bürgerlichen Demokratien schon seit langem solche Organisationen gab.) Das gemeinsame politische Fundament der universitären Kollegialität aber konnte naturgemäß nur der «Staatsgedanke als solcher» sein. Und so formulierte Wilhelm Kahl auch bei der Konferenz dieser Hochschullehrer in Weimar: Es sei verfehlt, einen «Bund republikanischer Professoren» zu gründen. Die politische Befriedung der Universität sei nur auf dem «das Parteiwesen weit zurücklassenden höheren Nenner» der Staatsgesinnung herbeizuführen.[179] Damit aber hatte man im Grunde die geistige Basis des autoritären Staatsdenkens akzeptiert.

Wer diese Basis verließ, mußte mit Sanktionen rechnen. Dies wurde eindringlich klar im Fall von Emil Julius Gumbel, der von der Betriebsräteschule des ADGB gekommen war und sich 1923 in Heidelberg für Statistik habilitiert, also wissenschaftlich ausgewiesen hatte. Als der Pazifist Gumbel in einem Vortrag erklärte, die Soldaten des Weltkrieges seien auf dem Felde der Unehre gefallen, fühlte sich die Philosophische Fakultät Heidelberg (die keineswegs zu den besonders reaktionären gehörte) in ihrer Würde verletzt. Sie setzte einen Untersuchungsausschuß ein, der Gumbel als «ausgesprochene Demagogennatur» brandmarkte und «einen erheblichen Tiefstand des geistigen Niveaus» feststellte. Die Fakultät begnügte sich zwar zunächst mit einem strengen Verweis, schickte diesen aber samt Begründung («so unerfreulich ihr Persönlichkeit und Gesinnung Dr. Gumbels sind ...») an alle Fakultäten, an 123 Zeitungen und an den badischen Landtag – was einer geistigen und sozialen Hinrichtung gleichkam. 1932 wurde Gumbel dann wegen eines ähnlichen Falls die Lehrerlaubnis entzogen.[180]

Während radikaldemokratische, pazifistische und sozialistische Positionen also ausgegrenzt blieben, gab es durchaus Meinungsverschiedenheiten zwischen einer eher liberalen und einer deutschnationalen Richtung – wie im Spektrum der bürgerlichen Kräfte generell. Der Minderheit der «Vernunftrepublikaner» (und Herzensmonarchisten) stand die große Mehrheit derer gegenüber, die gegen die Republik und den «Geist der Unterwerfung» Front machten. Zwar war den allermeisten Professoren (wie den übrigen gebildeten Schichten) der Nationalsozialismus zunächst zu ordinär – sie votierten eher deutschnational –, doch fanden sie dann im Programm der Hitler-Regierung ihre Vorstellungen vorzüglich repräsentiert. So gab es 1933 «wenig Kollision zwischen dem, was das NS-System vertrat und erwartete, und dem, was von den Historikern gelehrt und geschrieben wurde».[181] Und was die Staatsrechtslehrer betrifft, so lieferten sie nun in ihrer großen Mehrheit die fachwissenschaftlichen Begründungen und Glorifikationen des Führerstaates. Schon zu den Reichstagswahlen im März 1933 warben 300 Professoren für die NSDAP, und im Oktober 1933 legten fast 700 Professoren und Dozenten ein öffentliches «Bekenntnis» zu «Hitler und dem nationalsozialistischen Staat» ab. Hochschulverband und Rektorenkonferenz standen nicht zurück. Nicht einmal die Prinzipien der Kollegialität, die bisher «als selbstverständliches Merkmal des akademischen Ehrenkodex galten»[182], wurden nun noch aufrechterhalten, als der faschistische Staat die jüdischen und demokratischen Wissenschaftler (das waren zunächst etwa 15 % und bis 1939 30 %[182a]) aus den Universitäten vertrieb.

Muß man sich angesichts dieses in Wissenschaft und Hochschule herrschenden Geistes wundern, daß die *Studenten*[183] in ihrer großen Mehrheit glühende Anhänger des deutschen Imperialismus waren, 1914 begeistert in den Krieg zogen, 1919/20 sich in den Freikorps durch besonders brutales Vorgehen gegen die verhaßte Arbeiterbewegung auszeichneten, die Republik verachteten und die Diktatur herbeisehnten? Die materiellen Studienbedingungen wie die Berufsaussichten der jungen Akademiker waren nun allerdings wesentlich schlechter als im Kaiserreich. In Hinsicht auf Wohnung und Ernährung lebten viele Studenten tatsächlich im Elend, 15 % litten sogar an

Unterernährung. Stipendien gab es kaum, die Mehrheit mußte sich durch Werks- und Ferienarbeit das Geld für Lebenshaltung, Studiengebühren und Kolleggelder verdienen, da die bürgerlichen Mittelschichten, aus denen sie überwiegend stammten, ihrerseits durch Krieg und Inflation vielfach ihr Vermögen eingebüßt hatten. Und die Akademikerarbeitslosigkeit blieb zwar unter der allgemeinen Arbeitslosenrate, erreichte aber gegen Ende der Weimarer Republik doch die Zahl von etwa 100000 (bei einer Gesamtzahl von etwa 130000 Studenten).

Mit diesen Erfahrungen aber gerieten die Studenten in einen starken Widerspruch zu den tradierten elitären Ansprüchen, die sie aus dem bürgerlichen Elternhaus mitbrachten und die von den Professoren nachhaltig unterstützt wurden. Auch die soziale Exklusivität wurde insoweit eingeschränkt, als nun verstärkt auch Kinder aus Kleineigentümer- und Angestelltenfamilien an die Hochschulen drängten. Dies alles wurde als «Vermassung» und «Proletarisierung», d. h. als Niedergang der Hochschule aufgefaßt und erzeugte heftige Abwehrreaktionen bei den Professoren und der Mehrheit der Studenten. Auch der Anteil der Frauen stieg – zum Entsetzen vieler Professoren und Studenten – beträchtlich an und erreichte immerhin 10 %.[184]

Da die Übermacht konservativ-nationalistischer Ideologie jedoch gerade im akademischen Bereich so groß war, fanden die Studenten keine Möglichkeit, die neue gesellschaftliche und politische Realität zu verarbeiten, sondern sie suchten den Ausweg dort, wo ihn auch die anderen von Statusverlust und sozialem Abstieg betroffenen bürgerlichen Schichten suchten. Entsprechend den ideologischen Mustern der Rechten hielten sie an ihren elitären Ansprüchen aus dem Kaiserreich fest, erklärten die Republik, die Emanzipationsansprüche der Arbeiterschaft und den Versailler Vertrag für schuldig an der Verschlechterung ihrer Lage und waren von diesem Selbstverständnis her nicht nur mobilisierbar für Bewegungen, die gegen die demokratische Republik gerichtet waren, sondern auch – ähnlich wie die Kleingewerbetreibenden – besonders anfällig für antisemitische Parolen, die ihnen den Juden als Sündenbock präsentierten und die Konkurrenz jüdischer Akademiker vom Halse zu schaffen versprachen.

Besonders die studentischen Korporationen, die über 60 % der männlichen Studierenden erfaßten (Frauen waren – und sind bis zum heutigen Tag – dort als Mitglieder gar nicht zugelassen), bildeten einen Hort von borniertem Standesdünkel, extremem Nationalismus und rabiatem Antisemitismus, der den Boden für den Faschismus vorzüglich bereiten half. Schon 1923 nahmen Korporierte in größerer Zahl

am Hitler-Putsch teil. Und nach 1928 kam es vielfach zu Wahl-
bündnissen zwischen Korporationen und dem NS-Studentenbund
(NSDStB) sowie zum Beitritt zahlreicher aktiver Korporationsstu-
denten. Denn «es ist kein Zufall, daß der NSDSTB und die schlagen-
den Verbindungen eine gewisse Auslese des Menschenmaterials der
heutigen Studentenschaft in ihren Reihen vereinen: der Wille zur Tat
und zur Waffe hat hier die einzig wertvollen aktivistischen Elemente
zusammengefaßt.»[185] Bereits im Juli 1931 wurde ein Nationalsozialist
zum Vorsitzenden der Deutschen Studentenschaft gewählt. Und die
Bücherverbrennungen am 10. Mai 1933 wurden dann von NS-Studen-
ten, «Stahlhelm»-Studenten und Korporierten in vollem Wichs gemeinsam vollzogen.

Demokratische und sozialistische Studentengruppen blieben ebenso schwach und unbedeutend wie die «verfassungstreuen» Hochschullehrer; sie wurden nur selten von mehr als 5 % der Studenten unterstützt. Und sie erhielten auch von außen kaum Unterstützung: Die
Arbeiterbewegung hatte noch nicht begriffen, welch ein wichtiges
Kampffeld die Hochschule war. Die tief verwurzelte und durch ein-
dringliche historische Erfahrungen ja auch begründete Intellektuel-
lenfeindlichkeit erwies sich nun als ein Hindernis für neue Handlungs-
formen.

Die von der sozialen Krise direkt betroffenen Studenten zogen also
wesentlich früher als die Hochschullehrer die radikale Konsequenz,
daß nur ein völliger Umsturz des Systems durch den Nationalsozialismus «Deutschlands Wiedergeburt» bringen könne. Aber diese Hochschullehrer, die zu dieser Zeit sich in ihrer großen Mehrheit noch den
«seriöseren» Kräften – den Deutschnationalen, dem Reichspräsidenten Hindenburg, der Reichswehr und dem Stahlhelm – verbunden
fühlten, hatten die Saat gesät, die nun aufging.

Diese politische Rolle der deutschen Hochschulen und Wissenschaftler stand übrigens rein fachwissenschaftlichen Leistungen von
hoher Qualität nicht entgegen. Insbesondere in den Naturwissenschaften, den technischen Wissenschaften und der Medizin, aber auch
in der weiteren Ausgestaltung geschichtswissenschaftlicher und gei-
steswissenschaftlicher Methodik wurde auch in der Weimarer Republik – wie schon im Kaiserreich – Hervorragendes geleistet.[186] Die
Frage allerdings, wozu und für wen diese wissenschaftlichen Arbeiten
nützlich seien, wurde nicht gestellt oder im Sinne der nationalistischen Ideologie beantwortet. So blieben auch diejenigen, die ganz
«unpolitisch» und «wertfrei» Wissenschaft zu betreiben vermeinten,
benutzbar für Kräfte und Interessen, die sie selbst oft gar nicht begriffen.

Die Schriftsteller und der «neue Nationalismus»

Neben den Hochschullehrern waren andere Gruppierungen für die Ideologiebildung wesentlich, die insbesondere das Kriegserlebnis und die Sehnsucht der jüngeren Generation nach einer grundlegenden Neugestaltung der gesellschaftlichen Verhältnisse aufgriffen und in Gestalt eines «neuen Nationalismus» und eines «jungen Konservatismus» nach rechts lenkten. Für diese Publizisten und Schriftsteller war das 1918 gestürzte Kaiserreich innerlich morsch und am eigenen Niedergang mitschuldig gewesen, aber auch die bürgerlichen Kräfte der Weimarer Republik galten ihnen als alt, schlapp und verbraucht. Sie verlangten eine wirkliche «Revolution» – gegenüber der oberflächlichen und falschen von 1918, und sie scheuten sich auch nicht, als deren Ziel den «Sozialismus» zu benennen, natürlich nicht den marxistischen, internationalistischen Sozialismus, sondern einen «nationalen», «deutschen», «preußischen» Sozialismus.

Diese Ideologie von *konservativer Revolution* und *nationalem Sozialismus*[186a] war also einerseits Ausdruck eines auch in den bürgerlichen Schichten, besonders in der jüngeren Generation, weit verbreiteten Gefühls, daß Gesellschaft und Staat des Kaiserreichs versagt hatten, daß aber auch die Weimarer Republik die erhoffte Neugestaltung nicht gebracht hatte und daß diese nun energisch angepackt werden müsse. Seit dem Ende des 19. Jahrhunderts hatten sich in der bürgerlichen Jugend Proteststimmungen ausgebreitet sowohl gegen Industrialisierung und großstädtische Lebensformen wie auch gegen die Sinnentleerung menschlicher Existenz in einer Gesellschaft, in der nur das Geld zählte. Diese Proteste artikulierten sich in der Wandervogel-Bewegung, die nach einer neuen Verbindung mit der Natur und zugleich nach Lebensformen suchte, in denen die Jugendlichen – in Abgrenzung von «den Alten» – unter sich sein konnten. Da nun aber die Ursachen der Sinnentleerung und des kapitalistischen «Materialismus» nicht begriffen wurden, konnte dieser Generation 1914 der Krieg als die Realisierung ihres «antibürgerlichen» Protestes, als der Ausbruch aus Monotonie und Materialismus, als der Aufbruch zu einem neuen Idealismus präsentiert werden. So waren Kriegsbegeisterung und Opferbereitschaft in dieser bürgerlichen Jugend überwältigend stark.

Dann aber kam ein vierjähriger fürchterlicher Krieg, kamen Niederlage und Revolution. Woran sollte man sich da noch halten? Sicherlich, der Weg nach innen, wie ihn Hermann Hesse in seinem «Demian» beschrieb, der 1919 erschien, schien vielleicht ein Ausweg zu sein. «Im Grunde war es ein spätbürgerlich-anarchistischer Extremindividualismus, der hier als Heil verkündet wurde. Und gerade weil diese Verkündigung so poetisch-allgemein, so pietistisch-tief und zugleich so romantisch-verklärt erzählt wird, sprach sie jeden an. Sie paßte für alle Bürgerkinder.»[186b] Doch die Sehnsucht nach Gemeinschaft, nach Aufgehobensein gewann bald wieder an Boden. Darauf aber gaben diejenigen Publizisten eine Antwort, die an den «Geist von 1914», an das Erlebnis der gemeinsamen Gefahr an der Front, an den «Schützengrabensozialismus» appellierten.

Vor dem Hintergrund solcher gewaltigen und heroischen Ereignisse erschien die Weimarer Republik in der Tat grau und langweilig – zumal der kapitalistische Alltag natürlich weiterhin vom «Materialismus», vom Konkurrenzkampf der Menschen und der Gruppen um Geld und sozialen Aufstieg geprägt war. Den unbestimmten, aber weit verbreiteten Gefühlen, daß es anders sein könne und anders sein müsse, daß Idealismus statt Materialismus herrschen, daß Gemeinschaftsgefühl statt Konkurrenzkampf das Leben bestimmen müsse, gaben die Theoretiker der «konservativen Revolution» und des «nationalen Sozialismus» Ziel und Richtung.

Inhaltlich besaßen deren Konzeptionen – bei aller Vielfalt der Gruppierungen und der Kontroversen in Einzelfragen – ein klares Profil und ein klares Feindbild. Das Elend der Gegenwart rührte nach diesen Interpretationen daher, daß der Kapitalismus die ständisch-hierarchische Ordnung, in der jeder seinen festen Platz hatte, aufgelöst, damit den Gemeinschaftsgeist zerstört und den Klassenkampf heraufbeschworen hatte. Der politisch-ideologische Ausdruck dieser Entwicklung seien die «Ideen von 1789», die Forderungen nach Freiheit und Gleichheit, nach allgemeinen Menschenrechten, nach Parlamentarismus und Demokratie. Insoweit lehnte sich der «neue Konservatismus» also durchaus an den alten an, der ja als Gegenbewegung gegen Französische Revolution und bürgerliche Emanzipationsbewegungen entstanden war. Er zog jedoch nun die radikale Konsequenz, daß eine bloße Restauration, in Deutschland also die bloße Wiederherstellung der Monarchie, keine Lösung sei, sondern daß neue «revolutionäre» Lösungen gefunden werden müßten. Diese «neuen» Lösungen sollten aber durchaus die alten Ziele realisieren, nämlich die Abschaffung einer politischen Ordnung, die den Massen soziale und politische Rechte gewährte, die Liquidierung aller politischen Kräfte, die für Freiheit und Gleichheit, für Parlamentarismus und Demokratie kämpften, und die Errichtung eines Systems, das die Herrschaft der Eliten, der Besten, gewährleiste.

Mit dieser Zielstellung war auch das Feindbild klar. Die Weimarer Republik als eine «Herrschaft der Minderwertigen» mußte ersetzt werden durch eine Diktatur. Da es aber die sozialistische Arbeiterbewegung und der Marxismus waren, die das Ziel der «Gleichmacherei» und der «Vermassung» vertraten, mußte der Kampf vor allem gegen diese Kräfte geführt werden. Ideologisch ließ sich das mit dem antibürgerlichen Gestus dadurch verbinden, daß der Marxismus als das Resultat und die konsequente Fortsetzung des Liberalismus mit seinen Freiheits- und Gleichheitspostulaten aufgefaßt wurde. Der Vorwurf an das Bürgertum lautete also, daß es den Marxismus hervorgebracht habe und weiterhin toleriere. Die sozialistische Arbeiterbewegung aber war der Feind, den es zu vernichten galt.

Antibürgerlich war die «konservative Revolution» also insofern, als sie die bürgerlich-demokratischen Traditionen resolut über Bord warf, dem liberalen Bürgertum der Weimarer Republik Schlappheit und Handlungsunfähigkeit vorwarf und harte, rücksichtslose und terroristische Kampfformen verlangte, die bürgerlich-liberalem Selbstverständnis widersprachen. Politisch kam es demnach darauf an, die «gesunden» Kräfte des Bürgertums zu gewinnen. «Antikapitalistisch» war diese Ideologie insofern, als sie dem Kapitalismus vorwarf, daß er den gesamten Menschen auf das individuelle Gewinnstreben reduziere und so die Gemeinschaft und den Staat zerstöre. Antimarxistisch aber war sie in dem Sinne, daß sie in Marxismus und Arbeiterbewegung die geistige und politische Hauptkraft sah, die nicht nur alle Übel der Gegenwart bewahren, sondern durch den Internationalismus auch noch alle gesund gebliebenen Teile von Volk und Nation zerstören wolle; die Linke war also der Hauptgegner, der einer Gesundung im Wege stand. «Revolutionär» war die «konservative Revolution» in dem Sinn, daß sie nicht einfach zum Zustand von vor 1918 zurückkehren wollte, sondern Lösungen für die Zukunft suchte, und daß sie insbesondere neue Kampf- und Herrschaftsmethoden suchte, um unter den neuen Bedingungen der Mobilisierung und Organisierung breiter Volksmassen die Herrschaft der Eliten durchsetzen zu können. Inhaltlich aber war sie scharf gegenrevolutionär: Nicht nur die Errungenschaften der Novemberrevolution von 1918, sondern auch die der bürgerlichen Revolution, die «Ideen von 1789», sollten wieder getilgt werden, um die Herrschaft der traditionellen Führungsschichten wiederherstellen zu können.

Gegenüber dem alten Konservatismus war also dieser neue, «revolutionäre» Konservatismus in der Tat eine zeitgemäßere und effektivere Ideologie, die insbesondere für die junge Generation des deutschen Bürgertums attraktiv war. Er hatte begriffen, daß die Arbeiterbewegung als soziale und der Marxismus als ideelle Kraft zur Hauptgefahr für die traditionelle Herrschafts- und Eigentumsordnung geworden waren, daß ihnen gegenüber aber Monarchie und Wilhelminismus keine brauchbaren Alternativen waren, sondern daß neue Formen von Eliteherrschaft und Führertum gefunden werden mußten. Und er war fähig, die starke Sehnsucht besonders der Frontgeneration und der Jugend nach dem ganz anderen, nach einer grundlegenden Umgestaltung aller Verhältnisse, nach einem neuen Idealismus, nach Sinnerfüllung und Aufgehobensein in der Gemeinschaft auszudrükken, dabei auch die seit 1917/18 in der Arbeiterschaft wie in Teilen der Mittelschichten außerordentlich populäre Formel des «Sozialismus» aufzugreifen und alle diese Gefühle, Proteste und Hoffnungen in politischen Ideen und literarischen Formen auszugestalten.

Ideologische Wirkungen entfalteten vor allem die Werke von Max Hildebert Boehm, Moeller van den Bruck, Oswald Spengler, Edgar Jung und Ernst Jünger. Boehm, ebenso wie Moeller van den Bruck vor 1918 im propagandistischen Dienst der kaiserlichen Armee stehend, publizierte 1919 die Schrift *Ruf der Jungen* und gab den neuen Konservatismus als Kampf der Jungen gegen die Alten aus, die versagt hätten. 1920 entwickelte Oswald Spengler mit seinem Buch *Preußentum und Sozialismus* die Hauptkennzeichen des neuen «preußischen Sozialismus», der nur durch Diktatur und Terror gegen Demokratie und Arbeiterbewegung zu realisieren sei. «Aber dann muß Blut fließen, je mehr, desto besser; die lächerliche Nachgiebigkeit in Form von Mehrheitsregierungen und Duldung aller Meinungen ... ist gar nicht möglich.» Erst dann sei die Hegemonialstellung in Mitteleuropa zu erkämpfen.[187] 1922 gaben van den Bruck, Gleichen und Boehm den Sammelband *Die Neue Front* heraus, der nach einer breiten Basis im Kampf gegen Liberalismus, Kommunismus und Reaktion suchte. 1923 erschien Moeller van den Brucks Buch *Das Dritte Reich*, das dem deutschen Faschismus später die Bezeichnung für sein Herrschaftssystem lieferte. Moeller forderte die Vernichtung von Parteiensystem und Parlamentarismus; sein «Deutscher Sozialismus» sollte auf der Ausbeutung anderer Völker beruhen: Wenn «alle minderwertige Arbeit» dem «polnischen, italienischen und sonstigen Analphabetentum» auferlegt werde, könne der deutsche Arbeiter aufhören, «Proletarier» zu sein.[188] Mit der Schrift Edgar Jungs *Die Herrschaft der Minderwertigen* (1927), in der die Volksmassen grundsätzlich als die «Minderwertigen» und die Weimarer Republik als deren Herrschaft gekennzeichnet wurden, war dann das Ideengebäude des «jungen Konservatismus» und des «neuen Nationalismus» weitgehend abgeschlossen.

Die literarische Ausgestaltung vollzog Ernst Jünger, der «unbestrittene geistige Führer des jungen Nationalismus»[189]. In seinen Schriften «*In Stahlgewittern*» (1920) und «*Der Kampf als inneres Erlebnis*» (1922) gestaltete er das Kriegserlebnis als patriotische Romantik, als «kultivierten Ästhetizismus des Todesgrauens»[190]. Mit dem Gestus des Antibürgerlichen glorifizierte er Krieg und Vernichtung, gab Humanität und Kultur der Lächerlichkeit preis und weckte die Sehnsucht nach Härte und Heldentum, nach Raubtierverhalten, das alle Fesseln der Zivilisation sprengt. «Weil wir die echten, wahren und unerbittlichen Feinde des Bürgers sind, macht uns seine Verwesung Spaß. Wir aber sind keine Bürger. Wir sind Söhne von Kriegen und Bürgerkriegen, und erst wenn dies alles, dieses Schauspiel der im Leeren kreisenden Kreise, hinweggefegt ist, wird sich das entfalten können, was noch an Natur, an Elementarem und echter Wildheit ... in uns steckt.» – «Der wahre Wille zum Kampf jedoch, der wirkliche Haß, hat Lust an allem, was den Gegner zerstören kann.»[191] In seinen Schriften «*Die totale Mobilmachung*» (1930) und «*Der Arbeiter. Herrschaft und Gestalt*» (1932) umriß er dann konkret die Gestalt einer Diktatur, die auf bedingungslosem Gehorsam zum Zwecke der totalen Mobilmachung für den großen Krieg beruhte. Denn das größte Glück des Menschen bestehe darin, «daß er geopfert wird, und die höchste Befehlskunst darin, Ziele zu zeigen, die des Opfers würdig sind»[192].

Die Wirkung der genannten Intellektuellen war enorm. «Wenn die sogenannte konservative Revolution zahlenmäßig auch klein war ..., so war sie doch der Ideenspender für das Gros der nationalistischen Bewegung einschließlich des Nationalsozialismus ... In fast jeder Zeitschrift der antidemokratischen Bewegung neuen Stils findet man sie vertreten oder ihre Ansichten zustimmend referiert ... Nimmt man nun noch die allgemeinen Kulturzeitschriften sowie die für einen bestimmten Mitgliederkreis herausgegebenen Zeitschriften hinzu, wie es z. B. in der Jugendbewegung mehrere Dutzend gab ..., so vervielfältigt sich die Wirkung beträchtlich. Auch nicht wenige studentische Zeitschriften, nicht zuletzt ein großer Teil der Korporationspublikationen, waren erfüllt von nationalistischem und antidemokratischem Geist.»[192a]

Von diesen Ideen waren auch jene Intellektuellen beeinflußt, die der NSDAP ihr ideologisches Gepräge gaben. So war der Roman «*Michael*», den der junge Joseph Goebbels 1923 schrieb, ganz bestimmt von dieser Mischung aus elitären, biologistischen und antibürgerlichen Elementen: «Das Internationale ist ja nur eine Lehre des Verstandes, gegen das Blut gerichtet ... Jedes Zeitalter wird, wenn es historischen Rang hat, von Aristokratien gestaltet ... Dieses Heldenvolk ist auf den Fettbauch gekommen.»[193] Guido Kolbenheyer

116

schrieb 1924: «Der biologischen Jugendlichkeit des deutschen Volkes ist es zuzuschreiben, daß es mehr als andere Völker nach Führern verlangt.»[194] Und Adolf Hitler kennzeichnete in seiner Rede vor dem Düsseldorfer Industrieklub 1932 die Demokratie als «das Prinzip der Zerstörung», als «Herrschaft der Dummheit, der Mittelmäßigkeit, der Halbheit, der Feigheit, der Schwäche, der Unzulänglichkeit»; ihm gegenüber stehe «das Prinzip der Autorität der Persönlichkeit», «der Leistung», «des Privateigentums», das nötigenfalls auch «mit der brutalsten Rücksichtslosigkeit» durchgesetzt werden müsse – im Innern wie gegenüber minderwertigen Völkern und Rassen.[195]

Aber auch andere Schriftsteller, die zunächst eine gewisse Aufgeschlossenheit gegenüber der Demokratie gezeigt hatten, wie z. B. Gerhart Hauptmann, gerieten unter den Einfluß antidemokratischer Ideologien. Zwar hatte Hauptmann von Anfang an in der Revolution die bolschewistische Drohung erblickt, Europa «in einen geistigen Kirchhof» zu verwandeln und jegliche bürgerliche Freiheit der Religion, der Kunst und der Wissenschaft abzuschaffen.[196] Er hatte sich dann aber als «Europäer» definiert, «dessen Idee Europa ist», und zum «großen Gedanken der Demokratie, des Friedens und der Gerechtigkeit unter den Völkern» bekannt. Schon 1925 aber sah er in der Wahl Hindenburgs zum Reichspräsidenten einen «Segen für das Reich», und zwei Jahre später schwärmte er für Mussolinis Faschismus als «moralische Ordnung» und «autoritäre Demokratie» und empfahl «seine Methode modifiziert auf Deutschland» anzuwenden.[197]

Insgesamt waren die ideologischen Machtverhältnisse gegen Ende der Weimarer Republik so beschaffen, daß es 1932 auch auf dem Buchmarkt ein deutliches Übergewicht von politischen Publikationen mit antidemokratischer Tendenz gegenüber demokratischen oder marxistischen Veröffentlichungen gab.[198]

Die ideologische Hegemonie der antidemokratischen Kräfte beruhte allerdings nicht nur auf der spontanen Wirkung ihrer Ideen. Diese Wirkung mußte vielmehr organisiert und finanziert werden, und dies geschah vor allem mit Hilfe interessierter Kreise aus der Großindustrie und dem Großgrundbesitz.[199] Bereits im Juni 1919 schlossen sich in Berlin drei gegenrevolutionäre Vereinigungen zum «Juniklub» zusammen. Unter ihnen war die von Stadtler geführte «Antibolschewistische Liga», die bereits im Januar 1919 von der deutschen Großwirtschaft ein Startkapital von 500 Millionen Mark erhalten hatte. Der Juniklub sollte die ideologische und politische Zersplitterung der rechtsgerichteten Kräfte überwinden helfen und zugleich ihren Führungsnachwuchs qualifizieren. In der Tat fanden sich dann die oben genannten Intellektuellen und Schriftsteller allesamt im Umkreis dieses Klubs, und aus dessen Reihen gingen auch Redakteure großbürgerlicher Zeitungen (u. a. der *Deutschen Allgemeinen Zeitung* und der *Berliner Börsenzeitung*, die beide vom Stinnes-Konzern beherrscht wurden) hervor; ebenso der Schriftleiter der «Deutschen Arbeit», des Organs der christlichen Gewerkschaften, und Chefredakteure verschiedener Zeitschriften (wie der angesehenen *Deutschen Rundschau* und der *Preußischen Jahrbücher*). Ende 1920 wurde das «Politische Kolleg für nationalpolitische Schulungs- und Bildungsarbeit» gegründet, das sich seit 1922 «Hochschule für nationale Politik» nannte. Die finanzielle Ausstattung erlaubte umfangreiche Lehrangebote und Forschungsprogramme. Die Kurse konnten sogar mit einem Examen abgeschlossen werden, das auch im staatlichen Bereich anerkannt wurde.

Differenzen in der Frage, ob man auf Massenmobilisierung oder Elitebildung abzielen solle, führten 1924 zur Auflösung dieser Hochschule und zur Gründung des «Deutschen Herrenklubs». Schon der Name drückte das elitäre Prinzip aus, knüpfte aber zugleich «an die geschichtliche Sendung unseres Volkes an, die nach Osten ging». Er wandte sich besonders an «christlich-nationale Persönlichkeiten» in Führungspositionen.[200] Franz von Papen, der 1932 als Reichskanzler versuchte, eine Diktatur zu errichten, und der 1933 dann Vizekanzler in der Regierung Hitler wurde, gehörte dem Direktorium an, der Reichspräsident Hindenburg war Vorsitzender des Ehrenpräsidiums. Großkapital und Großlandwirtschaft, Reichswehrführung und Führungskräfte aus Politik und Publizistik waren Mitglieder und fungierten als Referenten.

Dies waren die institutionellen Zentren, von denen aus die Ideologie des jungen Konservatismus und des neuen Nationalismus verbreitet wurde. Als geeigneter Weg zum autoritären Staat wurde bis 1923 die Militärdiktatur favorisiert, dann, nach der Stabilisierung der bürgerlichen Eigentumsverhältnisse und der parlamentarischen Republik, die stufenweise Abschaffung der Weimarer Reichsverfassung auf «legalem» Weg. Ab 1930 rückte das Konzept einer Präsidialdiktatur dabei in den Vordergrund, wie es Franz von Papen 1932 dann selbst in Angriff nahm.

Inzwischen war allerdings in Gestalt der NSDAP eine Massenbewegung entstanden, die sich wesentlich aus den ideologischen Quellen des jungen Konservatismus speiste. Obgleich deren elitäres Bewußtsein die faschistische Massenbewegung als ordinär verachtete, wollte man die dort repräsentierte Kraft doch nutzen. So erschien 1932 ein Sammelband, in dem 20 renommierte Jungkonservative Stellung nahmen zu dem Thema «*Was wir vom Nationalsozialismus erwarten*»[201].

Die Ideen der Rechten drängten schon früh nach Realisierung, nach einer geistig-moralischen Wende. Schon 1924 gründete Hugenberg, führender Deutschnationaler und Herr über einen gewaltigen Medienkonzern, den «Schutzverein für die geistigen Güter Deutschlands». 1928 folgte Alfred Rosenberg von der NSDAP mit dem «Kampfbund für deutsche Kultur». Und 1929 erlangte ein Aufruf «Gegen die Entartung im deutschen Volksleben» breiteste Unterstützung durch rechtsgerichtete Verbände. Verfaßt vom «Deutschen Frauenkampfbund gegen die Entartung im deutschen Volksleben», unterzeichneten den Aufruf nicht nur der Stahlhelm, der Deutschnationale Lehrerbund u. ä. Verbände, sondern auch der Deutsche Philologinnenverband, die Deutsche Richard-Wagner-Gesellschaft und andere Organisationen der Kulturszene. In dem Aufruf hieß es: «Immer noch ergießen sich über unser Volk Fluten von unbeschreiblichem Schmutz. Alles Heilige, woran bisher die Seelen Halt fanden, wird in diesen Kot gezerrt. Es muß eine starke deutsche Einheitsfront gegen den Geist der Zuchtlosigkeit entstehen. Ewige Werte müssen allen anderen vorangestellt werden.» Insbesondere gehe es um «Schutz und Wiederaufbau der deutschen Familie und der deutschen Kultur». Das gesamte Kulturleben sei von Zersetzung und Unsittlichkeit bedroht: «Kino und Theater, Vergnügungsfeste und Bälle, Tagespresse und Literatur, Zeitungsverkaufsstände, Buch- und Papierläden, Flugschriften und Plakate» seien künftig genau zu beobachten, um dann mit Hilfe der Behörden einzuschreiten.[202]

So wirkten intellektuelle Potenz jungkonservativer und nationalistischer Theoretiker und Schriftsteller und finanzielle Potenz der besitzenden Klassen zusammen, um eine Ideologie zu erzeugen und zu verbreiten, die geeignet war, die Enttäuschungen und Proteststimmungen in den bürgerlichen Schichten, besonders in der jungen Generation, und deren Sehnsucht nach Idealismus und Radikalität anzusprechen, sie zunächst hineinzuleiten in den breiten Strom bürgerlich-konservativen Bewußtseins und dann in die große Offensive der Rechten gegen die Demokratie und die Arbeiterbewegung, für eine «nationale Diktatur» und für eine neue militärisch gestützte Expansionspolitik. Solange die ökonomische Lage einigermaßen stabil war, entwickelte sich zwar daraus keine Massenbewegung. Doch die ideologischen Grundmotive waren in Millionen von Köpfen schon verankert, und als die Krise kam, klammerten sich diese Millionen an eben diese Orientierungen und erblickten darin den Ausweg aus ihrer Misere.

Diese Ideologien waren nach 1945 natürlich vollständig diskreditiert. Im Kontext der neuen Krise seit der Mitte der 70er Jahre und dem Kontext der politischen «Wende» nach rechts aber werden sie von den interessierten Kräften wieder verstärkt ins Spiel gebracht. Die Schriften von Nietzsche und Spengler werden von angesehenen Verlagen neu aufgelegt und von renommierten Wissenschaftlern und Zeitungen in großen Artikeln gerühmt, die «preußischen Grundwerte», wie sie sich in «Beamtenschaft und Offizierskorps», in «Anspruchslosigkeit und Bereitschaft zum Dienst um seiner selbst willen» und vor allem im «Staat», der «über den Egoismen und Gruppeninteressen steht», verkörpern[203], werden wieder propagiert, und Ernst Jünger erhält den Goethepreis der Stadt Frankfurt. Wohin diese Offensive zielt, ist unschwer zu erkennen.

So bedeutsam die Hochschulen und die jungkonservativen Theoretiker und Schriftsteller auch waren – die großen Massen erreichten sie nicht oder nur indirekt. Was die Vermittlung der von ihnen produzierten Ideologie zu den Massen hin betrifft, so waren – neben den Parteien – die Kirchen, die Schulen und die Massenmedien die wichtigsten Institutionen.

Die Kirchen

Von größtem Gewicht in Hinsicht auf Massenintegration und antidemokratische und antirepublikanische Bewußtseinsbildung waren die beiden Kirchen.

Die *katholische* Kirche war einst mit ihrer Lehre vom Gottesgnadentum und der gottgewollten Ordnung von Herren und Untertanen nicht nur die ideologische Hauptstütze von Feudalismus und Absolutismus gewesen, sondern auch der größte und mächtigste Feudalherr in Europa. Sie hatte die aufkommende Naturwissenschaft und die Philosophie der Aufklärung, die Lehre von den individuellen Freiheitsrechten und von der Volkssouveränität mit aller Kraft bekämpft. Die katholische Kirche bekämpfte die in ihren Augen zersetzenden Kräfte des Liberalismus und der Demokratie nicht nur mit allen ihr zur Verfügung stehenden ideologischen Mitteln (durch Enzykliken, Hirtenbriefe, Exkommunikationsdrohungen usw.), sondern führte dort, wo sie die unumschränkte Macht hatte, nämlich im Kirchenstaat (der große Teile Mittelitaliens umfaßte), ein streng absolutistisches Regiment: Ein Spitzel- und Zensursystem sorgte für geistige Disziplinierung; von Todesurteilen, Zwangsarbeit und Deportation waren widerspenstige Elemente bedroht. Volksaufstände, die besonders im Anschluß an die Französische Revolution von 1830 auch im Kirchenstaat ausbrachen, wurden mit Militärgewalt – von eigenen Söldnern und von herbeigerufenen österreichischen und französischen Truppen – niedergeworfen.[204] «Wir verurteilen die abscheuliche Frechheit und Bosheit derer, die schäumend in verworfener, zügelloser Gier nach ungehemmter Freiheit ganz darin aufgehen, alle Rechte der Obrigkeiten ins Wanken zu bringen und zu zerreißen ...», dekretierte der Papst Gregor XVI. 1832.[205]

Auch die seit Jahrhunderten von der Kirche praktizierte Verfolgung und Diskriminierung der Juden, dem «Volk der Gottesmörder», wurde vom Kirchenstaat mit aller Konsequenz betrieben. Während die Aufklärungsphilosophie und die Französische Revolution die allgemeinen Menschenrechte verkündeten, richtete der Kirchenstaat auf seinem Territorium ein «Musterghetto» ein, um der gesamten Christenheit zu zeigen, wie man mit Juden verfährt.[206]

Noch bevor der neugegründete italienische Staat im September 1870 dann die weltliche Macht des Papstes beendete und den Kirchenstaat auflöste, gelang es dem Vatikan, die ideologische Macht der Kirche noch stärker zu zentralisieren: Im Juli des gleichen Jahres wurde das Dogma von der Unfehlbarkeit des Papstes verkündet, und die deutschen Bischöfe erklärten wenig später: «Die Kirchenverfassung beruht in allen wesentlichen Punkten auf göttlicher Anordnung und ist jeder menschlichen Willkür entzogen.»[207]

Mit dem Aufkommen des industriellen Kapitalismus und der Arbeiterbewegung sah sich die katholische Kirche mit neuen Fragen konfrontiert. Ihre Antwort bestand darin, daß sie sich selbst – mit beträchtlichem Erfolg – vom feudalen Großgrundbesitzer zum Kapitalbesitzer zu entwickeln trachtete[208] und daß sie in ihr Verdammungsurteil gegen Rationalismus und Liberalismus nun Sozialismus und Kommunismus einbezog (wie in der päpstlichen Enzyklika Quanta cura von 1864). «Die Zahl der Sozialisten wächst mit jedem Tag», rief Weihbischof Fischer 1890 dem dritten «Christlich-Sozialen Kongreß» zu. Deshalb sei es dringend erforderlich, «unsere Anstrengungen zur Verhinderung des Übels zu verdoppeln»[209]. Also wurde das Verdammungsurteil der Kirche ergänzt durch Bemühungen, selbst Einfluß zu gewinnen auf die rasch anwachsenden Massen der Arbeiterschaft. Ebenso wie auf der preußisch-protestantischen Seite Bismarck begriff die katholische Kirche, daß die bestehende Eigentumsordnung nur gesichert werden konnte, wenn man gewisse soziale Konzessionen machte – bei gleichzeitiger Verurteilung aller Mittel und Ziele, die den «sozialen Frieden» hätten bedrohen können, wie

Streiks, Sozialisierungsmaßnahmen usw. Dies war der Leitgedanke der berühmten päpstlichen Enzyklika Rerum novarum von 1891, die Schutz des Arbeiters, gerechten Lohn und Rücksichtnahme auf seine innere Würde und seine geistigen Nöte verlangte, aber zugleich auf die «unveränderliche Ordnung der Dinge» hinwies, «wonach in der bürgerlichen Gesellschaft eine Gleichmachung von hoch und niedrig, von arm und reich schlechthin nicht möglich ist». Zudem habe die Natur das «Verhältnis zwischen der besitzenden und der unvermögenden, arbeitenden Klasse ... zu gegenseitiger Harmonie hin geordnet». Der *Vorwärts*, das Zentralorgan der deutschen Sozialdemokratie, nannte dieses Dokument kurz und bündig den «Beweis für die Interessensolidarität des Katholizismus und der Bourgeoisie»[210]. Alsbald entstand ein dichtes Netz von katholischen Arbeitervereinen, Konsumgenossenschaften und Unterstützungskassen, aber auch von Frauen-, Jugend- und Akademikerverbänden, um diese Politik in den Massen zu verankern.

Der Kriegsausbruch 1914 stellte eine weltweite Organisation wie die katholische Kirche vor schwierige Probleme, die aber dann doch im nationalstaatlichen Sinne gelöst wurden: Während der Papst schwieg, beteten die Bischöfe in Frankreich für den Sieg der französischen Waffen und prangerten Greuel der deutschen Truppen an; zugleich riefen die Bischöfe in Deutschland ihre Gläubigen in mehr als zwei Dutzend Hirtenbriefen allein im ersten Kriegsjahr auf, für die gerechte Sache des Deutschen Reiches zu kämpfen und zu sterben. «Die weihevolle Verklärung des Todes fürs Vaterland zum christlichen Martyrium» ist bei beiden Kirchen «gleich stark».[211] Besonders wichtig war der Kirche, daß das bestehende Herrschaftssystem nicht gefährdet wurde. So heißt es in einem gemeinsamen Hirtenschreiben der Erzbischöfe und Bischöfe Deutschlands zu Allerheiligen 1917: «Mit unerschütterlicher Treue und opferfreudiger Hingebung stehen wir daher zu unseren Herrschern von Gottes Gnaden, dem Kaiser und den Landesfürsten ... Der Krieg hat in Deutschland den alten heiligen Bund zwischen Volk und Fürst nicht gelockert, sondern ihn im gemeinsamen Leiden und Streiten noch fester geschmiedet ... Ebensowenig stimmen wir denen zu, denen das Volk in seiner Gesamtheit als Urheber und Inhaber der staatlichen Gewalt ... gilt; diese erregen und betören dann die Massen mit dem Schlagwort von der Gleichberechtigung aller.» Entsprechend bestimmten sie die politische Funktion der Religion: «Die furchtbaren Schrecken des Weltkrieges haben gezeigt, wie notwendig dem Volk die Religion ist; sie haben auch gezeigt, daß selbst die weltliche Autorität nicht sicher ist, wo Glaube und Religion Schiffbruch erlitten haben.»[212]

Von diesen Voraussetzungen her gelangte die katholische Kirche 1918/19 zur entschiedenen Verurteilung der Revolution und der neuen Regierung. Die Wahlen zur Nationalversammlung im Januar 1919 galten ihr als «Kampf für und gegen das Christentum, für und gegen die Freiheit der Kirche». «Die Sozialdemokratische Partei ist religionsfeindlich, von ihr geht der Ansturm aus, der uns droht.» Die Revolutionsregierung wolle einen «Staat ohne Gott, ohne Religion». Die katholische Kirche rief ihre Gläubigen, die ein knappes Drittel der Bevölkerung ausmachten, auf, sich «zu wehren» und «Widerstand zu leisten».[213] Kardinal Faulhaber rief auf dem Münchener Königsplatz 1922 aus: «Wehe dem Staat, der eine Verfassung schafft ohne den Namen Gottes. Die Revolution war Meineid und Hochverrat und bleibt in der Geschichte erblich belastet mit dem Kains-Mal gezeichnet.»[214] Und schon 1920 schrieb er, mit Hinweis auf ein entsprechendes Bibelwort, drohend im Fastenhirtenbrief: «Jede Pflanze, die nicht mein himmlischer Vater gepflanzt hat, wird ausgerottet werden.»[215]

1922 wurde auf einen Aufruf des Papstes Pius XI. hin die «Katholische Aktion» gegründet, die die vielfältigen katholischen Verbände zusammenfassen, die Lehren der Kirche auch in die Reihen der Ungläubigen tragen sollte und sich mit allen Bereichen der Kultur – von der Schule bis zur Literatur, vom Film bis zur Presse – befaßte. Pius XI. betonte, daß die Katholische Aktion zwar einerseits eine «gesellschaftliche Bewegung» darstelle, andererseits aber «nicht der irdischen, sondern der übernatürlichen Ordnung» angehöre, «nicht politischer, sondern religiöser Natur» sei.[216] Zu Beginn der Krise 1929 wurde sie auch in Deutschland aktiviert. Ihre «Hauptaufgabe» sah der päpstliche Nuntius Pacelli (der spätere Papst Pius XII.) in der «Gewinnung bzw. Wiedergewinnung der links von uns stehenden Arbeitermassen, der Sozialisten und Kommunisten».[217]

In der katholischen Zentrumspartei lag dieser reaktionäre Einfluß der Kirche in ständigem Konflikt mit der aus der katholischen Arbeiterbewegung herkommenden Tradition der Zusammenarbeit mit der Sozialdemokratie. In der Bayrischen Volkspartei (BVP) war er von Anfang an absolut dominant. Für ihren Gründer, G. Heim, war der «Marxismus das theoretische Produkt jüdisch-zersetzenden Geistes»[218]. Den Vorsitz hatte ein Prälat, G. Wohlmuth. Nach 1928 erhielt der rechte Flügel dann auch in der Zentrumspartei eindeutig die Oberhand, wobei – neben großindustriellen und großagrarischen Interessen – der hohe Klerus eine maßgebliche Rolle spielte. Dieser nahm nun – in Gestalt des Prälaten Kaas – auch die Führung der Partei direkt in die Hand.[219] Diese Wendung nach rechts war allerdings auch von Entwicklungen außerhalb Deutschlands beeinflußt: In Italien war 1922 – mit wohlwollender Duldung des Vatikans – der Faschismus zur Macht gelangt, der in den folgenden Jahren ein autoritäres Regime errichtete, die liberalen, sozialistischen und kommunistischen Parteien verbot und damit eine Richtung einschlug, die völlig mit den Zielen der katholischen Kirche übereinstimmte. Und 1929 gewährte der faschistische Staat der Kirche in den Lateranverträgen Vorrechte, die ihr von den bürgerlichen Demokratien sonst überall längst genommen worden waren: Der Papst erhielt wieder die Souveränität über einen Staat (wenn auch nur einen kleinen), die katholische Religion wurde zur einzigen Staatsreligion, die kirchliche Eheschließung als verbindlich erklärt, die Kirche erhielt Zensurrechte und starken Einfluß auf das Schulwesen. Die katholische Kirche übernahm dafür die ideologische Absicherung des faschistischen Systems durch entsprechende Einflußnahme auf ihre Gläubigen. Wie nützlich dieses Bündnis mit dem Faschismus war, wurde der Kirche drastisch vor Augen geführt, als 1931 in Spanien die Monarchie gestürzt wurde. Die neue Republik vollzog die Trennung von Staat und Kirche, enteignete die Kirche, die der größte Grundbesitzer Spaniens war, und schaffte den Religionsunterricht ab. Erst nach 1939, in der Diktatur Francos, erhielt die Kirche ihre Vorrechte zurück.

In der Enzyklika Quadragesimo anno von 1931 zog der Vatikan die Folgerungen: Er pries die einträchtige Zusammenarbeit der verschiedenen «Stände», wie sie der Faschismus propagierte, ebenso wie dessen Kampf gegen den Kommunismus, der sich besonders in dem Verbot der Arbeiterparteien ausdrückte.

Alle diese Entwicklungen bestärkten die den Katholizismus in Deutschland tragenden sozialen und politischen Kräfte in ihrem Kurs nach rechts. Der Zentrumsvorsitzende Prälat Kaas verlangte ein Staatswesen mit «größerer Unabhängigkeit gegenüber den unberechenbaren Zufällen des parlamentarischen Wetterwechsels» und die Zusammenfassung der kapitalistischen Staaten zu einem «geistigen Schutzdamm gegen den Bolschewismus».[220] Im gemeinsamen Kampf gegen «das Satanswerk», das «in Rußland vor sich geht» und das «mit allen Mitteln von allen Katholiken bekämpft werden muß», um «in geschlossener Phalanx das Werk des Teufels auszurotten»[221], flossen ideologische und imperialistische Motive zu einer politischen Konzeption zusammen, deren Stoßrichtung eindeutig war.

Nach 1930 strebten beide katholischen Parteien unter dem Druck dieser Kräfte eine Koalition mit der NSDAP an.[222] Zwar ermahnten die Bischöfe ihre Gläubigen, bei den katholischen Parteien zu bleiben und nicht zur NSDAP überzulaufen, doch für einen Führerstaat mit Massenbasis setzte sich der Zentrumsführer Prälat Kaas mit allem

Nachdruck ein: «Entweder kommt die Sammlung von der Führerseite her, oder sie kommt nie … Jeder von uns … würde neidlos und dankbar sich der Führung dessen beugen, der … der Gefolgsbereitschaft und der Sehnsucht der Massen Erfüllung bringen würde.»[223] Als diese Massenpartei dann 1933 zur Macht gelangte, und zwar ohne Koalition mit den katholischen Parteien, ließ die Kirche ihre bisherigen politischen Repräsentanten fallen und verbündete sich direkt mit dem neuen Regime.[224] Diese Strategie, die sich bereits in Italien nach 1922 bewährt hatte – wobei die Populari, die sich zunächst an der Regierung Mussolini beteiligt hatten, das Opfer waren –, fand ihren Ausdruck bereits in den Hirtenworten der katholischen Bischöfe vom 28. März 1933 und vom 8. Juni 1933 und dann im Konkordat zwischen dem Vatikan und der Hitlerregierung vom 20. Juli 1933. Dem faschistischen System verschaffte dieser Vertrag ein bedeutendes politisches und moralisches Renommee im Inland wie im Ausland. In den Augen der Kirche andererseits war, wie sie in ihren Verlautbarungen immer wieder betonte, bei dem Bündnis mit faschistischen und faschismusähnlichen Regimen (wie dann auch 1934 in Österreich, 1936 in Spanien, 1940 in der Slowakei und 1941 in Kroatien) entscheidend, daß man sich auf eine gemeinsame Frontstellung gegen Rationalismus, Liberalismus und Kommunismus und ebenso auf den gemeinsamen Judenhaß[225] stützen konnte. Dieses Bündnis war in den Ländern ziemlich unproblematisch, in denen die katholische Kirche zur ideologischen Hauptstütze des Regimes werden konnte. In einem konfessionell gespaltenen Land wie Deutschland allerdings mußte der Faschismus nach einer übergreifenden, die gesamte Nation umfassenden Ideologie suchen und konnte eigenständige ideologische Ansprüche anderer Kräfte nicht hinnehmen.

Die *evangelische* Kirche war zwar im 16. Jahrhundert aus dem Protest gegen den klerikal geprägten Feudalismus hervorgegangen, hatte sich dann jedoch in Deutschland mit dem absolutistischen Monarchismus verbunden – entsprechend dem Grundsatz von der «von Gott gegebenen» Obrigkeit und der Überzeugung, daß das Reich Gottes das Musterbeispiel monarchistischer Ordnung darstellte. Seither war der jeweilige Landesfürst in seinem Fürstentum zugleich der oberste Bischof, die Kirche also selbst ein Teil des Obrigkeitsstaates. Auf diesem Bündnis von «Thron und Altar» beruhte auch die materielle und politische Absicherung der evangelischen Kirche. Jeder Angriff auf das feudal-absolutistische System mußte also von der Kirche gleich als doppelte Bedrohung aufgefaßt werden: als Angriff auf die «gottgewollte Ordnung» und als Angriff auf die Existenz der Kirche selbst.

So stand die große Mehrheit der Kirchenführer, Kirchenbeamten und Pfarrer[226] im Kaiserreich auf der Seite der konservativen Partei und des Obrigkeitsstaates, verdammte Pazifismus als Vaterlandsverrat und verklärte den Krieg des deutschen Imperialismus, von dem sie eine «christliche Erneuerung des Volkes» erwartete, als «göttliches Interesse»[227]. Unter diesen Bedingungen mußte sich die Revolution 1918 für die evangelische Kirche, der fast zwei Drittel der Bevölkerung angehörten, als schwere Bedrohung darstellen und die Arbeiterbewegung als der politische Hauptfeind. Und obgleich die Revolution weder die befürchtete Trennung von Kirche und Staat durchsetzte – wie dies die Arbeiterbewegung immer, auch im Erfurter Programm der Sozialdemokratie von 1891, gefordert hatte – noch den kirchlichen Einfluß in den Schulen beschnitt, begann im November 1918 eine «kirchliche Mobilmachung», die ein entschiedener «politischer Widerstand war gegen das neue verhaßte demokratische System. Gegen Republik und Republikaner, gegen Demokratie und Demokraten».[228]

Aus der Frontstellung gegen die Demokratie und aus der Glorifizierung der Monarchie konnte sich leicht eine Führerideologie entwickeln, für die sich natürlich auch theologische Begründungen fanden.[229] Und von der «vaterländischen» Tradition her mußten der Versailler Vertrag als absolut unannehmbar und seine Befürworter als «Verzichtpolitiker» erscheinen. Damit aber stand die evangelische Kirche politisch auf der Seite der antidemokratischen Rechten und sozial auf der Seite der alten Mächte, die bis 1918 geherrscht hatten. Die Mehrheit der Bischöfe, Pfarrer und Gläubigen sah ihre politische Heimat in der Deutschnationalen Volkspartei. Diese Orientierung lag um so näher, als sich die Pfarrer in hohem Maße aus ehemaligen Offizieren und aus dem Feudaladel rekrutierten und auch in den evangelischen Landeskirchenleitungen allenfalls noch «die kapitalistisch-liberalen Vertreter des zur Macht gelangten Bürgertums» saßen. «Das Volk ist überhaupt nicht vertreten», wie der religiöse Sozialist Erwin Eckert bissig bemerkte.[230]

Als nach 1929 die NSDAP zur Massenbewegung und zur politischen Hauptkraft der Rechten aufstieg, vollzog sich rasch eine Annäherung zwischen dieser Partei und der evangelischen Kirche. Neben der schon genannten Frontstellung gegen die Weimarer Demokratie und das Versailler System fungierten der militante Antikommunismus und der Kampf gegen den «gottlosen Bolschewismus» als verbindende Elemente, die sich 1930 in einem «Gebetsfeldzug gegen Rußland» ausdrückten, der von beiden Kirchen gemeinsam organisiert wurde. Aber auch die aus der «vaterländischen» Tradition abgeleitete völkische Ideologie und der Antisemitismus verbanden die evangelische Kirche nicht nur mit den Deutschnationalen, sondern auch mit der NSDAP. Bischöfe und Kirchenfürsten wetterten gegen «die zersetzende Wirkung des Judentums auf religiösem, sittlichem, literarischem, wirtschaftlichem und politischem Gebiet» und verdammten die Juden «als Anstifter und Vorkämpfer der Revolution».[231] Die NSDAP ihrerseits lud evangelische Pfarrer zu Parteifeiern und Feldgottesdiensten ein und bot ihnen Listenplätze für die Wahlen zu den Parlamenten.

Gegenüber diesen starken nach rechts drängenden Kräften blieben die schwachen demokratischen und sozialistischen Ansätze in der evangelischen Kirche ohne Einfluß. Sie wurden – wie die religiösen Sozialisten – an den Rand gedrängt oder gänzlich ausgeschlossen.[232] Nach alledem war es nicht verwunderlich, daß die evangelische Kirche in der Regierung Hitler die Erfüllung ihrer Hoffnungen erblickte. Das Präsidium des Evangelischen Bundes rief am 16. Februar 1933 die Gläubigen auf, die Parteien der «nationalen Regierung» zu wählen: «Laßt ...alle Bedenken fahren und kämpft durch eure Stimme mit dafür, daß die nationale gegenrevolutionäre Bewegung auf gesetzlichem Wege zum Siege kommt ... Es geht um Deutschlands Rettung.»[233] Und Bischof Dibelius predigte in der Potsdamer Garnisonskirche zur Eröffnung des neuen Reichstags am 21. März 1933: «Wenn der Staat seines Amtes waltet gegen die, die die Grundlagen der staatlichen Ordnung untergraben, gegen die vor allem, die mit ätzendem und gemeinem Wort die Ehe zerstören, den Glauben verächtlich machen, den Tod für das Vaterland begeifern – dann walte er seines Amtes in Gottes Namen!»[234] Damit war nicht nur die Regierung Hitler generell als rechtmäßige und gewollte Obrigkeit anerkannt, sondern auch der Terror gegen die Arbeiterbewegung, der in diesen Wochen schon überall in Deutschland tobte, als «Walten in Gottes Namen» legitimiert. Für Millionen von Gläubigen dürfte diese Haltung der evangelischen Kirche in ihrer Suche nach einer Orientierung ein wichtiger Wegweiser gewesen sein.

Das *jüdische Bürgertum* verhielt sich nicht grundsätzlich anders als das «christliche». Zwar waren bei der jüdischen Bevölkerung (etwa 560 000 = 0,9 %) die liberalen Traditionen schon seit dem 19. Jahrhundert stärker ausgeprägt, weil Aufklärung und Liberalismus den Juden juristische und politische Gleichberechtigung ermöglicht hatten. Aber als Angehörige des Besitzbürgertums standen sie in der gleichen Frontstellung gegen die Arbeiterbewegung wie das nichtjüdische Bürgertum. Und von der nationalistischen Kriegsbegeisterung waren sie 1914 in gleichem Maße erfaßt worden. Gerade weil sie ihre Anerkennung als deutsche Staatsbürger immer noch – und seit dem

Aufkommen des biologisch begründeten Rassismus und Antisemitismus am Ende des 19. Jahrhunderts aufs neue – bedroht sahen, betonten beträchtliche Teile des jüdischen Bürgertums im Ersten Weltkrieg und in der Weimarer Republik ihre nationale Gesinnung besonders nachdrücklich. Der Central-Verein Deutscher Staatsbürger jüdischen Glaubens (C.V.), als Antwort auf die neue Welle des Antisemitismus 1893 gegründet, war mit 60000 bis 70000 Mitgliedern in der Weimarer Republik die stärkste jüdische Organisation und reflektierte «die Haltung der überwiegenden Mehrheit der deutschen Juden»[235]. Er verpflichtete seine Mitglieder zur «unbeirrten Pflege deutscher Gesinnung»[236] und zugleich zur Verteidigung der Weimarer Reichsverfassung, die den Juden die Menschen- und Bürgerrechte garantierte. Politisch sah sich die Mehrheit des jüdischen Bürgertums von der DDP als der «natürlichen Vertreterin des liberalen jüdischen Mittelstandes»[237] repräsentiert; nach deren Niedergang und angesichts des wachsenden Terrors der NSDAP suchte der C.V. auch Anlehnung an das Reichsbanner Schwarz-Rot-Gold.

Entsprechend seiner bürgerlichen und zugleich jüdischen Interessenstruktur führte der C.V. seinen Kampf zugleich gegen die Linke und gegen die antisemitischen Kräfte auf der Rechten. So war seine Politik immer zugleich gerichtet auf die Widerlegung antisemitischer Vorwürfe und auf die Beteuerung seiner patriotisch-bürgerlichen Zuverlässigkeit. Die Appelle an die bürgerlichen Schichten nahmen dabei nach 1929 immer stärker antikommunistische Akzente an: Die NSDAP sei gar nicht die vielfach erhoffte «Waffe gegen den Marxismus». – «Die NSDAP erkennt den Grundsatz von der absoluten Unverletzlichkeit des Privateigentums nicht an», sondern bedrohe Deutschland mit einer «wilden Sozialisierungspolitik», wolle also ein «rechtsbolschewistisches Chaos».[238] So galt der C.V. auch bei der SPD als Repräsentant «bourgeoiser Interessen», mit dem man nur begrenzt zusammenarbeiten konnte.

Deutschtum und Patriotismus wurden noch wesentlich stärker betont vom «Reichsbund jüdischer Frontsoldaten», der unmittelbar nach dem Ende des Krieges gegründet worden war und sich zum jüdischen Schutzverband gegen antisemitische Ausschreitungen entwickelte. Der Reichsbund versuchte, der antisemitischen Hetze durch den immer aufs neue wiederholten Hinweis entgegenzutreten, daß «12000 jüdische Soldaten ... für das Vaterland auf dem Felde der Ehre gefallen seien»[239]. Ähnlich argumentierte der «Kartell-Convent Deutscher Studenten jüdischen Glaubens» (K.C.): «Wir deutsche Studenten jüdischen Glaubens fühlen uns durch das für das Vaterland vergossene Blut unserer Bundesbrüder mit den übrigen Teilen des deutschen Volkes erst recht unlöslich verbunden.»[240] Auf der Rechten gab es sogar einen «Verband Nationaldeutscher Juden», der eine Zusammenarbeit mit der «nationalen Bewegung» der Weimarer Republik anstrebte.

So läßt sich also sagen, daß im jüdischen Bürgertum liberale Traditionen und die Bereitschaft zur Verteidigung der parlamentarischen Demokratie relativ stark ausgeprägt waren. Der Kampf gegen die antidemokratische Rechte wurde jedoch fast ausschließlich als Kampf gegen deren Antisemitismus geführt und mit der Beteuerung, daß die Juden in Wahrheit viel zuverlässiger im Sinne der nationalen Gesinnung und des Antikommunismus seien als die NSDAP. Es ist klar, daß von einer solchen Position aus eine wirksame Verteidigung der Demokratie gegen die Offensive der Rechten nicht entwickelt werden konnte.

Schulen und Lehrer

Die Schulen waren lange Zeit nicht viel mehr als Anhängsel der Kirchen. Zwar hatten die Erfordernisse industrieller Großproduktion es notwendig gemacht, den angehenden Arbeitskräften gewisse Grundkenntnisse im Lesen, Schreiben und Rechnen beizubringen. Und das Aufkommen der Arbeiterbewegung machte ein kontinuierliches ideologisches Einwirken auch auf die Kinder der Arbeiterschaft erforderlich, um sie vor den «verderblichen Einflüssen der Sozialdemokratie» zu schützen und ihnen «Vaterlandsliebe» beizubringen. So wurde die allgemeine Schulpflicht eingeführt. Aber an der regionalen und konfessionellen Zersplitterung und an der Dominanz der Kirche änderte das nichts. Das galt im Kaiserreich besonders für das niedere Schulwesen, in dem fast 95 % der Schüler unterrichtet wurden. Religion war das zentrale Fach, die Ortsschulaufsicht lag bei der Geistlichkeit. Das wichtigste Lernziel war es, die Kinder dafür zu drillen, «dereinst ihrem Vaterlande als tapfere Krieger oder fleißige Arbeiter zu dienen»[241]. Militarismus und Franzosenhaß wurde ihnen besonders nachhaltig eingebleut. Die folgende Verse z. B. mußten die Kinder vor 1914 auswendig lernen:

> «Mit Henkerblut, Franzosenblut –
> O süßer Tag der Rache!
> Das klinget allen Deutschen gut,
> das ist die große Sache!»

Die Lehrer der Volksschulen wurden miserabel bezahlt und waren lediglich an Seminaren ausgebildet worden, die sich direkt an die Volksschule anschlossen, unter der Leitung monarchistisch und klerikal gesinnter Männer, meist Theologen, standen und durch kasernenmäßige Zucht gekennzeichnet waren. Obgleich viele mit der Sozialdemokratie sympathisierten, waren sie fast wehrlos angesichts geistlicher und staatlicher Kontrollen und angesichts der elenden Arbeitsbedingungen: In trostlosen Räumen mußten sie Klassen unterrichten, die besonders in den Städten 100 Kinder oder mehr umfaßten, und zusätzlich Kirchendienste leisten wie Reinhaltung der Kirchen, Besorgung der Bänke und Tische, Schneeschaufeln, Putzen der Kirchengeräte usw. Der Deutsche Lehrerverein, dem mehr als 100 000 der 125 000 Volksschullehrer angehörten, leistete zwar an vielen Orten eine beachtliche Reformarbeit, doch 1914 verfiel auch seine Führung dem nationalistischen Begeisterungstaumel.

Dagegen wurde das höhere Schulwesen gut ausgebaut und vorzüglich gefördert. Hier erlangten die Kinder der besitzenden Klassen (in Preußen etwa 5 %) eine Ausbildung, die sie wissensmäßig und ideologisch für Herrschaftspositionen qualifizierte. Oft mieden die «höheren Stände» die Volksschule gänzlich und bereiteten ihre Kinder durch Privatschulen oder Privatlehrer auf das Gymnasium vor. Die Lehrer der Gymnasien hatten ein Universitätsstudium absolviert, erhielten – verglichen mit den Volksschullehrern – mehr als das Doppelte an Gehalt, organisierten sich gesondert im Philologenverband und waren in der Regel stramme Monarchisten mit stark ausgeprägtem sozialen Dünkel.

So hatte das Kaiserreich ein Schulsystem geschaffen, das geeignet war, die Klassenherrschaft auch ideologisch vorzüglich abzusichern. Auch die führenden bürgerlichen Bildungstheoretiker lehnten es strikt ab, durch Bildungschancen soziale Aufstiegsmöglichkeiten zu eröffnen. Eduard Spranger warnte noch 1916, daß damit die Kinder der «unteren Klassen» doch nur «einer ihnen fremden Welt» ausgeliefert würden. «Für die große Mehrzahl kommt nur die Hebung innerhalb der eigenen Klasse in Betracht.» [242] Der entschiedene Kampf gegen alle Versuche der demokratischen Kräfte, die Volksbildung zu verbessern, entsprach präzis der Maxime Nietzsches: «Die allgemeine Bildung ist nur ein Vorstadium des Kommunismus.» [243] Die reaktionären und klerikalen Traditionen waren in Deutschland weit stärker erhalten als in den anderen großen kapitalistischen Ländern.

Die Revolution von 1918 rüttelte auch im Schulwesen an den Grundfesten des Herrschaftssystems. Arbeiter- und Soldatenräte, sozialistische Pädagogen und demokratische Lehrerverbände verlangten die Trennung von Staat und Kirche, die Befreiung der Schule und der Lehrer von klerikaler Bevormundung, die Aufhebung der Privatschulen und die Schaffung einer mindestens vierjährigen Grundschule für alle Kinder. Doch auch hier blieb die Revolution auf halbem Wege stecken. Um die Zustimmung der katholischen Zentrumspartei zum Versailler Vertrag zu bekommen, war die SPD – gegen den Willen großer Teile der sozialdemokratischen Lehrerschaft – bereit, die Bekenntnisschule und damit den bestimmenden Einfluß der Kirche im Schulwesen zu erhalten. Zwar wurde 1920 durch Reichsgesetz die vierjährige gemeinsame Grundschule eingeführt, doch blieben die Privatschulen und die Möglichkeit, durch Privatunterricht zur höheren Schule zu gelangen, bestehen. Und was die Schulpraxis betrifft, so blieb die Prügelstrafe ein weithin praktiziertes «Erziehungsmittel».

In Konkordaten mit einzelnen Ländern gelang den Kirchen noch eine Steigerung ihres Einflusses. In dem Konkordat mit Bayern (1924) zum Beispiel wurde nicht nur die Lehrerbildung, sondern auch das höhere Schulwesen der Kontrolle der Kirche unterworfen, und sogar auf die Besetzung von Lehrstühlen an Hochschulen konnte sie Einfluß erlangen. Der Staat hatte auf die Schulhoheit praktisch verzichtet (in der päpstlichen Enzyklika «Die christliche Erziehung der Jugend» von 1929 wurde die weltliche Erziehung als «entsetzlicher Mord an unschuldigen Kindern» gebrandmarkt). Weitere Versuche deutschnationaler Reichsinnenminister 1925 und 1927, die Volksschulen wieder gänzlich und im gesamten Reich den klerikalen und reaktionären Mächten auszuliefern, konnten allerdings abgewehrt werden. In diesem Konflikt nahmen auch Wissenschaftler und Künstler wie Albert Einstein, Thomas Mann und Otto Dix gegen diese Gesetzentwürfe Stellung.

Die Ausbildung der Volksschullehrer konnte merklich verbessert werden, war allerdings in den verschiedenen Ländern sehr unterschiedlich. Während sie in Thüringen, Sachsen und Hamburg unter dem Einfluß einer starken Arbeiterbewegung an die Hochschulen verlagert wurde, blieb in Bayern und Württemberg das alte miserable Seminarsystem erhalten. In Preußen wurden besondere «Pädagogische Akademien» eingerichtet – allerdings gesonderte Akademien für katholische und für evangelische Lehrer und getrennt nach Männern und Frauen. Die soziale Lage blieb schlecht. Ende 1932 waren im Deutschen Reich 42,4 % aller Junglehrer arbeitslos.

Erstaunlich hoch war der Organisationsgrad der Lehrer: er betrug 90 %. Dabei gelang es auch, Lehrerorganisationen zu bilden, die im

Sinne demokratischer Reformen wirkten: Die Freie Lehrergewerkschaft (1500 Mitglieder), der Bund Entschiedener Schulreformer (4000 Mitglieder) und die Arbeitsgemeinschaft Sozialdemokratischer Lehrer (6000 Mitglieder) formulierten Programme, um deren Realisierung die demokratische Bewegung zum Teil heute noch kämpft. Und auch der Deutsche Lehrerverein, der mit 147 000 Mitgliedern die eigentliche Massenorganisation der Lehrer darstellte, war für gewisse Reformen aufgeschlossen. Im DLV setzte sich dann allerdings nach 1930 der allgemeine Trend des deutschen Bürgertums nach rechts durch: Im Mai 1932 fand ein Antrag auf Ablehnung des Nationalsozialismus und Verteidigung der Republik bei der Vertreterversammlung schon keine Mehrheit mehr. Die aktiven Vertreter entschiedener Reformen waren immer von staatlichen und kirchlichen Sanktionen bedroht. Gegen kommunistische Lehrer (und NSDAP-Mitglieder) richtete die SPD-geführte preußische Regierung im Juni 1932 sogar einen besonderen Erlaß. (Die Reichsregierung hob diesen dann, soweit er sich gegen NSDAP-Mitglieder richtete, sogleich wieder auf.)

Eine soziale Öffnung des Bildungswesens, eine Aufhebung des bürgerlichen Bildungsprivilegs gelang nicht: Nur 10 % der angehenden Volksschullehrer und nur 4 % der Schüler an höheren Schulen kamen aus Arbeiterfamilien.[244] Die höheren Schulen entwickelten sich qualitativ weiter und bauten insbesondere ihre naturwissenschaftlichen und mathematischen Disziplinen aus. Ideologisch aber blieben sie beherrscht von sozialem Dünkel und antidemokratischer Weltanschauung. Die Gymnasiallehrer erzogen ihre Schüler in deutschnationalem und militaristischem Geist, so daß überall rechtsextreme Schülerbünde entstehen und gedeihen konnten. Der Deutsche Philologenverband (20 000 Mitglieder), der Katholische Lehrerverein (25 000 Mitglieder) und der Verein Katholischer deutscher Lehrerinnen (20 000 Mitglieder) waren fest in konservative Ideologien eingebunden. Und Ende 1932 hatte auch der NS-Lehrerbund bereits 6000 Mitglieder.[245]

Die bürgerlichen Bildungstheoretiker (Eduard Spranger, Theodor Litt, Wilhelm Flitner) votierten ganz im Sinne konservativen Denkens für eine unpolitische Schule, die den Gemeinschaftsgeist zu fördern habe und so zu den «konservierenden Mächten» (Litt) gehöre. Wie bei anderen bürgerlichen Kräften näherte sich diese bürgerlichkonservative Position nach 1929 rasch dem Faschismus an. Spranger sah das Volk bereits 1930 gekennzeichnet durch «Blut, Arbeit, Ordnung, Gläubigkeit»[246], und Flitner stellte 1933 mit Genugtuung fest: «Der Bolschewismus und die bloß gesellschaftliche Auffassung von Staat und Erziehung waren durch Diskussion und Lehre nicht zu überwinden. Ihr Anspruch auf die öffentliche Erziehung ließ sich nur politisch vernichten.»[247] Im Klartext hieß das: Gerade weil die parlamentarische Demokratie mit ihrer Meinungsfreiheit auch der Linken die Möglichkeit gab, sich zu artikulieren, war die Errichtung eines Terrorsystems notwendig. Flitner hat damit eine sehr lehrreiche Maxime formuliert, die von den herrschenden Kräften vom Sozialistengesetz 1878 bis zur Errichtung der Militärdiktatur in der Türkei 1980 immer wieder praktiziert worden ist. Auch der Katholische Lehrerverein erwies sich im Frühjahr 1933 auf der Höhe der Zeit und stellte fest: «Durch den Mahn- und Weckruf Adolf Hitlers und seiner Bewegung und durch seine Arbeit ist der Durchbruch durch den undeutschen Geist, der in der Revolution von 1918 zum Siege kam, gelungen.»[248] Der Deutsche Philologenverband schließlich, der gegen Ende der Weimarer Republik über 90 % der akademisch gebildeten Lehrer an allgemeinbildenden Schulen organisierte, sah in der Errichtung der faschistischen Diktatur die Erfüllung seiner eigenen Wünsche und rühmte seinen eigenen Beitrag zu dieser Entwicklung: Ohne «die sichere Haltung der meisten akademisch gebildeten Lehrer (wäre) Hitlers Bewegung nicht so schnell vorangekommen».[249]

Die Massenmedien

Auch die Bevölkerungsteile, die durch das bürgerliche Organisationsgefüge nicht erreicht werden konnten, wurden kontinuierlich ideologisch beeinflußt. Die Massenmedien erreichten im Verlauf der zwanziger Jahre eine neue Stufe der technischen Entwicklung und der politischen Wirksamkeit. Dies gilt allerdings nur in Ansätzen für den Rundfunk, dessen Massenwirksamkeit noch gering war. (Ende 1924 gab es eine Million zahlende Rundfunkhörer.) Erst der faschistische Staat hat die Wirksamkeit dieses Mediums voll entfaltet. Mit dem «Volksempfänger» wurde für die Herrschenden dann jeder Haushalt direkt erreichbar, ohne daß die Adressaten eine Chance hatten, sich selbst zum Subjekt zu machen und in die Kommunikation einzubringen. Sie blieben Objekte der Berieselung – wie sie das bis heute in Rundfunk und Fernsehen weitgehend sind. Hingegen bewirkten die Entwicklung der drahtlosen Telegrafie, der Bildtelegrafie und neuer Verfahren im Druckwesen (3-Farben-Druck, Offset-Druck, neue Rotationsmaschinen usw.) schon seit dem Beginn des Jahrhunderts tiefgreifende Veränderungen der Presse. Und die Fotografie konnte weiterentwickelt werden zum bewegten Bild, zum Film und schließlich seit Mitte der zwanziger Jahre zum Tonfilm.

Wie alle Erfindungen, die im Kapitalismus stattfinden, wurde auch diese sogleich einbezogen in den Prozeß der Profiterwirtschaftung und in den der Herrschaftssicherung. Kapitalgesellschaften verwerteten die neuen Techniken und nutzten zugleich die neuen Chancen der Ideologievermittlung. Das Militär beschränkte sich nicht auf deren Verwendung, sondern trieb selbst deren Weiterentwicklung voran: So wurde die drahtlose Telegrafie schon 1904 vom Militär genutzt, um den Herero-Aufstand in der deutschen Kolonie Südwest-Afrika (dem heutigen Namibia) wirksamer bekämpfen zu können. Die Entwicklung des Films wurde während des Ersten Weltkriegs mit jährlich 18 Millionen Mark vom Kriegsministerium unterstützt. General Ludendorff von der Obersten Heeresleitung sah darin eine «dringende Kriegsnotwendigkeit». Das Resultat war im Oktober 1917 die Gründung der ersten Filmgesellschaft «Universum-Film-AG» (Ufa) mit einem Aktienkapital von 25 Millionen Mark, der Deutschen Bank als größtem Teilhaber und dem Kriegsministerium als treibender Kraft.[250]

So entwickelte sich in der Weimarer Republik neben der herkömmlichen Presse eine «Unterhaltungsindustrie» mit Boulevard-Blättern, Illustrierten und Spielfilmen, die vom großen Kapital, vorab von den Konzernen Ullstein, Stinnes und Hugenberg, weitgehend beherrscht wurde. Die Konzerne verfügten über die Zeitungsverlage ebenso wie über die Druckereien, die Korrespondenzbüros, die die kleineren Zeitungen mit Nachrichten versorgten, und über die Filmproduktion. Und ihr Angebot brachte für jeden etwas. So hatte der Ullsteinverlag in seinem Angebot die Massenillustrierte *Berliner Illustrierte Zeitung* (mit einer Auflage von fast 2 Millionen), das Massenblatt *Berliner Morgenpost* (mit über 600 000), das «unpolitische» *Blatt der Hausfrau* (über 500 000) und die *Grüne Post* (fast 1 Million), aber auch die seriöse *Vossische Zeitung* (70 000) und verschiedene Fachorgane, z. B. *Deutsches Bauwesen* (9000). Für die Entwicklung der Weimarer Republik ist nun kennzeichnend, daß der extrem rechtsstehende Hugenberg-Konzern (der u. a. etwa ein Drittel der rund 1200 Provinzzeitungen, die zweitgrößte Nachrichtenagentur und den größten Filmkonzern, die Ufa, kontrollierte) allmählich das Übergewicht erhalten konnte. (Seine Machtstellung reichte an die des Springer-Konzerns in der Bundesrepublik heran, und auch seine politische Richtung ist mit diesem vergleichbar.) «Es gibt Landesteile, wo fast ausschließlich Hugenberg-Zeitungen erscheinen ... Das ganze Niveau ist auf die Leser der Provinz zugeschnitten ... Privateigentum, Familie, konservative Gesinnung», das war die Botschaft der Hugenberg-Presse.[251]

So ist es also nicht verwunderlich, daß das Handbuch der deutschen Presse für 1932 27,9 % der Presse als «rechts», 12,8 % als «Mitte» und nur 8,3% als «links» einordnete.[252] Die restliche Hälfte, die sich als «parteilos» verstand, war aber natürlich keineswegs unpolitisch, sondern im Regelfall bürgerlich-konservativ und real auch abhängig von den großen Konzernen und ihren Nachrichtenagenturen. Und die etwa 450 Zeitungen (von etwa 3200 insgesamt) der Zentrumspartei, die etwa 12% ausmachten und sich überwiegend der Mitte zurechneten[253], verstanden sich als christlich-antisozialistische Gesinnungspresse, als «Gottes Prophetin, Wegbereiterin seines Reiches, Mund seiner Vorsehung»[254], und waren real kontrolliert von Großagrariern, konservativem Klerus und katholischen Schwerindustriellen[255].

Die ideologische Wirkung dieser Form von Privateigentum war übrigens nicht auf die Leser beschränkt, sondern bezog sich auch auf die im Pressewesen Arbeitenden, die Journalisten. «Da sind die durchaus nicht wenigen, die sich als freischaffende Persönlichkeiten fühlen und sich dabei nicht einer ‹Angestellten›-Organisation anschließen ... wollen, dann aber auch die, die sich der Zusammenfassung entziehen, weil sie für jedes Angebot zu haben sind.»[256] Die Zeitungsverleger hingegen bildeten eine straffe Organisation, die den abhängig Beschäftigten als geschlossene Phalanx gegenüberstand.[257]

Speziell an die abhängig Arbeitenden in den Industriebetrieben wandten sich die mehr als 50 «Werkszeitungen», die unter der Regie des «Deutschen Instituts für technische Arbeitsschulung» (Dinta) erschienen. Ziel dieses weitgehend von der Schwerindustrie getragenen Instituts war es, «die Arbeiterschaft innerlich völlig auf den Betrieb einzustellen». Auch sie gaben sich «unpolitisch», vermittelten aber den Arbeitern durchaus Weltanschauung und Handlungsorientierungen, z. B. durch folgende Sinnsprüche:

«Segen ist der Arbeit Preis
dem der recht zu sparen weiß»
«Mit klarem Kopf und frohem Sinn
gehe stets zur Arbeit hin»
«Nimmer ward das Reich zerstöret
wenn ihr einig seid und treu»[258]

Völlig neue Möglichkeiten ideologischer Beeinflussung bot der Film. Schon vor dem Ersten Weltkrieg hatte er sich entwickelt zu einer «ungeheuren gesellschaftlichen Macht, die beträchtlich größeren Einfluß auf die Zuschauermassen ausübt als das Theater, das Buch oder die Tageszeitung»[259]. Ein «Filmschlager» wurde oft schon von mehr als 10 Millionen Menschen gesehen. Mit der Gründung der Ufa 1917 geriet

«ein bedeutender Teil der Filmproduktion, des Verleihes, des Ver-
triebs und der Kinos in Deutschland in die Hand von exponierten
Vertretern des Militärs, der Banken, der Industrie und des Staates»[260]. 1926/27 wurde die Ufa dann vom Hugenberg-Konzern übernommen und seinen politischen Zielen dienstbar gemacht. Zugleich
begann der Tonfilm seinen Siegeszug und mit ihm der Einfluß der US-
Unterhaltungsindustrie- und der US-Elektro-Konzerne, gegen den
sich die deutsche Elektroindustrie entschieden zur Wehr setzte.

In einem Rückblick aus dem Jahre 1943 heißt es zur Übernahme
der Ufa durch Hugenberg: «Ein geschultes Wissen um den Film und
seine Wirkung auf das Volk, bereichert noch durch wertvolle Erkenntnisse in der Beeinflussung der öffentlichen Meinung auf dem
Gebiet des Nachrichtenwesens und Zeitungswesens werden nunmehr
der Ufa zugeführt.» Damit sei zugleich «dem deutschen Film eine nationale Bodenständigkeit» erkämpft worden.[261] Die Arbeiter-Illustrierte-Zeitung hat dasselbe mit ihren Worten gesagt:

Hugenberg
Ein Barde von Blut- und Eisenformat
Voll schwarz-weiß-roter Courage,
General der Propaganda der Tat
Für Kulturreaktion in Kirche und Staat –
Der speist den Tatütata-Apparat
Mit Phrase, Reklame und Gage.

Der macht seine eigne Kulturpolitik
In Nachtausgabe und Kino,
Persönlich verwaltet er die Rubrik:
«Letzte Enthüllung der Saurepublik»,
dann brodelt aus seiner Meinungsfabrik
Der zündende Schlager: Revanche-Krieg! –
«Deutsche! Gebraucht Mussolino!»

...

Der wettert mit Federkiel, Herz und Hand
Für die heiligsten Geldsack-Güter,
Meint er sich, dann spricht er von Vaterland
Und staatsnotwendigem Interessenverband
Im nationalen Bürger- und Bauernstand –
So streut er den rechten Verblödungssand
Für anspruchslose Gemüter.[262]

In den Fridericus-Rex-Filmen, die die Heldentaten des Preußenkönigs Friedrich II. («des Großen») glorifizierten, kommt der militaristische Geist dieser Filmproduktion besonders deutlich zum Ausdruck. Doch auch «harmlose» Unterhaltungsfilme wurden produziert, die das Publikum durch Verklärung von Kleinbürger-Idyllen oder Erzeugung von schönen Traumbildern mit der schlechten Wirklichkeit versöhnten. Es versteht sich, daß die Staatsorgane, die gegen antimilitaristische Filme wie «Im Westen nichts Neues» resolut eingriffen, die Verherrlichung des Krieges nicht nur zuließen, sondern als «künstlerisch wertvoll» auszeichneten und – falls nötig – ihre Vorführung auch mit Polizeigewalt gegen Demonstranten schützten.[263] Nach 1933 wurde dann die Ufa zum zentralen Propagandainstrument des Faschismus auf dem Gebiet des Films.

Im Zweifelsfall wurde die Funktion des Privateigentums an Medien, Profit zu erzielen, ihrer ideologischen Funktion sogar untergeordnet. Die Medien werden dann sozusagen «als Nebenbetrieb» der übrigen Teile des Konzerns aufgefaßt. «Die Zeitung gehört nicht mehr zu den Einnahmequellen, sondern zu den Reklamekosten, sie ist die wirtschaftspolitische Propagandamaschine.»[264] So wie Polizei und Militär bezahlt werden müssen, damit die Interessen des großen Privateigentums insgesamt durchgesetzt werden können, müssen eben auch – wenn nötig – Kosten für die ideologische Absicherung aufgebracht werden. Sie gehören insofern zur gleichen Kategorie wie die Kosten für soziale Konzessionen zum Zwecke der Integration der Gewerkschaften. Der Zusammenhang zwischen den verschiedenen Teilen dieses Herrschaftsapparates wurde offensichtlich, als im Oktober 1918 der Großindustrielle und Medienkönig Hugenberg zum Vorsitzenden der Deutschnationalen Volkspartei gewählt wurde, wodurch der Zusammenhang zwischen ökonomischen Interessen, publizistischer Propagierung und parteipolitischer Umsetzung seinen symbolischen Ausdruck erhielt.

Arbeiterklasse
und demokratische Potentiale

Mit der Industrialisierung waren auch in Deutschland Millionenmassen in die Städte getrieben worden, um dort in den aufkommenden Fabriken Arbeit und Brot zu suchen. Die Durchsetzung kapitalistischer Produktionsformen hatte ihnen ihre Existenz als Bauern und als Handwerker zerstört und sie gezwungen, sich als Lohnarbeiter auf dem Arbeitsmarkt anzubieten. Da sich dort große Massen anboten und da es ihnen verwehrt war, den Kapitalbesitzern kollektiv gegenüberzutreten, konnten die Arbeitsbedingungen von den Kapitalbesitzern weitgehend diktiert werden. Und der Staat behinderte und bestrafte nicht nur alle Versuche dieser rasch anwachsenden unabhängigen Massen, sich zu organisieren und ihre Interessen organisiert auszudrücken, sondern verwehrte ihnen auch jede wirksame politische Einflußnahme: durch die Bindung des Wahlrechts an den Besitz, insbesondere im wichtigsten Land Preußen, durch die autoritäre Staatsverfassung, die Wahlen, Parteien und Parlamente ohnehin ziemlich wirkungslos machte, und nötigenfalls auch durch Polizeigewalt.

So waren diese rasch wachsenden Massen genötigt, unter elenden Bedingungen zu arbeiten und zu leben. Arbeitszeit und Arbeitsbedingungen waren so beschaffen, daß ihre Arbeits- und Lebenskraft meist früh verbraucht war. Die niedrigen Löhne brachten schlechte Ernährung und ungesunde Wohnungen für ihre Familien mit sich und zwangen Frauen und oft genug auch Kinder, ebenfalls unter diesen ruinösen Bedingungen arbeiten zu gehen. Verwahrlosung der Kinder, Zerrüttung der Familien, Alkoholismus, Prostitution, Verelendung im Falle von Krankheit und Alter, hohe Kinder- und Müttersterblichkeit, Tuberkulose und schlechte ärztliche Versorgung – das waren die weit verbreiteten Lebensverhältnisse der Arbeiterklasse im Kaiserreich.

Ein Armenarzt berichtet aus Berlin um 1890: «... das ganze Elend der Großstadt entblößte sich vor meinen Augen, und die soziale Bedingtheit so vieler Krankheiten drängte sich mir auf ... An der Spitze marschierte die tödliche Seuche, die ... Kindercholera ... Wir kannten die Ursache: verdorbene Milch und schlechte Luft in überhitzten

Mietskasernen ... Vor allem in den engen Höfen mordete die Seuche ... An zweiter Stelle kam der Zahl nach die Tuberkulose ... Hier handelte es sich in der Regel um ... ursprünglich gesunde und starke Männer und Frauen, die den Einwirkungen des Fabrikstaubes, der licht- und luftlosen Wohnung und der unzureichenden Ernährung verfallen waren ... Und dann das Heer der Geschlechtskrankheiten ...»[1] Fast die Hälfte aller Haushalte verfügte damals in Berlin nur über einen Raum.[2]

Sowohl die Arbeitsbedingungen wie das Schulwesen waren so beschaffen, daß den arbeitenden Massen auch Bildungsmöglichkeiten und die Teilnahme am kulturellen Leben weitgehend verwehrt und somit auch die Chancen, ihre Situation zu begreifen und sich gezielt zur Wehr zu setzen, stark beeinträchtigt waren. (Peter Weiß hat gerade diesen Zusammenhang in seinem großen Werk «Ästhetik des Widerstands» eindringlich dargestellt.) Materiell kaum besser und, was die kulturellen Entfaltungschancen betrifft, noch wesentlich schlechter erging es den arbeitenden Massen auf dem Lande: den kleinen Handwerkern und Heimarbeitern, den Knechten und Mägden (dem «Gesinde») auf den Gutshöfen, die den Launen und der Willkür ihrer «Herrschaft» zudem auch noch persönlich und so gut wie schutzlos ausgeliefert waren.

In grellem Kontrast zu dem materiellen und seelischen Elend der arbeitenden Klassen stand der Reichtum der besitzenden Klassen, der Grundbesitzer und Fabrikherren, den sie in ihrem Lebensstil, durch Wohnpaläste und Dienerschaft, durch Luxus und Standesdünkel auch ungeniert demonstrierten. Bildung und Kultur hatten sie offensichtlich für sich monopolisiert, und Polizei und Justiz standen, wie die arbeitenden Massen tagtäglich erfuhren, jederzeit zu ihrer Verfügung.

Zwar waren durch den Druck der Arbeiterbewegung seit dem Ende des 19. Jahrhunderts einige soziale Verbesserungen erreicht worden – insbesondere in der Sozialversicherung und in der Beschränkung der Frauen- und Kinderarbeit. Doch während des Krieges wurden die Auspressung der Arbeitskräfte und die Unterdrückung in der Fabrik und im Staat noch härter – nunmehr unter der direkten Gewalt des Militärapparats. Und Verelendung und Hunger wuchsen an. In den ungeheuren Massakern des Krieges kamen allein von der deutschen Bevölkerung 2 Millionen Menschen um, und über 4 Millionen wurden verwundet und verkrüppelt.[3]

Aufschwung und Niederlage der Revolution

Das waren die Bedingungen und die Erfahrungen, die seit 1917 die arbeitenden Massen zu großen Streiks und im November 1918 schließlich zur Revolution trieben. Ihr Kampf war gerichtet gegen den Krieg, der unsägliches Elend über sie gebracht hatte, gegen den monarchischen Militärstaat, der das Symbol für Krieg und Unterdrückung darstellte, und – wie vage auch immer – auf die Errichtung einer neuen, besseren Gesellschaftsordnung. Sie erhoben sich, um ihre Menschenrechte einzufordern. Mindestens den politisch bewußten Teilen der Arbeiterklasse, die die Revolution trugen, ging es also um die Entmachtung der Kräfte, die bisher geherrscht und dieses Elend und diesen Krieg verursacht hatten, und um den Aufbau einer Gesellschaft, in der sich auch die arbeitenden Massen sozial und kulturell entfalten konnten, in der die Unterdrückung in der Arbeitswelt und im politischen Leben überwunden war. Es ging also um Frieden und um Sozialismus. Im Aufruf der Versammlung der Berliner Arbeiter- und Soldatenräte vom 10. November 1918 heißt es: «Deutschland ist Republik geworden. Sozialistische Republik ... Die Träger der politischen Macht sind jetzt Arbeiter- und Soldatenräte ... Sofortiger Friede ist die Parole der Revolution ... Die rasche und konsequente Vergesellschaftung der kapitalistischen Produktionsmittel ... ist notwendig, um aus den blutgetränkten Trümmern eine neue Wirtschaftsordnung aufzubauen, um die wirtschaftliche Versklavung der Volksmassen, den Untergang der Kultur zu verhüten.» Der Rat «gedenkt mit Bewunderung der russischen Arbeiter und Soldaten, die auf dem Wege der Revolution vorangeschritten sind».[4]

Aber auch beträchtliche Teile der Mittelschichten und viele Künstler und Schriftsteller waren von diesem Drang nach einer grundlegenden Veränderung ergriffen. Die Angestelltenorganisation, die sich als Gewerkschaft und als sozialdemokratisch verstand und mit den freien Gewerkschaften sich zusammenschloß, hatte einen enormen Aufschwung zu verzeichnen.

Aber da war kein Zentrum, das diese Energien hätte organisieren, ihnen Ziel und Richtung auf die Umformung der Gesellschaft hätte geben können. Die Führungen der SPD und der Gewerkschaften hatten sich nach 1914 «fast vorbehaltlos organisatorisch und ideologisch der nationalen Kriegspolitik untergeordnet und zeitweise die kriegsbedingten militär-bürokratischen Herrschaftsformen sogar als ‹Kriegssozialismus› und damit als Schritt des Übergangs zu einer sozialistischen Gesellschaft gewertet»[5]. Dabei hatten sie angenommen, daß sie als Gegenleistung nach gewonnenem Krieg durchgreifende soziale und politische Reformen erhalten würden. Sie hatten an ihrer Siegeszuversicht bis zum Herbst 1918 festgehalten und aufkommende Gegenbewegungen im Militär, in den Betrieben und in den eigenen Organisationen in Zusammenarbeit mit dem Militär und den Kapitalbesitzern entschieden bekämpft.[6] Noch am 7. November 1918 hatte Scheidemann im Kriegskabinett versichert: «Man kann die Massen auch jetzt noch im Zaum halten, wenn man Konzessionen macht ... Sie, meine Herren, und der Herr Reichskanzler müssen doch einsehen, daß wir alles getan haben, was wir konnten, um die Massen bei der Stange zu halten.»[7] Nach der Beendigung des Krieges sahen sie nun im Wiederaufbau der Wirtschaft die dringlichste Aufgabe, in der Revolutionsbewegung dagegen «fanatisierte Arbeitermassen, die kein Verständnis für die wirkliche Lage unseres Volkes besitzen» und Deutschland «an den Rand eines fürchterlichen Abgrundes» drängten[8]. So entschieden sie sich für das Bündnis mit den etablierten Mächten gegen die Revolution. Ebert rief die Bevölkerung gleich am 9. November auf: «Verlaßt die Straßen! Sorgt für Ruhe und Ordnung.» Schon vom nächsten Tag an beriet er sich täglich mit General Groener von der kaiserlichen Heeresleitung über eine geheime Telefonleitung «über die notwendigen Maßnahmen». Im Rückblick konnte Groener befriedigt feststellen: «Das Bündnis hat sich bewährt.»[9]

Die Hoffnung der Führungen in SPD und Gewerkschaften, die großen sozialen Probleme seien in Zusammenarbeit mit den etablierten Mächten zu lösen und der Sozialismus könne – nach Errichtung der parlamentarischen Demokratie – gleichsam durch Parlamentsbeschluß herbeigeführt werden, erwies sich rasch als Illusion. Mit der militärischen Niederwerfung der Rätebewegung und des sozialistischen Flügels der Arbeiterbewegung hatte die sozialdemokratische Regierung die sozialen Kräfte, die den Sozialismus hätten erkämpfen können, und die eigene Basis zerschlagen, der sie im November 1918 ihr Entstehen verdankte.

Die USPD, die sich erst 1917 als linke Abspaltung von der SPD formiert hatte, war sich nur in der Frage der Beendigung des Krieges einig. Zwar drängte ein starker linker Flügel – unter dem Eindruck der Revolutionen in Rußland im Februar und dann im Oktober 1917 – auf Massenaktionen gegen den Krieg und schließlich auch auf die Umgestaltung der Eigentumsordnung. Doch die Führung (Kautsky, Hilferding, Dittmann, Bernstein) setzte auf den parlamentarischen Weg und suchte – mit der Formel «Räte, Macht und Nationalversammlung» – den Kompromiß mit der SPD-Führung. Angesichts dieser politischen Unklarheit und Uneinigkeit und auch wegen ihrer organisatorischen Schwäche konnte auch die USPD die Führung in den revolutionären Kämpfen nicht übernehmen. Erst im Herbst 1919 stellte sie sich voll hinter den Rätegedanken – nach dessen faktischer Niederlage.

Die *KPD* hatte sich aus dem linken Flügel der SPD entwickelt, der sich 1917 der USPD angeschlossen und dort als Spartakusgruppe agiert hatte. Diese Linke hatte in ihren wissenschaftlichen Analysen schon vor 1914 gezeigt, daß das kapitalistische System in seiner imperialistischen Periode notwendig zum Krieg führen werde, wenn ihm die Arbeiterbewegung nicht entschlossen entgegentrete. Diesen Widerstand zu organisieren, betrachtete sie als eine zentrale Aufgabe der Sozialdemokratie. So sagte Rosa Luxemburg bei einer Kundgebung 1913: «Wenn uns zugemutet wird, die Mordwaffen gegen unsere französischen oder andere Brüder zu erheben, dann rufen wir: ‹Das tun wir nicht.›»[9a] Auch nach dem Beginn des Krieges hielten diese Linken an ihrer Position fest: «Der Hauptfeind jedes Volkes steht im eigenen Land! Der Hauptfeind des deutschen Volkes steht in Deutschland: Der deutsche Imperialismus, die deutsche Kriegspartei ... Ein Ende dem Völkermord!»[10]

Nach dem Beginn der Revolution vertrat der Spartakusbund die Losung «Alle Macht den Räten» und setzte sich für die Weiterführung der Revolution zur sozialistischen Republik ein. Doch als Partei organisierte er sich erst zwei Monate nach dem Beginn der Revolution, und in zentralen Fragen besaß er auch zu diesem Zeitpunkt noch keine einheitliche Strategie. Auf dem Gründungsparteitag im November 1919 setzte sich in der Frage der Wahlbeteiligung der spontaneistische Flügel gegen die Führung (Rosa Luxemburg, Karl Liebknecht, Paul Levi) durch und beschloß die Nichtbeteiligung. So wurden außerparlamentarische Aktionen zur einzigen Kampfform verabsolutiert – in Erwartung des sofortigen vollständigen Erfolges. In der neugegründeten Partei dominierten also linksradikale, auf das entschlossene Handeln einer kleinen Minderheit setzende Kräfte, vor deren Kurs Rosa Luxemburg – in der klaren Einsicht, daß es in Deutschland keine Partei gab, die die Arbeiterklasse hätte führen können – vergeblich warnte. Dieser Kurs stand im Widerspruch zur tatsächlichen Schwäche der Partei in Hinsicht auf Massenbasis und Organisationsstruktur: Ihre Führer waren bis zum Zusammenbruch des Kaiserreichs durch Kerkerhaft und politische Verfolgung abgeschnitten von den Massen und von der Möglichkeit, auf sie einzuwirken. Eine handlungsfähige Organisation war erst im Entstehen begriffen, vielfach behindert durch die Staatsorgane, auch nach dem 9. November 1918. So mußte dieser Kurs mit einer Niederlage enden.

Es gab also keine politische Kraft auf der Linken, die die starken revolutionären Energien hätte bündeln und zu einer einheitlichen Kraft vereinigen können. So blieb der herrschenden Klasse Zeit, ihre Kräfte wieder zusammeln und die unorganisierte revolutionäre Bewegung niederzuwerfen.

Wie groß die Hoffnungen auf die Arbeiterbewegung in der Revolutionsperiode waren, zeigte sich nicht nur in den realen Aktivitäten der Massen, sondern auch in der Mitgliederentwicklung und der ersten Wahl nach der Revolution: Die Mitgliederzahl der sozialdemokratisch orientierten freien Gewerkschaften nahm im Laufe des Jahres 1918 von 1,2 Millionen auf 2,3 Millionen zu und wuchs bis Ende 1920 auf 9,2 Millionen an. Insbesondere Landarbeiter und Arbeiter staatlicher Betriebe, die bislang ideologisch und real der Macht der Grundbesitzer und des autoritären Staates ausgeliefert waren, strömten nun zu den Gewerkschaften. Besonders eklatant war die Zunahme der weiblichen Mitglieder: Ihre Zahl stieg von 1916 bis 1922 auf fast das Zehnfache an, von 186 000 auf 1,7 Millionen – und bei den christlichen Gewerkschaften von 29 000 auf 263 000. Ein Teil der Angestellten begriff sich nun als zur arbeitenden Bevölkerung gehörig und schloß als «Allgemeiner freier Angestelltenbund – Afa» ein Bündnis mit den freien Gewerkschaften (1921), und selbst bei den Beamten bildete sich in Gestalt des «Allgemeinen deutschen Beamtenbundes» eine gewerkschaftliche Richtung, die bei ihrer Gründung (1922) fast eine halbe Million Mitglieder zählte. Damit waren die traditionellen konservativ orientierten Standesorganisationen der Angestellten und Beamten deutlich geschwächt und die christlichen und deutschnational orientierten Gewerkschaften klar in die Minderheit geraten. Sie verfügten 1922 über 1,7 Millionen Arbeiter, Angestellte und Beamte.[11] Bei den Wahlen zur Nationalversammlung am 19. Januar 1919 gewannen SPD und USPD zusammen über 45 % der Stimmen.

Schon seit dem Sommer 1920 aber war für die arbeitende Bevölkerung allmählich erkennbar, daß ihre Herren aus der Zeit des Kaiserreichs und des Krieges wieder an den Schalthebeln der Macht waren: Es waren die gleichen Richter und Staatsanwälte, die gleichen Offiziere und Lehrer, denen sie wieder gegenüberstanden, und es waren auch die gleichen Fabrikbesitzer. Die Folgen dieser Machtverhältnisse waren für jedermann spürbar. Die Arbeiter mußten zu Hungerlöhnen arbeiten und hatten keinerlei realen Einfluß auf die Entscheidungen der Betriebsleitung – es sei denn durch die Waffe des Streiks. Doch die Handlungsmöglichkeiten der abhängig Arbeitenden waren nun schon sehr eingeschränkt. Die Gewerkschaften waren eingebunden in die Politik der «Zentralen Arbeitsgemeinschaft», das heißt in die Verpflichtung zur Kooperation mit den Unternehmern, die sie im Dezember 1918 vertraglich zugesichert hatten, so daß sie Streiks eher zu verhindern als zu organisieren suchten. Und die Betriebsräte, die gewissermaßen die Restbestände der ehemals umfassenden Rätebewegung repräsentierten, waren in ihren Befugnissen durch das Gesetz des Reichstages vom Februar 1920 stark eingeengt worden. Sie hatten keine wirklichen Kontroll- und Mitbestimmungsrechte mehr. Von den Gewerkschaften wurden sie ohnehin als Konkurrenz aufgefaßt, als Organe, die man nicht unter Kontrolle hatte. Deshalb hatten SPD und Gewerkschaften an ihrer «Zähmung» mitgewirkt. Die oppositionellen Kräfte konnten – wie der Metallarbeiterverband – innerhalb der Gewerkschaften neutralisiert werden oder waren – wie die rätekommunistischen und anarcho-syndikalistischen Strömungen in der Betriebsrätebewegung – zersplittert und wenig handlungsfähig. So konnten die Kapitalinteressen sich in hohem Maße Geltung verschaffen. Die zum Teil von den Arbeiter- und Soldatenräten abgeschaffte Akkord- und Prämienarbeit wurde wieder eingeführt. 1920 konnten sich die Arbeiter im Vergleich zu 1913 nur etwa ein Drittel der Fleischration und die Hälfte der Mehlration leisten.[12] Die Frauen, die während des Krieges in die Rüstungsindustrie gepreßt worden waren, wurden nun wieder ins Haus und in die Landwirtschaft abgedrängt.

Angesichts dieser Erfahrungen breitete sich in der arbeitenden Bevölkerung Resignation aus. Und die Mittelschichten und viele Künstler und Schriftsteller, die mit der Revolution sympathisiert hatten, wandten sich wieder ab von der Arbeiterbewegung, die offensichtlich nicht in der Lage war, die Zukunft zu gestalten, sich wieder jenen Traditionen zu, von denen sie jahrzehntelang geprägt worden waren. Ein Teil der Künstler identifizierte sich jetzt mit der bürgerlichen Republik, die immerhin geistige Freiheit zu garantieren versprach, andere zogen sich vom politischen Leben wieder gänzlich zurück (so Rilke, Hermann Hesse, Hugo von Hofmannsthal).

Bei dem Generalstreik im März 1920 gegen den Militärputsch entfaltete die Arbeiterklasse noch einmal ein hohes Maß an Handlungsfähigkeit. ADGB, Arbeitsgemeinschaft freier Angestelltenverbände und Deutscher Beamtenbund hatten gemeinsam zum Streik aufgerufen und eine zentrale Streikleitung gebildet. An vielen Orten kam es zu bewaffneten Auseinandersetzungen zwischen Militär und Arbeiterschaft.[13] Und nachdem der Generalstreik die Putschregierung gestürzt hatte, riefen sie auf, den Streik fortzusetzen, «bis unsere Forderungen erfüllt sind», nämlich «die entscheidende Mitwirkung bei der Neuordnung der Verhältnisse».[14] Doch erneut erwiesen sich die herrschenden Kräfte der Arbeiterbewegung strategisch und taktisch weit überlegen: Durch wohlklingende, aber unverbindliche Versprechungen konnte die Streikfront gespalten und dann gegen die noch weiter kämpfenden Teile das Militär eingesetzt werden. Besonders im Ruhrgebiet waren Teile der Arbeiterschaft nicht bereit, aufgrund vager Versprechungen ihre Waffen niederzulegen, sondern führten den Streik weiter, um die offensichtlich wiedererstandene Macht des Militärs und des Kapitals zu brechen und doch eine gesellschaftliche Neuordnung zu erreichen. Nun konnte das Militär doch triumphieren: Unter Bruch der im «Bielefelder Abkommen» gegebenen Zusicherungen wurden die streikenden Arbeiter im Ruhrgebiet ebenso wie ihre Genossen in Berlin, in Thüringen und im Erzgebirge niedergeworfen. Die soeben vom Generalstreik gerettete sozialdemokratisch geführte Regierung setzte jenes Militär unter der Führung von General von Seeckt ein, das sich soeben noch geweigert hatte, gegen die Putschisten vorzugehen, zum Teil sogar die gleichen Truppenteile, die sich am Putsch beteiligt hatten. Deren Rache an den Arbeitern, von denen sie zwei Wochen vorher besiegt worden waren, war fürchterlich.

Der Generalstreik von 1920 war ein Erfolg in der Defensive gewesen, der lediglich zur Wiederherstellung der parlamentarischen Demokratie, aber nicht einmal zur Säuberung des Staatsapparats von den offensichtlich verfassungsfeindlichen Kräften führte. Die schweren und opferreichen Kämpfe seit 1918 hatten offensichtlich zu einer Niederlage geführt.

Bis in die Mitglieder- und Wählerzahlen hinein ist diese Niederlage und der ihr folgende ideologische Umschlag erkennbar: Der ADGB verlor fast die Hälfte seiner Mitglieder. Die Angestelltenverbände mit kleinbürgerlicher und konservativer Ideologie gewannen wieder an Boden und überflügelten die mit gewerkschaftlicher Orientierung. Der Stimmenanteil der Arbeiterparteien ging wesentlich zurück. Besonders verheerend war die Niederlage für die SPD, die bis zum Sommer 1920 über die Hälfte ihrer Wähler verlor. Jetzt war offensichtlich geworden, welche Folgen die Politik dieser Partei in der Revolutionsperiode für die arbeitende Bevölkerung hatte. Gerade der Kapp-

Putsch hatte gezeigt, daß selbst die von der SPD vertretenen Positionen des parlamentarischen Reformismus «nur noch mit nichtreformistischen Mitteln zu verteidigen waren» und daß diese außerparlamentarischen Massenbewegungen allerdings auch die Tendenz in sich trugen, «die reformistische Begrenztheit der Zielstellung zu überschreiten»[15]. Dieser Grundwiderspruch der sozialdemokratischen Politik führte im Sommer 1920 dazu, daß sich die meisten enttäuschten Arbeiter der USPD zuwandten, die ihre Stimmenzahl mehr als verdoppeln konnte und 4,9 Millionen erhielt. Sogar die nach dem Januaraufstand von 1919 verbotene KPD erhielt 440000 Stimmen und zwei Reichstagsmandate. Die USPD radikalisierte sich und verlangte in ihrem Aktionsprogramm Ende 1919 die «Diktatur des Proletariats» und die Räterepublik und beschloß Ende 1920 mit Mehrheit den Anschluß an die III., die Kommunistische Internationale. Darauf spaltete sich der rechte Flügel ab und trat (Ende 1922) der SPD bei. Der linke Flügel aber schloß sich mit etwa 330000 Mitgliedern der KPD an, die etwa 80000 Mitglieder hatte. Nun erst war die KPD also eine Massenpartei.

Während die enttäuschten Arbeiter sich nach links wandten, gingen die Angestellten und Kleineigentümer wieder nach rechts. Sie wurden wieder empfänglich für Militarismus und Nationalismus, für die konservativen Ideologien. Sie waren bereit, ihre schlechte soziale Lage jenen anzulasten, die das herrliche Kaiserreich gestürzt und den Versailler Vertrag akzeptiert hatten. Die «Dolchstoßlegende» und die Parole von den «Novemberverbrechern» begannen zu wirken. So verlor die linksliberale DDP, die sich zur Republik bekannte, über 60 % der Wähler, während die rechtsliberale DVP, die der Republik ablehnend gegenüberstand, ihre Wählerzahlen um mehr als 120 % steigern konnte, und sogar die rechtsextremen Deutschnationalen wuchsen bereits um 30 % an. Die SPD war nun als Regierungspartei nicht mehr nötig. Nach diesen Wahlen konnte die erste rein bürgerliche Regierung gebildet werden. Die strategische Niederlage der Arbeiterklasse zeichnete sich bereits deutlich ab.

Doch deren Kampfbereitschaft war noch nicht gebrochen. Die Radikalisierung der Arbeiterschaft verführte die KPD sogar zu der Annahme, eine revolutionäre Situation sei gegeben, eine offensive Politik also notwendig. So kam es im März 1921 zu neuen, unzureichend vorbereiteten Aufständen, die ihr Zentrum in den Leuna-Werken hatten und auf die mitteldeutschen Industriegebiete weitgehend beschränkt blieben. Eben darauf aber hatten die «rechte Sozialdemokratie und der bürgerliche Staatsapparat» gewartet.[16] Erneut wurden die schlecht bewaffneten Arbeiter vom Militär niedergeworfen. Nunmehr konnten die ökonomische Nachkriegskrise und die Inflation vom Kapital voll genutzt werden, um den lohnarbeitenden Massen noch härtere Bedingungen aufzuerlegen.

Im Herbst 1923 waren 70 % aller Arbeiter ganz oder teilweise arbeitslos, die Industrieproduktion betrug nur noch 20 % des Jahres 1913, Hunger und Elend ergriffen große Bevölkerungsmassen. Die durchschnittlichen realen Wochenlöhne lagen 1922/23 etwa 30 % unter dem Stand von 1913 und vielfach weit unter dem Existenzminimum.[17] So schwanden die Hoffnungen auf wirksame soziale Reformen im gegebenen Gesellschaftssystem in diesen Jahren dahin und damit auch die Einflußmöglichkeiten der sozialdemokratischen Führung auf die Massen. Im Sommer 1923 erhielt die KPD wieder starken Zustrom und dürfte jetzt sogar die Mehrheit der deutschen Arbeiterschaft repräsentiert haben.[18] Sie steuerte jetzt konsequent eine Politik der Einheitsfront mit der SPD an. Im August 1923 waren die Streikbewegungen so stark angewachsen, daß die dem Großkapital verpflichtete Regierung Cuno zurücktreten mußte. Die SPD war in sich tief gespalten. In Berlin beteiligte sie sich an der neugebildeten großen Koalition mit den bürgerlichen Parteien. In Sachsen und Thüringen aber wurden auf legalem Wege Arbeiterregierungen aus SPD und KPD gebildet, die sich auch als Barriere gegen die faschistischen Verbände verstanden, die sich in Bayern konzentrierten und im Herbst 1923 zum «Marsch auf Berlin» ansetzten. Doch Reichsregierung und Reichspräsident übergaben dem Militär die vollziehende Gewalt, so daß die Arbeiterregierungen in Sachsen und Thüringen durch Militärgewalt beseitigt werden konnten. Eine aus einem Streik hervorgehende und auf einen Generalstreik der Arbeiter in Sachsen und Thüringen bauende kommunistische Erhebung in Hamburg Ende Oktober wurde ebenfalls von der Reichswehr niedergeschlagen. Unter der folgenden Militärdiktatur von Seeckt wurde die KPD verboten, der 8-Stunden-Tag faktisch abgeschafft, das Streikrecht aufgehoben, das Lohnniveau gesenkt und die «Stabilisierung» der Währung eingeleitet. Die strategische Niederlage der Arbeiterbewegung in den Nachkriegskämpfen war Ende 1923 besiegelt.

Im Winter 1923/24 stand es also fest, daß der Kapitalismus als Gesellschaftssystem wieder gefestigt war. Bei den Reichstagswahlen im Mai 1924 erhielten die Arbeiterparteien nur noch 33 % der Stimmen. Die SPD konnte ihren Anteil (mit 20,5 %) im Vergleich zu 1920 etwa halten, die KPD konnte sich trotz der Niederlagen in den Kämpfen des Jahres 1923 als Massenpartei zunächst noch einigermaßen stabilisieren und 3,7 Millionen Stimmen (= 12,6 %) erhalten. Der Verlierer der Wahl waren die bürgerlichen Regierungsparteien DVP und DDP.

Die bürgerlichen Schichten orientierten sich weiter nach rechts. So war der eigentliche Gewinner die extreme Rechte: Die Deutschnationalen gewannen 2 Millionen Stimmen dazu und stiegen damit auf 5,7 Millionen an, und zum erstenmal konnte auch eine faschistische Fraktion, der Völkisch-Nationalsozialistische Block (1,9 Millionen Stimmen), in den Reichstag eindringen.

Die Lage der Arbeiterklasse

Nach der Festigung der kapitalistischen Eigentumsverhältnisse und der demokratischen Republik vollzog sich auch eine ökonomische Stabilisierung. Es regierten Bürgerblockkabinette – zum Teil gestützt auf die Parteien der Mitte, aber auch unter Einbeziehung der offen republikfeindlichen Deutschnationalen. Die Arbeiterklasse stand vor der Frage, welche Lebens- und Entwicklungsmöglichkeiten unter den veränderten Bedingungen erreichbar waren und wie sie sich nach ihrer strategischen Niederlage organisatorisch wieder konsolidieren und Strategien entwickeln konnte, die den neuen Erfordernissen angemessen waren.

Daß die Machtfrage bis 1923 zugunsten der alten herrschenden Kräfte entschieden worden war, bestimmte auch die Verteilung des gesellschaftlichen Reichtums und die staatliche Wirtschafts- und Sozialpolitik. Das materielle Elend in der Arbeiterschaft blieb groß: die Arbeitslosigkeit schwankte in diesen Jahren zwischen 6 % (1925) und 10 % (1927) und sank nur ganz kurzfristig unter die Millionengrenze. Die Arbeitsbedingungen waren so beschaffen, daß aus den Arbeitenden das Äußerste herausgepreßt werden konnte. «Die Bestimmungen zur Minderung der Gefahren am Arbeitsplatz wurden während dieser Zeit von den Unternehmern weniger als zuvor beachtet.»[19] Eine bürgerliche Beobachterin erhielt von der Textilindustrie den «Gesamteindruck einer modernen, gerade für diese Zwecke eingerichteten Folterkammer».[20] Eine Ärztin wunderte sich nach dem Besuch solcher Betriebe, daß die dort Arbeitenden «nicht sämtlich an einer Tuberkulose erkrankten», angesichts der Arbeitsbedingungen dieser «überarbeiteten und schlecht ernährten Personen».[21] Nach einem Bericht des Oberbürgermeisters von Berlin waren im Bezirk Pankow aus gesundheitlichen Gründen 30 % der Jugendlichen nicht berufsfähig. «Zahlreiche Kinder, auch im zartesten Alter, erhalten nie einen Tropfen Milch ... Die Kinder gehen vielfach ohne Hemd und warme Kleidungsstücke zur Schule oder werden aus Mangel an Leib- und Unterwäsche ganz vom Schulbesuch zurückgehalten. Die Not erstickt allmählich jedes Gefühl für Ordnung, Sauberkeit und

Sitte und läßt nur noch dem Gedanken an Kampf gegen Hunger und Kälte Raum.»[22] Dieser Bericht stammt zwar aus dem Jahre 1923, doch dieses Elend dauerte in großem Umfang auch in den Folgejahren an.

Der Produktionsaufschwung und die Exportoffensiven der deutschen Industrie wurden durch erhöhte Arbeitsleistungen bei immer noch relativ niedrigen Löhnen finanziert, die Reparationszahlungen hauptsächlich durch Erhöhung der Massensteuern. Der Reichsverband der deutschen Industrie faßte seine Forderungen 1925 in einer Denkschrift zusammen, die Bürgerblockregierungen setzten sie in beträchtlichem Maße in die Praxis um. Der Staat investierte gewaltige Mittel im Transportwesen, im Energiesektor und – seit Mitte der zwanziger Jahre – in wachsendem Maße auch wieder für die Rüstung und versuchte zugleich, die Sozialausgaben niedrig zu halten. Wessen Interessen er vertrat, war insbesondere in seiner Wirtschafts- und Finanzpolitik erkennbar: Hohe Getreidezölle schützten den Großgrundbesitz, verteuerten aber zugleich die Nahrungsmittel für die arbeitende Bevölkerung. Und während der Staat an die Luftfahrtindustrie (und andere Industrien) hohe Subventionen zahlte, erhöhte er zugleich die Personentarife für den Eisenbahnverkehr der dritten und vierten Klasse um 36 % – um sie in der ersten Klasse um 30 % zu senken.[23] Eine gesetzliche Begrenzung der Arbeitszeit auf acht Stunden lehnte der Reichstag 1927 ab.

Aber nicht nur die aktuellen politischen und sozialen Verhältnisse stellten die Arbeiterbewegung vor schwierige Aufgaben. Analytisch zu verarbeiten und für die politische Strategie auszuwerten waren auch die tiefgreifenden Veränderungen, die sich im kapitalistischen Gesellschaftssystem seit der Jahrhunderwende vollzogen hatten. Da war einmal die Ungeheuerlichkeit des Ersten Weltkrieges, in dem Millionen von Menschen auf die Schlachtfelder getrieben worden waren und sich dort millionenfach umgebracht hatten. Verglichen mit diesem Krieg waren alle vorangegangenen Kriege in Hinsicht auf Todesziffern und materielle Verwüstungen harmlose Scharmützel gewesen. Und der arbeitenden Bevölkerung waren dabei – auf beiden Seiten – die größten Opfer auferlegt worden. Was war das für ein Gesellschaftssystem, das zu solchen bis dahin unvorstellbaren Massakern geführt hatte? Wie waren die Triebkräfte und Interessen genauer zu bestimmen, die dabei am Werke waren? Und welche Konsequenzen ergaben sich daraus, wenn ein neuer, womöglich noch schlimmerer, weil mit noch effektiverem technischen Vernichtungspotential geführter Krieg verhindert werden sollte?

Diese Erfahrungen also hatte die Arbeiterbewegung aufzuarbeiten und sich dabei einzugestehen, daß die Lagebeurteilungen ihrer Führung in den entscheidenden Fragen sich als falsch erwiesen hatten. Falsch war die Einschätzung von Karl Kautsky, Otto Bauer und anderen gewesen, die Verstärkung der internationalen Kapitalbeziehungen und die unabsehbaren Risiken eines Krieges hätten dazu geführt, daß die Kriegsverhinderung auch im Interesse der Kapitalisten liege. Diese Theorie wollten sie auf einem internationalen Kongreß propagieren, der dann eben wegen des Kriegsbeginns 1914 nicht mehr stattfinden konnte.[24] Falsch war die Einschätzung der Partei- und Gewerkschaftsführung bei Kriegsbeginn gewesen, es handele sich um einen Verteidigungskrieg des Deutschen Reiches. In dieser Frage gingen sie der herrschenden Ideologie ebenso auf den Leim wie bei ihrer dann folgenden Annahme, der Krieg werde im Interesse des gesamten deutschen Volkes geführt und im Falle eines Sieges werde auch die Arbeiterklasse ihren Gewinn haben. Alle diese Fehleinschätzungen hatten verheerende Folgen für das politische Verhalten der Arbeiterbewegung gehabt und den herrschenden Klassen ihre furchtbare Kriegführung über vier Jahre hin überhaupt erst ermöglicht. Bei einer ernsthaften Aufarbeitung aber kam man natürlich auch nicht um die Frage herum, welche Bedeutung der Tatsache zukam, daß eben diese Führungsschichten des Kaiserreichs, die den Krieg geplant und geführt hatten, in der Weimarer Republik ihre früheren Machtpositionen in einem beträchtlichen Ausmaß behalten oder wiedererlangt hatten.

Schwierige Aufgaben für die Arbeiterbewegung stellten auch die Umschichtungen in der Sozialstruktur der abhängig Arbeitenden und die daraus resultierenden Veränderungen ihrer Mentalität und ihres politischen Bewußtseins. «Die Industrialisierung, der Übergang zur modernen ‹großen Industrie› wirkte als ein Hebel der Auflösung traditioneller Tätigkeiten und Lebensformen, beförderte die Mobilität der Lohnarbeiter und bedrohte zugleich den Status des handwerklich qualifizierten Facharbeiters.»[25] Die großstädtische Bevölkerung und die Zahl der Lohnabhängigen hatte rasch zugenommen, der Anteil der Landarbeiter und der Beschäftigten in Kleinbetrieben war stark zurückgegangen. Dennoch blieben diese Sektoren sehr bedeutsam: Fast ein Drittel der (abhängigen und selbständigen) Erwerbspersonen arbeitete (1925) noch in der Landwirtschaft, etwa zwei Drittel der abhängig Beschäftigten arbeiteten in Betrieben mit weniger als 200 Beschäftigten.

Zwei Veränderungen sprangen besonders ins Auge: Die Zahl der Angestellten stieg von 4,8% der abhängig Beschäftigten im Jahre 1882 auf fast 18% im Jahre 1925 an. Darin kam zum Ausdruck, daß erstens die Konzentration des Kapitals zu größeren Produktionseinheiten geführt hatte, die ausgebaute Verwaltungsapparate bedurften; daß zweitens bei der Verteilung der Güter Warenhäuser mit einer größeren Anzahl von Angestellten gegenüber den kleinen Läden an Boden gewannen; und daß drittens der Staat Aufgaben in der sozialen Umverteilung und ökonomischen Regulierung übernommen hatte, die eine Ausweitung seiner Bürokratie erforderten.

Die Angestellten, die sich ursprünglich durch qualifizierte Arbeit in Leitungsfunktionen und durch soziale Privilegien von den Arbeitern klar unterschieden und auch bewußt abgegrenzt hatten, waren damit zu einer breiten Schicht angewachsen. Unsicherheit des Arbeitsplatzes und Fremdbestimmung ihrer Tätigkeit kennzeichneten ihren Arbeitsplatz wie auch den der Arbeiter. Die Rationalisierungswelle der zwanziger Jahre beschleunigte diese Prozesse noch ganz wesentlich. Politisch stellte sich damit die Frage, wohin diese neuentstandene Schicht sich wenden würde, ob sie für die Arbeiterbewegung zu gewinnen war oder sich den bürgerlich-nationalistischen Kräften anschließen würde.

Die zweite wesentliche Veränderung betraf die *Frauen*. Sie hatten im Krieg, als die Männer an der Front waren, nicht nur die Produktion in Gang gehalten, sondern auch qualifizierte Positionen und Berufe übernommen, die ihnen bis dahin verschlossen gewesen waren. Trotz all der Mühen und Leiden, die damit verbunden waren, war damit ihr Selbstwertgefühl bedeutend gestärkt worden. Dies fand seinen Ausdruck auch im politischen Verhalten vieler Frauen. Zwar hatte sich schon seit dem Ende des 19. Jahrhunderts eine proletarische Frauenbewegung entwickelt, deren Organ, die *Gleichheit*, herausgegeben von Clara Zetkin, vorzügliche Analysen und Handlungsorientierungen für die Emanzipation der Frauen und der Arbeiterklasse entwickelt und beträchtliche Wirkungen erzeugt hatte. Doch die Erfahrungen während des Krieges verstärkten diese Bestrebungen unter den Frauen wesentlich. Überall nahmen Frauen und Mädchen in den Revolutionsmonaten an den Demonstrationen und Streiks und auch an den bewaffneten Kämpfen teil; nach den Kämpfen im Frühjahr 1919 wurden allein in Berlin 490 Frauen und Mädchen als Todesopfer amtlich registriert.[26]

Als Ergebnis der Revolution hatten die Frauen nun auch die bürgerlichen Rechte – einschließlich des Wahlrechts – erhalten. Aber zugleich mußten sie erleben, daß der Staat nach dem Krieg die Frauen wieder aus den gewonnenen beruflichen Positionen zu vertreiben suchte, um Platz für die heimkehrenden Männer zu schaffen. Ihre Erfahrungen mit der soeben errichteten demokratischen Republik waren also sehr zwiespältig – und sie blieben es auch in der Folgezeit. Die Probleme, die sich für die Frauen auch nach der Erlangung der bürgerlichen und politischen Rechte stellten, resultierten aus der fortdauernden Ungleichheit in den Bildungs- und Berufschancen und im Ehe- und Scheidungsrecht. Davon waren alle Frauen mehr oder weniger betroffen. Bei den berufstätigen Frauen waren die Frauen aus der Arbeiterschaft[27] besonders von schlechten Löhnen betroffen, sie erhielten in der Industrie nur etwa 64 bis 70 % der Männerlöhne[28] – und dem mangelhaften Schutz ihrer Arbeitskraft und ihrer Gesundheit besonders im Falle von Schwangerschaft und in den Wochen danach. Allein in Preußen starben Anfang der zwanziger Jahre jährlich etwa 1000 Mütter im Wochenbett, und 120000 Frauen mußten ohne Hebammenhilfe entbinden[29]. Über 45 % der Familien mit schwangeren Frauen lebten in Wohnungen, die amtlicherseits als unzureichend eingestuft wurden.[30] Die Säuglings- und Müttersterblichkeit war entsprechend hoch. Die Kinderversorgung war völlig unzureichend. Eine Erhebung des ADGB in der Textilindustrie ergab 1922, daß 35 % der Kinder der Arbeiterinnen während der Arbeitszeit ihrer Mütter ohne Aufsicht waren.[31]

Schließlich waren die Frauen der Arbeiterklasse auch besonders betroffen durch das Verbot der Abtreibung, obgleich sich der § 218 formal gegen alle Frauen richtete. Allein von 1925 bis 1928 wurden 22660 Personen gerichtlich verurteilt, davon 16218 Frauen und 616 weibliche Jugendliche.[32] Das soziale und psychische Elend, das der § 218 über Millionen von Frauen brachte, führte zu Protestbewegungen und moralischen Anklagen in Literatur und Film und zu politischen Initiativen und Gesetzentwürfen. Das Bühnenstück «Zyankali» von Friedrich Wolf, das 1929 uraufgeführt wurde, zeigte eindringlich, wie die proletarischen Frauen dem Gebärzwang unterworfen und vielfach in den Tod getrieben wurden. Es gehörte bis 1933 zu den erfolgreichsten Bühnenstücken in Deutschland, trug wesentlich zur Formierung der Bewegung gegen den § 218 bei – und wurde natürlich von den Staatsorganen durch allerlei Schikanen bis hin zu Aufführungsverboten in seiner Wirkung beeinträchtigt.

Politisch stellte sich also die Frage, ob die Arbeiterbewegung in der Lage sein würde, die Interessen dieser Frauen aufzugreifen, oder ob die Rechte mit ihrem traditionellen Bild vom Wesen der Frau Erfolg haben würde.

Die Organisationen der Arbeiterklasse

Gewerkschaften

Die abhängig Arbeitenden hatten ihre Position durch die Novemberrevolution wesentlich verbessern können. Die Gewerkschaften, die sie zur Wahrnehmung ihrer sozialen Interessen seit der zweiten Hälfte des 19. Jahrhunderts gebildet hatten, waren als ihre kollektiven Interessenvertreter anerkannt. Damit war das dem Wesen des Kapitalismus entsprechende Prinzip der Konkurrenz zwischen den Privateigentümern (sei es an Produktionsmitteln, sei es an Arbeitskraft) und das Prinzip der Freiheit des Vertrages zwischen diesen Privateigentümern auch auf dem Arbeitsmarkt durchbrochen. Solange der einzelne Arbeiter dem Unternehmer als Vertragspartner gegenüberstand, war er zwar juristisch gleicher Partner, aber angesichts der sozialen Übermacht des Kapitalbesitzers in Wirklichkeit dessen Willen ausgeliefert. Die in der Realität als Gegenwehr sich herausbildende Gewerkschaftsbewegung mußte nach der Revolution nun auch verfassungsrechtlich anerkannt werden. Und die Chancen, die eigenen Interessen zur Geltung zu bringen, waren damit wesentlich erhöht. Das Prinzip der Arbeit – Kollektivität und Solidarität – hatte das bislang dominante Prinzip des Kapitals in seiner Geltung eingeschränkt und insoweit schon ein Stück Zukunft einer anderen Gesellschaft sichtbar gemacht.

Politisch waren die Wirkungsmöglichkeiten der abhängig Arbeitenden auch dadurch bedeutend erhöht worden, daß sich nun große Massen von ihnen entschlossen, den Gewerkschaften beizutreten. So wuchsen die sozialdemokratisch orientierten freien Gewerkschaften gegenüber 1913 auf mehr als das Dreifache an (von 2,5 Millionen auf 7,9 Millionen 1922), und auch die christlichen Gewerkschaften stiegen in diesem Zeitraum von 340 000 auf über 1 Million.[33] Vor allem solche abhängig Beschäftigten, die im Kaiserreich den Gewerkschaften noch weitgehend ferngestanden hatten, setzten nun ihre Hoffnungen auf die Arbeiterbewegung und waren in großen Massen bereit, sich zu organisieren. Das galt insbesondere für die Landarbeiter, die Arbeiter im staatlichen Sektor, die Angestellten und die Frauen.

Die Gewerkschaften mußten dann aber die Erfahrung machen, daß auch diese wesentlich verbesserten Wirkungsmöglichkeiten nicht ausreichten, um die Errungenschaften der Revolution zu verteidigen und auch nur die elementarsten Lebensbedingungen der abhängig Arbeitenden menschenwürdig zu gestalten. Im Zusammenwirken von Kapital und Staat gelang es, die Dispositionsgewalt der Kapitalbesitzer in den Betrieben voll wiederherzustellen, also auch die Entscheidung über Einstellung und Entlassung von Arbeitskräften. So konnten sie beträchtliche Teile der abhängig Arbeitenden «freisetzen» und auch für die übrigen die Arbeits- und Lohnbedingungen so gestalten, daß das Leben für viele Millionen elend und dumpf blieb. Weder der 8-Stunden-Tag noch der Anspruch auf Versorgung der Arbeitslosen konnte verteidigt werden. Und die schönen Formeln in der Verfassung über die Unantastbarkeit der Menschenwürde und die «Gleichberechtigung von Kapital und Arbeit» (Art. 165) erwiesen sich als leere Versprechungen – wenn die machtpolitischen Voraussetzungen fehlten, um sie gegen diejenigen durchzusetzen, die dabei soziale Privilegien eingebüßt hätten. Nicht einmal in den Selbstverwaltungsorganen der Sozialversicherung oder im Reichswirtschaftsrat konnten die Gewerkschaften einen nennenswerten Einfluß erlangen. Die Hoffnungen von Millionen von Menschen, daß Revolution und Arbeiterbewegung eine bessere Zukunft gestalten würden, wurden wieder enttäuscht.

Die Ursachen dieser Niederlage für die arbeitende Bevölkerung waren vielfältig. Was die Gewerkschaften betrifft, so hatten vor allem zwei Komplexe eine Rolle gespielt. Einmal hatten sich schon in der Arbeiterbewegung vor dem Ersten Weltkrieg starke Tendenzen ausgebildet, die eine grundlegende Verbesserung der Lage der abhängig Arbeitenden im Rahmen des gegebenen Staats- und Gesellschaftssystems für möglich hielten. Sie waren durch eine längere Periode ökonomischer Stabilität und durch die sozialen Reformen, die sie unter diesen Bedingungen erreichen konnten, in dieser Überzeugung gefestigt worden. Und sie hatten revolutionäre Bestrebungen als Störung ihrer Politik der Verhandlungen und Kompromisse betrachtet. Während des Krieges waren sie von den herrschenden Kräften benötigt worden, um die Arbeiterklasse in die Kriegspolitik zu integrieren, zugleich aber auch in ihrer Hoffnung bestärkt worden, daß sie nach gewonnenem Krieg gewissermaßen als Belohnung durchgreifende politische und soziale Konzessionen erhalten würden. Und sie gingen davon aus, daß die Eroberung von Kolonien, Rohstoffen und Absatzmärkten auch für die arbeitende Bevölkerung Vorteile mit sich bringen würde. So nahmen sie den Abbau sozialer Schutzbestimmungen für Männer, Frauen und Jugendliche in den Betrieben hin, wirkten mit an der Niederhaltung oppositioneller Regungen und hielten an ihrer Politik der Zusammenarbeit mit dem Kapital, den staatlichen Behörden und dem Militär bis zum November 1918 konsequent fest. Sie sahen in der revolutionären Bewegung eine Störung und Bedrohung ihres politischen Kurses und legten sich in einem Abkommen mit den Unternehmern am 15. November 1918 erneut auf diese Politik der «gemeinsamen Lösung aller die Industrie und das Gewerbe Deutschlands berührenden wirtschaftlichen und sozialen Fragen»[34] fest. Die Führung der Gewerkschaften verfügte also gar nicht über das gedankliche Instrumentarium, um verstehen zu können, wieso all die schönen Errungenschaften und Zusicherungen nach 1919 wieder beseitigt werden konnten. Da sie keinen Begriff vom Kapitalismus und dessen inneren Gesetzmäßigkeiten hatte, war sie wehrlos, als die andere Seite, mit der man doch «Zusammenarbeit» vereinbart hatte, entschlossen daranging, ihre Interessen durchzusetzen.

Der zweite Ursachenkomplex bestand darin, daß 1918/19 große Massen in die Gewerkschaften geströmt waren, die ihnen bisher ferngestanden hatten. Sie waren durch die Erfahrungen im Krieg und durch die revolutionären Ereignisse in den Prozeß der Politisierung hineingerissen worden, hatten aber natürlich all die diffusen Vorstellungen von Wirtschaft und Gesellschaft einschließlich all der regionalen, berufsspezifischen und konfessionellen Besonderheiten, denen sie bislang angehangen hatten, keineswegs abgestreift. All diese ideologischen Traditionen und Besonderheiten strömten nun in die Gewerkschaften hinein und erschwerten nicht nur eine Vereinheitlichung der Zielsetzung und des Handelns, sondern diese Massen konnten auch durch Rückschläge leicht enttäuscht und dann wieder zur Abwendung von den Gewerkschaften veranlaßt werden. Diese neue Situation enthielt also sowohl Risiken als auch Chancen, bedeutete also eine große Herausforderung für die Gewerkschaften. Es erwies sich rasch, daß sie ihr nicht gewachsen waren. Zwei besonders schwerwiegende Fälle dieses Versagens waren die Frage der *Betriebsräte* und die *Frauenfrage*.

Die Mobilisierung großer Bevölkerungsteile in der Revolution in Gestalt der Rätebewegung hatte in den Betrieben Arbeiterräte hervorgebracht, die Produktionskontrolle und Sozialisierung anstrebten. Diesen spontan entstandenen und autonom handelnden Organen aber stand die Gewerkschaftsführung sehr mißtrauisch gegenüber, befürchtete unkontrolliertes Handeln und setzte sich für die Entmachtung dieser Räte ein. In der Tat wurden sie dann durch das Betriebsrätegesetz vom Februar 1920 nicht nur weitgehend entmachtet, sondern auch noch auf das «Einvernehmen» mit dem Arbeitgeber und die Ideologie von der «Betriebsgemeinschaft» festgelegt – mit Formulierungen, die fast wörtlich dem ADGB-Entwurf entnommen waren. Die Folge aber war, daß die 1918/19 mobilisierten Arbeitermassen schwer enttäuscht waren und sich vielfach wieder in die Passivität zurückzogen, so daß auch die betriebliche Basis für gewerkschaftliche Kämpfe in der Folgezeit sehr geschwächt war. Zwar wuchs die Opposition gegen diesen Kurs innerhalb der Gewerkschaften stark an, und auf dem Gewerkschaftstag 1922 wurde dann der Austritt aus der «Zentralen Arbeitsgemeinschaft» mit den Unternehmern beschlossen. Aber erstens waren da wesentliche machtpolitische Entscheidungen schon gefallen, und zweitens zögerte der Vorstand die Realisierung dieses Beschlusses noch bis Anfang 1924 hinaus.

Als nach der Beendigung des Krieges die Frauen in großem Maßstab wieder von den qualifizierten auf die unqualifizierten Arbeitsplätze zurück- oder gänzlich aus der Berufstätigkeit hinausgedrängt wurden, besaß diese staatliche Politik auch die volle Unterstützung der Gewerkschaften. Diese befanden nämlich (ebenso wie die SPD-Führung), daß der Mann der eigentliche Verdiener in der Familie zu sein habe. Die Reduzierung der Frauen auf die bekannte Funktion der Reservearmee auf dem kapitalistischen Arbeitsmarkt erfolgte also mit der Zustimmung eben jener Organisationen, deren Daseinszweck es eigentlich hätte sein sollen, die Auslieferung der Lohnabhängigen an die Mechanismen kapitalistischen Wirtschaftens zu verhindern. Das bedeutet, daß die Frauen, die 1918/20 in großer Zahl in die Gewerkschaften geströmt und dort von 270000 auf 1,7 Millionen angewachsen waren[35], nun von den Gewerkschaften im Stich gelassen wurden, weil diese sich primär für die männlichen Arbeiter zuständig fühlten. Auch in der Folgezeit haben die Gewerkschaftsführungen nicht zu einer realistischen Haltung in der Frauenfrage gefunden. Obwohl deren Anteil immerhin 15 bis 20% (und in bestimmten Branchen wie z. B. der Textil- oder Tabakindustrie sogar 60% bis 76%) der Gewerkschaftsmitglieder ausmachte, konnte während der gesamten Periode der Weimarer Republik nicht eine einzige Frau in den Vorstand des ADGB gelangen.

Versucht man, die Fehleinschätzungen und die daraus resultierenden Fehler im politischen Handeln der Gewerkschaftsführungen auf ihren Kern zurückzuführen, so ergibt sich folgendes: Die Führungen der Gewerkschaften verfügten über keinen zutreffenden Begriff davon, was die kapitalistische Eigentums- und Gesellschaftsordnung kennzeichnete, was deren innere Dynamik ausmachte, was die Klassenstruktur bedeutete und welche Klasseninteressen daraus resultierten. Ihr Gesellschaftsbild gewannen sie weitgehend aus Erscheinungsformen wie Konjunktur und Krise und aus der politischen Verfassung der Gesellschaft. Demgemäß war ihre Strategie bezogen auf die dabei jeweils anstehenden Probleme und Möglichkeiten, war also bezogen auf die jeweilige Situation, ohne zu analysieren, woher diese Situation ihrerseits bestimmt war. Da sie über eine kritische Gesellschaftstheorie also allenfalls noch in Ansätzen verfügten, waren sie auch anfällig für die herrschende Ideologie – vom «vaterländischen» Krieg bis zur «Arbeitsgemeinschaft» zwischen Kapital und Arbeit, von der «eigentlichen Wesensbestimmung» der Frau bis zum Glauben an schöne Verfassungsnormen. Und in den Konzessionen des Kapitals von 1918/19 sahen sie nicht etwa die Resultate starker Massenbewegungen, sondern den Ertrag ihrer Anpassungspolitik im Krieg.

So haben also objektive Schwierigkeiten und analytisches und politisches Versagen der Gewerkschaften zusammengewirkt, um nach der Revolution die Arbeiterbewegung wieder zu schwächen und den Sieg der Gegenkräfte zu erleichtern: Von 1922 bis 1924 verloren die freien Gewerkschaften wieder 40% ihrer Mitglieder und fielen von 7,9 auf 4,6 Millionen zurück. Allein im Winter 1923/24 verließen 3 Millionen Arbeiter und Angestellte aus Enttäuschung über die Haltung des ADGB in den großen Auseinandersetzungen des Jahre 1923 die freien Gewerkschaften. Den christlichen erging es nicht viel besser: Sie fielen von 1 Million auf 600 000 zurück.[36]

Unter den Bedingungen der ökonomischen Stabilisierung nach 1924 konnten sich auch die Gewerkschaften wieder konsolidieren. Die Machtfrage war zwar nun in den Betrieben wie im Staat zugunsten der besitzenden Klassen entschieden, doch der ökonomische Aufschwung ermöglichte wieder Erfolge einer auf Reformen gerichteten Politik, und die parlamentarische Demokratie bot einen juristischen und politischen Rahmen für die Formulierung und Organisierung der Interessen der abhängig Arbeitenden. So stiegen auch die Mitgliederzahlen wieder an, allerdings nur sehr langsam: von 4,1 Millionen im Jahre 1925 auf 4,9 Millionen 1929 bei den freien Gewerkschaften und von 600 000 auf 790 000 bei den christlichen.[37] Der Mobilisierungsgrad der Revolutionsperiode konnte bei weitem nicht mehr erreicht werden.

Die Schichten, die nach 1918 in besonders starkem Maße zu den Gewerkschaften geströmt waren, die Angestellten und die weiblichen Beschäftigten, wandten sich sogar in wachsendem Maße von den freien Gewerkschaften ab. Der AFA-Bund, der nach 1918 fast die

Hälfte und 1925 immerhin schon fast 40 % der gewerkschaftlich organisierten Angestellten repräsentiert hatte, sank bis 1930 auf 33,3 % ab. Zugleich stieg die christlich-nationale Gewerkschaft für Angestellte (Gedag) von etwa 30 % (1922) auf 42,6 % (1930) an.[38] Und der Anteil der Frauen in den freien Gewerkschaften ging von 25 % im Jahre 1918 kontinuierlich auf 14 % im Jahre 1931 zurück. Angesichts der geringen Chancen von Frauen, in den Gewerkschaften Funktionärspositionen zu übernehmen, dem vollständigen Ausschluß der Frauen aus dem Vorstand des ADGB und der vorherrschenden Ansicht der Führung, daß im Zweifelsfall die Frau den Arbeitsplatz zu räumen habe[39], ist das kaum verwunderlich. Ohne Zweifel hängen diese Veränderungen auch mit allgemeinpolitischen Entwicklungen, mit der Konsolidierung der ökonomischen, politischen und ideologischen Macht der bürgerlichen Kräfte im Verlaufe der zwanziger Jahre, zusammen, die im vorigen Kapitel dargestellt wurden. Zu eben dieser Konsolidierung aber hatten die Mängel und Fehler in der Politik der Gewerkschaften beigetragen und beträchtliche Mängel hielten auch nach 1924 an.

Parteien

Die organisatorische Struktur der Arbeiterparteien hatte sich mittlerweile so weit geklärt, daß einer starken reformistischen Partei, der SPD, eine revolutionäre Partei, die KPD, gegenüberstand, die zwar schwächer war, aber ebenfalls über eine beachtliche Massenbasis verfügte. Die 1917 gebildete USPD, die nur in der Friedensfrage eine gemeinsame Basis besessen hatte, konnte sich angesichts der nach 1918 neuaufgekommenen Probleme nicht mehr auf einen gemeinsamen Kurs einigen. Sowohl in der Frage der Eigentumsordnung und der Staatsform wie in der Beurteilung der Russischen Revolution gab es innerhalb der Partei ganz unterschiedliche Positionen. Als Ende 1919 dann die Frage anstand, ob man sich als revolutionäre Partei verstehen und der Kommunistischen Internationale anschließen solle, spaltete sich die USPD: Der stärkere linke Flügel schloß sich mit der KPD zusammen, und der rechte Flügel ging – nach zweijährigem Zögern – 1922 zur SPD zurück. Und aus dem äußersten linken Flügel waren die 1918/19 zunächst sehr starken antiparlamentarischen, antigewerkschaftlichen, spontaneistischen Strömungen, die anfänglich den Kurs der KPD bestimmt hatten, Ende 1919 aus der KPD ausgeschlossen worden und hatten 1920 die KAP gebildet.[40] Diese Partei aber spaltete sich noch mehrfach und verlor bald jeglichen Masseneinfluß. So blieben als die einzig maßgeblichen Arbeiterparteien SPD und KPD.

Sozialdemokratische Partei Deutschlands

Die SPD[41] hatte die Kriegspolitik des kaiserlichen Deutschland ebenso mitgetragen wie die Gewerkschaften, und sie hatte auch deren Fehleinschätzungen über Ursachen und Charakter des Krieges und über die Interessen und Ziele der herrschenden Klassen geteilt. Entsprechend dieser Politik und ihrem Verständnis von Parlamentarisierung und von Ruhe und Ordnung hatte sie bei der Kanalisierung und Niederwerfung der Revolution und bei der Durchsetzung des Kurses, der auf Nationalversammlung und parlamentarische Demokratie gerichtet war, wesentlich mitgewirkt und sogar eine Schlüsselrolle gespielt. Zwar hatten beträchtliche Teile ihres Massenanhangs auf der Seite der Revolution und der Rätebewegung gestanden, aber die Führung hatte ihren Kurs doch durchsetzen können. Das Resultat war sehr zwiespältig.

Einerseits konnte zum erstenmal in der deutschen Geschichte eine Arbeiterpartei Positionen im Staatsapparat erobern: Von den Kommunen über die Länder bis zur Reichsregierung waren – je nach den Wahlergebnissen – nun auch Sozialdemokraten vertreten. Diese neue geschichtliche Situation, die in den anderen entwickelten kapitalistischen Ländern ihre Parallelen fand, stellte für alle politisch Handelnden im Bürgertum wie in der Arbeiterbewegung neue Fragen: Was bedeutet es, wenn Vertreter der arbeitenden Klasse Machtpositionen in einem Staat erlangen, dessen Funktion es bislang war, die bestehende Eigentumsordnung und die Privilegien der besitzenden Klasse gerade gegen diese arbeitende Klasse zu schützen? Welche Möglichkeiten der Interessenwahrnehmung bietet die Mitwirkung einer Arbeiterpartei innerhalb der Rahmenbedingungen einer parlamentarischen Demokratie?

Andererseits hatte die Niederwerfung der revolutionären Bewegung und die Errichtung der parlamentarischen Republik keineswegs das erhoffte und versprochene Resultat einer sozialistischen Gesellschaftsordnung oder mindestens der Grundlegung einer solchen Gesellschaftsordnung gebracht. Im Gegenteil: die bisher herrschenden

Kräfte, die die Arbeiterklasse im Kaiserreich rigoros niedergehalten hatten, konnten auf diesem Wege ihre Machtpositionen weitgehend wiederherstellen, die kapitalistische Eigentumsordnung wieder festigen und bereits 1920 die SPD auch wieder aus der Reichsregierung hinausdrängen – mit entsprechenden Folgen für die Gestaltung der Lebens- und Arbeitsbedingungen der abhängig Beschäftigten. Jetzt, nach der Niederwerfung der revolutionären Bewegung, stellte sich heraus, daß die Machtstellung der Sozialdemokratie 1918/19 keineswegs, wie ihre Führung angenommen hatte, das Resultat ihrer Zusammenarbeit mit den etablierten Mächten war und auch keineswegs aus der parlamentarischen Demokratie als Staatsform hervorgegangen war, sondern aus der Stärke und dem Druck der Massenbewegung. Während die Führung aus diesen Erfahrungen anscheinend keine Folgerungen zog, reagierten die Massen sehr drastisch. Fast die Hälfte derer, die 1918/19 ihre Hoffnungen auf die SPD gesetzt hatten, wandten sich bereits 1920 von der SPD ab und gingen nach links. Welche Schlußfolgerungen aber ergaben sich aus dem offensichtlichen Scheitern der 1918/19 proklamierten Thesen über Parlamentarismus und Sozialismus? Und welche Schlußfolgerungen ergaben sich aus dem offensichtlichen Anwachsen derjenigen Kräfte im bürgerlichen Lager, die die parlamentarische Demokratie überhaupt wieder beseitigen wollten – nötigenfalls auch durch Militärgewalt? Welche Strategien waren notwendig, um wenigstens die bürgerliche Demokratie gegen diese Gefahren zu verteidigen?

Diese Probleme sind bis 1923 nicht aufgearbeitet worden – trotz der Erfahrungen mit Kapp-Putsch, Hitler-Putsch und Reichswehr-Diktaturplänen. Als im Sommer 1923 eine neue revolutionäre Welle die kapitalistische Eigentumsordnung bedrohte und die herrschenden Kräfte die Sozialdemokratie wieder benötigten, stellte sich ihre Führung erneut zur Verfügung für die Regierungsbildung wie auch für die Übertragung der vollziehenden Gewalt an das Militär. Zwar hatte sich, besonders nach der Integration des rechten Flügels der USPD 1922, ein starker linker Flügel in der SPD gebildet, der die Politik der Parteiführung scharf kritisierte – beim Parteitag 1924 forderten sogar mehrere Anträge lokaler Organisationen den Ausschluß Friedrich Eberts, des Reichspräsidenten, aus der Partei [41a] –, doch die Parteiführung konnte sich behaupten. Sie verfügte über den größten Teil der Parteipresse und über die Macht, Funktionärspositionen zu vergeben (oder zu verweigern). Und die Parteitage waren mehr und mehr beherrscht von Vertretern der Führungsgremien, von hauptamtlichen Funktionären und solchen, die auf solche Positionen hofften.

Nach 1924 schien es dann einige Jahre ohnehin so, als sei die Aufarbeitung der deprimierenden Erfahrungen der Jahre 1914–1923 gar nicht mehr notwendig, als gehörten sie der Vergangenheit an. Die parlamentarische Demokratie schien als Staatsform gefestigt, der ökonomische Aufschwung ermöglichte mancherlei soziale Verbesserungen, und die Wähler kehrten auch allmählich zur SPD zurück. Der im Januar 1919 erreichte Wähleranteil von 38 % konnte allerdings nicht mehr erreicht werden, doch stieg er immerhin von 20 % (im Mai 1924) auf fast 30 % (1928) an. Zwar war die SPD nicht mehr an der Reichsregierung beteiligt, wohl aber an Landesregierungen – wobei die Regierung des Landes Preußen, das allein schon drei Fünftel des Deutschen Reiches ausmachte, von größter Bedeutung war – und an vielen Kommunalverwaltungen gerade auch in großen Städten. Und 1928 konnte die SPD nach ihrem großen Wahlerfolg sogar wieder die Führung der Reichsregierung übernehmen.

Noch günstiger verlief für die SPD die Mitgliederentwicklung. Während des Krieges hatte sie fast drei Viertel ihrer Mitglieder verloren (von 1 Million waren ihr nur 250000 geblieben), doch wuchs sie dann rasch auf 1,2 Millionen (1921) an. Die alten politisierten Mitglieder waren offensichtlich zur USPD gegangen, die im Oktober 1920 über fast 900000 Mitglieder verfügte. Andererseits aber war es der SPD nach der Revolution gelungen, sich ein neues Mitgliederpotential zu erschließen, vermutlich «durch die Übernahme staatlicher Funktionen auf allen Ebenen und die offizielle Gleichberechtigung gegenüber den bürgerlichen Parteien»[42]. Diese neuen Mitglieder aber stammten aus eher unpolitischen Schichten und wollten vor allem mit Hilfe der SPD ihre soziale Position absichern und verbessern. Dies galt für Staatsbedienstete und Parteiangestellte ebenso wie für kleine Gewerbetreibende, die auf Aufträge von Kommunen angewiesen waren. Daß die SPD also ihre Sozialstruktur nach der Revolution wesentlich verändert hatte, konnte natürlich nicht ohne Auswirkungen auf Politik und Selbstverständnis der Partei bleiben. Nach vorübergehenden Rückschlägen in den Mitgliederzahlen stiegen diese seit 1926 jedenfalls wieder langsam an und überschritten 1930 wieder die Millionengrenze.[43]

In einem beträchtlichen Maße konnten auch Frauen für die Partei gewonnen werden. Die SPD hatte bei Kriegsende etwa 70000 Frauen organisiert (von 250000 Mitgliedern insgesamt) – ebenso viele wie die USPD.[44] Bei ihrem ersten Parteitag im Juni 1919 waren 45 Delegierte Frauen, das waren immerhin 11 %.[45] In dieser Größenordnung blieb der Frauenanteil auch in der Folgezeit sowohl bei den Parteitagen wie auch in den Parlamentsfraktionen.

Von den großen Problemen, die die Lage der Frauen in der Weimarer Republik kennzeichneten, hat die SPD allerdings nur einen Teil aufgegriffen. Sie versuchte zwar, durch Frauenkonferenzen und -zeitschriften möglichst viele Frauen als Wähler und Mitglieder und durchaus auch als Anhänger der demokratischen Republik zu gewinnen, doch die sozialen Diskriminierungen der Frauen wurden nicht konsequent angegangen. Das erwies sich schon bei der Demobilisierung 1919, als die SPD zusammen mit den Gewerkschaften dafür eintrat, daß die Frauen Arbeitsplätze und qualifizierte Positionen für die heimkehrenden Männer zu räumen hätten. Das Frauenbild, das dieser Politik zugrunde lag, formulierte Otto Braun, Ministerpräsident von Preußen und Parteivorstandsmitglied, beim Parteitag 1920: Er betrachtete die Frauen als «Mütter, als Träger der Sittlichkeit, als Sicherer der Familiengemeinschaft» und lehnte eine «absolute Egalisierung von Mann und Weib» strikt ab.[46] Und bei dieser Position blieb die SPD in allen Perioden, in denen Arbeitslosigkeit in größerem Maßstab aufkam: «Doppelverdiener» seien in dieser Lage zuerst zu entlassen – eine ursprünglich bürgerlicher Ideologie entstammende These, die sich (bekanntlich bis heute) ausschließlich gegen Frauen richtet.

In der Frage sozialer Verbesserungen für arbeitende Frauen besonders während und nach der Schwangerschaft unterstützte die SPD zwar verschiedene Initiativen, die von sozialdemokratischen Frauen kamen, verfolgte sie aber in der Regel mit wenig Nachdruck und grenzte sich auch meist von den weiter gehenden Anträgen der KPD ab. So bezeichnete die SPD-Sprecherin Marie Juchacs im Namen ihrer Partei einen KPD-Gesetzentwurf zum Schutz von Mutter und Kind 1928 als «nicht diskutabel»[47]. Diese Haltung trat besonders deutlich in der Frage des § 218 hervor, dessen vollständige Abschaffung die KPD verlangte. Immerhin beschloß der Reichstag 1926 auf Antrag der SPD-Fraktion eine Milderung der Strafandrohung: die Zuchthausstrafe wurde durch Gefängnisstrafe ersetzt. Das Gesetz über die Beschäftigung der Frauen vor und nach der Niederkunft jedoch, das der Reichstag 1927 beschloß, war so eindeutig von den Interessen der Unternehmer geprägt, daß es nicht einmal den Empfehlungen des «Washingtoner Abkommens» von 1919 entsprach, dem das Deutsche Reich beigetreten war. Es räumte zwar den Frauen in den Wochen vor und nach der Niederkunft die Möglichkeit ein, nicht zur Arbeit zu gehen, enthielt jedoch keinerlei Verpflichtung zur Lohnfortzahlung und schloß Landarbeiterinnen, Hausangestellte und eine Reihe anderer Kategorien von Frauen gänzlich aus.

Viel energischer griff die SPD jene Initiativen der sozialdemokratischen Frauen auf, die auf sozialfürsorgerische Aktivitäten gerichtet waren. Die im Dezember 1919 gegründete sozialdemokratische Wohlfahrtsorganisation «Arbeiterwohlfahrt» war in starkem Umfang getragen von der sozialdemokratischen Frauenbewegung. Von ihren 150 000 Mitgliedern (1928) dürfte die überwiegende Mehrheit Frauen gewesen sein. Und 1929 wurde die Losung verkündet: «Herein mit den sozialistischen Frauen in die sozialen Berufe zum Dienst am Nächsten.»[48]

Große Teile der Frauen auch aus der Arbeiterschaft konnten ihre politische Heimat in der SPD so nicht finden. Soweit sie stark politisiert waren, schlossen sie sich 1919/20 eher der USPD an. Aber das war natürlich nur eine Minderheit. Soweit sie 1918/19 schwankten zwischen bürgerlicher Mentalität und Neigung zur Arbeiterbewegung, wandten sie sich nach 1920 wieder den bürgerlichen Kräften zu, die ihnen Heim und Familie als Wesensbestimmung der Frau suggerierten und die Misere der Frauen daraus erklärten, daß der Sozialismus Privateigentum und Familie zerstört habe. Die Berufstätigkeit hätte diesem Frauenbild gegenüber nur dann eine attraktive Alternative sein können, wenn sie mit gleichen Qualifikations- und Verdienstmöglichkeiten und mit entsprechenden Schutzrechten der weiblichen Arbeitskraft verbunden gewesen wäre. Und Arbeiterbewegung und Sozialismus hätten eine solche Alternative nur dann repräsentieren können, wenn sie sich als diejenigen Kräfte bewiesen hätten, die den Frauen diese Rechte erkämpften.

Das zweite, nicht minder folgenschwere Resultat der sozialdemokratischen Frauenpolitik bestand darin, daß die in der SPD organisierten Frauen weitgehend auf solche Tätigkeiten abgeschoben wurden, die dem traditionellen bürgerlichen Frauenbild entsprachen, und daß eben dadurch auch diese Frauen teilweise entpolitisiert wurden oder unpolitisch blieben und also auch für andere bürgerliche Ideologien anfällig bleiben mußten. So gesehen war es ein durchaus problematischer Erfolg, daß die Frauen, die anfänglich mehrheitlich die Deutschnationalen und die Zentrumspartei gewählt und die Arbeiterparteien benachteiligt hatten, 1928 ihre Vorbehalte gegen die SPD aufgaben und dieser Partei in gleichem Maße ihre Stimme gaben wie es die Männer taten. Es dürfte dies eher ein Ausdruck dafür gewesen sein, daß die mittlerweile stark entpolitisierte Mehrheit der Frauen in der SPD ihr entpolitisiertes Bild von Frauen- und Gesellschaftspolitik wiederfand.

Quantitativ freilich konnten sich die Resultate der sozialdemokratischen Frauenpolitik sehen lassen: zwar hatte die Haltung der SPD in der Revolutionsperiode und bei der Entlassung der Frauen im Rahmen der Demobilisierung dazu geführt, daß 1919–1923 die Zahl der weiblichen Mitglieder um 76 000 zurückging.[49] Sie betrug 1920 über 200 000 (= 17,5 %), fiel bis 1923 auf 130 000 (= 10,3 %) zurück, stieg dann wieder an: über 153 000 (= 18,1 %) im Jahre 1925 auf über 200 000 (= 21,2 %) im Jahre 1929. Die Entpolitisierung drückte sich aber darin aus, daß die sozialdemokratische Frauenzeitschrift *Gleichheit*, die im Kaiserreich, von Clara Zetkin herausgegeben, eher auf dem linken Flügel der Partei angesiedelt war, 1924 durch die *Frauenwelt* ersetzt wurde, die eher auf anspruchslose Unterhaltung als auf Politisierung gerichtet war, wie auf dem Reichsfrauentag der SPD 1924 in Berlin mit Recht kritisiert wurde.[50]

Auch die *Jugendlichen* fanden ihre Interessen und Bedürfnisse offenbar nur in geringem Maße in der SPD wieder. Die Sozialistische Arbeiterjugend (SAJ) blieb mit 56 000 Mitgliedern im Jahre 1926[51] weit hinter den bürgerlichen Jugendverbänden zurück – und auch in den folgenden Jahren gelang kein weiterer Aufstieg. Was die Mädchen angeht, so konnten die sozialdemokratischen Verbände 1926 insgesamt 94 000 organisieren, die evangelischen hingegen 224 000 und die katholischen fast 430 000.[52] Alles in allem kann jedenfalls gesagt werden, daß die SPD ihre Organisation nach 1923 wieder wesentlich gefestigt hatte und sich Ende der zwanziger Jahre in Hinsicht auf Mitglieder, Wähler und Parlamentsmandate als eine eindrucksvolle politische Macht präsentierte.

Kommunistische Partei Deutschlands

Die KPD[52a] hatte sich aus dem linken Flügel der Vorkriegssozialdemokratie entwickelt. Viele ihrer Führer (wie Rosa Luxemburg, Clara Zetkin und Karl Liebknecht) hatten dort schon Führungspositionen eingenommen. Ihre Analysen hatten sie zu dem zutreffenden Ergebnis geführt, daß der Kapitalismus in ein neues Stadium getreten sei und daß er zum Krieg führen werde, wenn er nicht durch eine starke Gegenmacht, die Arbeiterbewegung, daran gehindert werde. Den Kampf gegen den Krieg zu organisieren, betrachteten sie als eine ihrer Hauptaufgaben. Das bedeutete schon vor 1914 heftige Auseinandersetzungen innerhalb der Partei und Anklagen und Gefängnisstrafen durch den Staat. Und das bedeutete nach 1914 eine weitgehende Isolierung innerhalb des eigenen Parteiapparates und massive Verfolgungsmaßnahmen durch die Polizei- und Militärbehörden. Auch Reichstagsabgeordnete (wie Karl Liebknecht) wurden ins Zuchthaus geworfen, wenn sie offen und klar gegen den Krieg auftraten. Erst ab

1917 brachten die wachsenden Massenbewegungen gegen den Krieg und die Gründung der USPD einen Umschwung, und mit der Novemberrevolution schien ihr politischer Kurs sich vollends durchzusetzen. Ihre Beurteilung des Imperialismus im allgemeinen und des deutschen Imperialismus und seiner aggressiven Kriegspolitik im besonderen hatte sich als richtig erwiesen.

Als in Rußland 1917 die Revolution zum Erfolg geführt hatte, standen die Arbeiterparteien aller übrigen Länder vor der Frage, wie sie sich zu dem neuen System verhalten sollten. Sollten sie es wegen seiner sozialistischen Maßnahmen und seines Kurses auf sofortigen Frieden und vollständige Abrüstung unterstützen oder wegen seiner gewalttätigen Form der Machteroberung und Machtverteidigung bekämpfen? Sollten sie sich der von den russischen Kommunisten gegründeten III. Internationale anschließen oder die 1914 auseinandergefallene II. Internationale wiederbeleben? In allen Arbeiterbewegungen führte diese Situation in den Jahren nach 1917 zu Parteispaltungen und zur Gründung kommunistischer Parteien, die die Russische Revolution unterstützten und in ihren eigenen Ländern eine sozialistische Revolution anstrebten.

Daß die kommunistische Partei in Deutschland in den entscheidenden Monaten nach dem November 1918 zunächst organisatorisch nicht handlungsfähig war und dann durch die Dominanz linksradikaler Kräfte in eine abenteuerlich-putschistische Politik getrieben wurde, ist im Kapitel «Aufschwung und Niederlage der Revolution» ausgeführt worden. Die Ermordung ihrer besten Führer Rosa Luxemburg und Karl Liebknecht durch Freikorps-Truppen im Januar 1919 bedeutete eine zusätzliche Schwächung der politischen Potenz, insbesondere der intellektuell besonders herausragenden und politisch realistischen Kräfte in der Partei, und die nach den Januaraufständen folgende Illegalisierung schwächte ihre Wirkungsmöglichkeiten noch weiter ab. Erst durch den Ausschluß des ultralinken, antigewerkschaftlichen und antiparlamentarischen Flügels Ende 1919, der dann die KAP bildete, und die Vereinigung mit dem linken Flügel der USPD 1920 wurde die KPD zu einer parlamentarisch und außerparlamentarisch voll handlungsfähigen Partei, die mit etwa 380000 Mitgliedern über eine wirkliche Massenbasis verfügte.

Aber diese Entwicklung zur Massenpartei, die auf Putschabenteuer verzichtete, kam zu spät, um die Entscheidung in der Machtfrage der Weimarer Republik noch revidieren zu können. Zu fest saßen die alten Kräfte schon wieder im Sattel, und zu schwere Niederlagen hatte die revolutionäre Bewegung schon erlitten. Diese Lage wurde allerdings von der Parteiführung zunächst nicht begriffen. Eben der

Aufschwung zur Massenpartei war es, der sie zu illusorischen Einschätzungen der politischen Situation verführte und 1921 erneut zu Aufstandsversuchen trieb. Immerhin war sie nun zu dem Ergebnis gekommen, daß nur gestützt auf die große Mehrheit der Arbeiter, und das hieß: nur im Bündnis mit den Massen der sozialdemokratischen Arbeiter, die politischen und gesellschaftlichen Verhältnisse in Deutschland umgestaltet werden konnten.[53] Bei der Abwehr des Kapp-Putsches im März 1920 hatte diese Politik bereits einen großen Erfolg gezeigt. Wie und warum auch diese Einheitsfrontpolitik scheiterte und Ende 1923 das Militär über die Arbeiterbewegung triumphieren konnte, wurde ebenfalls schon dargestellt. Für die KPD bedeutete dies erneut Illegalisierung und Verfolgung.

Bei den Maiwahlen 1924 konnte sie mit 3,7 Millionen Stimmen (= 12,6%) noch ein sehr gutes Ergebnis erzielen, da in zentralen Bereichen erbitterte Streikkämpfe stattfanden, mit denen die Arbeiterschaft sich gegen die nun einsetzende Offensive des Kapitals zur Wehr setzte, und die Arbeiter der KPD wohl auch ihre Führungsrolle in den Kämpfen des Jahres 1923 hoch anrechneten. Doch im Laufe des Jahres 1924 wurde der volle Umfang und der definitive Charakter der Niederlage bewußt, und bei den Dezemberwahlen fiel sie bereits auf 2,7 Millionen Stimmen (= 9%) zurück. Das war um so schlimmer, als die Parteiführung auf diese Niederlage mit einer neuen Schwenkung zu linksradikalen Thesen antwortete, die Niederlage auf die Politik der Einheitsfront zurückführte und den Kampf gegen die Sozialdemokratie forderte. Erst 1925 gelangte eine neue Führung zur Macht, die den Kurs auf Einheitsfront mit der Sozialdemokratie wiederherstellte und dem Engagement der Kommunisten in den Gewerkschaften große Bedeutung zumaß. Auch in der KPdSU und der KI hatte sich jetzt die Einsicht durchgesetzt, daß der Kapitalismus sich stabilisiert hatte und die revolutionäre Nachkriegsperiode zu Ende war.

Die KPD hatte also nach ihrer Gründung am 1. Januar 1918 vor äußerst schwierigen Problemen gestanden, und sie hatte sie insgesamt gesehen auch nicht zu bewältigen vermocht. Allzu geschickt und strategisch ausgereift hatte der Gegner agiert, allzu unerfahren waren die eigenen Kräfte, allzu widersprüchlich war der Kurs der Führungen der Sozialdemokratie und der Gewerkschaften und allzu gutgläubig waren die Massen der arbeitenden Bevölkerung gewesen: gutgläubig gegenüber den Versprechungen der bisher herrschenden Kräfte wie auch gegenüber den Aussagen der reformistischen Führungen, daß der Weg zum Sozialismus durch die parlamentarische Demokratie gesichert sei – oder sogar, daß der Sozialismus durch die Umwälzung im November 1918 schon hergestellt sei und nur noch legal bestätigt werden müsse. Der verwirrenden und unrealistischen eigenen Strategie stand die klare und realistische Strategie der herrschenden Klassen gegenüber. Der Opfermut der Massen konnte diese strategischen Defizite nicht ausgleichen.

Nach 1924 waren diese Erfahrungen aufzuarbeiten. Es stellten sich aber nun auch Aufgaben ganz neuer Qualität. Wie waren Funktion und Handlungsmöglichkeiten einer kommunistischen Partei in einer parlamentarischen Demokratie zu bestimmen, in der die Machtfrage, nämlich die Eigentumsfrage, für absehbare Zeit zugunsten der besitzenden Klassen entschieden war? Wie konnten die aktuellen Probleme der Tagespolitik verknüpft werden mit dem Ziel einer sozialistischen Umgestaltung? Welches war die Rolle der reformistischen Arbeiterbewegung in einer solchen Gesellschaft, und welche Bündnispolitik ergab sich daraus für die Kommunisten? Welches waren jetzt die wichtigsten Fragen, auf die kommunistische Politik sich zu konzentrieren hatte? Über alle diese Fragen lagen bisher in der internationalen Arbeiterbewegung noch überhaupt keine Erfahrungen vor.

Die Stabilisierung der demokratischen Republik bedeutete für die KPD, daß sie nun im großen und ganzen legal operieren und ihre Positionen in der Öffentlichkeit vertreten konnte. Natürlich versuchten die Staatsorgane ständig, durch Demonstrations- und Versammlungsverbote, durch Verbote der Parteipresse und durch Diskriminierung von Parteimitgliedern im öffentlichen Leben, diese Legalität einzuschränken und die politische Tätigkeit der Partei zu behindern. Im Vergleich zu den Jahren bis 1923 waren die Entfaltungsmöglichkeiten nun jedoch relativ gut (wenn auch bei weitem nicht so gut, wie es den demokratischen Grundsätzen der Verfassung entsprochen hätte).

So gelang auch der KPD (wie der SPD und den Gewerkschaften) nach 1924 eine Konsolidierung ihrer Organisation. Mit einer Mitgliederzahl von etwa 100000 (1928) erreichte sie zwar nur etwas mehr als ein Viertel der Zahlen von 1920/21. Doch sie besaß starken Einfluß in verschiedenen außerparlamentarischen Bewegungen, insbesondere in der Frauenbewegung und in der Friedensbewegung. Und sie konnte auch Erfolge bei Betriebsratswahlen und ebenso bei Parlamentswahlen erzielen. Bei den Reichstagswahlen wuchs sie von Dezember 1924 bis 1928 von 2,7 Millionen Stimmen (= 9 %) auf 3,3 Millionen (= 10,6 %) an.

Entsprechend den Erfahrungen von 1914, als die locker organisierte II. Internationale zerfallen war und die einzelnen Parteien ihrem jeweiligen «nationalen Interesse» gefolgt waren, war die 1919 gegründete III. Internationale straffer organisiert: Die einzelnen Mitgliedsparteien waren nun Sektionen dieser Internationale und in hohem Maße an deren Beschlüsse gebunden. Dies barg freilich die Gefahr in sich, daß die stärkste Sektion, die KPdSU, sich durchsetzen und ihr Revolutionsmodell als das einzig mögliche für alle anderen Sektionen verbindlich machen konnte. In der Tat erlangte die Sowjetunion als das einzige Land einer erfolgreichen Revolution im Laufe dieser Jahre nicht nur den Charakter einer hochgeschätzten und verteidigungswürdigen Bastion, sondern den einer unfehlbaren und jeglicher Kritik entzogenen Führungsinstanz. In den Jahren bis 1928/29 allerdings wurde zwar der Organisationsapparat der KPD gestrafft und nach den Prinzipien des «demokratischen Zentralismus» ausgerichtet, doch wurden die «politischen Richtungskämpfe verschiedener Gruppen und Fraktionen ... offen ausgetragen».[54]

Verhältnismäßig große Aufmerksamkeit wandte die KPD der Frauenfrage zu. Die Voraussetzungen für ein Verständnis dieser Frage waren günstig. Mit den Schriften von Friedrich Engels, August Bebel und Clara Zetkin[55] lagen Analysen von hohem Niveau vor, die schon vor 1914 für den linken Flügel bestimmend gewesen waren und in der Weimarer Republik von der KPD aufgegriffen wurden. Und mit Rosa Luxemburg und Clara Zetkin waren die beiden bedeutendsten Frauenpersönlichkeiten der alten Sozialdemokratie zur KPD übergegangen. Seit 1921 gab Clara Zetkin nun *Die Kommunistin* heraus, die bald in einer Auflage von 40 000 erscheinen konnte. Ab 1926 erschien sie mit dem Titel *Die Kämpferin*, um deutlich zu machen, daß sie auch Frauen außerhalb der Partei ansprechen wollte. Sie erreichte zwar nur eine Auflage von etwa 12 000, doch erschien ebenfalls ab 1926 als Organ des Roten Frauen- und Mädchenbundes (RFMB) die *Frauenwacht*, die bald 30 000 erreichte.[56] Dieser Bund, der 1925 gegründet wurde, wies bereits ein Jahr später 25 000 Mitglieder auf, davon waren über 70 % parteilos.[57]

Mit dieser Frauenpolitik konnte die KPD zwar keineswegs den gleichen Anteil an Frauenstimmen gewinnen wie die bürgerlichen Parteien und auch nicht den gleichen Anteil an weiblichen Mitgliedern wie die SPD, doch die Chancen auf aktive Mitgestaltung und Erlangung von Abgeordneten-Positionen waren in der KPD größer als in allen anderen Parteien: Während bei den Mitgliedern in der SPD der Frauenanteil etwa doppelt so hoch war wie in der KPD, war er bei den Reichstagsabgeordneten in SPD und KPD etwa gleich hoch.[58] Bei den bürgerlichen Parteien war es also ganz offensichtlich, daß die Frauen willkommen waren als Wähler, im übrigen aber keine weiteren Wünsche auf politische Mitwirkung anmelden sollten. Dies entsprach dem Frauenbild der bürgerlichen Parteien ebenso wie dem Bewußtsein der Mehrheit der Frauen. Die SPD strebte dagegen eine politische Aktivierung der Frauen als Mitglieder an und räumte auch gewisse Chancen auf Abgeordnetenpositionen ein. Diese Tendenz war bei der KPD noch stärker ausgeprägt. Es waren aber offenbar nur politisierte Minderheiten der Frauen, die als Mitglieder und Funktionsträger zu den Arbeiterparteien drängten.

Die KPD griff die Probleme insbesondere der proletarischen Frauen sehr energisch auf, brachte mehrfach Gesetzentwürfe im Reichstag ein, die die vollständige Abschaffung des § 218 verlangten und ebenso einen besseren Schutz der weiblichen Arbeitskraft und der Lebensbedingungen von Mutter und Kind. Und sie initiierte und unterstützte auch außerparlamentarische Bewegungen, die für diese Ziele agierten. Aber auch die KPD versuchte wie die SPD, breitere Schichten von Frauen über fürsorgerische Tätigkeiten zu mobilisieren. So waren in der Internationalen Arbeiterhilfe (IAH), die 1922 für die Hungernden in Rußland gegründet worden war, bald 24000 (von insgesamt 38000) Mitglieder Frauen, und auch in der Roten Hilfe Deutschlands (RHD), die sich seit 1921 der Unterstützung der politischen Gefangenen aus der Arbeiterklasse, deren Familien und deren Hinterbliebenen und der gefallenen und ermordeten Arbeiter widmete, waren 1927 fast 40000 Frauen (= 21 %) organisiert.[59]

Wehrorganisationen und Sportbewegung

Die riesige Weltkriegsarmee hatte sich, wie bereits dargestellt, nach Kriegsende keineswegs gänzlich aufgelöst. Verbände von beträchtlicher Stärke, in der Regel unter dem Kommando ihrer bisherigen Offiziere, hatten sich als Freikorps der neuen Regierung «zur Verfügung gestellt», um Revolution und Streiks niederzuwerfen, waren dann zum Teil in die Reichswehr übernommen, vielfach aber auch als illegale Schwarze Reichswehr weitergeführt worden. Aus diesen Verbänden rekrutierten sich dann sowohl die Wehrverbände der nationalen Rechten wie «Stahlhelm», «Jungdeutscher Orden» usw. wie auch die Miliztruppen der frühen faschistischen Bewegung, insbesondere die SA. Und hier bildeten sich die Führungskader heraus, die nach 1929 die Massenorganisation der SA kommandierten.

Da diese Wehrverbände der Rechten auch nach der Stabilisierung der parlamentarischen Republik einerseits durch Massenaufmärsche, Fahnenweihen usw. eine beträchtliche ideologische Wirkung entfalteten, andererseits aber auch die Organisationen der Arbeiterbewegung durch terroristische Einsätze, Sprengung von Versammlungen, Schlägertrupps u. ä. Methoden einzuschüchtern suchten und sich auch offen als Bürgerkriegsarmee für den «Tag der Abrechnung» darstellten, war die Arbeiterbewegung zur Bildung von Abwehr- und Selbsthilfeorganisationen gezwungen. Dies war schon deshalb erforderlich, weil sie sonst nicht einmal ihre elementarsten verfassungsmäßigen Rechte hätten wahrnehmen können – denn Polizei und Justiz standen oft genug auf der Seite der «nationalen Verbände» und deckten auch deren terroristische Aktivitäten. Zum anderen aber waren solche Organisationen auch deshalb notwendig, um der ideologischen Wirkung Grenzen zu setzen und den eigenen Anhängern wie auch den schwankenden Schichten zu zeigen, daß die Arbeiterbewegung zur Gegenwehr entschlossen war. Und schließlich auch deshalb, weil sich die Arbeiterbewegung auch real auf die von rechts offensichtlich drohende gewaltsame Beseitigung der Demokratie vorbereiten mußte. In der Millionenmasse der Arbeiter, die im Krieg Soldaten gewesen waren, und der jungen Generation der klassenbewußten Arbeiterschaft fand sich eine große Zahl von Männern, die dazu bereit war.

So wurde im Februar 1924 das *Reichsbanner Schwarz-Rot-Gold*[60] gegründet, das zum größten Teil aus Mitgliedern der SPD und der freien Gewerkschaften bestand und eine Stärke von über einer Million Mitglieder erreichte. Wie der Name schon aussagt, war das Ziel der Schutz der demokratischen Republik. In der Mitgliedschaft war man überwiegend der Auffassung, daß die Gefahr von rechts komme. In der Führung waren allerdings neben prominenten Sozialdemokraten und Gewerkschaftern (wie Otto Braun, Philipp Scheidemann und Theodor Leipart) auch führende Persönlichkeiten der DDP und der Zentrumspartei vertreten – entsprechend der Koalitionspolitik und dem Staatsverständnis der SPD-Führung. Die Führung des Reichsbanners war der Meinung, daß der Kampf gleichermaßen gegen die extreme Rechte und die KPD geführt werden müsse. Als die NSDAP 1930 ihren ersten großen Wahlerfolg erzielte, nahm das Reichsbanner einen mächtigen Aufschwung. Das Reichsbanner galt also in den Augen vieler sozialdemokratischer Arbeiter als ein wirksames Instrument im Kampf gegen die faschistische Gefahr.

Ebenfalls 1924 wurde der *Rote Frontkämpferbund* (RFB)[61] gegründet, dessen Führung bei der KPD lag, dessen Mitglieder jedoch zur Hälfte parteilose Arbeiter waren. Er erreichte eine Mitgliederzahl von über 100 000, strebte sowohl wehrsportliche wie ideologische Ausbildung an und sah – neben dem Schutz der eigenen Veranstaltungen – im Kampf gegen den erneut aufkommenden Militarismus seine Hauptaufgabe. Im Frühjahr 1928 unternahm der deutschnationale Innenminister Keudell den Versuch, ein Verbot des RFB zu erreichen, konnte sich damit aber nicht durchsetzen.

Auch die *Arbeitersportbewegung* kann in mancher Hinsicht als eine Massenorganisation mit politischem Charakter und mit einer gewissen Kampffähigkeit gelten. Sie hatte sich am Ende des 19. Jahrhunderts aus der überwiegend konservativ-reaktionären bürgerlichen Sportbewegung herausgelöst und alsbald auch ein eigenes politisches Profil gewonnen. Nach der Novemberrevolution nahm der Arbeiter-Turn- und Sportbund einen gewaltigen Aufschwung: Umfaßte er 1918 erst 890 Vereine mit 40000 Mitgliedern, so waren es 1931 über 7000 Vereine mit fast 550000 Mitgliedern.[62] Auch mehrere hundert bürgerliche Vereine traten wegen der offen reaktionären Gesinnung in den bürgerlichen Sportverbänden und wegen der fortschrittlichen Tendenzen im Arbeitersport zum ATSB über. Unter den Mitgliedern waren viele Frauen – allein im Turnverband z. B. etwa 90000. Die katholischen Bischöfe von Bayern sahen angesichts dieser Entwicklung, die womöglich noch zu gemeinsamem Turnen von Männern und Frauen führte, Sitte und Sittsamkeit des weiblichen Geschlechts auf das äußerste bedroht.[63]

Die Arbeitersportler waren aktiv beteiligt am Kampf gegen den Kapp-Putsch 1920. Sie begriffen sich durchaus als politisch. Doch die Spaltung der Arbeiterbewegung wirkte auch in den Arbeitersport hinein, verschärfte die inneren Auseinandersetzungen und führte schließlich Ende der zwanziger Jahre zur Spaltung auch der Arbeitersportbewegung. Die abgespaltene und ausgeschlossene revolutionäre Opposition nannte sich zunächst (1929) «Interessengemeinschaft zur Wiederherstellung der Einheit im Arbeitersport», so daß nicht alle Brücken abgebrochen schienen.

Das organisatorische Instrumentarium der Arbeiterklasse war also durchaus beachtlich. Was Mitglieder- und Wählerzahlen wie auch Verteidigungsfähigkeit gegenüber rechtsradikalen Anschlägen anbetraf, schien es gewährleistet zu sein, daß die Arbeiterklasse ihre Lebensinteressen wirksam zur Geltung bringen konnte.

Massenmedien und Kulturpolitik

In Hinsicht auf Finanzmacht konnte die Arbeiterbewegung mit den besitzenden Klassen natürlich nicht mithalten. Die arbeitenden Klassen hatten zwar den gesellschaftlichen Reichtum durch ihre Arbeit geschaffen, doch angeeignet hatten ihn die besitzenden Klassen – gestützt auf das Privateigentum an den Produktionsmitteln und die Macht des Staates, die dieses Privateigentum absicherte, so daß die Resultate der gesellschaftlichen Arbeit kontinuierlich in die Hände der besitzenden Klassen strömten und deren Reichtum, kulturelle Entfaltungsmöglichkeiten und gesellschaftliche Macht vergrößerten. Eben das war die Schlüsselfrage der Revolution gewesen: Ob es gelingen würde, diese Eigentumsverfassung zu verändern und jenen den gesellschaftlichen Reichtum und die damit verbundenen Möglichkeiten sozialer und kultureller Entfaltung verfügbar zu machen, die ihn erzeugt hatten. Die Niederlage der Arbeiterklasse in dieser Hauptfrage stabilisierte in der Folge auch die ideologische Macht der bisher herrschenden Kräfte aufs neue. Denn einen Teil dieses gesellschaftlichen Reichtums verwandten die besitzenden Klassen, wie bereits dargestellt, darauf, diese Eigentumsverhältnisse ideologisch und politisch abzusichern durch die Finanzierung von Parteien und Massenorganisationen, vor allem aber durch den Aufbau eines mächtigen ideologischen Apparats mit Zeitungen, Illustrierten und Filmen.

Der Arbeiterklasse blieb auch auf diesem Feld nur die Waffe der Solidarität und des kollektiven Handelns. Nur dadurch, daß große Massen von dem Wenigen, das sie besaßen, noch einen Teil abgaben an ihre Organisationen, konnte ein gewisses Gegengewicht geschaffen werden: Zeitungen, die solche Informationen brachten und die politischen Ereignisse in einer solchen Weise erklärten, daß der arbeitenden Bevölkerung ein Begreifen und eine Orientierung für ihr praktisches Handeln ermöglicht wurden; und kulturelle Aktivitäten, die es dieser Bevölkerung ermöglichten, am kulturellen Reichtum der Menschheit teilzuhaben und die Fähigkeiten und die Kraft zu gewinnen, die notwendig waren, um den Kampf für das tägliche Brot und für ihre Befreiung weiterzuführen.

Schon im Kaiserreich hatte die Arbeiterbewegung so eine Art von zweiter Kultur geschaffen, einen Lebenszusammenhang, in dem die arbeitende Bevölkerung sich beheimatet fühlen und zugleich ein Stück besserer Zukunft erkennen konnte.[64] Mit der Niederlage der Novemberrevolution war zwar auch die Chance ideologischer Hegemonie für die Arbeiterklasse vertan, doch unter den Bedingungen der parlamentarischen Demokratie gelang der Aufbau eines beachtlichen Systems der Information und Meinungsbildung. Im Jahre 1914 hatte es 94 sozialdemokratische Zeitungen gegeben, im Jahre 1927 gab es 188. Die Zahl der Abonnenten wies nach 1924 eine stetige Steigerung auf und betrug Ende 1927 fast 1,2 Millionen. Neben der allgemeinen Presse gab es eine Fülle von Organen für spezielle Gruppen und Interessen (*Frauenwelt*, *Illustrierte-Reichsbannerzeitung*, *Lachen links*, *Die Gemeinde*, *Die Gesellschaft*) sowie einen Buchverlag, der sich auf sozialwissenschaftliche und politische Literatur konzentrierte.[65]

Auch der *KPD* gelang eine beträchtliche Ausweitung ihres Presseapparates. Im Oktober 1920 hatte es sieben Tageszeitungen gegeben mit Auflagen zwischen 6000 und 15000. Nur die Rote Fahne in Berlin hatte 30000 besessen. Bis 1932 stieg die Zahl der Tageszeitungen auf 33 an, und ihre Auflage betrug nun bei den größten Zeitungen über 40000; die Rote Fahne wuchs auf über 100000. Bekannte Schriftsteller und Wissenschaftler wie Johannes R. Becher, Egon Erwin Kisch und Georg Lukacs gehörten zu ihren Mitarbeitern. Sehr populär, weit über die Parteimitgliedschaft hinaus, war vor allem die *Arbeiter-Illustrierte-Zeitung* (A-I-Z), die Bilder aus Betrieben und von Stempelstellen, aus dem Leben der Arbeiter und der Bauern, aber auch von den farbigen Völkern und ihren Befreiungskämpfen brachte und Beiträge bedeutender Schriftsteller wie Maxim Gorki, Ilja Ehrenburg, Romain Rolland, Heinrich Mann und Anna Seghers abdruckte. Sie erreichte Anfang der dreißiger Jahre eine Auflage von fast 500000. Die 1931 gegründete Frauenzeitschrift *Der Weg der Frau* erreichte bald eine Auflage von 150000. Die 1926 gegründete Buchorganisation «Universum-Bücherei», die insbesondere populär-theoretische Werke und soziale Romane, zum Beispiel von Upton Sinclair, Emile Zola, zu Preisen veröffentlichte, die bis zu 50% unter denen des Buchhandels lagen, stieg bis 1932 auf immerhin 40000 Mitglieder an. Sogar auf dem Gebiet der Boulevard-Zeitungen konnten der bürgerlichen Presse durch die *Welt am Abend* (seit 1926) und den *Berliner Morgen* (seit 1930) Organe entgegengestellt werden, die Auflagen zwischen 60000 und 100000 erreichten.

Noch weit eindrucksvoller stellt sich die Presse der freien *Gewerkschaften* dar. «Völlig aus eigener Kraft, aus eigenen Mitteln, hat die organisierte Arbeiterschaft sich dieses Kulturwerk geschaffen, das ihre Presse heute darstellt. Über 221 Millionen Exemplare betrug die Jahresauflage der Presse des ADGB im Jahre 1927. Dazu kommen noch über 24 Millionen an Sonderzeitschriften der verschiedensten Art: Jugendblätter, Betriebsräteblätter, Blätter für Wirtschaftskunde und fachtechnische Organe ...»[65a] Die Gewerkschaftspresse konzentrierte sich auf die Aufdeckung innerbetrieblicher Mißstände und die Formulierung sozialpolitischer Interessen der Arbeiter und Angestellten und bildete damit ein wesentliches Gegengewicht gegen die Werkszeitungen, die die Unternehmer herausgaben.

Zwar betrug der Anteil der sozialdemokratischen Tagespresse nur etwa 5 % (1928), und nur 8,3 % der Tageszeitungen waren als linksgerichtet zu bezeichnen (1932)[66]; zwar war die Arbeiterpresse besonders in Krisenperioden ständig von Verbotsmaßnahmen bedroht und betroffen, doch es war gelungen, gewichtige Ansätze für eine «Gegenöffentlichkeit» gegenüber der ideologischen Hegemonie der besitzenden Klassen zu schaffen.

Mit Hilfe der Presse konnten die abhängig Arbeitenden informiert und zu eigenem Handeln angeregt werden. Gesucht wurden jedoch auch Formen, in denen diese selbst ihre Lage und ihre Interessen, ihre Gefühle und Hoffnungen ausdrücken und in der lebendigen Darstellung durch andere Menschen wiederfinden konnten. Schon die Vorkriegssozialdemokratie hatte die Aneignung des kulturellen Erbes als Bedingung dafür erkannt, daß nicht nur das persönliche Leben des einzelnen bereichert, sondern daß zugleich der Kampf um die Befreiung aller mit aller Kraft, d. h. mit dem Verstand und mit dem Herzen, geführt werden konnte. Ziel war es also, der intellektuellen Unterdrückung «eine sozialdemokratische Gegenkultur, zumindest aber – in einer defensiveren Konzeption – eine die bürgerlichen Einflüsse partiell neutralisierende proletarische Subkultur entgegenzustellen»[67]. Die These «Wissen ist Macht» wurde jedoch vielfach so verstanden, als könne «das gleiche Wissen, das die Herrschaft der Bourgeoisie über das Proletariat befestigte, ... das Proletariat befähigen, von dieser Herrschaft sich zu befreien»[68]. So gerieten die Arbeiterbildungsvereine und die Volksbühne der SPD, unter dem Einfluß des Revisionismus, zu Institutionen, in denen das traditionelle bürgerliche Bildungsgut an die Arbeiter vermittelt wurde. Schon 1904 hatte Clara Zetkin kritisiert, man wolle auf diese Weise «das Proletariat ästhetisch verbürgerlichen, statt die neuen kulturellen Kräfte zu lösen und zur Entfaltung selbständigen Lebens zu bringen»[69].

Die SPD-Kulturpolitik der Weimarer Republik knüpfte direkt an diese Traditionen der Vorkriegssozialdemokratie an: «Das grausige

Morden der Völker ist beendet ... auch das Vereinsleben sprießt wieder auf, und wie vor dem Kriege wird es dazu dienen, der Unterhaltung, dem Frohsinn, der Geselligkeit die Pforten zu öffnen ... Das Theater wird eine reine Kunststätte werden ... Wahrheitsgetreu, edel und rein.»[70] Entsprechend versuchte die Volksbühne, den Arbeitern Bildung und Unterhaltung zu vermitteln. Es gab aber auch Bestrebungen, die das soziale Elend der arbeitenden Bevölkerung auf die Bühne brachten. Die Wirkung des «Deutschen Arbeiter-Theater-Bundes», in dem eine große Zahl von Theatervereinen zusammengeschlossen war, war beachtlich. Diese kulturellen Aktivitäten haben sicher nicht politisierend im Sinne der Erkenntnis der Ursachen des sozialen Elends und der entschlossenen Interessenwahrnehmung oder gar der Systemveränderung gewirkt. Aber sie haben den geistigen Horizont der sozialdemokratischen Arbeiter erweitert, ihr Selbstwertgefühl gestärkt und so auch die Massenbasis der reformistischen Arbeiterbewegung gefestigt.

Die KPD hatte zunächst überhaupt keinen Sinn für die Notwendigkeit kultureller Arbeit.[71] «Alle Kräfte, die nicht einzig und allein dem einen Ziel dienen, dem Ziel, dem Proletariat zur Eroberung der politischen Macht zu verhelfen, wirken ... gegenrevolutionär.»[72] Kulturelle Aktivitäten waren danach entweder hinderlich, oder sie hatten sich dem politischen Kampf vollständig unterzuordnen. Das gleiche verlangte die KPD auch von den bürgerlichen Künstlern und Intellektuellen, die sich im Gefolge der Revolution der kommunistischen Bewegung anschlossen. Wenn überhaupt über die Rolle der Kultur diskutiert wurde, so im Sinne der Befreiung von der bürgerlichen «Kultursklaverei». Die linkskommunistischen Intellektuellen, die diese Diskussion bestimmten, formulierten damit die abstrakte Negation der in der Vorkriegssozialdemokratie üblichen unkritischen Aneignung bürgerlicher Kultur. Sie verwarfen nun die gesamte bürgerliche Kultur als unbrauchbar und der Befreiung feindlich und proklamierten an ihrer Stelle den Proletkult. «Mit Goethes Faust im Tornister und den bösartigsten Dichterphrasen im Maul als Beruhigungspillen gab man sich stets das ‹ethische Gleichgewicht›, dessen man bedurfte im Kampf für Raub, Unterdrückung und rücksichtslose Ausbeutung des anderen bis aufs Hemd.» – «Was soll der Arbeiter mit Kunst? Wo er stündlich um seine primitivsten Lebensbedürfnisse kämpfen muß ...?»[73] Der im Sommer 1919 gegründete Bund für proletarische Kultur stand ganz im Zeichen dieser ultralinken Ansichten. Nur allmählich formierte sich eine Gegenposition, die zu bedenken gab: «Der Proletarier wird nicht den Grund und Boden vernichten können, auf dem er steht und auf den er aufbauen muß.»[74] Auch bündnispolitisch sei das wichtig, denn mit der «kritischen» Aneignung des kulturellen Erbes können «die noch gesunden Kräfte der bürgerlichen Welt» in den Kampf einbezogen werden.[75]

Ende 1920 gründete dann Erwin Piscator das «Proletarische Theater» in Berlin, das mit USPD, KPD, KAP und anderen kleinen Linksparteien verbunden war und sich als Gegenentwurf zur sozialdemokratisch-reformistischen «Volksbühne» verstand. Schauspieler, technische Angestellte und Konsumenten sollten gleichberechtigt in Mitgliederversammlungen über Inhalt und Ziel der Arbeit bestimmen. Piscator wollte mit seiner Arbeit die revolutionären Ideen propagieren, aber das bürgerliche Erbe durchaus einbeziehen: «Auf diese Weise kann ein großer Teil der Weltliteratur der revolutionären proletarischen Sache dienstbar gemacht werden.»[76] Damit war theoretisch ein Ansatz zur Vermittlung zwischen der unkritischen Rezeption und der abstrakten Negation der bürgerlichen Kultur formuliert. Der Kurs der Parteiführung aber blieb zunächst noch von der These bestimmt, die Beschäftigung mit der Kultur behindere den politischen Kampf. Mit der Durchsetzung der Einheitsfrontpolitik 1921/22 wurden kulturelle Aktivitäten zwar als möglicherweise nützlich anerkannt, allerdings in einem ganz mechanistischen Sinn: Kunst könne «unsere Propaganda, unsere Agitation schwungvoller und farbenreicher gestalten»[77]. Da die ökonomische und politische Unterdrückung «ergänzt und gewährleistet (wird) durch die geistige Beherrschung der Arbeiterköpfe», sei «zugleich ein Kampf um die Befreiung des proletarischen Denkens und Fühlens von den überkommenen Formen der bürgerlichen Weltanschauung und Lebensführung sowie um die Schaffung einer höheren sozialistischen Kultur» zu führen.[78] Statt der strikten Entgegensetzung von Politik und Kultur gab es nun eine ebenso strikte Unterordnung der Kultur unter die Politik.

Erst die Preisgabe des ultralinken Kurses und die volle Durchsetzung der Einheitsfrontpolitik 1925 ermöglichte eine theoretische Begründung von Kulturarbeit und ihrer Beziehung zur Politik. Zugleich mit der Aktivierung von Betriebsarbeitern für die Parteipresse in der Arbeiterkorrespondenten-Bewegung erfolgte nun eine Bestimmung von kulturellen Aktivitäten als eigenständigem Beitrag zum Emanzipationsprozeß der Arbeiterklasse. Karl August Wittfogel legte dafür 1925 in einer Artikelserie in der Roten Fahne die Grundlagen: Weder könnten die traditionellen kulturellen Werte unbesehen übernommen werden, um die Arbeiterklasse «emporzuheben» auf die Stufe bürgerlicher Kultur. (Das war gegen die in der Sozialdemokratie vorherrschende Auffassung gerichtet.) Noch könne die proletarische Kultur ganz aus sich selbst entstehen – und die gesamte Kultur der bisherigen Menschheitsgeschichte ignorieren. Sondern: «Diesen ganzen ungeheuren Kulturschatz» mißt die Arbeiterklasse an ihrem «lebendigen Nutzwert für den gegenwärtigen Kampf und den kommenden Aufbau».[79] Intellektuelle seien deshalb wertvolle Bundesgenossen. So konnte an einer Piscator-Inszenierung der «Räuber» von Schiller gerühmt werden, sie sei damit «der Vergangenheit entrissen» worden.[80]

Diese Entwicklung zeitigte sehr rasch politische Folgerungen: 1927 beschloß der Parteitag der KPD, «in allen Kultur- und Bildungsorganisationen die Arbeit für die Bildung einer roten Kulturkampffront ... zu verstärken». Ebenfalls 1926/27 wurde die Marxistische Arbeiterschule (MASCH) gegründet, die Kenntnisse über ökonomische, politische und kulturelle Fragen auf allgemeinverständlichem Niveau zu vermitteln trachtete, 1931 in 26 Städten vertreten war und bekannte Künstler und Wissenschaftler wie Albert Einstein, Jürgen Kuczynski, Hanns Eisler und Erwin Piscator zu ihren Mitarbeitern zählte. 1928 wurden der Bund proletarisch-revolutionärer Schriftsteller und die Assoziation revolutionärer bildender Künstler Deutschlands gebildet, die weit über den Bereich der Parteimitgliedschaft hinauswirkten. Etwa 200 Laien-Theatergruppen, die der KPD nahestanden, waren bestrebt, die Trennung zwischen Berufsschauspielern und Konsumenten aufzuheben. 1929 schloß sich der Sozialistische Freidenkerverband mit seinen etwa 100 000 Mitgliedern dieser proletarisch-revolutionären Kultur- und Geistesbewegung an.

Auch auf dem Gebiet des *Films* versuchte die Arbeiterbewegung, Gegenpositionen zur bürgerlichen Kultur zu schaffen. Die KPD und die mit ihr verbundene Internationale Arbeiterhilfe zeigten seit Anfang der zwanziger Jahre Filme aus der Sowjetunion, von denen insbesondere der Eisenstein-Film «Panzerkreuzer Potjemkin» (1925) eine starke Resonanz erzielte. Natürlich versuchten auch hier die Behörden, Verbote durchzusetzen, und der Filmkonzern Ufa bemühte sich, einen Boykott zustande zu bringen.[81] Das war jedoch alles umsonst. Reichswehrangehörige allerdings durften den Film nicht besuchen. Seit Mitte der zwanziger Jahre verfügte die KPD über zwei eigene Filmgesellschaften, die auch Spielfilme produzierten.

Ebenso bauten SPD und Gewerkschaften selbständige Einrichtungen auf, um Filme herstellen und zeigen zu können und nicht auf bürgerliche Filmgesellschaften und Kinos angewiesen zu sein. So entstanden Dokumentar-, Propaganda- und Spielfilme. Gegen den sozialistisch-pazifistischen Film «Freies Volk» versuchte die bayrische Regierung ein Aufführungsverbot durchzusetzen; auch dieser Versuch scheiterte.[82]

Da sich die Arbeiterbewegung schon im Kaiserreich auch als Kulturbewegung darstellte, konnte sie auch für Kreise aus dem gebildeten Bürgertum und der Intelligenz attraktiv werden. Für die Formierung eines breiten Bündnisses zur Herstellung einer neuen Gesellschaft war diese Frage von großer Bedeutung.

Am Ende der zwanziger Jahre verfügte die Arbeiterklasse also über ein Netz von mitgliederstarken Organisationen und über beträchtliche politisch-ideologische Wirkungsmöglichkeiten. Bundesgenossen, besonders im Bereich der demokratischen Intelligenz, bereicherten die eigenen Erfahrungen und unterstützten die Wirkung über die Arbeiterklasse hinaus. Organisationsmacht und Handlungsfähigkeit schienen hinreichend groß zu sein, um die wichtigsten Interessen der arbeitenden Bevölkerung und überhaupt der auf Demokratie und Frieden angewiesenen großen Mehrheit wirksam vertreten zu können. Organisationen sind freilich nur Mittel zum Zweck. Die Frage ist nicht nur, wie stark sie sind, sondern auch, wofür sie eingesetzt werden. Diese Frage aber hängt wesentlich auch davon ab, wieweit von den Führungen und den Massen die großen Probleme der Zeit erkannt werden: die Ursachen der sozialen Probleme, das Ausmaß und die Ursachen der Kriegsgefahr, die Interessenlage, die Ziele und die Strategie des Gegners und die eigenen Handlungsmöglichkeiten.

Die demokratische Intelligenz

Auch in den bürgerlichen Schichten gab es demokratische Strömungen, und in der literarischen und künstlerischen Intelligenz sogar ein beachtliches demokratisches Potential. In dieser Schicht hatten sich die liberalen, auf Freiheit und Menschenrechte gerichteten Tendenzen auch nach 1871 gehalten. Während das Wirtschafts- und Besitzbürgertum sich mit dem preußisch-deutschen Obrigkeitsstaat verbündet und seine Ideale von Liberalität zugunsten der ökonomischen Expansionsmöglichkeiten preisgegeben hatte und auch die wissenschaftliche Intelligenz größtenteils zu diesem Obrigkeitsstaat übergegangen war, blieben bei bürgerlichen Schriftstellern und Künstlern die Ideale der Französischen Revolution in stärkerem Maße lebendig. Denn sie waren von ihrer gesamten Lebens- und Arbeitsweise her auf die Freiheit des Wortes und des Geistes angewiesen, und sie standen auch nicht – wie die beamteten Universitätsprofessoren – im Solde des Staates.

So legten Künstler und Schriftsteller – oft mit den Mitteln der Satire (wie in der Zeitschrift *Simplizissimus*) – die innere Hohlheit und Unmenschlichkeit dieses Systems offen. Heinrich Mann z. B., dem Bruder von Thomas Mann, gelang es in seinem Roman *«Der Untertan»* (1918), den autoritären Geist des Kaiserreichs vorzüglich darzustellen und zugleich der Lächerlichkeit preiszugeben. Teile der künstlerischen und literarischen Intelligenz orientierten sich schon im Kaiserreich auf die Arbeiterbewegung hin, in der sie die Kraft erblickten, von der eine demokratische Umgestaltung zu erwarten war. Die Massaker des Ersten Weltkrieges hatten bei ihnen die Überzeugung gefestigt, daß grundlegende gesellschaftliche Veränderungen erforderlich seien.

So begrüßten viele von ihnen die Novemberrevolution als Beginn einer neuen Zeit und gründeten in vielen Städten «Räte geistiger Arbeiter». Der Berliner Rat beispielsweise sprach sich «gegen die Knechtung der Gesamtheit des Volkes durch den Kriegsdienst und gegen die Unterdrückung der Arbeiter durch das kapitalistische System» aus, verlangte die «Abschaffung der Wehrpflicht in allen Ländern und das Verbot aller militärischen Einrichtungen», die «progressive Verkürzung der Arbeitszeit», die «Vergesellschaftung von Grund und Boden», die «Umwandlung kapitalistischer Unternehmungen in Arbeiterproduktivgenossenschaften», die «Einheitsschule», die «weitgehende Beteiligung der Schüler an der Verwaltung der Schule» und die «Trennung von Kirche und Staat». Diese Programmresolution wurde u. a. unterstützt von Annette Kolb, Heinrich Mann und Helene Stöcker.[83] Die Massenveranstaltung, die mit Unterstützung des Physikers Albert Einstein und der Zeichnerin Käthe Kollwitz unter der Parole «Durch Demokratie zum Sozialismus» am 10. November 1918 in Berlin stattfand, wurde von hunderttausend Menschen besucht.

Manche dieser Künstler und Schriftsteller engagierten sich unmittelbar in der revolutionären Bewegung und übernahmen dort auch führende Funktionen. In Bayern wurde der Schriftsteller Kurt Eisner nach der Revolution sogar Ministerpräsident. Er war schon 1897 wegen Majestätsbeleidigung zu einer Gefängnisstrafe verurteilt worden, hatte den Krieg entschieden bekämpft, 1917 dann die USPD mitbegründet und war 1918 erneut ins Gefängnis geworfen worden. Im Februar 1919 fiel er einem Mordanschlag der Rechten zum Opfer. Bei der dann im April 1919 folgenden Errichtung der Münchener Räterepublik gehörten die Schriftsteller Erich Mühsam und Ernst Toller sowie der Philosoph Landauer zu den Initiatoren. Alle drei waren schon während des Krieges für Völkerversöhnung eingetreten, Mühsam und Toller waren deshalb ins Gefängnis gekommen. Nachdem die Räterepublik von den Freikorps niedergeworfen worden war, wurden sie verhaftet. Erich Mühsam erklärte vor Gericht, «daß der Kapitalismus sich durch den Weltkrieg ad absurdum geführt hat und daß nunmehr ein Zustand herbeigeführt werden muß, der sowohl den Krieg als auch fernere Revolutionen ausschließt»[84]. Der Staatsanwalt kennzeichnete Mühsam als «verbrecherische Natur», und das Gericht verurteilte ihn zu 15 Jahren Haft; später wurde er in einem faschistischen Konzentrationslager zu Tode gequält. Ernst Toller erklärte vor dem Standgericht: «Meine Herren Richter! Wenn Sie einmal zu den Arbeitern gehen und dort das Elend dieser vielen gekreuzigten Menschen sehen, dann werden Sie verstehen, warum diese Menschen vor allen Dingen erst ihre materielle Notdurft befriedigen müssen. Aber in diesen Menschen ist auch ein tiefes Sehnen nach Kunst und Kultur, ein tiefes Ringen um geistige Befreiung. Dieser Prozeß hat begonnen, und er wird nicht niedergehalten durch Bajonette und Standgerichte der vereinigten kapitalistischen Regierungen der ganzen Welt ...»[85] Das Gericht verurteilte ihn zu fünf Jahren Haft; in einem Telegramm aus Wien hatten Sigmund Freud, Robert Musil und Franz Werfel und andere an die Münchner Regierung appelliert, «sein Leben zu schonen, wie er das der anderen geschont hat»[86]. Der Philosoph Gustav Landauer, der in der Räterepublik Volksbeauftragter für Volksaufklärung gewesen war, wurde, wie schon dargestellt, von Freikorpssoldaten auf bestialische Weise ermordet.

Auch manche der Schriftsteller und Künstler, die bisher mit dem autoritären Staat und dessen Kriegspolitik einverstanden gewesen waren, wurden von der Hoffnung auf demokratische Neugestaltung ergriffen. Das berühmteste Beispiel ist Thomas Mann, der noch Anfang 1918 in seinen *«Betrachtungen eines Unpolitischen»* den preußisch-deutschen Machtstaat und den Eroberungskrieg in den höchsten Tönen gepriesen und Demokratie und Parlamentarismus als dem deutschen Wesen gänzlich fremd abgewertet hatte. Er war überzeugt, «daß der viel verschriene Obrigkeitsstaat die dem deutschen Volk angemessene, zukömmliche und von ihm im Grunde gewollte Staatsform ist und bleibt», daß politische Demokratie «Anspruch, Anmaßung, freche Forderung» von unten sei, der die «Lust am Dienen» als positive Tugend gegenüberstehe, und daß überhaupt der politische Geist «dem deutschen Wesen fremd und giftig sei». 1922 aber erklärte er – begleitet von Mißfallenskundgebungen der anwesenden akademischen Jugend – in seiner Rede «Von deutscher Republik», sein Ziel sei es, die Zuhörer «für die Republik zu gewinnen und für das, was Demokratie genannt wird und was ich Humanität nenne».[87]

Obgleich die Enttäuschung über die gescheiterte Revolution und die Restauration der alten Führungsschichten manche von ihnen zur Resignation und zur «Innerlichkeit» trieb, andere zu bürgerlich-konservativen Positionen (zurück-)führte, blieb ein beachtliches Potential an Intellektuellen mit demokratischer und zum Teil sogar sozialistischer Orientierung. Diese Künstler und Schriftsteller gestalteten Werke, die vom Geist des Humanismus erfüllt waren, stellten das soziale Elend dar und das Wiedererwachen des alten Militarismus, zogen die illegale Aufrüstung ans Licht der Öffentlichkeit und gerieten damit notgedrungen in Konflikt mit den erneut etablierten alten Mächten in Großwirtschaft, Militär und Justiz. Sie erhielten dabei Unterstützung von einigen – allerdings sehr wenigen – Wissenschaftlern, die sich der Demokratie verpflichtet fühlten, und sie fanden Resonanz bei einem Teil der bürgerlich-liberalen Öffentlichkeit. Mit der *Weltbühne*, einer politisch-literarischen Wochenschrift, verfügten diese Kräfte über ein Organ, das, spritzig und geistvoll geschrieben, weit in das liberale Bürgertum hineinwirkte. Insbesondere durch Carl von Ossietzky, der 1926 die Leitung übernahm, und Kurt Tucholsky wurden militaristischer Geist und nationalistische Borniertheit, sozialer Dünkel und soziale Unterdrückung scharf und ätzend kritisiert. Auch die Repressionsmaßnahmen des Staates gegen kommunistische Zeitungen und Organisationen wurden angeprangert, und seit 1929/30 setzte sich die *Weltbühne* entschieden für ein antifaschistisches Bündnis aller fortschrittlichen Kräfte unter Einschluß der Kommunisten ein. Wie groß der Haß der Rechten gegen diese Publizisten war, erwies sich schon 1931, als Ossietzky zu einer Gefängnisstrafe verurteilt wurde, und in aller Brutalität dann 1933, als er in ein Konzentrationslager geworfen und dort – trotz starker Proteste der internationalen Öffentlichkeit und trotz der Verleihung des Friedensnobelpreises 1936 – zu Tode gequält wurde.

Viele der Schriftsteller und Künstler der Weimarer Republik, die sich der Demokratie verpflichtet fühlten, überwanden dabei auch den Individualismus, der von der Arbeitsweise der künstlerischen und literarischen Intelligenz her naheliegt und in der Tat das Denken und Verhalten des größten Teils dieser Schicht traditionell kennzeichnet (und oft bis heute andauert). Sie griffen also nicht nur dadurch in die politische Auseinandersetzung ein, daß sie ihren Werken einen humanistischen Gehalt verliehen oder individuell zu politischen Vorgängen Stellung nahmen, sondern sie solidarisierten sich auch mit angeklagten Kollegen, verfaßten Resolutionen, sammelten Unterschriften und bildeten Vereinigungen.

Während der Schutzverband Deutscher Schriftsteller sich auf die Verteidigung der Freiheit der Kunst gegen staatliche Übergriffe, also auf die Rechte der eigenen Berufsgruppe, konzentrierte, vertrat die (schon 1892 gegründete) Deutsche Friedensgesellschaft allgemeinpolitische Forderungen wie z. B. allgemeine und vollständige Abrüstung und propagierte Kriegsdienstverweigerung als eines ihrer Kampfmittel. Sie konnte ihre Mitglieder nach 1918 von 6000 auf etwa 30000 (1926) steigern; unter ihnen waren Intellektuelle stark vertreten. Und die (1922 gegründete) Deutsche Liga für Menschenrechte verband die Forderungen nach Völkerversöhnung, sozialer Gerechtigkeit und kultureller Entfaltung der Massen zu einem radikaldemokratischen und sozialreformerischen Programm. Sie verfügte 1932 über etwa 2000 Mitglieder, hauptsächlich aus der bürgerlichen Intelligenz, und gab das Blatt *Die Menschenrechte* heraus (dessen Schriftleiter seit 1926 der Ökonom und Historiker Jürgen Kuczynski war). Beide Organisationen wurden von der Rechten wüst beschimpft und von Justiz und Polizei immer wieder behindert und drangsaliert.

Vielfach ergaben sich dabei auch Übereinstimmungen mit Positionen der Arbeiterbewegung, zu der manche dieser Künstler sich auch öffentlich bekannten. Von dort erhielten sie dann oft auch Rückhalt und Unterstützung – wobei die Sozialdemokratie allerdings immer darauf bedacht war, den Verdacht zu vermeiden, sie lasse sich mit Kommunisten oder Sympathisanten von Kommunisten ein.

In der Tat schlugen angesehene Künstler und Schriftsteller den Weg zur KPD ein. So die Schriftsteller Johannes R. Becher, Erich Weinert, Anna Seghers und Bert Brecht, die Maler und Grafiker Heinrich Vogeler, Heinrich Zille, George Grosz und John Heartfield. 1928 wurde dann der Bund Proletarisch-Revolutionärer Schriftsteller gegründet, der 1932 über 23 Ortsgruppen mit etwa 500 Mitgliedern verfügte. Viele von ihnen waren aus der Arbeiterkorrespondentenbewegung hervorgegangen, die die KPD-Presse initiiert hatte. Zu den Mitgliedern des Bundes zählten z. B. Anna Seghers, Erich Weinert, Bruno Apitz, Willi Bredel, Egon Erwin Kisch und Johannes R. Becher, der auch dem Vorstand angehörte.

Der Kampf, den die fortschrittlich orientierten Schriftsteller, Künstler und Wissenschaftler zur Verteidigung der demokratischen Rechte führten, hatte permanenten Charakter, da die herrschenden Kräfte immer aufs neue versuchten, öffentliche Kritik an ihrer Politik zu unterbinden oder mindestens zu behindern: mit den Mitteln von Polizei und Justiz, von politischer Diffamierung als «Vaterlandsverräter», aber auch, insbesondere in den Krisenjahren nach 1918 und dann in der Periode nach 1929, mit den Mitteln terroristischer Aktionen durch «vaterländische» Verbände und dann durch die NSDAP. Demgegenüber hatten diese Intellektuellen nur die Möglichkeit, immer wieder die demokratische und liberale Öffentlichkeit zu mobilisieren, um sich gegen solche Übergriffe zu schützen und ihre Meinungsfreiheit zu verteidigen, damit diesen Kräften der Weg in den autoritären Staat und in einen neuen Krieg verlegt werden konnte. Die rechtsgerichteten Kräfte andererseits legten auch schon frühzeitig Listen ihrer Gegner an, so daß sie dann, als 1933 die Machtfrage zu ihren Gunsten entschieden war, sogleich mit Verhaftungen, mit Vertreibungen und öffentlichen Bücherverbrennungen tätig werden konnten. Die dort verzeichneten Namen derer, die sich für «Klassenkampf und Materialismus», für «Dekadenz und moralischen Verfall», für «literarischen Verrat am Soldaten des Weltkrieges» und gegen «Volksgemeinschaft und idealistische Lebenshaltung», «Zucht und Sitte in Familie und Staat», «Erziehung des Volkes im Geist der Wehrhaftigkeit»[88] eingesetzt haben, zeigen, wer zu den demokratischen und antimilitaristischen Intellektuellen damals gehörte.

Dieser zähe Kleinkrieg dauerte auch in der Periode der relativen Stabilisierung an. Als 1925/26 Johannes R. Becher ein Gedicht über den neugewählten Reichspräsidenten Hindenburg sowie den Roman *«Lewesite oder vom einzig gerechten Kriege»* publizierte, wurde er verhaftet, wegen Vorbereitung zum Hochverrat, Beschimpfung der Republik, Gotteslästerung und anderer Delikte angeklagt, sein Roman wurde beschlagnahmt. Die «Gruppe 1925», der u. a. Ernst Bloch, Bert Brecht, Alfred Döblin und Georg Kaiser angehörten, protestierte daraufhin gegen diese «sittenpolizeiliche Reglementierung ernster literarischer Werke»: «Wir verlangen, daß man in Deutschland für seine Überzeugung nicht nur sterben, sondern auch leben darf.»[89] Da die Anklage aufrechterhalten wurde, unterzeichneten über fünfzig namhafte Schriftsteller und Künstler (unter ihnen Arnold Zweig, Erwin Piscator und George Grosz) einen Aufruf: dessen Text zeigt, daß sie individualistische Haltungen überwunden hatten und Kunst und Kultur als einen sozialen Prozeß begriffen, der unvermeidlich auch politische Wirkungen erzeugt: «Prozesse und Verfolgungen gelten heute weniger als je einzelnen Menschen. In den Stand der Anklage versetzt wird immer ein ganzer ‹Stand› … Der Dichter von heute ist seiner Zeit verbunden. Er poetisiert nicht mehr in sich hinein, er politisiert sich, in jenem großen Sinne, daß er durch die Gestalten seines Werks auf die Gestalt der Welt einzuwirken sucht. Dies neue Dichtertum, das schöpferische Kämpfertum will man in Becher treffen … Wir dulden es nicht, wir gehen an die Abwehr, an die Gegenwehr mit aller Macht. Dichter und Denker gegen Richter und Henker!»[90] Angesichts solch starker Proteste wurde das Verfahren gegen Becher im August 1928 eingestellt.

Das politische Engagement dieser Künstler, Schriftsteller und Wissenschaftler hatte aber keineswegs nur defensiven Charakter. Als die Arbeiterparteien 1925/26 ein Volksbegehren zur Enteignung der deutschen Fürsten organisierten, verfaßten sie einen Aufruf, in dem es hieß: «Zu einer Zeit, in der breite Schichten des Volkes schlimmer darben als im Kriege, in der die notwendigsten Kulturaufgaben vernachlässigt werden müssen, in der es nicht möglich ist, den Wohnungslosen ein Heim, den Kranken zureichende Nahrung, den Opfern des Krieges und der Inflation die geschuldete Unterstützung zu gewähren, – in einer solchen Zeit des wirtschaftlichen Tiefstandes und der allgemeinen Verarmung wagen es die ehemaligen Fürsten, Vermögensansprüche in Höhe von mindestens 3 Milliarden Goldmark an den Staat zu stellen. Auf diese Herausforderung gibt es nur eine Antwort: entschädigungslose Enteignung …»[91] Zu den Erstunterzeichnern gehörten Alfred Kerr, Erwin Piscator, Kurt Tucholsky, Käthe Kollwitz und Albert Einstein. Es war freilich alles vergeblich. Eine Mehrheit für die Enteignung konnte trotz hoher Massenmobilisierung (14,5 Millionen Wähler!) nicht erzielt werden. Daraufhin erhielten die Fürsten Hunderte Millionen Entschädigung (während zugleich der durchschnittliche Wochenverdient eines Arbeiters knapp 42 Mark brutto betrug).

Als 1928 der Panzerkreuzerbau anstand, der von der SPD im Wahlkampf strikt abgelehnt worden war («Kinderspeisung statt Panzerkreuzer»), dann aber von der sozialdemokratisch geführten Regierung Müller befürwortet wurde, meldeten sich diese Intellektuellen erneut zu Wort: «Hat man – 1928 – nur 10 Jahre nach Kriegsende die Millionen und Abermillionen Opfer fürchterlichster Kriegsmaschinen vergessen, daß man heute schon wieder wagt, neue Kriegsmaschinen zu bauen, ohne befürchten zu müssen, hinweggefegt zu werden? Wir wissen, daß das deutsche Volk in seiner großen Mehrheit die fürchterlichen viereinhalb Jahre nicht vergessen hat! Wir Künstler und Geistesarbeiter fühlen uns als Kämpfer für die Freiheit der Kultur und des Geistes gezwungen, gegen den Bau von Panzerschiffen, gegen diesen imperialistischen Größenwahnsinn zu protestieren, gegen das sinnlose Hinauswerfen von achtzig und noch vielen weiteren Hunderten Millionen Mark – mit denen unendliches Leid getilgt werden könnte!»[92] Den Aufruf unterzeichneten u. a. Ernst Barlach, Albert Einstein, Walter Gropius, Franz Werfel, Heinrich Zille und Hunderte andere.

Die größte literarische Wirkung im Kampf gegen den Militarismus erzielte der 1929 publizierte Roman *Im Westen nichts Neues*, in dem der Autor Erich Maria Remarque den Versuch machte, «über eine Generation zu berichten, die vom Krieg zerstört wurde – auch wenn sie seinen Granaten entkam». Der Roman erschien in mehr als dreißig Sprachen in einer Gesamtauflage von 12 Millionen und dürfte damit «bis heute der wohl größte deutsche Bucherfolg» sein.[93] Das Buch wurde von der Rechten geradezu unflätig geschmäht und fiel schließlich der Zensur zum Opfer. Nicht besser erging es der Verfilmung, die 1929 in Hollywood gedreht worden war. Die Verbände der Rechten inszenierten einen regelrechten Terrorfeldzug gegen den Film, bis die Film-Oberprüfstelle ihn schließlich verbot – lange vor der Errichtung der faschistischen Diktatur. Als Gutachter hatten das Reichswehrministerium, das Reichsinnenministerium und das Auswärtige Amt fungiert. Sie hatten sich dazu zu äußern, ob der Film «durch Herabwürdigung der deutschen Wehrmacht geeignet (ist), das deutsche Ansehen zu gefährden», und ob er «eine Gefährdung der öffentlichen Ordnung» bedeute. Selbstverständlich wurde die erste Frage, für die das Reichswehrministerium zuständig war, ebenso bejaht wie die zweite Frage, für die das Reichsinnenministerium zuständig war.[94]

Auch in anderen Ländern griffen die staatlichen Behörden mit Kürzungen, Entstellungen und Verboten ein: so in Österreich, in den USA und in Frankreich (hier war der Film sogar bis 1963 verboten). Es gab eben auch in anderen Ländern starke Kräfte, die sich die ideologische Voraussetzung für einen neuen Krieg, den «Wehrwillen», erhalten wollten.

Als nach 1929 die Wirtschaftskrise die sozialen und politischen Auseinandersetzungen verschärfte und die Offensive der Rechten anwuchs, differenzierten sich die Positionen dieser Intellektuellen. Der sensible Dichter Hermann Hesse resignierte nun vollends: «Die paar guten Geister der ‹Revolution›, welche keine war, sind totgeschlagen, unter Billigung von 99 % des Volkes. Die Gerichte sind ungerecht, die Beamten gleichgültig, das Volk vollkommen infantil. Ich habe Anno 1918 die Revolution mit aller Sympathie begrüßt, meine Hoffnungen auf eine ernst zu nehmende Deutsche Republik sind seither längst zerstört.»[95] Und der Schutzverband Deutscher Schriftsteller reagierte nur sehr zaghaft, als der Reichspräsident in einer Notverordnung vom Juli 1931 androhte, Flugschriften, die «die öffentliche Sicherheit und Ordnung» gefährden, polizeilich zu beschlagnahmen. Die Berliner Ortsgruppe wurde sogar – durch Polizeieinsatz – von der Geschäftsführung des Verbandes an einer Protestversammlung gehindert. Die als Redner vorgesehenen Autoren, u. a. Erich Mühsam und Erich Kästner, gründeten daraufhin das «Kampfkomitee für die Freiheit des Schrifttums», spalteten sich jedoch alsbald wieder in der Frage, wie radikal der Kampf gegen diese Notverordnung zu führen sei.

Einige Monate später sah sich der Hauptvorstand des Schutzverbandes Deutscher Schriftsteller genötigt, «gegen die Verbote von Büchern (zu protestieren), die mit Berufung auf die Notverordnung ohne gerichtliches Urteil auf dem örtlichen Verwaltungswege stattgefunden haben. Die Polizeibehörden mehrerer deutscher Länder haben sich in allen Fällen ohne zureichende Sachkenntnis, in mehreren ohne jede Begründung angemaßt, die materielle und moralische Vernichtung von geistiger Arbeit zu verantworten ...»[96] Die wachsende Bedrohung der Demokratie führte bei einigen auch zu wachsendem Engagement und stärkerer Präzisierung ihrer politischen Position. So beschwor Thomas Mann – angesichts der Wahlerfolge der NSDAP besonders in bürgerlichen Schichten – das deutsche Bürgertum, daß sein «politischer Platz ... heute an der Seite der Sozialdemokratie ist ... Marxismus hin, Marxismus her – die geistigen Überlieferungen deutscher Bürgerlichkeit sind es gerade, die ihr diesen Platz anweisen; denn nur einer Außenpolitik, die der deutsch-französischen Verständigung gilt, entspricht eine Atmosphäre im Inneren, in der bürgerliche Glückansprüche wie Freiheit, Geistigkeit, Kultur überhaupt noch Lebensmöglichkeiten besitzen ...»[97] Man schickte ihm daraufhin anonyme Briefe, in denen ihm angedroht wurde, man werde ihn «umlegen», wenn er sich weiter der «nationalen Bewegung» in den Weg stelle.[98]

Das Engagement dieser Intellektuellen blieb nicht auf Angelegenheiten des eigenen Landes beschränkt. Die in der Arbeiterbewegung schon im 19. Jahrhundert Fuß fassende Erkenntnis, daß es sich bei Militarismus, Imperialismus und sozialer Verelendung nicht um nationale Eigentümlichkeiten eines bestimmten Landes, sondern um Resultate der kapitalistischen Gesellschaftsordnung handele und daß also internationale Solidarität der Betroffenen und Unterdrückten erforderlich sei, gewann seit dem Ersten Weltkrieg auch in der fortschrittlichen Intelligenz an Boden. So verfaßten Künstler 1921 einen internationalen Aufruf, um dem nach dem Weltkrieg und dem dreijährigen Interventionskrieg ausgebluteten und durch eine Dürre zusätzlich getroffenen Rußland zu helfen, in dem Millionen von Menschen den Hungertod starben. Neben Anatol France, Bernard Shaw und Upton Sinclair unterzeichneten Käthe Kollwitz und George Grosz; Sekretär des «Komitee Künstlerhilfe» wurde Erwin Piscator.[99]

Auch die Unterdrückung der kolonialen Völker wurde bereits als Problem bewußt. Und als 1927 in Brüssel ein «Kongreß gegen koloniale Unterdrückung und Imperialismus» stattfand, nahm auch eine deutsche Delegation teil. Deren Resolution, unterzeichnet u. a. von Albert Einstein, Ernst Toller und Helene Stöcker, begann mit den Worten: «Wir verfolgen den in der ganzen Welt vor sich gehenden Freiheitskampf der unterdrückten kolonialen Völker mit tiefer Bewunderung und in der Hoffnung auf den Endsieg ihres Kampfes für die Sache der ganzen arbeitenden Menschheit.» Das SPD-Organ *Vorwärts* warf dem Redner Toller daraufhin vor, er habe sich an einem «halbkommunistischen oder sowjetrussischen Gebilde» beteiligt, worauf dieser entgegnete: «Der Faschismus ist eine solche Gefahr für die europäische Arbeiterschaft, daß ich glaube, man sollte jede Offensive gegen ihn begrüßen.»[100]

Als die Militarisierung von Staat und Gesellschaft in den kapitalistischen Ländern nach dem Ausbruch der Krise offensichtlich weiter anwuchs, verfaßten angesehene Künstler und Wissenschaftler ein «Manifest gegen die Wehrpflicht und die militärische Ausbildung der Jugend», in dem sie formulierten: «Die Regierungen aller Länder haben endlich offiziell das Recht der Völker auf Frieden anerkannt und im Kellogg-Pakt den Krieg als Mittel nationaler Politik verworfen. Dennoch wird der Krieg weiter vorbereitet. In krassem Gegensatz zu den Friedensbeteuerungen der Regierungen steht vor allem die Aufrechterhaltung, die Erweiterung der militärischen Ausbildung der Jugend ... Wir erklärten, daß jeder, der aufrichtig den Frieden will, für die Abschaffung der Militarisierung der Jugend kämpfen und den Regierungen das Recht absprechen muß, den Staatsbürgern die Wehrpflicht aufzuerlegen. Die Wehrpflicht liefert die Einzelpersönlichkeit dem Militarismus aus. Sie ist eine Form der Knechtschaft. Daß die Völker sie gewohnheitsmäßig dulden, ist nur ein Beweis mehr für ihren abstumpfenden Einfluß. Militärische Ausbildung ist Schulung von Körper und Geist in der Kunst des Tötens. Militärische Ausbildung ist Erziehung zum Kriege. Sie ist die Verewigung des Kriegsgeistes ...»[101] Zu den deutschsprachigen Unterzeichnern gehörten Albert Einstein, Sigmund Freud, Thomas Mann und Stefan Zweig. Es unterzeichneten weiter: Selma Lagerlöf, Bertrand Russell, Romain Rolland, Upton Sinclair u. a.

Es gab also, als nach 1929 die Auseinandersetzungen an Schärfe zunahmen, besonders in der künstlerischen und literarischen Intelligenz ein beachtliches Potential, das, obgleich weltanschaulich in sich sehr differenziert, für die Verteidigung der Demokratie gegen die Bedrohung von rechts mobilisierbar war. Wissenschaftler und Hochschullehrer waren allerdings, wie schon dargestellt, zu einem solchen Engagement kaum bereit. Der Physiker Albert Einstein stellt eine der ganz wenigen Ausnahmen dar. Die Sozialwissenschaftler und Philosophen des Frankfurter Instituts für Sozialforschung – Horkheimer, Pollock, Oppenheimer u. a. – entwickelten zwar wissenschaftlich kritische Gegenpositionen zur herrschenden Wissenschaft, hielten sich aber von politischem Engagement fern. Und auch innerhalb der Kirchen waren diese Kräfte damals nur sehr schwach. So wurden die religiösen Sozialisten, nachdem sie sich in der Frage der Fürstenenteignung an die Seite der Arbeiterparteien begeben und dann in der Frage der Aufrüstung ebenfalls die herrschende Linie verlassen hatten, rigoros aus der Kirche ausgeschlossen.[102] Daß gerade die Eigentumsfrage und die Rüstungsfrage zur Scheidelinie wurden, ist sehr bezeichnend.

Immerhin kann gesagt werden, daß es in bürgerlichen Kreisen ein gewisses demokratisches und liberales Potential gab, das auch eine beträchtliche Wirkung entfaltete. Aber diese Strömungen konnten sich nicht aus eigener Kraft gegen die herrschenden Klassen und deren Ziele durchsetzen, sondern nur im Zusammenwirken mit der Arbeiterbewegung mindestens in den Hauptfragen: Der Verteidigung der demokratischen Rechte und der Abwehr des Militarismus.

Erfolge der Arbeiterbewegung
in der Stabilitätsperiode

Gestützt auf ihre starken Organisationen und begünstigt durch den
ökonomischen Aufschwung gelang es der Arbeiterbewegung in den
Jahren nach 1924, beachtliche soziale und politische Erfolge zu erzielen. Die Löhne konnten allmählich verbessert werden, erreichten
aber erst 1928 wieder den Vorkriegsstand und entsprachen auch jetzt
vielfach noch nicht dem amtlichen Existenzminimum.[103] 1927 wurde
der Arbeitsschutz für Mütter und Schwangere etwas verbessert, in
Fabriken oder in ihrer Nähe wurden mancherorts Kantinen und Kin-
dergärten eingerichtet.[104] Als ein bedeutsamer Schritt zur sozialen
Absicherung gegen die Unsicherheiten des kapitalistischen Arbeits-
marktes erschien das Gesetz über die Arbeitslosenversicherung von
1927. Zwar hatte schon die Weimarer Verfassung in Art. 163 den Staat
verpflichtet, für den «notwendigen Unterhalt» zu sorgen, wenn je-
mand keine Erwerbsmöglichkeit habe. Praktisch aber waren dann
viele ausgeschlossen worden, weil sie ihre Bedürftigkeit nicht in hin-
reichendem Maße hatten nachweisen können. Nun aber erhielten die
Arbeitslosen einen Rechtsanspruch auf Unterstützung und mußten
ihre Bedürftigkeit nicht mehr nachweisen. Allerdings mußte dafür ein
hoher Preis entrichtet werden: Erstens wurde die staatliche Fürsorge-
pflicht nach dem Versicherungsprinzip organisiert, so daß die abhängig Arbeitenden zur Finanzierung selbst mit herangezogen wurden
und außerdem die Nichtversicherten (z. B. die Heimarbeiter) ausgegrenzt blieben. Zweitens war das Gesetz so beschaffen, «daß es ‹sozial› im allgemeinen vor dem Hungertode sicherte, jedoch nicht vor
Hunger, Krankheit und physischer wie psychischer Not»[105]. Und drittens war es eine politische Machtfrage, wie unter veränderten Bedingungen die Lasten verteilt, die Maßstäbe für die Ausgrenzung
definiert und überhaupt die Gelder dieser Versicherung eingesetzt
wurden. Tatsächlich wurde dann in der Krise fast die Hälfte aller Arbeitslosen aus jeder Form von Unterstützung, sogar aus der niedrig-
sten Stufe, der Wohlfahrtsfürsorge, hinausdefiniert. Der Staat verwandte diese Versicherungsbeträge nun sogar in wachsendem Maße

für den freiwilligen Arbeitsdienst und dessen Wehrertüchtigung, also für Zwecke, die mit der Arbeitslosenversicherung nur noch sehr entfernt zu tun hatten.[106] Dieses Gesetz von 1927 war also nur in geringem Maße das, was es zu sein beanspruchte, nämlich eine «soziale Sicherung». Es zeigt sehr anschaulich die Erfolgsmöglichkeiten reformistischer Politik selbst aus der Opposition heraus, zugleich aber auch die Labilität dieser Erfolge. Daß alle Parteien bis hin zu den Deutschnationalen für dieses Gesetz stimmten, mochte zunächst überraschen, erwies sich aber angesichts der praktischen Folgen in der Krise als eine realistische Beurteilung. Eine starke und handlungsfähige Arbeiterbewegung hätte diesem Gesetz natürlich auch in der Krise einen anderen Inhalt geben können. Zunächst aber erschien dieses Gesetz als ein Erfolg der abhängig Arbeitenden. Da die Gewerkschaften zugleich einen Mindestlohn durch Tarifvertrag erreichen konnten, schien für die den Unternehmern nahestehenden Presse denn auch der Gefahr des «Bummelantentums» und «Krankfeierns» Tür und Tor geöffnet.[107]

In den Kommunen, in denen die SPD über maßgeblichen Einfluß verfügte, konnten für die arbeitende Bevölkerung spürbare Verbesserungen ihrer Lebensbedingungen erreicht werden.[107a] Vor dem Krieg war der SPD der Zugang zu Gemeindevertretungen und Stadtverordnetenversammlungen durch das Dreiklassenwahlrecht (oder andere Pluralwahlrechte) auch in den Kommunen der meisten deutschen Länder sehr erschwert worden. 1918 war diese Schranke gefallen, und die sozialdemokratische Mandatszahl vervielfältigte sich. Ebenso konnten Sozialdemokraten jetzt Magistratsmitglieder und Gemeindevorstandsmitglieder werden. Auch dies war vor 1914 höchstens in Süddeutschland einmal ausnahmsweise möglich gewesen. Sie stellten nun zahlreiche Bürgermeister und einige Oberbürgermeister. Als sozialdemokratische «Metropolen» galten Altona (Oberbürgermeister Max Brauer 1924–1933) und Magdeburg.

Ein Schwerpunkt kommunaler Aktivität der SPD war der Wohnungsbau. Sie förderte kommunalen Wohnungsbau und Baugenossenschaften. Dazu war oft nicht einmal ein sozialdemokratischer Oberbürgermeister nötig, es genügte ein der Sozialdemokratie angehörender oder ihr nahestehender Baudezernent und eine starke SPD-Fraktion. Beim sozialdemokratisch beeinflußten städtischen Bauwesen wurden übrigens häufig Architekten des «Bauhauses» herangezogen, z. B. in Altona, Magdeburg und Frankfurt am Main, so daß damit auch ein Beitrag zum Aufschwung fortschrittlicher Architektur geleistet werden konnte. Erleichtert durch die Dawes-Anleihen, von denen etwa 20 % Reich, Ländern und Gemeinden zur

Verfügung standen, wurden Schulen, Kultur- und Sporteinrichtungen gebaut, öffentliche Betriebe gefördert und so auch Arbeitsplätze geschaffen. Auch im Wohlfahrts- und Fürsorgewesen konnte sich sozialdemokratische Kommunalpolitik profilieren.

Angesichts dieser Erfolge und Leistungen festigte sich der Masseneinfluß der Sozialdemokratie wieder, und reformistische Vorstellungen konnten wieder an Boden gewinnen. Innerparteilich wurde diese politische Linie dadurch abgesichert, daß sowohl in den Mitgliederversammlungen wie auch auf den Parteitagen eine große Zahl mittlerer und unterer Staatsbeamter (von Polizeibeamten bis zum Bürgermeister und Regierungspräsidenten) auftrat, die der «staatstragenden» SPD ihre soziale Existenz verdankten, und zudem eine große Zahl von Partei- und Gewerkschaftsangestellten, die ebenfalls eher auf Erhaltung des bestehenden Systems und auf Ablehnung von «Unruhen» orientiert waren.

Der größte politische Erfolg war das Volksbegehren zur entschädigungslosen Enteignung der deutschen Fürsten, zu dem die beiden Arbeiterparteien 1925/26 aufriefen. Die deutschen Fürsten hatten 1918 zwar ihre Kronen verloren, doch ihre Schlösser, ihre riesigen Güter, Wälder und Vermögen waren nur vorläufig beschlagnahmt worden. Dafür verlangten diese Fürstenhäuser nun, da die Machtfrage zugunsten der bürgerlichen Kräfte geklärt war, Entschädigungen, insgesamt in einer Höhe von 2,6 Milliarden Mark. (Der geflohene Kaiser erhielt übrigens bereits eine jährliche Rente von 600 000 Mark.) Angesichts der Tatsache, daß es diese Kräfte gewesen waren, die Deutschland in den Krieg und in den Zusammenbruch geführt hatten, daß die Opfer dieser Politik, die Millionen von Kriegsopfern, Witwen und Waisen, kaum das Lebensnotwendigste hatten und daß die 2 Millionen Arbeitslosen, wenn sie überhaupt unterstützungsberechtigt waren, pro Tag 2,50 Mark erhielten, wurde diese Forderung von breiten Schichten als eine Dreistigkeit empfunden. Während die bürgerlichen Rechtsparteien die Forderung der Fürsten unterstützten, erhob sich in der Bevölkerung stürmischer Protest, den die KPD aufgriff. Die SPD, die zunächst einen Vergleich mit den Fürsten angestrebt hatte, schloß sich dann der Protestbewegung ebenso an wie der ADGB und 22 andere Organisationen.

Die Arbeiterparteien erlangten mit diesem Volksbegehren und dem anschließenden Volksentscheid zwar nicht die Mehrheit, zumal Teile des Staatsapparates das ganze Unternehmen sabotierten und die Kirche die «heiligsten Güter» in Gefahr erklärte. Aber sie mobilisierten 14,5 Millionen, das waren 4 Millionen mehr als bei den letzten Reichstagswahlen im Dezember 1924. Darin zeigte sich, daß sie bei gemeinsamem offensivem Handeln zusätzliche Schichten gewinnen konnten. Im Gefolge dieses Aufschwungs wurden die Reichstagswahlen 1928 zu einem großen Erfolg beider Arbeiterparteien: Die SPD stieg von 7,9 Millionen auf 9,1 Millionen Stimmen an, die KPD von 2,7 Millionen auf 3,3 Millionen. Insgesamt hatten die Arbeiterparteien gegenüber den Dezemberwahlen 1924 fast 2 Millionen Stimmen hinzugewonnen. Dagegen erlitten die bürgerlichen Parteien erhebliche Verluste, insbesondere auf ihrem rechten Flügel, wo die Deutschnationalen etwa ein Viertel ihrer Stimmen einbüßten. Eine Regierungsbildung war nun ohne die SPD nicht mehr möglich. Dieser Tatbestand und das Wahlergebnis überhaupt riefen in Großindustrie und Militär beträchtliches Unbehagen hervor und intensivierten die Suche nach Alternativen zum parlamentarischen System. Zunächst jedoch wurde eine große Koalition von der SPD bis zur DVP (unter Einschluß von DDP und den beiden katholischen Parteien) gebildet, wobei die SPD den Kanzler (Hermann Müller), die DVP den Außenminister (Stresemann) stellte. Reichswehrminister blieb – selbstverständlich – General Groener.

Theoretische und programmatische
Orientierungen der Arbeiterbewegung

Der Stärke ihrer Organisationen und den politischen Wirkungsmöglichkeiten nach stellte die Arbeiterbewegung am Ende der zwanziger Jahre eine eindrucksvolle Macht dar. Das theoretische Rüstzeug schien ausreichend zu sein, um die anstehenden Fragen mit guten Erfolgsaussichten anpacken zu können. Die SPD sah sich durch die vierjährige Phase der relativen Stabilität und der sozialpolitischen Erfolge in ihren Ansichten über die Reformierbarkeit des Kapitalismus bestätigt. Ihr führender Theoretiker, Rudolf Hilferding, entwickelte die Theorie vom «organisierten Kapitalismus», die die bisher vorherrschenden Traditionen aufnahm, in einen theoretischen Zusammenhang brachte und in der Folge dann zur Leitlinie sozialdemokratischer Politik und Weltanschauung wurde. Nach dieser Theorie hatte der kapitalistische Produktionsprozeß in immer stärkerem Maße Elemente der Organisation und Planung aufgenommen, so daß nun mit größeren Wirtschaftskrisen oder gar mit neuen Kriegsgefahren kaum noch zu rechnen sei. Es bedürfe nur noch der Überführung der Produktion von privatem in allgemeinen Besitz, wozu der bestehende demokratisch-parlamentarische Staat ein vorzügliches und hinreichendes Instrument sei. Seine Bewahrung sei deshalb vordringliche Aufgabe. Das Hinüberwachsen des Kapitalismus in den Sozialismus sei im bestehenden System selbst angelegt, ja dieses habe eben durch die Elemente von Organisiertheit und Planung schon teilweise sozialistischen Charakter angenommen.

Die SPD knüpfte also an Theorien über die Entwicklung des Kapitalismus an, die der rechte Flügel und das Zentrum (um Karl Kautsky) schon vor 1914 entwickelt hatten. Der Ausbruch des Krieges hatte diese Theorien zwar eindrucksvoll widerlegt, doch die Errichtung des parlamentarisch-demokratischen Staates schien der SPD-Führung eine hinreichende Garantie zur Kontrolle aller Gefahren und die vierjährige ökonomische Stabilisierung hinreichender Beweis für den veränderten Charakter des Kapitalismus. Die Erfahrungen des Krieges und der Konterrevolution, des Kapp-Putsches und der Verselbständi-

gung von Militär und Justiz auch unter den Bedingungen der demokratischen Verfassung wurden nicht kritisch aufgearbeitet, sondern
verdrängt. Der Hinweis auf den Augenschein eines relativ florieren-
den Kapitalismus schien tiefschürfende Analysen nach der Methode
von Marx überflüssig zu machen. (Das gleiche Verhalten wiederholte
sich übrigens, als in den fünfziger Jahren der konjunkturelle Aufschwung längere Zeit andauerte. Das Ergebnis war das Godesberger
Programm, in dem auf eine politisch-ökonomische Analyse des Kapitalismus verzichtet und der Sozialismus nur noch als ein moralisches
Postulat gefaßt wurde – und nicht mehr als Notwendigkeit zur Sicherung einer harmonischen und friedlichen Entwicklung von Wirtschaft
und Gesellschaft. Und als nach der Krise 1966/67 ein neuer sechsjäh-
riger Aufschwung einsetzte, folgte das «Langzeitprogramm» der SPD
von 1972, das sich zu allen anstehenden Fragen ausführlich äußerte,
das Wort «Arbeitslosigkeit» aber gar nicht mehr kannte – ein Jahr vor
dem Einbruch einer neuen Massenarbeitslosigkeit.)

Diese beim Kieler Parteitag 1927 vorgetragenen und verabschiede-
ten Auffassungen stellten nicht nur eine Leitlinie für künftiges Handeln, sondern auch eine Legitimation des vergangenen Handelns dar.
Das Bündnis mit dem kaiserlichen Militär- und Beamtenapparat, die
Niederwerfung der Revolution, die Konzentration auf die Errichtung
einer parlamentarischen Demokratie, die Koalitionspolitik mit den
bürgerlichen Parteien – dies alles erschien durch das erzielte Resultat
gerechtfertigt: ein stabiler demokratischer Staat und eine expandie-
rende Wirtschaft mit der vermuteten Tendenz zum friedlichen Hineinwachsen in den Sozialismus.

Auch in der Außen- und Militärpolitik wurden die Erfahrungen des
Ersten Weltkrieges und die folgenschweren Fehleinschätzungen des
deutschen Militarismus durch die sozialdemokratische Führung nicht
aufgearbeitet. Das kam schon in der Wiedereinsetzung der kaiserlichen Offiziere in ihre alten Machtpositionen 1919/20 zum Ausdruck.
Auch hier schienen die aktuellen Ereignisse nach 1924 eine solche
Aufarbeitung überflüssig zu machen – wurde doch nunmehr von den
Bürgerblockregierungen eine Politik der Verständigung mit Frankreich und der Mitarbeit im Völkerbund verfolgt und von der Reichswehr offensichtlich hingenommen. So schien die Theorie vom
«Organisierten Kapitalismus» auf die internationalen Beziehungen
übertragbar zu sein. Die SPD unterstützte diese Verständigungspolitik, sah den Dawes-Reparationsplan als die Einleitung einer neuen,
auf Frieden gerichteten Etappe in den internationalen Beziehungen
an, nannte den Locarno-Vertrag einen «Sieg des Friedens»[108] und
glaubte damit ihre alte These bestätigt, daß der Kapitalismus aus

seinen eingenen Interessen heraus sich vom Mittel des Krieges abgekehrt habe[109]. Die SPD konnte in dieser Politik sowohl ihre pazifistische als auch ihre antisowjetische Zielsetzung wiederfinden. Sie kritisierte sogar die «Liebedienerei» in der «offiziellen Außenpolitik» gegenüber der Sowjetunion[110], die sich in den Verhandlungen über einen Neutralitätsvertrag mit der Sowjetunion ausdrückte. Und sie konnte in dieser «Westorientierung» auch ihr Verständnis vom Sozialismus wiederfinden – waren doch, gemäß ihrer Theorie, auch die Westmächte im friedlichen Hineinwachsen in den Sozialismus begriffen. In der Theorie wurde übrigens durchaus daran festgehalten, daß «die wirkliche und letzte Garantie für die Aufrechterhaltung des Friedens die internationale Überwindung des Kapitalismus und der Sieg des Sozialismus» sei.[111] Der Wahlkampf 1928 wurde dann geführt mit der Losung «Kinderspeisung statt Panzerkreuzer».

Faktisch geschah allerdings das genaue Gegenteil. Ernst Eckstein, der Sprecher der Linken, charakterisierte den Widerspruch auf dem SPD-Parteitag im Mai 1929 wie folgt: «Unter der Führung des Parteivorsitzenden Hermann Müller haben wir das Wahlversprechen gegeben, den Panzerkreuzer nicht zu bauen, und unter dem Reichskanzler Hermann Müller wird der Panzerkreuzer gebaut. Unter Führung des Parteivorsitzenden Hermann Müller haben wir das Wahlversprechen der Kinderspeisung gegeben, und unter dem Reichskanzler Hermann Müller werden die Mittel für die Kinderspeisung gestrichen. Unter der Führung des Parteivorsitzenden Hermann Müller haben wir das Wahlversprechen gegeben, den Reichswehretat auf 500 Millionen zu senken; unter dem Reichskanzler Hermann Müller wird dieses Versprechen ebenso wie das der Demokratisierung der Reichswehr nicht ausgeführt. Gerade diese Koalitionspolitik hat den sozialdemokratischen Massen die Augen über den Charakter der deutschen Republik geöffnet. Der deutsche Staat ist auch so in der Form der Republik das Werkzeug der herrschenden Klasse gegen die Arbeiterbewegung.»[112] Der Parteiführung gelang es dennoch, die «Richtlinien zur Wehrpolitik» durchzusetzen, in denen zwar die Forderung nach vollständiger Abrüstung noch vorkam, gleichzeitig aber «Rüstungsgleichheit» verlangt wurde – also genau das, was der deutsche Militarismus in diesen Jahren als Etappenziel anstrebte. Doch die Führung ging davon aus, daß mit der allgemeinen Veränderung von Wirtschaft, Staat und Gesellschaft auch das Militär seinen Charakter verändert habe. Die Reichswehr diene auch dem «Schutz ... der politischen, wirtschaftlichen und sozialen Errungenschaften der Arbeiterklasse»[113]. Die Regierung Müller ging sogar noch weiter und gab den illegalen Aufrüstungsmaßnahmen, die bisher im Geheimen stattgefunden hatten, nunmehr die offizielle Rückendeckung der Reichsregierung.[113a] Mit dieser Militärpolitik war die Hoffnung verbunden, die SPD werde auf die Reichswehr einen stärkeren politischen Einfluß im Sinne der Demokratie gewinnen können. Wer hier tatsächlich wen benutzte, ist unschwer zu erkennen.

Im Zusammenhang mit der Theorie vom «organisierten Kapitalismus» entwickelte der ADGB das Konzept der «Wirtschaftsdemokratie»[114] und forderte die Vollendung der 1918 erreichten politischen Demokratie durch die Demokratisierung der Wirtschaft. Die politische Gleichberechtigung sei solange nur formal, wie es in der Wirtschaft noch Herrschende und Beherrschte gebe. Die Grundlagen seien durch die Veränderung des Kapitalismus selbst geschaffen worden: durch die stärkere Planung und Organisation der Produktion, durch die erhöhte Tätigkeit des Staates in der Wirtschaft, durch den «Vormarsch der öffentlichen Wirtschaft»[115]. Nun komme es darauf an, die Gewerkschaften an der überbetrieblichen Kontrolle und Lenkung des Wirtschaftsprozesses zu beteiligen, den gemeinwirtschaftlichen Sektor weiter zu stärken und so schließlich zum Sozialismus überzugehen.

Das Konzept der «Wirtschaftsdemokratie» griff in der Tat einen entscheidenden Punkt des Demokratieproblems auf: die Frage der demokratisch unkontrollierten und unkontrollierbaren ökonomischen Macht. Und es wurde deshalb von den Unternehmern und ihren Interessenorganisationen auch als Kampfansage aufgefaßt. Die Schwächen dieses Konzepts lagen analytisch gesehen darin, daß erstens ein weiteres Wirtschaftswachstum stillschweigend vorausgesetzt wurde; die erhöhte Konzentration des Kapitals wurde als erhöhte Planmäßigkeit des Wirtschaftsablaufs mißverstanden, der Kapitalismus also nicht von seiner eigentlichen Triebkraft her gefaßt, von dem Konkurrenzkampf der Einzelkapitale und Kapitalgruppen gegeneinander um Profitsicherung und ums Überleben, der jede ökonomische Gesamtplanung unmöglich macht und Krisen notwendig hervorbringt. Und die zweite analytische Schwäche lag darin, daß das Zusammenwirken von Staatsorganen und Konzernleitungen als ein Schritt zur Gemeinwirtschaft und zum Sozialismus mißverstanden wurde, daß also im Staat gewissermaßen eine für ganz unterschiedliche Interessen einsetzbare neutrale Instanz gesehen wurde, die durch allgemeine Wahlen zu einem Organ geworden sei, das «einen Gemeinwillen ausdrückt»[116], mithin alles auf die richtigen Wahlergebnisse und parlamentarischen Mehrheiten ankomme. Daß dieser Staat als Herrschaftsapparat (in Verwaltung und Justiz, hoher Bürokratie und Militär) ganz anders beschaffen war, daß er keineswegs demokratisch unter Kontrolle war, daß eine Regierungsübernahme also noch keine Eroberung der politischen Macht war, wurde dabei nicht hinreichend berücksichtigt.

Aus den analytischen Schwächen ergaben sich die politisch-strategischen von selbst: Die Methoden und Wege, die «Wirtschaftsdemokratie» zu verwirklichen, wurden hauptsächlich in entsprechenden parlamentarischen Mehrheiten, also Wahlerfolgen der SPD, und Appellen an Parlament und Regierung gesehen. Nicht als «Gegenmacht» also verstanden die Gewerkschaften ihre Position in Ökonomie und Politik, sondern als Teilhabe an partnerschaftlich mit den Unternehmen zu realisierenden Bemühungen ums Gemeinwohl. Kapital und Staatsgewalt haben der arbeitenden Bevölkerung und ihren Organisationen bald darauf sehr drastisch gezeigt, daß sie vom Gemeinwohl ganz andere Vorstellungen hatten.

Die Konzeptionen vom «organisierten Kapitalismus» und von der «Wirtschaftsdemokratie» griffen also ohne Zweifel Elemente und Tendenzen auf, die der realen Entwicklung des Kapitalismus und des parlamentarischen Staates entsprachen. Die Konzentration des Kapitals und seine wachsende internationale Verflechtung, der Drang der großen Kapitaleinheiten nach stärkerer Organisierung und Planung der Produktion, die wachsende Funktion des Staates für die Regulierung des Wirtschaftsprozesses und die Dämpfung sozialer Konflikte und die Möglichkeit der Arbeiterbewegung, auf das staatliche Handeln Einfluß zu gewinnen – all dies waren reale Tendenzen und Möglichkeiten. Und dennoch war das Gesamtbild falsch. Die wirklich bestimmenden Prozesse und Entwicklungstendenzen des Kapitalismus waren mit diesen Theorien nicht erfaßt worden – wie die Wirklichkeit sehr rasch und sehr rigoros lehrte. Es waren nach dem Kieler Parteitag kaum zwei Jahre vergangen, als die große Krise ausbrach, die auch den internationalen Konkurrenzkampf enorm verschärfte und in Deutschland und in anderen Ländern (besonders auch in Japan und Italien) den Drang nach Einschränkung demokratischer Rechte und nach einer Neuverteilung der Welt mittels militärischer Gewalt ganz wesentlich verstärkte. SPD und ADGB standen diesen Entwicklungen ziemlich hilflos gegenüber.

Die KPD, die auch in ihrer Gesellschaftsanalyse an den linken Flügel der Vorkriegssozialdemokratie anknüpfte, beurteilte die bestehende gesellschaftliche und staatliche Ordnung im Grundsätzlichen wesentlich realistischer als die Führungen von SPD und ADGB. Sie hielt an der Erkenntnis fest, daß auch der Kapitalismus in seinem monopolistischen Stadium durch den Konkurrenzkampf zwischen den Einzelkapitalen und zwischen den nationalen Kapitalen gekennzeichnet sei, daß er also auch weiterhin disproportionale Entwicklungen der verschiedensten Art, Krisen und Arbeitslosigkeit hervorbringe. Auch die zunehmenden Eingriffe des Staates seien nicht in der Lage, diese Folgen der kapitalistischen Produktionsweise auszuschalten, zumal der Staat selbst in hohem Maße unter der Kontrolle der Monopole sei – trotz allgemeinem Wahlrecht und Parlamentarisierung. Der Staat sei nach wie vor Herrschaftsinstrument der besitzenden Klassen, sein Zentrum der Exekutivapparat und nicht das Parlament. Aus dem Konkurrenzkampf folge auf internationaler Ebene der Kampf um Rohstoffgebiete, Absatzmärkte und Kapitalanlagesphären, der, wie der Erste Weltkrieg gezeigt habe, auch die Tendenz zum Krieg in sich berge. Deshalb sei die Politik aller kapitalistischen Staaten auf Stärkung ihrer Militärmacht und Erzeugung militaristischer Bewußtseinsformen in der Bevölkerung gerichtet. Die KPD bekämpfte das Wiedererstarken des deutschen Militarismus und dessen illegale Aufrüstung, und sie begriff den Kampf gegen Kapitalismus und Imperialismus auch als eine internationale Bewegung: Sie solidarisierte sich mit den nationalen Befreiungsbewegungen in den kolonialen Ländern ebenso wie mit der großen Streikbewegung der britischen Bergarbeiter 1926 und mit den in den USA unschuldig zum Tode verurteilten Arbeitern Sacco und Vancetti 1927.

Diese Ansichten über Gesellschaft und Politik entsprachen nicht nur den Resultaten der Untersuchungen von Marx und Engels und ihrer Weiterführung durch Rosa Luxemburg, Lenin und zunächst auch durch Rudolf Hilferding und Karl Kautsky[117], sondern auch den realen Erfahrungen seit 1914 und den Entwicklungen seit dem Ende des Ersten Weltkrieges. Und sie waren – angesichts von Kapp-Putsch, Reichswehr-Diktaturplänen und illegaler Aufrüstung – nicht auf die KPD beschränkt, sondern auch auf dem linken Flügel der sozialdemokratischen Arbeiterschaft weit verbreitet. Eine realistische politische Strategie war daraus freilich nur dann zu entwickeln, wenn die Kräfte benannt wurden, die als «Gegenmacht» in Betracht kamen, und die Wege, wie sie unter den gegebenen politischen Rahmenbedingungen zur Geltung gebracht werden konnten. Voraussetzung dafür war eine Analyse des Charakters der neuen Staatsform, der parlamentarischen Demokratie, sowie der reformistischen Arbeiterbewegung und der von ihr mitgetragenen Regierungen und ebenso eine Analyse der neuen sozialen Entwicklungen, der Lage der Mittelschichten und der Intelligenz und der Bündnismöglichkeiten mit diesen Schichten.

Diese Aufgaben sind von der Kommunistischen Internationale und der KPD nicht zureichend bewältigt worden. Es war zwar nach dem

Ausschluß des ultralinken Flügels und der Vereinigung mit dem linken Flügel der USPD 1919/20 nicht mehr umstritten, daß nur eine auf die Massen der Arbeiter (und nicht eine auf kleine entschlossene Minderheiten) gestützte Politik etwas bewirken konnte, doch in allen anderen Fragen herrschte eine ziemliche Unklarheit. War die parlamentarische Demokratie eine wichtige Errungenschaft und verteidigungswert gegen die Bedrohungen von rechts – oder war die Frage der Staatsform im Kapitalismus weitgehend bedeutungslos, weil alle Staatsformen nur Diktaturvarianten des Kapitals waren? Konnte man mit den Führungen von SPD und ADGB Aktionseinheit praktizieren, sollten sie durch ständige Angebote unter Druck gesetzt werden – oder kam es darauf an, sie zu bekämpfen, zu «entlarven» und ihnen die Massen abzuwerben? Waren die Veränderungen in den Mittelschichten und der Intelligenz so beschaffen, daß sich Bündnismöglichkeiten aus deren realer Interessenlage ergaben – oder waren diese Schichten nur dann als Bundesgenossen annehmbar, wenn sie ihre eigene soziale und geistige Identität aufgaben und sich vollständig «dem Proletariat» unterordneten? War die Russische Revolution, wenn sie isoliert blieb, in diesem rückständigen Land überhaupt lebensfähig – oder war sie auf Revolutionen in den großen Industrieländern angewiesen?

1925 kam die KI zu dem zutreffenden Ergebnis, daß die revolutionäre Nachkriegskrise beendet und die bürgerliche Ordnung stabilisiert sei. Und die KPdSU stellte fest, daß es durchaus möglich sei, den «Sozialismus in einem Land» selbst unter den Bedingungen starker Rückständigkeit aufzubauen. Für die KPD ergab sich daraus die Notwendigkeit einer Politik der Einheitsfront, die sich 1925 auch endgültig durchzusetzen schien. Die KPD nutzte sowohl die parlamentarischen wie die außerparlamentarischen Möglichkeiten, die die demokratische Verfassung auch der Arbeiterbewegung gewährte. Sie arbeitete in den Gewerkschaften aktiv mit, wo sie fast jeglichen Einfluß verloren hatte. Sie unterstützte und initiierte außerparlamentarische Massenaktivitäten in der proletarischen Frauenbewegung, der Friedensbewegung und der Kulturbewegung und trug deren Forderungen in die Parlamente hinein. Sie beurteilte die Intelligenz nicht mehr allein nach deren Bewußtsein oder nach deren bürgerlicher Herkunft, sondern aus ihrer objektiven gesellschaftlichen Lage, sah deren wachsende Abhängigkeit von der «kapitalistischen Warenproduktion» (sei es als Gehaltsempfänger oder als freiberufliche Verkäufer von Waren analog zum Kleinhandwerker) und leitete aus dieser Annäherung von Hand- und Kopfarbeit Bündnismöglichkeiten ab.[118] Überhaupt knüpfte die KPD an die sozialen und politischen Bedürfnisse breiter

Bevölkerungsschichten an, aktivierte sie und konnte so die Führungen der reformistischen Arbeiterbewegung in wichtigen Fragen dahin bringen, unter dem Druck der eigenen Basis sich den Massenbewegungen anzuschließen. So konnte – mitten in der Stabilitätsperiode – 1926 mit dem Volksbegehren gegen die Fürstenabfindung eine Massenmobilisierung erreicht werden, wie man sie seit der Revolutionsperiode nicht mehr erlebt hatte. Die von der KPD proklamierte «Bolschewisierung» der Partei wurde gerade im Sinne der «Schaffung einer proletarischen revolutionären Massenbewegung» verstanden, wobei «die Arbeit in den bestehenden ... Gewerkschaften den wichtigsten integrierenden Bestandteil der Bolschewisierung bildet».[119]

Doch schon 1928 warf die KPD – in Übereinstimmung mit dem neuen Kurs der KI – das Steuer wieder herum. Aus der richtigen Prognose, daß der Kapitalismus vor einer neuen Krise stehe, wurde die Notwendigkeit einer ganz anderen politischen Strategie abgeleitet: Die Krise bewirkt einen «revolutionären Aufschwung des Klassenkampfs», eine «Radikalisierung der Massen». Also komme es darauf an, alle reformistischen und parlamentarisch-demokratischen Illusionen zu bekämpfen, insbesondere den Kampf aufzunehmen gegen die SPD, die die Arbeiterklasse in solchen Illusionen gefangen halte. Der Kampf sei, wie Thälmann beim Parteitag 1929 ausführte, zu führen «gegen den Dreibund von Unternehmertum, bürgerlicher Staatsgewalt und reformistischer Bürokratie»[120]. Also lautete nun die Parole: Kampf gegen die SPD und Kurs auf die Spaltung der Gewerkschaften.

Kunst und Kulturarbeit wurden nun wieder vollständig der Politik untergeordnet. «Die Bühne ... wird zur politischen Plattform, sie wird zum Referentenpult, die ‹Vorstellung› zur politischen Massenversammlung mit Zwischenrufen, Abstimmungen und Resolutionen.»[121] Nur die Arbeiter selbst «haben die volle Möglichkeit, die Klasse und ihren Befreiungskampf vom revolutionären Klassenstandpunkt aus zu erleben und sich auch die revolutionäre Theorie in ihrer vollwertigen Entwicklung ... anzueignen»[122]. Mit der These «Klasse gegen Klasse» waren auch Bündnismöglichkeiten mit Mittelschichten und Intelligenz nun weitgehend abgeschnitten. Wer von ihnen nicht Mitglied in der KPD war, galt als unzuverlässig, wenn nicht als Gegner. «Ohne Illusion müssen wir heute die ‹Sympathisierenden› als hundertprozentige Versager buchen bei jeder klassengefährdenden praktischen Kollision.»[123]

Der reformistische wie der revolutionäre Flügel der Arbeiterbewegung entwickelten also gegen Ende der Stabilitätsperiode theoretische und programmatische Aussagen, die den Anspruch erhoben, die großen Probleme der Zeit analytisch zu durchdringen und daraus realistische Antworten im Interesse der arbeitenden Bevölkerung abzuleiten. Die bisherigen theoretischen Ansätze und programmatischen Konzeptionen hatten ausgereicht, um – unter den Bedingungen relativer ökonomischer Stabilität und gestützt auf starke Organisationen – gewisse Erfolge zu erzielen: Erfolge im Bereich der Lebens- und Arbeitsbedingungen der abhängig Arbeitenden wie auch im Bereich der politischen Mobilisierung, der Wählerziffern und der Abgeordnetenmandate. Ob die Analysen und Programme der Arbeiterbewegung auch ausreichen würden, um unter Bedingungen der ökonomischen Krise und der politischen und sozialen Offensive der herrschenden Kräfte eine wirksame Politik zu entwickeln, war jedoch offensichtlich sehr zweifelhaft. Dieser Umbruch aber stand 1928, dem Jahr der großen Wahlerfolge und der bisher besten Wirtschaftskonjunktur, unmittelbar bevor.

Die Krise und die Zerstörung der Republik

Die große Wirtschaftskrise [1], die 1929 für die bürgerliche Politik und Wirtschaftswissenschaft völlig unerwartet ausbrach und alle Länder der kapitalistischen Welt erfaßte, ergriff auch Deutschland, und zwar besonders früh und besonders stark. In allen kapitalistischen Ländern waren die Produktionskapazitäten stark ausgeweitet worden, die Kaufkraft der Massen war im Vergleich dazu zurückgeblieben. 1929 kam dieser Widerspruch mit aller Wucht zum Ausbruch. Die marktbeherrschenden, stark monopolisierten Unternehmen antworteten darauf nicht mit der Senkung der Preise (wie dies zur Zeit des liberalen Konkurrenzkapitalismus geschehen wäre), sondern durch massive Drosselung der Produktion, d. h. durch Brachlegung von Kapazitäten an Maschinen und Arbeitskräften. Das verminderte die Massenkaufkraft noch weiter und ebenso das Steueraufkommen der Bevölkerung und führte nur noch tiefer in die Krise.

So rief die Krise in einer scheinbar unaufhaltsamen Spirale in allen diesen Ländern Massenarbeitslosigkeit und soziale Verelendung hervor, verschärfte den Kampf zwischen den sozialen Klassen um die Verteilung des schwindenden gesellschaftlichen Reichtums und die Richtung des politischen Kurses, verschärfte den Konkurrenzkampf zwischen den Unternehmen und trieb viele in den Bankrott, und verschärfte zugleich den Konkurrenzkampf zwischen den nationalen Kapitalen auf dem Weltmarkt. Eine Ausnahme bildete nur die Sowjetunion, die seit der Revolution von 1917 aus dem kapitalistischen Weltmarkt ausgebrochen war und ihren eigenen Weg ging. Gerade in den Krisenjahren, als in den kapitalistischen Ländern die Produktion immer tiefer sank, konnte dort die Industrieproduktion während des ersten Fünfjahresplanes von 1928/29 bis 1932/33 auf das Doppelte gesteigert werden. [2] In allen Ländern drängten die Kapitalbesitzer darauf, die Produktionskosten, besonders die Löhne und Sozialleistungen, zu senken, die Lasten der Krise also der arbeitenden Bevölkerung aufzuerlegen, um sich in diesem Konkurrenzkampf zu behaupten. Überall verschärften sich im Gefolge der Krise die sozialen und politischen Auseinandersetzungen. Diese Konstellation galt grundsätzlich auch für Deutschland. Hier kamen jedoch verschiedene Sonderbedingungen dazu, die dem Verlauf und dem Resultat dieser Konflikte auch ein besonderes Gepräge gaben.

Die Offensive der Rechten

Ökonomisch hatte sich, wie schon dargestellt, im Verlaufe der zwanziger Jahre der gleiche Widerspruch herausgebildet, der die deutsche Wirtschaft schon vor 1914 geprägt und auf den Weg gewaltsamer Lösungen geführt hatte: Einem modernen und leistungsfähigen Produktionsapparat mit starkem Expansionspotential standen die sehr beschränkten realen Expansionsmöglichkeiten gegenüber – nunmehr noch weiter eingeengt durch die Gebiets- und Kolonialverluste und die vielfältigen Fesseln, die der Versailler Vertrag dem Deutschen Reich auferlegt hatte. So traf die Wirtschaftskrise Deutschland sehr hart[3], aber in Hinsicht auf die Industrieproduktion nicht wesentlich härter als die anderen großen kapitalistischen Länder[4]. Als schwere Belastung wirkte allerdings die Abhängigkeit von ausländischen Krediten, die durch die Reparationsverpflichtungen und die Regelungen von Dawes- und Young-Plan entstanden waren. Diese Kredite aber wurden nun in dem Maße abgezogen, wie die Krise auch in den anderen Ländern, besonders in den USA, voranschritt. Der Staat antwortete darauf mit massiven Senkungen der Sozialausgaben.

Die sozialen Auswirkungen waren Arbeitslosigkeit und Verelendung breiter Bevölkerungsschichten. Für Deutschland gab es nicht – wie für andere Länder – die Möglichkeit, einen Teil der Lasten auf Kolonien und deren Bevölkerung abzuwälzen. Die Mittelschichten hatten durch Kriegsanleihen und Inflation ihr Vermögen weitgehend eingebüßt und der Arbeiterschaft und den Mittelschichten waren die Kriegsfolgelasten aufgebürdet worden, so daß diese Schichten über keinerlei Reserven verfügten. Bis 1931 bildete der Export noch einen relativ stabilisierenden Faktor; er sank zwar (1929–1931) gegenüber den kapitalistischen Staaten um 38 %, erhöhte sich jedoch gegenüber der Sowjetunion um 115 %, wodurch der Gesamtrückgang auf 30 % gehalten werden konnte.[5] Ein politischer Grund kam allerdings erschwerend hinzu: Die führenden Kräfte in Industrie und Militär und die Reichsregierung waren entschlossen, durch eine krisenverschärfende Politik die Lage zu nutzen, um die Zahlungsunfähigkeit Deutschlands zu demonstrieren und so endlich die Reparationsverpflichtungen gänzlich loszuwerden, was dann schließlich bei der Konferenz von Lausanne im Juli 1932 auch erreicht wurde.

Schon aus diesen Gründen ergab sich aus der Sicht der Großwirtschaft die Notwendigkeit, die Lasten der Krise möglichst vollständig der eigenen Bevölkerung aufzuerlegen und die mit dieser krisenverschärfenden Wirtschaftspolitik verbundene weitere Verelendung großer Bevölkerungsteile dabei in Kauf zu nehmen. Da daraus scharfe soziale Konflikte resultieren mußten, war es um so dringlicher, geeignete politische Mittel zu ihrer Bewältigung bereitzustellen. Zugleich ergab sich für sie ein verstärkter Drang, ökonomische Expansionsmöglichkeiten zu schaffen und durch Militärmacht abzusichern. Insbesondere das schon vom Kaiserreich verfolgte und die Kriegszielplanung nach 1914 bestimmende Konzept einer europäischen Großraumwirtschaft unter deutscher Führung[6] wurde wieder aufgenommen und durch Neukonstituierung des Mitteleuropäischen Wirtschaftstages 1929 offensiv angepackt. Was ideologisch als Konzept der «Vereinigten Staaten von Europa» ausgegeben wurde, zielte in Wahrheit auf Imperialismus. Der schon in anderem Zusammenhang genannte anschaulichste Beleg sei hier noch einmal zitiert: «Ein geschlossener Wirtschaftsblock von Bordeaux bis Odessa wird Europa das Rückgrat geben, dessen es zur Behauptung seiner Bedeutung in der Welt bedarf.»[7] So Carl Duisberg, der Vorsitzende des Reichsverbandes der Deutschen Industrie zur Zielsetzung des MWT. Dieses Konzept war innerhalb Europas gegen die Vormachtstellung Frankreichs gerichtet – mit dem jedoch ein Ausgleich durch Zollunion angestrebt wurde –, zugleich aber auch gegen die Expansion der US-Konzerne in Europa und andererseits gegen die Sowjetunion. Die neuen Industrien und die mit ihnen verbundenen Banken waren ebenso vertreten wie große Konzerne der Schwerindustrie. Den Vorsitz übernahm der Schwager Krupps, Tilo von Wilmovsky.[8]

Aus all diesen Gründen intensivierten Großindustrie und Militär die Suche nach Möglichkeiten, um die Fesseln des Versailler Vertrags wie die Fesseln der Weimarer Reichsverfassung nunmehr gänzlich abzuschütteln, die Suche nach einer Staatsform also, die voll «handlungsfähig» nach innen und außen war, ohne durch die Risiken von Wahlen und wechselnden Parlamentsmehrheiten und durch Gegenkräfte der Arbeiterbewegung behindert zu sein.

Einen wesentlichen Bestandteil aller Diktaturpläne seit 1918 und jetzt wieder seit 1930 bildete die Reichswehr. Sie galt in all diesen Plänen als diejenige Potenz, die den Weg in die Diktatur machtpolitisch absichern sollte. So verstärkte die Reichswehr ihre Aktivitäten seit 1929/30 ganz beträchtlich. Diese bezogen sich einerseits auf die Herstellung autoritärer Herrschaftsformen im Innern, andererseits jetzt aber auch verstärkt auf die Erlangung der «Rüstungsfreiheit». Koordiniert wurden alle diese Aktivitäten vom «Chef des Ministeramts im Reichswehrministerium», das im Februar 1929 auf Kabinettsbeschluß geschaffen und General von Schleicher übertragen wurde und das politische Führungszentrum des Militärs darstellte.

Daß eine autoritäre Regierung sich mittels des Notstandsartikels der Weimarer Reichsverfassung etablieren ließe, hatten führende Militärs wie Groener und von Seeckt schon seit 1919 betont. Nun, mit der Bildung der Regierung Brüning im März 1930, wurde dieses Konzept – in Absprache mit der Reichswehr – in Angriff genommen. 1929/30 arbeitete die Reichswehrführung ihrerseits neue Planungen aus «für den Einsatz des Reichsheeres bei inneren Unruhen», insbesondere für den Einsatz in Industriezentren.[9] Um Widerstände von links schon im Vorfeld auszuschalten, wurde im Mai 1929 der Rote Frontkämpferbund verboten, der ein Zentrum antimilitaristischer Aktivitäten darstellte und auch in die Reihen der Reichswehr hineinzuwirken versuchte. Ab Oktober 1930 wurden im Reichswehrministerium Gesetze gegen «ideellen Landesverrat» und Sondergerichte vorbereitet. Verstärkt wurde nun auch die vormilitärische und militärische Ausbildung außerhalb der Reichswehr. Dies betraf nicht nur die SA, den Stahlhelm und andere Wehrverbände, sondern auch Jugendbünde und Studentenverbände. Ab Juli 1931 wurden – unter Leitung des Akademischen Wissenschaftlichen Arbeitsamtes, das an allen Universitäten Zweigstellen unterhielt – in großer Zahl Universitätsangehörige in diese Bürgerkriegsvorbereitungen einbezogen.[10] Ende 1931 wurden auch bereits Vorbereitungen für die Einführung einer allgemeinen vormilitärischen Ausbildung der wehrfähigen männlichen Bevölkerung getroffen[11], die allerdings erst unter den Bedingungen der faschistischen Diktatur verwirklicht werden konnte.

Die erste Bewährungsprobe war der Staatsstreich der Papen-Regierung gegen Preußen und dessen von der SPD geführte Regierung am 20. Juli 1932. Die Reichswehrführung hatte den Staatsstreich generalstabsmäßig vorbereitet und in Berlin und der Mark Brandenburg die vollziehende Gewalt übernommen. Diese «Generalprobe» war ein voller Erfolg: die SPD-Führung und ihre Regierung kapitulierten kampflos.

Um «Rüstungsfreiheit» zu erlangen, steuerte die Reichswehr bei der Genfer Abrüstungskonferenz, die am 2. Februar 1932 begann, einen Kurs, den General von Schleicher bei einer Befehlshaberbesprechung wie folgt kennzeichnete: «Nie von Aufrüstung reden, sondern immer nur Abrüstung der anderen fordern.»–«Scheitert die Konferenz und nehmen wir uns dann die Freiheit zu rüsten, so haben wir (die) Weltmeinung für uns.»[12] Da die Konferenz nur unter dem Druck der Friedenssehnsucht der europäischen Völker und der Abrüstungsoffensive der Sowjetunion zustande gekommen war, auch die Westmächte aber nicht daran dachten, wirklich abzurüsten, konnte dieser Kurs der Reichswehr erfolgreich sein. Bei der Londoner Konferenz einige Monate später war es dann soweit: Dem Deutschen Reich wurde de facto – mit nur geringfügigen Einschränkungen – Rüstungsfreiheit zugestanden. Die «Fesseln des Versailler Vertrages» waren gefallen. Was die außenpolitische Orientierung angeht, so hatte die Reichswehr noch einmal für die Verlängerung des Berliner Vertrages mit der Sowjetunion gestimmt, als einem «Pakt mit dem Beelzebub», denn Deutschland brauche die Anlehnung an die Sowjetunion, solange der Westen nicht bereit sei, «etwas ähnliches wie Gleichberechtigung zu gewähren».[13] Frankreich galt aber nicht nur als Hauptgegner, weil es die Garantiemacht des Versailler Vertrages war, sondern auch, weil es der Hauptbündnispartner Polens war, eines Staates also, dessen Existenz von der Reichswehr und allen anderen auf Revision der Niederlage von 1918 drängenden Kräften als absolut unannehmbar betrachtet wurde.

Zwar wurden die Forderungen nach Grenzrevision im Osten seit 1931 offen mit britischen und selbst mit französischen Regierungsstellen erörtert und ebenso auch das Verlangen, wieder die Möglichkeit zu «kolonialer Betätigung» zu erhalten.[13a] Doch die Westmächte gingen bei ihrem Entgegenkommen jetzt und noch eine Reihe von Jahren nach 1933 von der falschen Annahme aus, daß sich das Deutsche Reich mit der Rolle eines Juniorpartners in einer anti-sowjetischen Front begnügen werde, machten sich also Illusionen über die Reichweite der Ziele des deutschen Imperialismus.

Diese im Laufe der zwanziger Jahre neu entstandene und durch die große Krise akut verschärfte Interessenlage traf auf politisch-ideologische Dispositionen, die gerade in Deutschland besonders ausgeprägt waren. Die Vorherrschaft des monarchischen Obrigkeitsstaates bis ins zwanzigste Jahrhundert hinein, die Glorifizierung dieses Staates und des damit verbundenen Tugendkodex der preußisch-deutschen Militärkaste als dem «deutschen Wesen» gemäß, die Abwertung von liberalen, demokratischen, der Aufklärung verpflichteten Denkweisen als westlich, undeutsch und dekadent hatten in Deutschland ein besonders reaktionäres Klima erzeugt. Die besitzenden Klassen in diesem Lande waren es gewohnt zu herrschen – auf dem Gutshof, in der Fabrik wie im Staat. Das war für sie die natürliche, die gottgegebene Ordnung. Die massive Propagierung von Imperialismus und Rassismus als Legitimation von Weltmachtansprüchen schon vor 1914 und die gewaltigen Eroberungspläne und Überlegenheitsvorstellungen des Ersten Weltkrieges hatten sich dann mit diesem reaktionären Geist vermischt. Die militärische Niederlage und die Revolution von 1918 eröffneten zwar Chancen zur Überwindung dieser Traditionen, doch mit der Stabilisierung der alten Machtstrukturen gewannen diese bald wieder an Boden. Und die herrschenden Kräfte in Wirtschaft, Militär und Bürokratie waren, wie oben dargestellt, keineswegs bereit, sich mit den Resultaten von 1918 – der demokratischen Verfassungsordnung und dem Versailler Vertrag – abzufinden. Und in den bürgerlichen Mittelschichten, die sie schon im Kaiserreich für diese Ideologien weitgehend gewonnen hatten, fanden sie alsbald wieder Resonanz. Solange die ökonomische Lage einigermaßen stabil war, blieb diese Stimmung sozusagen latent, erhielt aber durch die ökonomische Krise, die Millionen von Menschen ihrer sozialen Existenz beraubte, sie in Angst und Panik stürzte und verzweifelt nach einem Ausweg suchen ließ, eine enorme Dynamik. Und die Führungsschichten sahen nun auch eine erhöhte Chance, diese Lage offensiv zu nutzen, um von der Basis eines auch militärisch starken Staates dann auch die Revision der internationalen Machtverhältnisse in Angriff zu nehmen.

Die Offensive der Rechten setzte schon vor dem Ausbruch der Krise ein. Diese Kräfte hatten ihre Positionen in der Phase der relativen Stabilisierung ökonomisch und ideologisch konsolidiert, und in dem Wahlsieg der Arbeiterparteien und der Bildung einer sozialdemokratisch geführten Regierung im Frühjahr 1928 sahen sie dann ein lästiges Hindernis für den weiteren Aufstieg. Die bloße finanzielle Unterstützung der bürgerlichen Parteien durch die Großwirtschaft, die Politik «Geld gegen Masse», wie das geschäftsführende Präsidiumsmitglied der Vereinigung Deutscher Arbeitgeberverbände, Brauweiler, sehr anschaulich sagte, hatte sich als unzureichend erwiesen.[14]

Programmatisch eröffnet wurde die Offensive durch den im Januar 1928 gegründeten «Bund zur Erneuerung des Reiches», der die verschiedenen Initiativen zur «Reichsreform» nun organisatorisch zusammenfaßte und radikalisierte. Dieser Bund, dessen Führung der spätere Reichsbankpräsident Luther übernahm, forderte, die «Vielregiererei» durch das «dritte Reich», durch einen einheitlichen Zentralstaat zu ersetzen und «durch die Krafteinstellung der zentralen Reichsgewalt die verlorenen Gebiete ... zurückzugewinnen». Es ist bezeichnend, daß dieser Bund aus beiden Flügeln der Industrie, den Banken und dem Großgrundbesitz, aus der Reichswehr, dem Stahlhelm und aus DDP, DVP und DNVP Unterstützung erhielt.[15]

Präzisiert für die Wirtschafts- und Sozialpolitik wurde dieses Programm dann durch die Denkschrift des Reichsverbandes der Deutschen Industrie «Aufstieg oder Niedergang» vom Dezember 1929[16], in der energisch die Senkung der Lohnkosten, der Abbau von sozialen Leistungen, die «Förderung der Kapitalbildung» und die Stärkung der Exekutive zur Durchsetzung dieses Programms verlangt wurden. Im sozialen Feld wurde die Offensive im November 1928 durch die Aussperrung von 240 000 Stahlarbeitern im Ruhrgebiet eröffnet, um die Gewerkschaften einzuschüchtern und finanziell zu schwächen und das staatliche Schlichtungswesen in Tarifkonflikten zu Fall zu bringen. Politisch wurde massiver Druck auf die sozialdemokratisch geführte Reichsregierung ausgeübt, um die SPD entweder zur Unterwerfung unter die sozialen und politischen Forderungen der Privatwirtschaft oder zum Ausscheiden aus der Regierung zu zwingen.[17]

Die Regierung kapitulierte vor den Pressionen der Metallindustrie, verzichtete auf die Durchsetzung ihres ohnehin schon den Forderungen der Industrie weitgehend angepaßten Schiedsspruchs, womit das staatliche Schlichtungswesen generell schwer angeschlagen war. (Das Reichsgericht leistete dann noch entsprechende Beihilfe.) Die Sozialdemokratie hatte, wie schon ausgeführt, zwar den Wahlkampf 1928 mit der Parole «Kinderspeisung statt Panzerkreuzer» geführt (und damit einen großen Erfolg errungen), doch nun, in der Regierung, unterwarf sie sich dem Rüstungsprogramm von Militär und Wirtschaft und beschloß den Bau eines Panzerkreuzers. Auch die noch stärkeren Belastungen der abhängig Arbeitenden für die Arbeitslosenversicherung und andere soziale Lasten hätte sie durchgeführt – doch da rebellierten die Gewerkschaften, die Reichstagsfraktion und andere Gliederungen der Partei. Dies war nun der Punkt, an dem den Führungsschichten und ihrer politischen Repräsentanz in der Regierung, vorab der DVP, diese Regierung nicht mehr brauchbar und nicht mehr tragbar erschien. Hier kamen eben doch die soziale Basis der SPD und deren Interessen zur Geltung – und zudem auch, wie der Zentralvorstand der DVP vermutete, der Konkurrenzdruck der KPD.[18] Die SPD wurde nur noch benötigt, um den Young-Plan im Parlament durchzubringen. Zwei Wochen später jedoch – Ende März 1930 – wurde die Regierung durch den Austritt der maßgeblichen bürgerlichen Minister gestürzt.[19]

Dies war die letzte parlamentarisch legitimierte Regierung der Weimarer Republik. Nun war der Weg frei, um – gestützt auf die Notstandsermächtigung der Weimarer Verfassung – durch den Präsidenten Hindenburg «unabhängige», d. h. vom Parlament, von Parteien, von Mehrheitsbeschlüssen, also vom Volk unabhängige Präsidialregierungen einzusetzen. Genaugenommen war dies schon das Ende der Weimarer Republik und ihrer demokratischen Verfassungsordnung. Der Notstandsartikel wurde hier nicht nur mißbräuchlich, entgegen dem Sinn und Geist der Verfassung, angewandt, sondern er wurde sozusagen an die Stelle der Verfassung gesetzt. Bezeichnenderweise stützte sich dann die faschistische Regierung 1933 in den entscheidenden Monaten ebenfalls auf diesen Artikel, um ihre Diktatur zu etablieren. Diese Vorgänge zeigen sehr anschaulich, wohin es führt, wenn der staatlichen Exekutive «Notstandsvollmachten» eingeräumt werden – mögen diese auch mit allerlei juristischen Einschränkungen versehen sein. Auch im Selbstverständnis der Regierenden war der Übergang zur Präsidialregierung das Ende der Weimarer Republik: Sie verstanden sich als Vorbereitung und Übergang zu einer grundsätzlich anderen, einer autoritären Staatsform.[20] Schon Brünings Ziel war die «Änderung oder Umbiegung der Verfassung», die nach seiner Ansicht nur durch Staatsstreich vollendet werden konnte.[21] Gegenüber der Bevölkerung stellte diese «Übergangsregierung» dennoch eine gewisse Tarnung dar, denn der neue Reichskanzler kam aus der christlichen Gewerkschaftsbewegung und gehörte der Zentrumspartei an, die ja nicht das Image der Republikfeindlichkeit hatte. Es war dies also eine Lösung, die auch für den rechten Flügel der Sozialdemokratie noch annehmbar erscheinen mochte.

Wozu dieses Präsidialregime, dessen Kanzler vom Vorsitzenden des Reichsverbandes der Deutschen Industrie Duisberg als der langersehnte Führer begrüßt wurde[22], etabliert worden war, zeigten seine politischen und sozialen Maßnahmen: Die Steuerbelastungen für die arbeitende Bevölkerung und die Kosten für Krankenfürsorge und Arbeitslosenunterstützung wurden erhöht, die Sozialleistungen und die Löhne radikal gesenkt, die staatlichen Ausgaben für den Wohnungsbau und die Mittel für die Gemeinden und die kommunalen Versorgungsbetriebe drastisch zusammengestrichen. Das Heer der Arbeitslosen, das bis 1932 auf real fast 8 Millionen anwuchs, wurde einer unvorstellbaren Verelendung ausgesetzt. Die Unterstützungssätze wurden immer weiter gesenkt, immer mehr Gruppen von der Unterstützung überhaupt ausgeschlossen; verheiratete Frauen erhielten gar nichts mehr, Jugendliche nur dann, wenn ihre Angehörigen über kein Einkommen verfügten, Saisonarbeiter nur Krisenfürsorge. Zugleich wurden die Subventionen für Industrie, Banken und Großlandwirtschaft verstärkt. Den Roggenpreis hielt man zugunsten der Großgrundbesitzer so hoch, daß er (1931) das Doppelte des Weltmarkt-preises betrug, und trotz des herrschenden Hungers wurden große Mengen für den menschlichen Konsum unbrauchbar gemacht, um die Preise hoch zu halten.[23] So verschlimmerte sich die Situation für die Klein- und Mittelbauern, die die teuren Maschinen und Kunstdünger und das Futtergetreide nicht mehr bezahlen konnten. Stimmte der Reichstag solchen Regierungsmaßnahmen nicht zu, wurde das Gesetz per «Notverordnung» in Kraft gesetzt – die Unterstützung des Reichs-präsidenten war allemal sicher.

Ende Mai 1932 wurde die Präsidialregierung Brüning von Hinden-burg dennoch entlassen, weil sie auf die sozialen Interessen der arbei-tenden und der arbeitslosen Massen und auf die SPD und die Gewerk-schaften immer noch gewisse Rücksichten genommen hatte. Sie handelte dabei durchaus in Übereinstimmung mit dem Kurs des ge-mäßigten Flügels in der Großindustrie, der, von der Krise weniger stark betroffen[24], zu gewissen sozialen Konzessionen weiterhin bereit und vor allem an ungestörter Produktion für den Export interessiert war. Diese Kräfte wollten eine offene und gewaltsame Konfrontation mit der Arbeiterbewegung, Massenstreiks und bürgerkriegsartige Zustände möglichst vermeiden.[25] Nun aber teilte der Reichspräsident dem Kanzler mit, künftig müsse noch stärker «nach rechts» regiert und mit der «Wirtschaft der Gewerkschaftssekretäre» Schluß ge-macht werden. Der radikale Flügel war sichtlich im Vormarsch – zu-mal auch der Drang nach Rüstung immer stärker wurde, besonders bei der Schwerindustrie: nach staatlichen Rüstungsaufträgen zur Kri-senbekämpfung und nach Schaffung einer Militärmacht zur Absiche-rung der «Weltgeltung».

Berufen wurde Franz von Papen, der ein «Kabinett der Barone» und Großindustriellen bildete und die Belastungen der arbeitenden Bevölkerung und damit deren Verelendung weiter rigoros steigerte. Gestützt auf den Notstandsartikel der Weimarer Verfassung wurde das Tarifvertragsrecht faktisch liquidiert. Die Regierung Papen ver-half statt dessen dem «Grundsatz der freien Lohnbemessung» zum Durchbruch und verordnete, daß die Tariflöhne von den Unterneh-mern um bis zu 20 Prozent unterschritten werden konnten. Gewerk-schaftliche Kampfmaßnahmen gegen solche Lohnkürzungen wurden als Verstöße gegen das Tarifvertragsrecht, also als Rechtsbruch, ge-wertet und polizeilich und strafrechtlich verfolgt. Die Unterstützung für Arbeitslose und Wohlfahrtsempfänger, die Renten für Invaliden, Witwen und Waisen wurden um 15 bis 24 Prozent gesenkt. Zugleich wurde das im April 1932 verhängte Verbot von SA und SS aufgeho-ben. Innerhalb von sechs Wochen (vom 18.6. bis 1.8.1932) forderte

der faschistische Terror bei Überfällen auf Kundgebungen, Zeitungs-
redaktionen der Arbeiterbewegung und Wohnungen ihrer Funktionäre 183 Todesopfer und über 2000 Verwundete.[26]

Die Errichtung des «neuen Staates», d. h. die Abschaffung der parlamentarischen Demokratie, wurde resolut in Angriff genommen.
Ein zunächst freiwilliger Arbeitsdienst wurde geschaffen, der arbeitslose Jugendliche kasernierte und als Dienstträger vorwiegend
Wehrverbände und andere Organisationen der nationalen Rechten
einsetzte, deren ideologischer Beeinflussung die Jugendlichen dann
ausgesetzt waren. Schnellgerichte gegen «politischen Terror» wurden
eingesetzt, die sich so gut wie ausschließlich gegen die Arbeiterbewegung richteten. Die eigentliche Machtfrage wurde dann durch offenen
Verfassungsbruch entschieden: Am 20. Juli 1932 wurde die letzte gewichtige Bastion der Sozialdemokratie, die von der SPD geführte
Landesregierung in Preußen, für abgesetzt erklärt und damit die
letzte starke bewaffnete Staatsmacht, die preußische Polizei, den
Kräften entrissen, die sich der Weimarer Verfassung verpflichtet fühlten.

Die Diktaturplanungen erforderten neue Überlegungen, als 1932
die NSDAP einen weiteren mächtigen Aufschwung nahm. Die Notwendigkeit, diese militante Rechtspartei in dieser oder jener Form in
die Diktaturplanungen einzubeziehen, war damit stark angewachsen
– und natürlich auch die Zahl und der Druck der Kräfte in den Führungsschichten, die die Übertragung der Macht an die NSDAP verlangten.

Die große Sorge der nach rechts drängenden Kräfte in den Führungsschichten bestand seit längerem darin, daß die Präsidialregime
und ihre Politik keine relevante Basis in der Bevölkerung besaßen.
Die Krise und ihre sozialen und psychologischen Folgen hatten bewirkt, daß die bürgerlichen Parteien der Mitte und der Rechten den
größten Teil ihrer Wähler verloren hatten. Ihr Stimmenanteil war von
38,7 % bei den Reichstagswahlen 1928 auf 9,6 % bei den Reichstagswahlen im Juli 1932 zusammengeschrumpft. Die Wähler hatten das
Vertrauen zu diesen Parteien, die offensichtlich nicht in der Lage waren, die elenden wirtschaftlichen Verhältnisse zu ändern, gänzlich
verloren.

Die Wählermassen, die die bürgerlichen Parteien verlassen hatten,
waren allerdings nicht nach links gegangen, sondern hatten sich einer
neuen «Sammlungsbewegung» zugewandt, die als unverbrauchte und
energische Kraft erschien: der NSDAP.[27]

Diese Partei hatte sich aus einer der vielen nationalistischen und
völkischen Gruppen entwickelt, die im Gefolge der Novemberrevolu-

tion spontan entstanden oder von Kreisen des Militärs und der Großindustrie initiiert worden waren, um die «kommunistische Gefahr» zu bekämpfen und zugleich die Arbeiterschaft, die sich in der Revolution als geschichtsmächtige Kraft erwiesen hatte, für den «nationalen Gedanken» zu gewinnen. In eine dieser Gruppen, und zwar in die DAP, war Adolf Hitler von der Reichswehr als Spitzel geschickt worden, um zu erkunden, ob sie brauchbar sei. Hitler hatte mittels seiner propagandistischen und organisatorischen Fähigkeiten alsbald die Führung übernommen und der nunmehr NSDAP genannten Partei eine gewisse Bedeutung, besonders in Bayern, einem Zentrum rechtsextremer, republikfeindlicher Aktivitäten, verliehen. Im November 1923 hatte er geglaubt, seine bisherigen konservativen Bundesgenossen in der Regierung und der Reichswehr Bayerns zum «Marsch auf Berlin» und zur Proklamation einer Gegenregierung mitreißen zu können. Diese Kräfte hatten zwar alle Vorbereitungen zum Putsch getroffen, arrangierten sich jedoch im letzten Augenblick mit der Berliner Regierung und der Reichswehrführung und ließen die Putschisten, unter ihnen Hitler und den zusammen mit Hindenburg maßgeblichen Befehlshaber der Weltkriegsarmee, Ludendorff, verhaften.

Nach einer kurzen Festungshaft Hitlers wurde die NSDAP zwar 1925 neu gegründet, doch nun, in der Phase der etablierten bürgerlichen Republik, waren die Zeiten vorbei, in denen terroristisch agierende rechtsextreme Verbände von den Führungsschichten dringend gebraucht und großzügig unterstützt wurden und Massen entlassener, nach militärischen Lebensformen suchender Soldaten und Kleinbürger zu ihnen strömten. So konnte die Partei zwar Kader insbesondere aus entlassenen Offizieren der Weltkriegsarmee und deklassierten Intellektuellen sammeln, doch der Massenzulauf blieb aus.

Hitler hatte aus dem Scheitern seines Putschversuchs vom November 1923 vor allem gelernt, daß die Eroberung der Macht nur im Bündnis mit den etablierten Machteliten, nicht aber gegen sie möglich sei. Unermüdlich bot er insbesondere Kreisen der Großwirtschaft seine Partei als die wirksamste Waffe zur Vernichtung des «Marxismus» und zum Wiederaufstieg Deutschlands an, fand auch ein gewisses Interesse, verfaßte 1927 im Auftrag des Großindustriellen Kirdorf eine Denkschrift über sein politisches Konzept[28], die dann in den interessierten Kreisen kursierte, doch der Erfolg blieb begrenzt. Erst die militante Wendung der Führungsschichten nach rechts 1928/29 und der Beginn der Wirtschaftskrise, der der NSDAP zu einem gewaltigen Massenzulauf verhalf, brachten den Durchbruch. Die NSDAP wurde in das Bündnis der «nationalen Rechten» aufgenommen, die

1929 für ein Volksbegehren gegen den Young-Plan mobilisierte. Damit wurden Hitler und die NSDAP mit einem Schlag als honorige Kräfte anerkannt, im ganzen Reich bekannt gemacht und zudem an den hohen Unterstützungsgeldern beteiligt, die aus Kreisen der Wirtschaft für dieses Unternehmen bereitgestellt wurden.

Unter den Bedingungen der Krise, der Angst und Verzweiflung von Millionen, entfaltete die NSDAP seit 1929/30 eine Massenagitation, wie sie in Ausmaß, Organisiertheit und Aggressivität bisher unbekannt war. Sie trat auf als radikal aktivistisch und propagierte doch zugleich die bekannten Motive bürgerlicher Kräfte: daß die Kommunisten, die Juden und das «Schanddiktat» von Versailles an dem Elend schuld seien, daß der Marxismus vernichtet, die «Novemberverbrecher» bestraft, die schlappe Demokratie durch eine handlungsfähige Diktatur ersetzt und Deutschlands Größe und Weltgeltung mit Militärgewalt wiederhergestellt werden müßten. Was sie diesen bekannten Motiven hinzufügte, war, daß die bürgerlichen Parteien zu einer solchen Politik unfähig seien, daß überhaupt ein ganz neuer Geist, ein an das Gemeinschaftserlebnis der Frontsoldaten sich anschließender «nationaler Sozialismus» notwendig sei und daß nur absolute Rücksichtslosigkeit gegenüber dem «Marxismus» zum Ziel führen könne. Der offene Terror gegen die Linke war ein zentrales Mittel des politischen Kampfes der NSDAP. Mit dieser aktivistischen und aggressiven Propaganda gelang es der NSDAP, insbesondere die von der Krise in Unsicherheit und Angst gestürzten und von den bürgerlichen Parteien enttäuschten Massen der Mittelschichten für sich zu gewinnen: Sie wuchs von 2,6 Prozent 1928 auf über 37 Prozent im Juli 1932 an.

Angesichts dieser Entwicklung bildete sich eine Fraktion von wachsender Stärke in der Wirtschaft, besonders in der Schwerindustrie, die eine Regierungsbeteiligung der NSDAP verlangte. In der «Harzburger Front», die sich am 11./12. Oktober 1931 in Bad Harzburg formierte, gewann diese Bündniskonstellation nun auch für die Öffentlichkeit deutlich Gestalt: Die Führungsgruppen von NSDAP, SA und SS, der Deutschnationalen, des Stahlhelm und der Vereinigung der Vaterländischen Verbände traten bei dieser Kundgebung gemeinsam auf mit Vertretern der Banken (u. a. dem ehemaligen Reichsbankpräsidenten Schacht), einiger Konzerne, des Großgrundbesitzes, der Aristokratie (u. a. dem Prinzen Eitel Friedrich von Preußen) und einigen Generalen (u. a. von Seeckt, dem früheren Oberbefehlshaber der Reichswehr).

Die NSDAP trug ihrerseits zur politischen Klärung bei, als sie 1928 in einem parteioffiziellen Kommentar zu ihrem Programm versicherte, daß sie auf dem Boden des Privateigentums stehe und nur gegen jüdische Grundspekulanten vorzugehen gedenke. Zudem warf sie ihren linken Flügel, der die antikapitalistischen Elemente der Programmatik und der Wahlkampfparolen allzu ernst genommen hatte, im Juni 1930 aus der Partei hinaus[29] und formulierte ihr Wirtschaftsprogramm entsprechend den von der Industrie geäußerten Wünschen neu[30]. Bei den Reichstagswahlen im September 1930 hatte sie bereits 18,3 Prozent erlangt, bei den Reichstagswahlen im Juli 1932 gar 37,4 Prozent. Der Druck der Kräfte in der Großwirtschaft, die sie in der Regierung haben wollten, nahm zu.

Bei der Reichswehr hatte die NSDAP von Anfang an eine beträchtliche Hochschätzung genossen – wegen ihrer militanten Frontstellung gegen die marxistische Arbeiterbewegung, gegen die demokratische Verfassungsordnung und gegen den Versailler Vertrag und wegen ihrer Glorifizierung von Führertum und soldatischer Tapferkeit. Generalleutnant von Lossow, der Befehlshaber der Reichswehr in Bayern, sagte nach dem Putsch der NSDAP vom 9. November 1923 vor Gericht aus, daß er mit dem Plan einer «Reichsdiktatur-Hitler-Ludendorff» völlig einverstanden gewesen sei und daß «wir den gesunden Kern der Hitlerischen Bewegung erkannt hatten, den wir darin sahen, daß die Bewegung die werbende Kraft besaß für die nationale Einstellung der Arbeiterschaft». Es sei allerdings darum gegangen, «die Hitler-Bewegung ... auf den Boden des Möglichen und Erreichbaren zu stellen».[31] Dem entspricht die Äußerung von General von Hammerstein-Equort vom September 1931, bis auf das Tempo wolle Hitler wohl dasselbe wie die Reichswehr[32], sowie die des Reichswehrministers Groener bei der Führerbesprechung im Januar 1932, die Absichten und Ziele Hitlers seien gut, er sei jedoch ein «Schwarmgeist». Er, Groener, habe Hitler in gemeinsamen Gesprächen «voll zugestimmt, seine Absichten zum Guten des Reiches fördern zu helfen».[33] Ziel müsse also sein, wie es dann in einer Vortragsnotiz aus dem Reichswehrministerium vom 29. August 1932 heißt: die «Nazis an den Staat» heranzuführen.[34]

In den Führungsschichten war man sich im Prinzip einig darüber, daß es nützlich sei, die NSDAP an der Regierung zu beteiligen. Schon im Herbst 1930 hatten die Zentrumspartei und ihr Reichskanzler Brüning mit der Führung der NSDAP entsprechende Verhandlungen aufgenommen.[35] Im Januar 1932 gelang es Hitler, mit seiner Rede vor dem Düsseldorfer Industrieclub den «Durchbruch bei den westdeutschen Industriekapitänen» zu erzielen, wie Hitlers Pressechef Dietrich formulierte.[35a] Im Sommer 1932 wurde dann die finanzielle und politische Unterstützung der NSDAP durch Großbanken, Großgrundbesitz und Schwerindustrie, aber auch bereits durch Vertreter der neuen Industrien intensiviert (in Gestalt des «Keppler-Kreises»). Nach dem Wahlsieg der NSDAP vom Juli 1932 verhandelte der Reichskanzler von Papen im Auftrag des Reichspräsidenten Hindenburg erneut mit Hitler. Doch Hitler verlangte den Kanzlerposten und den ersten Platz für seine Partei in einer Regierungskoalition und wurde darin bestärkt von Beratern aus Kreisen der Schwerindustrie und der Hochfinanz. Dazu aber sahen die anderen Fraktionen noch keine Notwendigkeit. Die neuen Industrien, die Chemie- und die Elektrokonzerne, setzten auf das Papen-Konzept einer eher elitären und den offenen Terror vermeidenden Diktatur.[36] Und die Reichswehr wollte sich selbst in der führenden Position der angestrebten «nationalen Diktatur» sehen. Man sah auch gewisse Gefahren darin, die politische Macht einer Massenbewegung zu übertragen, die in so hohem Maße fanatisiert und dabei auch mit antikapitalistischen Parolen mobilisiert worden war. So scheiterten diese Verhandlungen.

Die entscheidende Wende brachten die Monate November und Dezember 1932. Erstens erwiesen die neuen Reichstagswahlen vom 6. November, daß, trotz aller Finanzhilfen für die Papen-Regierung, die Parteien, die diese Regierung trugen, weiterhin ohne relevante Massenbasis blieben. DVP und DNVP erlangten zusammen nur 10,7 Prozent der Stimmen. Die Regierung Papen trat nun zurück. Zweitens hatten die Wahlen vom 6. November für die NSDAP einen Verlust von über zwei Millionen Stimmen gebracht. Der Niedergang dieser so rasch aufgestiegenen Partei schien sich abzuzeichnen. Für die Führungsschichten zeichnete sich damit die Gefahr ab, daß ihre politischen Zukunftspläne unrealisierbar werden könnten. Würden sich die von der NSDAP enttäuschten Massen womöglich nun nach links wenden? Oder würde gar nach dem Abflauen der Krise das parlamentarische System sich wieder erholen, wie die «Deutschen Führerbriefe», ein vertrauliches Korrespondenzblatt der Großindustrie, befürchteten?[37] Die Bemühungen, die NSDAP nun an die Macht zu bringen, um sie als politische Kraft zu stabilisieren und den Weg in die Diktatur abzusichern, wurden nun beschleunigt. Der Kölner Bankier von Schroeder, in dessen Haus dann am 4. Januar 1933 die entscheidenden Verhandlungen über die Bildung der Regierung Hitler stattfanden, drückte dies in seiner Zeugenaussage vor den alliierten Untersuchungsbehörden 1945 so aus: «Als die NSDAP am 6. November ihren ersten Rückschlag erlitt und somit also ihren Höhepunkt überschritten hatte, wurde eine Unterstützung durch die deutsche Wirtschaft besonders dringend.»[38]

Und drittens schließlich hatten die Wahlen einen weiteren Stimmenzuwachs für die KPD gebracht, die nun mit 17,8 Prozent annähernd so stark war wie die SPD (20,4 Prozent). Zudem hatten im Herbst die Streikaktivitäten zugenommen, ebenso wie verschiedene Initiativen, um Sozialdemokraten und Kommunisten zu gemeinsamen Aktionen zusammenzuführen. So entstand bei den Führungsschichten der Eindruck, daß die Kräfte der Rechten bei längerem Zuwarten abnehmen, die der Linken aber anwachsen könnten.

Schon am 19. November forderten zahlreiche Großindustrielle, Bankiers und Großagrarier den Reichspräsidenten in einer Petition auf, Adolf Hitler zum Reichskanzler zu ernennen.[39] Ein Planspiel der Reichswehr Ende November zeigte, daß Reichswehr und Polizei allein nicht stark genug waren, um eine eventuell bis zum Generalstreik wachsende Bewegung der Arbeiterklasse niederzuwerfen, sondern daß sie dabei auf die Unterstützung der Wehrverbände, besonders der SA und des Stahlhelm, angewiesen waren. Eine nackte Militärdiktatur ohne Massenbasis war angesichts der starken organisierten Arbeiterbewegung nicht zu realisieren – wie schon der Kapp-Putsch 1920 gezeigt hatte, dessen Erfahrungen den Generälen noch im Nacken saßen.

Der bisherige Reichswehrminister General von Schleicher trat am 3. 12. 1932 selbst an die Spitze der Regierung und versuchte, eine Massenbasis für eine «nationale Diktatur» zustande zu bringen. Sein Konzept[40] sah vor, unter der Führung der Reichswehr einerseits die Wehrverbände, vor allem den Stahlhelm und die SA, zu gewinnen und dabei den linken Flügel der NSDAP unter Führung von Gregor Strasser, der mit der Hitlerschen Linie des «alles oder nichts» unzufrieden war, abzuspalten. Andererseits sollten unter Ausnutzung des Rufes, den Gregor Strasser als Repräsentant des «antikapitalistischen» Flügels der NSDAP hatte, Teile der Arbeiterbewegung sozusagen quer durch die Parteien, insbesondere die christlichen und deutschnationalen Gewerkschaften und der rechte Flügel des ADGB gewonnen werden.

Diese «Querfront»-Diktaturkonzeption scheiterte bereits daran, daß die NSDAP sich nicht spalten ließ, daß Gregor Strasser gezwungen wurde, seine Parteiämter niederzulegen, daß NSDAP und SA nicht bereit waren, sich der Reichswehr unterzuordnen, und daß auch im ADGB und in der SPD die Bedenken die Oberhand behielten. Am Ende blieb auch dem Kanzlergeneral Schleicher nur noch der Vorschlag, die Exekutivmacht an die Reichswehr zu übertragen, den der Reichspräsident mit Hinweis auf das von Schleicher selbst veranlaßte Planspiel vom November 1932 ablehnte.

Verschiedene Diktaturkonzeptionen waren also seit dem März 1930 erwogen und versucht worden. Sie hatten entweder, wie die Präsidialregime, die ins Auge gefaßten Ziele (die Entmachtung der Arbeiterbewegung, die Beseitigung der parlamentarisch-demokratischen Staatsform und die Einleitung einer neuen, militärisch fundierten Macht- und Expansionspolitik) nicht erreichen können. Oder sie hatten sich als unrealisierbar erwiesen, wie das Konzept einer Militärdiktatur oder das Massenbasiskonzept des General Schleicher. Als Alternative bot sich aber immer noch die Übertragung der politischen Macht an die Führung der NSDAP an – eine Lösung, die angesichts des Scheiterns aller anderen Diktaturkonzepte und angesichts der Anzeichen von Niedergang in der NSDAP nun besonders dringlich geworden war.

Den Führungsschichten des Deutschen Reiches bot die NSDAP absolute Gewähr für die Entmachtung der Arbeiterbewegung, die Abschaffung der Demokratie im Innern und eine neue Machtpolitik nach außen; und sie hatte den Vorzug, daß die Führung dieser Partei bewiesen hatte, daß sie für eine solche Politik die Massen mobilisieren konnte. Großindustrie und Militär waren – trotz aller finanziellen Anstrengungen – nicht fähig, «Massen für die eigenen Interessen als Gegengewicht gegen die Industriearbeiterschaft zu mobilisieren. Eben das aber bot ihnen Hitler.»[41] Da zudem Papen, die Deutschnationalen, die Führung der Reichswehr und des Stahlhelms und die Großwirtschaft selbst in dieser Regierung vertreten waren, konnte die Regierung Hitler als eine für alle Fraktionen der Führungsschichten befriedigende Lösung erscheinen. Sie wurde am 30. Januar 1933 gebildet. In einer Konferenz zwischen der Führung der faschistischen Partei und den Großindustriellen am 20. Februar sicherte Göring zu, daß nun für die «nächsten zehn, wahrscheinlich aber für die nächsten hundert Jahre» keine Wahlen in Deutschland mehr stattfinden würden.[42] Die Regierung Hitler zertrümmerte unter Einsatz offenen Terrors innerhalb weniger Monate die Restbestände, die von der demokratischen Verfassungsordnung noch übriggeblieben waren, um dann die weiteren Aufgaben in Angriff zu nehmen, vor allem die Vorbereitung eines neuen Eroberungskrieges.[43]

Arbeiterklasse und antifaschistische Potentiale

Für die abhängig Arbeitenden bedeutete dieser Prozeß von Krise und Faschisierung, der in der offenen Diktatur endete, daß sie zunächst einer rasch wachsenden materiellen und psychischen Verelendung ausgesetzt wurden und daß ihnen schließlich alle sozialen und politischen Rechte genommen wurden, die sie sich in jahrzehntelangen Kämpfen errungen hatten. Die Verelendung der Bevölkerung nahm schlimmere Ausmaße an als zu Zeiten des Frühkapitalismus. Nur noch etwa ein Drittel der Arbeiter und Angestellten war 1932 vollbeschäftigt, 23 Prozent waren von Kurzarbeit betroffen, über 44 Prozent arbeitslos. Von den Arbeitslosen erhielt nur noch ein kleiner Teil reguläre Unterstützung, der weit größere Teil erhielt nur noch Krisen- und Wohlfahrtsunterstützung. 1,5 Millionen erhielten gar nichts mehr. Aber selbst diejenigen, die noch einen Arbeitsplatz hatten, lebten unter elenden Verhältnissen. Die Reallöhne waren unter dem Druck des Kapitals und durch staatliche Eingriffe so gesunken, daß sie 1932 etwa 45 Prozent unter dem amtlichen Existenzminimum lagen.[44] Das Wohnungselend nahm rapide zu, Unterernährung wurde zur Alltags-erscheinung.

Die Kämpfe der abhängig Arbeitenden zur Verteidigung ihrer sozialen Rechte und zur Herstellung menschenwürdiger Verhältnisse aber endeten 1933 damit, daß ihre Parteien und Gewerkschaften zerschlagen und verboten wurden und daß ihnen jede Möglichkeit verwehrt wurde, ihre Interessen überhaupt noch organisiert auszudrükken. Sie wurden zurückgeworfen auf den Status von Untertanen, jetzt «Gefolgschaft» genannt, die dem «Führer des Betriebes», dem Kapitalbesitzer, früher «Herr im Hause» genannt, zum Gehorsam verpflichtet waren.[45] Ideologisch verklärt wurde dies durch die Formel von der «Betriebsgemeinschaft», in der Kapital und Arbeit zum gemeinsamen Betriebszweck zusammenwirken – eine Ideologie, die, wie dargestellt wurde, von der Rechtstheorie und der Rechtsprechung der Weimarer Republik schon intensiv vorbereitet worden war. Damit hatte der Faschismus den «Klassenkampf abgeschafft», den «Arbeitsfrieden» gesichert und die «Volksgemeinschaft» hergestellt.

Mit dieser Herrschaftsform aber waren auch die Freiheiten vernichtet, auf die bürgerliche Wissenschaftler und Künstler angewiesen waren, die sich der Humanität und der Wahrheit verpflichtet fühlten. Ihrer geschichtlichen Bedeutung nach war die Errichtung der faschistischen Diktatur also eine Gegenrevolution im doppelten Sinne: Sie vernichtete nicht nur die Errungenschaften der Revolution von 1918, sondern auch die der großen Französischen Revolution, die allgemeinen Menschenrechte und bürgerlichen Freiheitsrechte.

Bis heute wird die Frage diskutiert, warum die abhängig Arbeitenden und ihre Organisationen diese vernichtende Niederlage nicht verhindern konnten.[46] Denn nach Mitgliederzahlen und organisatorischer Breite war die deutsche Arbeiterbewegung die stärkste in Europa. Und bürgerliche Wissenschaftler und Künstler setzten, wie 1918, ihre Hoffnung auf diese Arbeiterbewegung. Dies war freilich nicht mehr die überschwengliche Hoffnung auf Errichtung einer neuen Gesellschaft, sondern die verzweifelte Hoffnung, daß die Arbeiterbewegung wenigstens noch die bestehenden Reste von Freiheit und Menschenwürde gegen den Ansturm des Faschismus verteidigen könne. In beschwörenden Appellen riefen Carl von Ossietzky, Albert Einstein, Käthe Kollwitz, Heinrich Mann u. a. die Führungen der beiden Arbeiterparteien auf zur Aktionseinheit «gegen die entscheidende Gefahr der Faschisierung».[47] Und auch die Basis für einen solchen Widerstand war vorhanden. Bis zum Schluß widerstand die große Mehrheit der Arbeiterschaft den Verlockungen der faschistischen Ideologie und den Drohungen des Terrors. Der Block der Arbeiterparteien blieb stabil bis zu den letzten freien Wahlen im November 1932, und selbst bei den Wahlen am 6. März 1933, die schon ganz im Zeichen des faschistischen Terrors standen, hielt die große Mehrheit der Arbeiterschaft stand. In den Fabriken, in den Wohnvierteln, auf der Straße leisteten die Arbeiter erbitterten und opferreichen Widerstand bis ins Jahr 1933 hinein. Die Schutzorganisationen der Sozialdemokratie, die Eiserne Front und die Hammerschaften, bedrängten ihre Führungen, den Widerstand endlich zu organisieren. Doch zu diesem organisierten Widerstand der Arbeiterbewegung, der einzigen Chance zur Abwehr des Faschismus, kam es nicht.

Die Gründe sind vielfältig und äußerst lehrreich. Beide Richtungen der Arbeiterbewegung hatten daran ihren Anteil. Beide Richtungen haben ihre Fehler unter dem Eindruck der vernichtenden Niederlage offen und realistisch eingestanden und aufzuarbeiten versucht – die Kommunisten beim VII. Weltkongreß der Kommunistischen Internationale und bei der Brüsseler Konferenz der KPD von 1935, die Sozialdemokraten im Prager Manifest des Emigrationsvorstandes von

1934. Der Historiker kann anknüpfen an die Erfahrungen und den Lernprozeß der Unterworfenen, kann also seine Kritik sozusagen von innen her entwickeln.

Die *KPD*[48] kam – auf der Basis der marxistischen Analyse von Eugen Varga – schon 1927 zu dem Ergebnis, daß eine schwere Wirtschaftskrise bevorstehe. Aus dieser zutreffenden Diagnose zogen die Parteien der Kommunistischen Internationale jedoch die politisch ganz falsche Schlußfolgerung, daß damit eine neue revolutionäre Situation heranreife und daß also die Sozialdemokratie nun scharf bekämpft werden müsse als diejenige Kraft, die die Arbeiterklasse in parlamentarischen und reformistischen Illusionen befangen halte. Sprach die KPD in der Folge von «Einheitsfront», so meinte sie die Gewinnung der sozialdemokratischen Anhängermassen für die KPD und ihre Politik.

Diese Einschätzungen wurden nun aber mit der harten Realität der rasch anwachsenden faschistischen Bewegung konfrontiert, deren Terror sich mit besonderer Wucht gegen die Kommunisten richtete. Die mit dieser Entwicklung geforderte Analyse des Faschisierungsprozesses und dessen Beziehung zur Krise, der parlamentarischen Demokratie und deren Beziehung zum Faschismus und der Lokalisierung der Sozialdemokratie in diesem Problemfeld gelang jedoch nur ganz unzureichend.

Zwar lagen Einschätzungen des Faschismus von erstaunlicher Präzision aus dem Jahre 1923 vor, die insbesondere von Clara Zetkin nach dem Sieg des Faschismus in Italien entwickelt worden waren.[49] Hier war der Faschismus bestimmt worden als Folge der sozialen Unsicherheit und Verelendung der kleinbürgerlichen Schichten und der Enttäuschung der Massen über die bürgerliche Demokratie und zugleich als ein Machtmittel, das von den besitzenden Klassen eingesetzt wird zur Aufrechterhaltung ihrer Klassenherrschaft und zur Niederwerfung der Arbeiterbewegung. Als nun aber die Krise einsetzte und mit ihr der Aufschwung der faschistischen Bewegung, wurde nicht diese Analyse als Ausgangspunkt der politischen Strategie genommen, sondern die grobschlächtige Ansicht, daß Faschismus und Sozialdemokratie sowieso nahe verwandt seien. Schon 1924 hatte Stalin geäußert, daß die Sozialdemokratie «objektiv den gemäßigten Flügel des Faschismus» darstelle, und im April 1931 erklärte das Exekutivkomitee der Kommunistischen Internationale, daß die Entwicklung der Sozialdemokratie «ein ununterbrochener Evolutionsprozeß zum Faschismus» sei.[50]

Diese Methode des Zusammenwerfens ganz unterschiedlicher Erscheinungen, des Verzichts auf sehr notwendige Differenzierungen

*Die Bücher kosten nur noch
ein Fünftel ihres früheren Preises ...*

... schrieb der Bischof von Aleria 1467 an Papst Paul II. Das war Gutenberg zu verdanken.

Heute, 500 Jahre später, kosten Taschenbücher nur etwa ein Fünftel bis ein Zehntel des Preises, der für gebundene Ausgaben zu zahlen ist. Das ist der Rotationsmaschine zu verdanken und zu einem Teil auch – der Werbung: Der Werbung für das Taschenbuch und der Werbung im Taschenbuch, wie zum Beispiel dieser Anzeige, die Ihre Aufmerksamkeit auf eine vorteilhafte Sparform lenken möchte.

und die damit verbundenen Verzerrungen in der Wahrnehmung der Realität zeigten sich auch darin, daß zwischen der bürgerlichen Demokratie, dem autoritären Präsidialregime und dem Faschismus kein großer Unterschied mehr gesehen wurde. In derselben KI-Erklärung hieß es, daß man mit der «Konstruierung eines Gegensatzes zwischen Faschismus und der bürgerlichen Demokratie sowie zwischen den parlamentarischen Formen der Diktatur der Bourgeoisie und den offen faschistischen Formen» aufhören müsse. Von solchen Einschätzungen aus war es natürlich nicht mehr möglich zu unterscheiden, wo der Hauptfeind stand und welche Kräfte vielleicht als Bundesgenossen zu gewinnen waren, welchen großen Wert die parlamentarische Demokratie auch für die Arbeiterbewegung darstellte gegenüber einer faschistischen Diktatur.

Nun war zwar die politische Praxis der KPD nicht so schlecht wie ihre Theorie, weil die alltäglichen Erfahrungen sehr eindringlich lehrten, wer der Hauptfeind war. Der Kampf gegen den Faschismus und seinen wachsenden Terror bestimmte ohne Zweifel die politische Praxis, und daraus ergaben sich auch immer wieder gemeinsame Aktionen von kommunistischen und sozialdemokratischen Arbeitern. Aber dennoch blieb die Frontstellung gegenüber der Sozialdemokratie erhalten. Und dies lag nicht nur an den von der Führung gegebenen Richtlinien. Die Erfahrungen, die die kommunistischen Arbeiter im Ersten Weltkrieg und dann 1918/19 mit der Sozialdemokratie gemacht hatten und die sie dann auch in den Jahren der großen Wirtschaftskrise erneut mit sozialdemokratischen Ministern und Polizeipräsidenten machten, gaben dieser Frontstellung eine beträchtliche Popularität bei den eigenen Anhängern. So konnte sogar die Losung, die Sozialdemokraten seien «Sozialfaschisten» (weil sie die Staatsgewalt gegen Arbeiter einsetzten und weil sie das autoritäre Regime Brünings durch parlamentarische Tolerierung stützten), breiten Anklang finden. Daß zudem die Stimmenzahlen der KPD von Wahl zu Wahl zunahmen und im November 1932 mit 17 Prozent fast so hoch waren wie die der SPD mit 20 Prozent, schien den Führern der KPD eine zusätzliche Bestätigung für die Richtigkeit ihres politischen Kurses zu sein. Kritiker dieses Kurses, die auf Aktionseinheit mit der Sozialdemokratie drängten, wurden schon 1929/30 aus der Partei ausgeschlossen.[51]

Tatsächlich wurden aber durch diese Politik von seiten der KPD schwere Hindernisse aufgerichtet gegenüber einer gemeinsamen antifaschistischen Abwehrfront der Arbeiterorganisationen. Zwar sah die KPD sehr klar, daß der Faschismus eine wachsende Gefahr darstellte und daß hinter der faschistischen Massenbewegung einflußreiche Kräfte der Führungsschichten standen. Und sie sah auch klar, daß dieser Gefahr nicht durch parlamentarische Manöver, sondern nur durch die außerparlamentarische Mobilisierung von Massen begegnet werden konnte. Aber eben dafür wäre es erforderlich gewesen, die in der Sozialdemokratie und in den freien Gewerkschaften organisierten Massen der Arbeiter und Angestellten und deren Führungen für gemeinsame Aktionen zu gewinnen. Denn es kam hinzu, daß die Kommunisten in den Betrieben kaum noch vertreten waren, weil sie natürlich von den Unternehmern als erste entlassen wurden: «Im Oktober 1930 war nur noch jedes dritte Mitglied der KPD im Betrieb tätig ... und Ende 1932 gar nur noch jedes neunte.» [52] Ein Generalstreik als die letzte und wirksamste Waffe der Arbeiterklasse konnte aber nur von den Belegschaften der Betriebe, also von den sozialdemokratisch orientierten freien Gewerkschaften organisiert werden. Der Versuch der KPD, als Antwort auf die Ausschlußpraxis des ADGB gegenüber Kommunisten eine eigene Gewerkschaftsorganisation auszubauen, war ohnehin gescheitert, da diese Revolutionäre Gewerkschaft Opposition (RGO) über 260000 Mitglieder nicht hinauskam.

Seit dem Frühjahr 1932, seit der Bildung der «Antifaschistischen Aktion», gewannen zwar in der KPD diejenigen Kräfte an Boden, die den Faschismus klar als den Hauptfeind erkannten und deshalb auf eine Einheitsfront mit der Sozialdemokratie drängten. So bot die KPD nach dem Staatsstreich Papens gegen die sozialdemokratisch geführte Preußenregierung am 20. Juli 1932 und nach der Bildung der Hitler-Regierung am 30. Januar 1933 den Führungen von SPD und freien Gewerkschaften gemeinsames Vorgehen an. Doch das blieben bis zum Januar 1933 Einzelfälle. Zu einer grundlegenden Revision des politischen Kurses kam es in dieser Zeit noch nicht.

Die *reformistische Richtung* der Arbeiterbewegung andererseits (die Sozialdemokratie und die freien Gewerkschaften, die politisch und auch in ihren Funktionärskadern eng miteinander verbunden waren) sah sich durch die relative Stabilität der Jahre nach 1924 und die sozialpolitischen Erfolge, die da möglich waren, in ihrem politischen Kurs bestätigt. Dies galt auch für die Mitglieder- und Anhängermassen, die diese Verbesserung ihrer Lebens- und Arbeitsbedingungen hautnah spürten. In den Interessen und dem Bewußtsein der großen Zahl von Staats-, Partei- und Gewerkschaftsangestellten, die ihre soziale Existenz gerade in der bestehenden Gesellschaftsordnung gesichert sahen und Geist und Politik der Partei- und Gewerkschaftsorganisationen maßgeblich bestimmten, besaß diese Politik ein festes Fundament.

Die Führungen formulierten diese Erfahrungen und die daraus folgende Strategie immer weiterer allmählicher Verbesserungen bis hin zum Sozialismus in der Theorie vom «Organisierten Kapitalismus» und im Programm der «Wirtschaftsdemokratie». Nun sprachen zwar die Erfahrungen des Ersten Weltkrieges, der Revolutionsperiode und des Kapp-Putsches gegen solchen Optimismus, doch die Theorie des «organisierten Kapitalismus» besagte ja gerade, daß der Kapitalismus seinen Charakter grundlegend zu wandeln im Begriff sei und daß der demokratische Staat, der seit 1924 gefestigt schien, diese Wandlung absichern könne. Kriege und Putschgefahren, schwere Krisen und Massenverelendung schienen danach der Vergangenheit anzugehören – wenn es nur gelang, die parlamentarische Demokratie als den Boden zu erhalten, von dem aus immer weitere Reformen möglich waren.

Aus diesem Verständnis von Politik und Gesellschaft folgte, daß es darauf ankam, in Wahlen Mehrheiten zu erlangen, um dann durch eine geschickte Koalitionspolitik weiteren Einfluß auf das staatliche Handeln zu gewinnen. Massenmobilisierung hatte also in Wahlkämpfen zu erfolgen, außerparlamentarische Massenaktivitäten wurden eher als störend angesehen. Und Mehrheiten waren zu finden durch Koalition mit den bürgerlichen Parteien der Mitte. Um ihnen gegenüber koalitionsfähig zu sein, war eine strikte Abgrenzung von den Kommunisten erforderlich, die zudem ständig außerparlamentarische Massenaktionen zu organisieren versuchten und so in den Augen der sozialdemokratischen Führung die parlamentarische Demokratie bedrohten. So sah sich die Sozialdemokratie als Verteidiger der Demokratie und der Freiheit gegen den rechten wie den linken Extremismus, sah Faschisten und Kommunisten als gleichermaßen gefährliche «Feinde der Demokratie».

Dieses politische Konzept traf nun auf die Realität der Jahre nach 1929 und konnte damit nicht fertig werden. Zwar erwies es sich nun durchaus als richtig, daß der Kapitalismus mit seinen innerökonomischen Marktmechanismen nicht mehr überleben konnte, sondern den Staat und dessen Regulierungsmaßnahmen brauchte. Doch diese erhöhte «Organisiertheit» der Wirtschaft und die verstärkte Staatstätigkeit bedeuteten keineswegs eine Verminderung der kapitalistischen und eine Stärkung der sozialistischen Elemente dieser Gesellschaft. Sehr rasch wurde deutlich, daß selbst die reformistischen Ziele – die Verteidigung der parlamentarischen Demokratie und der sozialen Rechte der Lohnabhängigen – mit reformistisch-parlamentarischen Mitteln nicht mehr zu erreichen waren. Die SPD aber hielt an diesen Mitteln fest – mit der Folge, daß ihre Ziele auf der Strecke blieben.

Die politische Hilflosigkeit dieser großen und anscheinend so machtvollen Organisationen resultierte zunächst daraus, daß Krise

und Massenarbeitslosigkeit von dem in der Sozialdemokratie vorherrschenden Staats- und Gesellschaftsverständnis aus unerklärlich waren
und so nicht aus den inneren Gesetzmäßigkeiten kapitalistischer Ökonomie abgeleitet werden konnten, sondern als eine Art von Unfall
oder als Resultat auswärtiger Einwirkungen aufgefaßt wurden.
Ebenso unerklärlich erschienen die Härte, mit der das Kapital nun
seine Interessen gegen die Arbeiter und Angestellten durchsetzte, der
rasche Abbau der demokratischen Rechte und die auf eine terroristische Diktatur zielenden Bestrebungen in Großwirtschaft und Militär.
Daß diese Kräfte die Demokratie gänzlich abschaffen, nicht nur die
Kommunistische Partei, sondern auch die Gewerkschaften und die
Sozialdemokratie zerschlagen und einen neuen Krieg vorbereiten
könnten, war für die Führungsgruppen der reformistischen Arbeiterbewegung unvorstellbar.

Auch das Wesen der faschistischen Bewegung wurde nur in einigen
Ansätzen erfaßt. Die NSDAP galt ihnen als «Sammelbecken aller
Unzufriedenen»[53], als «Bewegung eines durch Wirtschaftskrisen ra-
dikalisierten Mittelstandes», die – wie alle diese Bewegungen – mit
«Enttäuschung und Zerfall» enden werde[54]. Es wurde richtig gesehen, daß die faschistische Führungsgruppe auf «unbeschränkte Diktatur», auf «Gegenrevolution» ziele[55], doch man war sicher, daß sie
keine Erfolgschancen habe. Zunächst hatte Kautsky zu beweisen versucht, daß das Aufkommen des Faschismus auf «ein besonderes Land
und auf einen bestimmten Zeitpunkt beschränkt» gewesen sei, nämlich auf die Rückständigkeit der industriellen und kulturellen Entwicklung Italiens und die Psychologie seiner Bevölkerung.[56] Angesichts des Aufstiegs der NSDAP wurde dann erklärt, der Faschismus
sei allenfalls eine Augenblicksgefahr und werde an der Widersprüch-
lichkeit der eigenen sozialen Basis scheitern. Diesen Zersetzungspro-
zeß sah man bereits seit den Präsidentschaftswahlen im Frühjahr 1932
am Werk, und nach den Novemberwahlen 1932 glaubte man sich sicher, «daß der Faschismus Deutschland nie erobern wird»[57]. Diese
Fehleinschätzung beruhte hauptsächlich darauf, daß man Interessenlage und Ziele der sozialen Oberklassen ganz falsch beurteilte.
So schrieb der *Vorwärts* am 1. Januar 1933: «Bei der Hochfinanz, bei
Schwerindustrie und Großgrundbesitz hat der Hitlerismus schon seit
längerer Zeit abgewirtschaftet.» Auf dem rechten Flügel der SPD gab
es sogar beträchtliche Sympathien für den italienischen Faschismus.
Dort ging man nicht nur der antikapitalistischen Propaganda des Faschismus auf den Leim, sondern meinte nicht ohne ein Element von
Bewunderung: «Er hat gehandelt und hat manches geschaffen, während der ... dogmatische Sozialismus nur zerstörend gewirkt hat.»[58]

228

Von diesen Positionen aus aus waren dann im Frühjar 1933 auch die Annäherungsversuche an den «nationalen Sozialismus» der NSDAP möglich.[59]

Die Führungen von SPD und freien Gewerkschaften verfügten so weder über eine Ursachenanalyse noch über realistische Lösungsvorschläge gegenüber Krise und Faschisierungsprozeß, wähnten sich aber sicher, die Entwicklung unter Kontrolle zu haben, und erklärten eine Veränderung ihres politischen Kurses als gänzlich überflüssig.[60] Die Gewerkschaften sahen natürlich die umfassende Verschlechterung der Lebens- und Arbeitsbedingungen der Lohnabhängigen ebenso wie die Zurückdrängung ihres eigenen Einflusses[61] und versuchten gegenzusteuern. Sie setzten sich weiterhin mit den gewohnten Mitteln für deren Interessen ein, verlangten die Stärkung der Massenkaufkraft, die Einführung der 40-Stunden-Woche und – seit 1931 – immer dringlicher staatliche Maßnahmen zur Arbeitsbeschaffung.[62] Doch diese Mittel waren nicht hinreichend in der Erfassung der ökonomischen und politischen Lage und der Interessenstruktur der Gesellschaft. Die Interessen der Arbeiter und Angestellten wurden verstanden als eingebunden in das Gedeihen des Kapitalismus, so daß es bei den Kämpfen mit dem Kapital nur um Meinungsverschiedenheiten über den besten Weg zur Konsolidierung des Systems zu gehen schien. Die Ursachen der Krise wurden nicht analysiert, und als die zuständigen Instanzen, auf die sich die gewerkschaftlichen Appelle bezogen, erschienen Parlament und Regierung, bei denen zugleich jede Chance auf Durchsetzung fehlte. Ihre Anhänger ermahnten die Führungen von SPD und Gewerkschaften zu Geduld und Besonnenheit, auch zu Opferbereitschaft, weil ja das bestehende System schon als auf dem Weg zum Sozialismus befindlich aufgefaßt wurde, weitere soziale Fortschritte also zunächst einmal dessen Sanierung, das heißt Kapitalbildung und Investitionen voraussetzten. Entsprechend formulierte Fritz Tarnow vom Bundesvorstand der freien Gewerkschaften beim Parteitag der SPD von 1931: Bevor man den Kapitalismus beseitigen und beerben könne, «müssen wir der Wirtschaft diejenigen Mittel sichern, die sie nach der kapitalistischen Wirtschaftstechnik gebraucht»[63]. Außerparlamentarische Mittel galten weiterhin als falsch und gefährlich.

Mit diesem politischen Kurs aber wurden die eigenen Anhängermassen nicht nur ideologisch wehrlos gemacht, sondern die durchaus vorhandene Handlungsbereitschaft dieser Massenorganisationen wurde so gedämpft und neutralisiert; Resignation breitete sich aus. Eben jenes Kampfmittel, mit dem die Interessen der abhängig Arbeitenden noch hätten verteidigt werden können, nämlich deren massenhafte Mobilisierung – im äußersten Fall bis hin zum Generalstreik –, wurde so von vornherein aus der Hand gegeben. Diese Abwehrhaltung gegenüber Massenaktionen bezog sich sogar auf gewerkschaftliche Streiks, bei denen es lediglich um ökonomische Forderungen ging.[64] Während 1925 noch 23 Prozent der Jahreseinnahmen für Arbeitskämpfe ausgegeben worden waren (ebensoviel wie 1913), waren es 1930 nur noch 4,1 Prozent.[65]

Nun kann kein Zweifel bestehen, daß die Wirtschaftskrise die Chancen für erfolgreiche Streikkämpfe verschlechterte: Das Millionenheer der Arbeitslosen, die Angst der noch Beschäftigten um ihren Arbeitsplatz, die gezielte Entlassung von aktiven Interessenvertretern der Arbeiter und Angestellten durch die Unternehmer, die oft äußerst harten Einsätze der Polizei gegen Streikende begünstigten die Durchsetzungschancen des Kapitals. So argumentierten denn auch führende Vertreter von SPD und ADGB, große Streiks oder gar ein Generalstreik seien «illusorisch, wenn eine Reservearmee von 6 Millionen bereitsteht, in die freiwerdenden Posten der Streikenden einzurücken»[66]. Dennoch ist dieses auch heute noch oft angeführte Argument nicht voll überzeugend. Denn erstens hängen Bewußtsein und Handlungsbereitschaft der Lohnabhängigen in der Krise auch von den Bewußtseinsformen ab, die vorher erzeugt worden sind und mit denen sie in die Krise hineingehen, und von den Erfahrungen, die sie in Hinsicht auf Handlungsmöglichkeiten schon gesammelt haben. Und hier kamen nun die Folgen einer Politik zum Vorschein, die auch in den Jahren vorher nicht auf eigene Aktivität der Massen gesetzt hatte, sondern auf Verhandlungen in den Spitzengremien und Appelle ans Parlament. Und zweitens zeigten die seit Herbst 1932 mächtig anwachsenden Streiks (die oft gegen den Willen der Gewerkschaftsführungen begannen), daß selbst unter diesen Voraussetzungen Streikaktionen durchaus möglich waren und daß die Arbeitslosen sich in der Regel solidarisch verhielten.

Auf außerparlamentarische Mobilisierung glaubte man aber auch deshalb verzichten zu können, weil der bestehende Staat dem in der Sozialdemokratie vorherrschenden Verständnis gemäß als der «demokratische Staat» galt, mit dem sie sich auch dann noch identifizierte, als er real schon weitgehend autoritär umgeformt war. Daß die SPD 1918 «den alten Staatsapparat fast unverändert übernahm, war der schwerste historische Fehler, den die während des Krieges desorientierte deutsche Arbeiterbewegung beging», erklärte 1934 der Emigrationsvorstand der SPD in seinem Prager Manifest[67]. Auf eben diesen Staatsapparat und seine Institutionen aber setzte die Führung der SPD bis 1933 ihr Vertrauen – auf die Justiz, die Reichswehr, den Reichspräsidenten und die führenden bürgerlichen Kräfte in Wirtschaft und Politik, folgte ihnen schrittweise auf dem Weg nach rechts, um den Anschluß, die Koalitionsfähigkeit und (längst illusorisch gewordene) politische Einflußmöglichkeiten zu bewahren. So stützte man das Präsidialregime Brünings, um «Schlimmeres» zu verhindern – jenes Regime, das ganz gezielt den Übergang zur Diktatur vorbereitete. So war für führende Sozialdemokraten wie Braun, Severing und Hilferding sogar «eine legale Weiterentwicklung bis zur Monarchie kein unüberwindliches Hindernis», wie Brüning in seinen Memoiren berichtet[68]; sie erklärten sich bereit, «ihre Massen schrittweise an diesen Gedanken zu gewöhnen», falls dies die Alternative zu einer Nazi-Diktatur sei. Und so unterstützte man im Frühjahr 1932 die Wiederwahl des ehemaligen kaiserlichen Generalfeldmarschalls Hindenburg zum Reichspräsidenten, den man 1925 noch realistisch als schwere Gefahr für die Demokratie erkannt und bekämpft hatte, mit der Begründung, so könne Hitler verhindert werden. Es war dies eben jener Hindenburg, der dann wenige Monate später das autoritäre Regime Papen einsetzte, die sozialdemokratisch geführte Regierung in Preußen durch Staatsstreich liquidieren ließ und schließlich Hitler zum Reichskanzler ernannte. Die Duldung des jeweils «kleineren Übels» hatte das größere nicht verhindert, sondern ihm den Weg erleichtert.

So war es also durchaus konsequent, daß die Führungen von Sozialdemokratie und freien Gewerkschaften bis zum Frühjahr 1933 nicht nur jegliche Aktionseinheit mit Kommunisten ablehnten, sondern auch die eigenen Anhänger von außerparlamentarischen Massenaktivitäten gegen den heraufkommenden Faschismus abzuhalten versuchten. Befürchtet wurde vor allem, daß «die sozialdemokratischen Massen unter kommunistische Führung» geraten könnten.[69] Die Abgrenzung von den Kommunisten war freilich noch wesentlich tiefer begründet. Immer und immer wieder wurde der eigenen Anhängerschaft eingeschärft, daß die Kommunisten nicht besser seien als die Faschisten: Die Kommunisten, die «blind ihren Moskauer Einpeitschern» folgten, strebten «eine rein kommunistische Parteidiktatur» an, «Bolschewismus und Faschismus sind Brüder. Sie basieren auf der Diktatur.»[70] Die These von der Wesensverwandtschaft von Kommunismus und Faschismus war ursprünglich vor allem gegen die Revolution in Rußland gerichtet, «wo im Grunde nichts anderes als der Faschismus wütet».[71] Diese These wurde – wie später dann in der Totalitarismustheorie – gelegentlich sogar verschärft zur These der Bundesgenossenschaft: «Die Kommunisten wollen den Faschisten helfen ..., daß alle Posten nur von Hitlertreuen, also arbeiterfeindlichen Beamten und Angestellten bekleidet werden.»[72] Hier war der Antikommunismus, wie leicht ersichtlich, so weit getrieben, daß er die Realität, den alltäglich erfahrbaren Terror des Faschismus gegenüber den Kommunisten und deren heftige Gegenwehr, nicht mehr wahrnehmen konnte.

Von diesen Grundsätzen der sozialdemokratischen Führung her – der Ablehnung gemeinsamer Aktionen mit den Kommunisten und der Ablehnung außerparlamentarischer Massenaktionen überhaupt – war es auch konsequent, daß man auf den Staatsstreich der Papen-Regierung gegen Preußen nicht etwa mit aktivem Widerstand reagierte, sondern mit einer Klage beim Staatsgerichtshof und mit dem Appell, bei den bevorstehenden Wahlen die SPD zu wählen. Daß man also auch dann noch strikt auf dem vermeintlichen «Boden der Legalität» verharrte, als dieser Boden durch den Faschisierungsprozeß vom Gegner auf der Rechten längst beseitigt worden war. Die politisch-psychologischen Folgen dieses Zurückweichens vor der Gewaltpolitik der Rechten kamen dann im Wahlergebnis elf Tage später (am 31. Juli) drastisch zum Ausdruck: Die NSDAP konnte in dieser Stimmung von Vormarsch und Aufschwung der Rechten ihren bei den Reichspräsidentenwahlen erreichten Grad der Massenmobilisierung halten und ihre Stimmen gegenüber 1930 verdoppeln. Mit über 37 Prozent wurde sie stärkste Partei im Deutschen Reich, während die SPD 600 000 Stimmen verlor und auf 21,6 Prozent zurückfiel. Dagegen konnte die KPD, die den Kampf gegen den Faschismus seit Frühjahr 1932 als parteiübergreifenden Massenkampf zu organisieren versuchte, 700 000 Stimmen dazugewinnen und auf fast 15 Prozent anwachsen.

Daß die reformistische Arbeiterbewegung mit diesem politischen Kurs an Masseneinfluß verlor, hatte sich schon seit dem Beginn der Krise erwiesen. Insgesamt wandten sich zwischen 1928 und dem November 1932 zwei Millionen Wähler von der SPD ab, die damit von fast 30 Prozent auf etwa 20 Prozent zurückfiel, und auch die Mitgliederzahlen gingen 1932 zurück (ebenso wie die der freien Gewerkschaften). Die meisten Mitglieder hielten der Partei jedoch die Treue – trotz der politischen Niederlagen, der offensichtlichen Machtlosigkeit und der Inaktivität ihrer Organisation. Sehr unterschiedliche Bedürfnisse der Arbeiter konnten sich nämlich dort noch immer aufgehoben fühlen. Den nach aktivem Vorgehen drängenden Kräften vermittelte die Führung den Anschein, daß sie zum Kampf entschlossen sei und alle Kräfte für den entscheidenden Moment aufbewahre: «Wer kämpfen will – und das wollen wir –, der breitet seine Pläne nicht auf dem offenen Markte aus ...»[73] Die der Führung mißtrauenden, oppositionellen Kräfte konnten sich innerhalb der Partei schwer artikulieren, weil die Parteiführung die Medien der Informations- und Meinungsbildung weitgehend in ihren Händen konzentriert hatte.[74] Notfalls wurden auch rigidere Mittel angewandt: Der linke Flügel, der präzis voraussagte, daß diese Politik «zum Schaden der Sozialdemokratie und der Arbeiterklasse ausschlägt und die faschistischen Tendenzen in außerordentlicher Weise stärkt»[75], und ein aktives Handeln auch gemeinsam mit den Kommunisten verlangte, wurde 1931 aus der SPD ausgeschlossen.[76] Noch verbliebene Kritiker wurden diszipliniert – zum Beispiel durch die Auflösung der «Jungsozialistischen Arbeitsgemeinschaft». Zudem war der Antikommunismus auch in der sozialdemokratischen Anhängerschaft sehr tief verwurzelt, und in einer Parteispaltung sahen die sozialdemokratischen Arbeiter gerade angesichts der wachsenden faschistischen Gefahr auch keinen Sinn.

Aber auch für diejenigen Schichten, die durch die Krise und den schwindenden Einfluß ihrer Partei und Gewerkschaft zwar enttäuscht, aber durch langjährige Gewöhnung entpolitisiert waren und jetzt zur Resignation und zum Rückzug aus der Politik neigten, bot die reformistische Arbeiterbewegung noch ein soziales und psychologisches Netz, um sie aufzufangen. Das breite Organisationsgefüge der Sozialdemokratie, das Sportvereine und Konsumgenossenschaften, Arbeiterbildungs- und Mieterorganisationen, Freidenker- und Volksbühnenvereine umfaßte, gab ihnen ein Gefühl von Heimat und Geborgenheit – gerade auch in der Situation ökonomischer Bedrängnis. Dorthin konnte man sich auch zurückziehen, wenn der politische Kampf wenig aussichtsreich erschien.

Die nach aktiver Gegenwehr drängenden Kräfte konnten durchaus einige Erfolge erzielen. So wurde im Dezember 1931 zur Abwehr des wachsenden faschistischen Terrors die Eiserne Front gebildet (aus Reichsbanner, Arbeitersportbünden, ADGB und Afa-Bund), doch auch deren Aktivitäten wurden hauptsächlich auf Wahlkämpfe und Propagandaarbeit konzentriert. Seit dem Sommer 1932 nahmen dann – angesichts des nun spürbar wachsenden faschistischen Terrors – die «praktischen Einheitsfrontaktionen» von sozialdemokratischen und kommunistischen Arbeitern zu, wie die Organe des Reichsinnenministeriums beunruhigt feststellten.[77] Doch diese Tendenzen blieben unkoordiniert. Insgesamt folgten die Mitglieder ihrer Führung bis 1933, bis zur totalen Niederlage. Die ADGB-Führung war schließlich sogar bereit zur gemeinsamen Mai-Demonstration mit den Nationalsozialisten und zur Versicherung, «daß der Sieg des Nationalsozialismus, obwohl er gegen eine Partei errungen wurde, die uns als Träger der sozialistischen Idee galt, auch unser Sieg ist»[78], und die SPD-Reichstagsfraktion zur Akklamation von Hitlers «Friedenspolitik» – am 17. Mai, zwei Wochen nachdem die Regierung Hitler die Gewerkschaften zerschlagen hatte; die Parteiführung schloß Parteigliederungen, die sich auf Illegalität und Widerstand vorbereiteten, aus der Partei aus, trat aus der Sozialistischen Internationale aus, weil diese die Zustände im faschistischen Deutschland scharf kritisiert hatte, und wählte alle jüdischen Mitglieder aus dem Parteivorstand ab.

Noch bedeutend stärker waren die Tendenzen zur Anpassung an die autoritären Präsidialregime und dann an den Faschismus bei den christlichen Gewerkschaften.[78a] Der Gesamtverband der christlichen Gewerkschaften (GCG), der trotz seines überkonfessionellen Charakters der Zentrumspartei nahestand, setzte sich zwar durchaus für eine Verbesserung der materiellen Lage der abhängig Beschäftigten ein, lehnte aber jede grundsätzliche Veränderung der Eigentumsordnung strikt ab. Seinen Hauptgegner sah er in der revolutionären Arbeiterbewegung. Während der Stabilitätsperiode konnte er mit diesem Kurs teilhaben an den allgemeinen sozialen Verbesserungen. In der Krise aber verschärfte sich der Konflikt zwischen der Mehrheit der Führung, die die Regierung des Zentrumskanzlers Brüning unterstützte, und dem auf den Druck der Basis gestützten linken Flügel, der sich gegen die wachsende Verelendung zur Wehr zu setzen suchte und sogar die Forderung nach Sozialisierung des Bergbaus erhob. 175000 Mitglieder verließen in den Jahren 1930–1932 den GCG – auch aus Enttäuschung über den Anpassungskurs ihrer Führung.

In der faschistischen Bewegung sahen die christlichen Gewerkschaften zunächst eine gegen die christliche Weltanschauung gerichtete Kraft. Sie setzten dagegen auf die Präsidialregime und auf Hindenburg als «Hüter des Volkes» und «Bollwerk deutscher Treue». Seit dem Herbst 1932 aber gewannen endgültig jene die Oberhand, die die «Formaldemokratie» abschaffen und einen «autoritären Staat» errichten wollten und sich in der Forderung nach einer «ständischen Ordnung» mit der NSDAP einig sahen. Im März 1933 wurde dann der Staat als «ein naturhaftes, von einer geistig-sittlichen Gesellschaftsauffassung gefordertes Ordnungssystem mit eigener Würde und Hoheit» definiert und der Nationalsozialismus als diejenige Kraft, die «dem nationalen Willen wieder im Gesamtvolk den Durchbruch verschaffte».[78b] Damit war die Verbindung zwischen katholisch-konservativer Staatsauffassung und dem Faschismus ideologisch begründet. Der Faschismus revanchierte sich für dieses Entgegenkommen dadurch, daß er am 2. Mai nur die «marxistischen» Gewerkschaften zerschlug, die christlichen aber erst am 24. Juni auflöste und die katholischen Arbeitervereine sogar weiterbestehen ließ.

So kam es nicht zu einer wirksamen gemeinsamen Abwehrfront der Arbeiterbewegung gegen den Faschismus, konnten die starken Energien, die sich in einer Vielzahl von Abwehrkämpfen ausdrückten, nicht zu einer einheitlich handelnden Kraft geformt werden. Erst als der Faschismus die revolutionäre und die reformistische Arbeiterbewegung gleichermaßen zerschlagen und auch die christliche aufgelöst hatte, als Kommunisten und Sozialdemokraten und auch manche christliche Gewerkschafter gemeinsam in den Konzentrationslagern saßen, wurde ihnen eindringlich klar, daß sie gegenüber dem Faschismus gemeinsam hätten handeln müssen. Und erst als in Frankreich der Versuch des Faschismus, die Macht zu erobern, im Februar 1934 durch den gemeinsam von Sozialisten und Kommunisten organisierten Generalstreik abgewehrt worden war, wurden auch von den Führungen theoretische und strategische Schlußfolgerungen gezogen.

Vom Gegner wurden diese Schwächen erkannt und sehr konsequent genutzt. Als Papen gegen die legale Regierung Preußens durch einen Staatsstreich vorging, war die Entscheidungssituation da. Oft war gesagt worden, daß der Einfluß auf die Staatsorgane, besonders die Polizei in Preußen, der Garant gegen den Umsturz von rechts sei und daß man diese Bastion verteidigen werde. Auch waren die Organisationen des Reichsbanners und der Eisernen Front intakt und auf den Kampf vorbereitet. Der *Vorwärts* selbst schrieb am nächsten Tag: «In den Versammlungen der ‹Eisernen Front›, die gestern abend in allen Teilen Berlins abgehalten wurden, herrschte eine Kampfstimmung von solcher Leidenschaftlichkeit und Entschlossenheit ...» Zudem hatte die KPD die gemeinsame Durchführung des Generalstreiks angeboten. Als in dieser Lage die Arbeiterbewegung kampflos kapitulierte, gestand die *Berliner Börsen-Zeitung* ein: Die «Hauptsorge war, ob Gewerkschaften und Sozialdemokraten den Generalstreik proklamieren würden oder nicht», und die Zeitung des Deutschnationalen Hugenberg schrieb: «Daß die Sozialdemokratie ihre Leute bremst und auf den Wahltag vertröstet, ist erfreulich.»[79]

Als in der ersten Jahreshälfte 1933 die Arbeiterbewegung zerschlagen wurde, baute der Faschismus seine Strategie auf deren Spaltung auf: Die erste Welle von Massenverhaftungen und Organisationsverboten richtete sich fast ausschließlich gegen Kommunisten, so daß bei freien Gewerkschaften und Sozialdemokratie der Eindruck entstand, sie seien nicht gemeint. Die zweite Welle zerschlug die Gewerkschaften – und in der Tat: Die noch nicht emigrierten Teile der SPD-Führung glaubten, durch Wohlverhalten ihre Organisation retten zu können. Sechs Wochen später wurde auch die SPD verboten. Für eine Widerstandsfront waren da schon keine Voraussetzungen mehr gegeben. Der Widerstand mußte dann von unten her unter schweren Opfern neu aufgebaut werden, und der Weg Deutschlands zu Terror und Krieg war von innen her nicht mehr aufzuhalten.

Schon 1918/19 hatte sich erwiesen, daß die herrschenden Klassen der Arbeiterbewegung strategisch klar überlegen waren: in der Erfassung der Situation, in der Erkenntnis, woher Gefahren drohten, worauf es ankam und wie die Hauptziele politisch umgesetzt werden konnten. Die Vorgänge der Jahre nach 1930 zeigten diese Überlegenheit noch einmal in folgenschwerer Weise. Die langen Erfahrungen dieser Kräfte in der Ausübung und Sicherung ihrer Herrschaft kamen nun erneut zur Geltung – mit fürchterlichen Konsequenzen für ganz Europa.

Der Faschismus an der Macht

Während im Frühjahr 1933 die Reste der demokratischen Republik zertrümmert wurden und in den Arbeitervierteln der großen Städte der SA-Terror tobte, herrschte in den bürgerlichen Vierteln ein unbeschreiblicher Jubel. Gefeiert wurde die «Ausrottung des Marxismus» und die «nationale Wiedergeburt». Die Machteliten aus Wirtschaft und Militär, die das Kaiserreich beherrscht, den Weltkrieg geführt und sich mit der Niederlage von 1918 nie abgefunden hatten, konnten nun ihre Ziele nach innen und außen erneut rigoros in Angriff nehmen. Für sie war die Bildung der Regierung Hitler eine Maßnahme, um die faschistische Bewegung «in den Dienst ihrer sozial- und wirtschaftspolitischen, ja ihrer militärisch-machtpolitischen Interessen und Ziele» zu stellen.[80]

Die Menschen aus den bürgerlichen Mittelschichten aber, die beim Fackelmarsch am 30. Januar und in den folgenden Monaten ihren vermeintlichen Sieg feierten, bejubelten in Wahrheit ihre eigene Entmündigung und Unterjochung – und auch sie hatten schwer dafür zu büßen. Die jahrzehntelange Übermacht rechter Ideologie, die auch nach 1918 nicht gebrochen werden konnte, entfaltete nun ihre volle Wirkung. Und die arbeitenden Massen mußten sich wieder beugen, wurden wieder zum Material für die Zwecke anderer in den Fabriken und auf den Schlachtfeldern. Ihre aktiven Vertreter wurden zu Zehntausenden in die Emigration getrieben und in die Konzentrationslager geworfen, gefoltert und erschlagen. Die Liquidierung der Republik von Weimar bedeutete auch die Liquidierung von bürgerlicher Humanität und Kultur. Am Stadtrand von Weimar, der Wirkungsstätte von Goethe und Schiller, wurde einige Jahre später das Konzentrationslager Buchenwald errichtet.

Doch auch für die internationalen Beziehungen hatte die Zerstörung der Weimarer Republik weitreichende Folgen. Die Westmächte hatten nach 1918 zwei Ziele zugleich angestrebt: Sie hatten gegen die Sowjetunion, den Systemgegner, eine möglichst starke Koalition zustande bringen wollen, um sie zu isolieren und womöglich wieder auszulöschen. Sie hatten aber zugleich den deutschen Konkurrenten, von dem sie 1914 angegriffen worden waren, möglichst lange niederhalten wollen. Dieses Interesse war bei Frankreich – wegen der geographischen Lage und wegen der Erfahrungen mit der deutschen Militärmacht 1871 und 1914 – wesentlich stärker ausgeprägt als bei Großbritannien, das der antibolschewistischen Frontstellung gemeinsam mit Deutschland höhere Bedeutung zumaß. So trieben die Westmächte eine zwiespältige Politik gegenüber dem besiegten Deutschland. Erst nach der Zerstörung der Weimarer Republik und der Errichtung der faschistischen Diktatur setzte sich jene Linie durch, die auf die Bildung einer gemeinsamen Front mit Deutschland gegen die Sowjetunion abzielte und die sich in dem wohlwollenden Verhalten der Westmächte gegenüber der Aufrüstung Deutschlands (samt all seinen Völkerrechtsbrüchen) äußerte, im Münchener Abkommen 1938 kulminierte, aber in Ausläufern noch bis zum Frühjahr 1940 erkennbar war: bis der Angriff des deutschen Faschismus auf Frankreich diese Politik als illusionär enthüllte.[81]

In Deutschland nämlich hatten sich am Ende der Weimarer Republik jene Kräfte in Großwirtschaft und Militär durchgesetzt, die entschlossen waren, den 1914 eröffneten und 1918 verlorenen Krieg mit neuen, effektiveren, nämlich faschistischen Mitteln noch einmal zu wagen. Auch für sie war der Systemgegensatz schon von großem Gewicht. Eben deshalb war die «Ausrottung des Kommunismus» nach innen – die Zerschlagung der Arbeiterbewegung – wie nach außen – die Zerschlagung der Sowjetunion – für den deutschen Faschismus unabdingbar. Sie hielten jedoch das Deutsche Reich ökonomisch und militärisch für stark genug, um außerdem die konkurrierenden kapitalistischen Mächte auszuschalten, also in der Tat einen neuen «Griff nach der Weltmacht» zu wagen.

So kam es im Zweiten Weltkrieg zu jener Bündniskonstellation, in der auf der einen Seite die bei der Verteilung der Welt zu kurz gekommenen und deshalb für eine Neuverteilung kämpfenden kapitalistischen Mächte (Deutschland, Italien und Japan) standen und auf der anderen die etablierten kapitalistischen Mächte zusammen mit dem Systemgegner, der Sowjetunion. Noch einmal also hatte sich das Prinzip des Konkurrenzkampfes zwischen den kapitalistischen Mächten durchgesetzt gegenüber dem Systemgegensatz. Erst nach dem Zweiten Weltkrieg, als in Gestalt der USA sich eine eindeutige Hegemonialmacht innerhalb der kapitalistischen Welt etabliert hatte und zudem angesichts eines nunmehr gestärkten sozialistischen Blocks und eines gewaltigen Aufschwungs der nationalen Befreiungsbewegungen der Kapitalismus als Weltsystem in die Defensive geriet, wurde der Konkurrenzkampf zwischen den kapitalistischen Mächten und

Machtblöcken zurückgedrängt auf das Niveau von Wirtschafts- und Handelskriegen. Der Systemgegensatz, der sich 1917 herauszubilden begonnen hatte, wurde nunmehr zum bestimmenden Prinzip der internationalen Beziehungen, und zugleich war mit der Entwicklung der Atombombe die Notwendigkeit gesetzt, auch diesen Gegensatz mit friedlichen Mitteln auszutragen und einen großen Krieg zu vermeiden – bei Strafe des Untergangs der menschlichen Kultur.

Nachwort

Zu einigen Schwierigkeiten, den Lehren aus der Geschichte Geltung zu verschaffen

Die Darstellung hat gezeigt, daß die Geschichte der Weimarer Republik trotz aller Komplexität von Strukturen und Ereignisketten erklärbar ist und daß die Kräfte, die die erste deutsche Demokratie zerstört haben, trotz aller inneren Differenzierungen und politischen Umorientierungen benennbar sind. Von deren Interessenlagen und ideologischen Traditionen ist der Eroberungskrieg nach 1914 ebenso erklärbar wie ihr Kampf gegen die Revolution 1918, die Aushöhlung der demokratischen Verfassung ebenso wie ihr Streben nach Diktatur nach 1930. Es wurde gezeigt, daß diese Politik das Resultat bewußten Handelns war und nicht etwa als ökonomischer Determinismus «des Kapitals» oder als plötzlicher Einbruch irrationaler Ideologien über Deutschland kam. Die These vom bewußten Handeln hat nichts mit «Verschwörertheorien» zu tun, sondern beruht auf der empirisch belegbaren Erkenntnis, daß auch die herrschenden Klassen – ebenso wie jeder Studentenverband und jede Gewerkschaft – politische Strategien entwickeln und diese zu realisieren trachten. Es wäre im Gegenteil außerordentlich naiv anzunehmen, daß gerade diese Kräfte bewußtlos und ziellos in den Tag hinein leben. Allerdings vollzieht sich diese Strategiebildung – aus guten Gründen und im Unterschied zu demokratischen Organisationen – nicht in der Öffentlichkeit. Selbstverständlich gibt es auch bei ihnen Fraktionen und Fraktionskämpfe, aber aus ihnen bildet sich schließlich ein bestimmter politischer Kurs heraus, setzen sich die stärkeren gegenüber den schwächeren Kräften durch. Auch dies haben sie mit anderen politischen und sozialen Kräften gemeinsam. Die Tatsache von Interessendifferenzen und Fraktionierungen innerhalb der herrschenden Klassen ist also kein Argument gegen die These, daß auch diese Kräfte bewußt und sehr effektiv in den politischen Prozeß eingreifen. Die Untersuchung hat im Gegenteil zeigen können, daß sich diese Kräfte in den entscheidenden Situationen – insbesondere 1918/19 und 1930/33 – den demokratischen und sozialistischen Kräften als strategisch weit überlegen erwiesen haben.

Die Erfahrungen, die in der Weimarer Republik gemacht wurden, und die Lehren, die sich daraus für politisches Handeln ergeben, bewußt zu machen, ist natürlich nicht leicht in einem Land, in dem eben die sozialen Kräfte und Interessen, die die Weimarer Republik abgeschafft haben und die faschistische Diktatur errichten halfen, wieder über die wichtigsten Schalthebel der ökonomischen und politischen Macht verfügen. 1945/46 konnten ihre maßgeblichen Repräsentanten noch als Kriegsverbrecher angeklagt und verurteilt werden – wenige Jahre später, im Windschatten des kalten Krieges, war ihre Macht schon wieder weitgehend restauriert.

Diese Machtverhältnisse beeinflussen nicht nur das allgemeine politische Klima in starkem Maße, sondern auch das Geschichtsbewußtsein, das der Bevölkerung vermittelt wird. Und auf sehr komplizierte und vermittelte Weise ist natürlich auch das Wissenschaftssystem in diese Machtverhältnisse einbezogen. Auch in den wissenschaftlichen Interpretationen, die seit 1945 über die Weimarer Republik und die Ursachen ihres Scheiterns entwickelt worden sind, kommt die politische und soziale Interessenstruktur dieser Gesellschaft zur Geltung. Dies geschieht schon dadurch, daß Industrie und Banken, zum Teil auch Kirchen und andere Institutionen, ihre Archive nur solchen Wissenschaftlern zugänglich machen, von denen für sie wohlwollende Darstellungen zu erwarten sind. Aber es gibt auch Maßnahmen des Staates und der Universitäten, die die wissenschaftliche Forschung behindern. Während kritische Forschung schon auf finanziellem Wege weitgehend ausgetrocknet wird, werden weniger kritische, eher systemkonforme Unternehmungen wie die Historikerkonferenz anläßlich des 30. Januar im Reichstag in Berlin 1983[1] oder die Staufer-Ausstellung oder die Preußen-Ausstellung großzügig finanziert und mit großem Pomp inszeniert. Und Universitäten und Archive verschließen vielfach auch die Akten unter dem originellen und geradezu demokratisch klingenden Vorwand, daß der «Datenschutz» der damals agierenden Personen gewährleistet werden müsse. Welch ein Glück, daß dieser «Datenschutz» nicht schon 1945 erfunden war – sonst hätten vielleicht überhaupt keine Entnazifizierungsmaßnahmen stattfinden können.

Diese Interessenstruktur zeigt sich natürlich auch in den wissenschaftlichen Publikationen selbst. Soweit es dabei um den Aufstieg und Sieg der faschistischen Bewegung und die Politik des faschistischen Systems geht, habe ich diese Interpretationen ausführlich dargestellt und kritisiert.[2] Dies ist aber nur eine Komponente des Komplexes «Weimarer Republik» – es sei denn, man nimmt an, daß diese faschistische Bewegung, aus unerforschlichen Höhen oder Tiefen plötzlich einbrechend, eine bis dahin vorzüglich funktionierende Demokratie überwältigt hat und eigentlich keine Grundlagen in der bestehenden Gesellschaft besaß. Gibt man sich mit solchen «Erklärungen» zufrieden, so stellt in der Tat die Weimarer Republik kein Problem dar, muß diese Republik nicht nach den inneren Voraussetzungen befragt werden, die eine Liquidierung ermöglicht haben. Ihren Ausdruck finden solche Interpretationen in Formeln, die oft unkritisch der Selbstdarstellung des Faschismus entnommen sind. Besonders weit verbreitet ist hier die Formel von der *«Machtergreifung»* – als ob die faschistische Bewegung aus eigener Kraft die Macht ergriffen habe, während ihr doch tatsächlich, wie hier nachgewiesen wurde, die Macht von anderen Kräften übertragen worden ist. Ebenso der faschistischen Selbstdarstellung ist die Vorstellung entnommen, das ganze Übel sei aus der Führergestalt *Hitler,* seinem Wollen und Wirken, abzuleiten und das faschistische System sei als «Hitler-Diktatur» zu bestimmen. Die Formel von der «Machtergreifung» ist schon beinah zu einer Selbstverständlichkeit im vorherrschenden historischen Bewußtsein geworden.[3] In der Formel von «Hitlers Machtergreifung» verbindet sie sich mit der Führerthese.[4] In der Tat spielen solche mystifizierenden Vorstellungen wie die vom unwiderstehlichen Wirken des Führers Adolf Hitler nicht nur in den Massenmedien, sondern auch in der wissenschaftlichen Diskussion eine beachtliche Rolle.[5] Ihrer politischen Interessenstruktur nach gehören sie zu den ersten und wirksamsten Versuchen der damaligen Führungsschichten des faschistischen Systems, sich selbst nach 1945 als bloße Befehlsempfänger, als wehrlos und somit als unschuldig darzustellen.

Übernommen aus der Selbstdarstellung des Faschismus ist auch die Bezeichnung *«Nationalsozialismus».* Wird sie – wie weithin üblich – als Kennzeichnung für Bewegung und Herrschaftssystem des deutschen Faschismus verwandt, so gerät aus dem Blick, daß es sich bei diesem «Sozialismus» um eine demagogische Formel und keineswegs um die Wirklichkeit des Faschismus handelt. Man geht sozusagen der Ideologie des Faschismus nachträglich noch einmal auf den Leim. Zudem ist damit der «Nationalsozialismus» aus dem Gesamtzusammenhang des kapitalistischen Herrschaftssystems herausgenommen und gegenüber den Diktaturen in Italien, Spanien und Japan als etwas ganz anderes abgehoben. Während in Wahrheit alle diese Diktaturen primär aus den Interessen und Zielen der Oberklassen, insbesondere denen des großen Kapitals, zu erklären sind, verschleiert der Begriff des «Nationalsozialismus» diesen Systemcharakter und erweckt statt dessen den Eindruck, der «Nationalsozialismus» sei eine ganz einmalige und unvergleichliche Erscheinung, zu erklären aus dem zufälligen Zusammentreffen unglücklicher Umstände oder aus den Intrigen einiger Persönlichkeiten oder allenfalls aus Besonderheiten der deutschen Geschichte. Auf diese hätte sich danach auch die Aufmerksamkeit des Forschers zu konzentrieren.

Theoretisch gesprochen hat der unkritische Gebrauch des Begriffs «Nationalsozialismus» zur Konsequenz, daß der deutsche Faschismus aus dem Zusammenhang des Kapitalismus herausgenommen und in einen anderen Zusammenhang eingeordnet wird: in den des Sozialismus. Der deutsche Faschismus wird so definiert als eine Form des Sozialismus und damit als eine dem Marxismus verwandte Erscheinung.[5a] Besonders klar kam dies in der ideologischen Kampagne zum Ausdruck, die die CSU im Wahlkampf 1980 gestartet hat. Zugleich ist mit dieser Darstellung auch die Verbindung zur *Totalitarismusthese* hergestellt. Der Kern dieser These, angewandt auf die Weimarer Republik, besteht darin, die Zerstörung der Demokratie daraus zu erklären, daß die beiden «totalitären» Parteien NSDAP und KPD durch ihren gemeinsamen Kampf (sei die Gemeinsamkeit nun beabsichtigt gewesen oder nicht) gegen die Demokratie diese schließlich vernichtet haben, bildlich gesprochen: durch den Zangenangriff der beiden extremistischen Flügelparteien die demokratischen Kräfte der Mitte erwürgt haben. Diese Vorstellung, nach der die Demokratie immer von der Mitte repräsentiert wird und die «Radikalen von rechts und links» als gleichermaßen demokratiefeindlich und zugleich als wesensgleich verstanden werden, ist in der Tat so etwas wie die offizielle Staatsideologie der Bundesrepublik geworden und herrscht in den Massenmedien beinah unumschränkt. In der wissenschaftlichen Diskussion dominierte sie in der Periode des kalten Krieges, weil sie einerseits eine Distanzierung vom Faschismus enthielt, andererseits sich aber vorzüglich zum Kampf gegen die Linke im eigenen Land und gegen die sozialistischen Länder eignete, die als «totalitär» denunziert, damit aus dem Bereich des demokratisch Zulässigen ausgegrenzt und zusätzlich mit dem Odium des Faschismus und seiner Verbrechen belegt werden konnten. In der Phase der Entspannungspolitik und der sozialliberalen Reformansätze verlor diese Totalitarismusthese wesentlich an Einfluß – besonders in der wissenschaftlichen Diskussion. Es verwundert aber nicht, daß sie im Zeichen eines neuen kalten Krieges und eines verschärften Kampfes gegen die Linke im Kontext von Wirtschaftskrise und Hochrüstung wieder an Boden gewonnen hat. Die vorliegende Untersuchung hat gezeigt, daß sie zur Erklärung des Scheiterns der Weimarer Republik nichts taugt, sondern die wirklichen Ursachen dieses Scheiterns gerade verdeckt.

Im Verlauf der Diskussion wurden diese Interpretationen erweitert durch die These von der *«Auflösung»* der Weimarer Republik. Diese von dem Bonner Politologen Karl Dietrich Bracher schon 1955 entwickelte These wurde seither vielfach aufgegriffen und weiterentwickelt.[6] Eine neuere Version spricht von der *«Selbstpreisgabe* einer Demokratie».[7] Angewandt auf einzelne Problemkomplexe ist dann die Rede von der «Selbstausschaltung des Parlaments» oder von der «Selbstgleichschaltung der Hochschulen». Die Totalitarismusthese ist zwar hier in der Regel auch enthalten, weil NSDAP und KPD meist als wesensgleiche «totalitäre» Parteien aufgefaßt werden, aber dennoch enthält diese Interpretation einen neuen Akzent.

Bei der These von der «Auflösung» der Weimarer Republik bleibt zunächst offen, ob diese Republik aufgelöst wurde – von angebbaren Kräften mit angebbaren Interessen und Zielen – oder ob sie sich selbst, sozusagen ohne es recht zu merken, aufgelöst habe. Und in der Tat gehen in der konkreten Ausführung dieser Interpretation dann beide Varianten ineinander über. Wenn sich aber «die Demokratie» selbst aufgelöst hat – wer ist dann eigentlich das geschichtlich handelnde Subjekt, dem dieser Prozeß zugeschrieben und angelastet werden kann? Diese Interpretation läuft weitgehend darauf hinaus, daß die ökonomischen und staatlich-militärischen Führungsschichten nicht zielbewußt gehandelt haben, sondern gewissermaßen bewußtlos, ohne eigentlich zu wissen, was sie taten. Man stolperte sozusagen in das Unglück hinein, das allerdings, genauer betrachtet, für diese Kräfte gar kein Unglück war, sondern ziemlich genau das, was sie seit längerem angestrebt hatten, und erst durch die Niederlage des faschistischen Systems auch für sie zu einem Unglück wurde.

Damit wird ein Interpretationsmuster wiederaufgenommen, das sich schon bei der Erklärung des Ersten Weltkrieges als politisch sehr wirksam erwiesen hatte: Nachdem die Massaker dieses Krieges das Vertrauen der Massen zu der bestehenden Gesellschaftsordnung und ihren Führungsschichten schwer erschüttert hatten, gab der britische Regierungschef Lloyd George die Formel aus, niemand habe diesen Krieg gewollt, man sei eben «hineingeschliddert». Und so steht es heute noch in den meisten Geschichtsbüchern. Wenn es sich darum handelt, angesichts von geschichtlichen Katastrophen die Frage nach den Verantwortlichen, die offensichtlich über die Schalthebel der Macht verfügten, gar nicht aufkommen zu lassen, werden Interpretationsmuster dieser Art gern aufgegriffen. Sie leisten funktional dasselbe wie die These von der Macht des Schicksals oder dem Strafgericht Gottes. Die Interpretation von der «Auflösung» der Weimarer

Republik geht darin zwar nicht auf, sondern reicht wesentlich weiter. Die Materialien und Gedanken, die Bracher in seinem großen Buch 1955 entwickelt hat, haben alle folgenden Untersuchungen in vielerlei Hinsicht beeinflußt und befruchtet. Aber diese These bildet eben doch einen wesentlichen Teil von ihr.

Da nun aber das Quellenmaterial mittlerweile umfangreich und aussagekräftig genug ist, um angeben zu können, welche Kräfte es waren, die die Abschaffung der Demokratie und die Errichtung der Diktatur betrieben haben, und da sich deren Interessen und Ziele und Strategien klar erkennen lassen, habe ich der verharmlosenden und im Grunde irreführenden These von der «Auflösung» schon 1975 die These von der *«Zerstörung»* der Weimarer Republik entgegengesetzt.[8] Dem Anspruch, der von dieser These – wie von jeder kritischen Geschichtswissenschaft – ausgeht, nämlich: die Kräfte zu ermitteln, die eine bestimmte geschichtliche Entwicklung bewirkt haben, konnte sich auch die etablierte Wissenschaft auf die Dauer offenbar nicht entziehen. Weder die gängige Auskunft, alles sei so furchtbar komplex, daß man konkrete Angaben nicht machen könne, noch die These von dem Weg in die Diktatur, den eigentlich keiner gewollt habe, konnte auf die Dauer befriedigen. So wurde die These von der «Zerstörung einer parlamentarischen Demokratie» aufgenommen[9] – aber natürlich eingeordnet in die vorgegebenen Interpretationen von der «Machtergreifung» einerseits und von der «totalitären Diktatur» und der «totalitären Revolution»[10] andererseits, womit dann doch wieder die Volksmassen (in Gestalt der faschistischen Massenbewegung und des linken Flügels der Arbeiterbewegung) als der Hauptschuldige an der Zerstörung der Demokratie und die Linke als die aktuelle Bedrohung der Demokratie ausgemacht werden konnten. Die angebliche geschichtliche Erfahrung, daß es am bedrohlichsten dann werde, wenn die Massen selbst in das politische Geschehen eingreifen, konnte dann direkt gegen die Friedensbewegung und die Streiks 1984 gewandt werden.

Unsere damaligen Beiträge über die «Zerstörung der Weimarer Republik» waren allerdings in doppelter Weise begrenzt: inhaltlich auf die Kräfte, die zielbewußt auf die Errichtung der Diktatur hingearbeitet haben, insbesondere also Großkapital, Militär und faschistische Bewegung; und zeitlich auf die Schlußphase der Weimarer Republik, also den akuten Prozeß der Zerstörung. Eine Gesamtdarstellung wurde von unserer Autorengruppe damals nicht entwickelt.

In der Geschichtswissenschaft der *DDR* andererseits ist der Kampf um die Weimarer Republik von Anfang an als ein von sozialökonomischen Interessen bestimmter Kampf aufgefaßt und also das Großkapital mitsamt seinem staatlichen und militärischen Machtinstrumentarium als diejenige Kraft dargestellt worden, die gegen die demokratische Republik stand und auf deren Abschaffung drängte. Ihren pointierten Ausdruck erhielt diese Interpretation in der Formel von der «Republik auf Zeit», wie sie Wolfgang Ruge in seinem Buch von 1969 entwickelte. Diese Interpretation ist zwar bei der konkreten Darstellung der politisch-sozialen Kräfte und der verschiedenen Etappen der Weimarer Republik durchaus differenziert, legt aber insgesamt doch die Schlußfolgerung nahe, daß die demokratische Republik von der herrschenden Klasse von Anfang an als eine nur vorübergehend hinnehmbare Staatsform, eben als «Republik auf Zeit», vielleicht sogar als eine so rasch wie möglich wieder abzuschaffende Staatsform, also von vornherein nur als lästiges Zwischenspiel, verstanden worden sei und daß diese herrschende Klasse deshalb in jeder Phase die Abschaffung dieser Staatsform als ihr strategisches Hauptziel verfolgt habe. Auch diese Interpretation hat vielgestaltige Konkretisierungen erfahren. In manchen Darstellungen schien es dann sogar so, als habe das Monopolkapital seit 1918/19 das Ziel verfolgt, den Faschismus als politische Bewegung zu formieren und durch ideologische und finanzielle Unterstützung aufzupäppeln, um ihn dann an die Macht bringen zu können.[11]

Diese Interpretation hat, wie neuere Untersuchungen gerade auch in der DDR ergeben haben, nicht verarbeitet, daß starke Kräfte der Führungsschichten sowohl in der Großwirtschaft wie im Staatsapparat die parlamentarische Demokratie nach 1923 für eine akzeptable Staatsform gehalten haben. Sie waren davon überzeugt, daß sie innerhalb des Rahmens dieser Staatsform ihre Hauptinteressen befriedigend durchsetzen können – sofern entsprechende «Reformen», d. h. die Stärkung der Exekutive und die Beschränkung demokratischer Rechte zum Zwecke der Zähmung der Arbeiterbewegung, realisierbar waren. Die NSDAP wurde erst relativ spät auch für sie zu einem interessanten politischen Faktor. Im vorliegenden Buch war also auch zu klären, unter welchen Bedingungen die parlamentarische Demokratie von welchen Fraktionen dieser Führungsschichten akzeptiert worden ist, welche Veränderungen es waren, die auch diese Fraktionen dazu brachten, für die Errichtung eines autoritären Staates einzutreten, und welche Konsequenzen diese Tatbestände für die Lage der demokratischen Kräfte gehabt haben und für deren politische Strategie hätten haben sollen.

So ist die Weimarer Republik in der Tat ein Lehrstück über die Errichtung, Gefährdung und Zerstörung einer parlamentarischen

Demokratie, über die Interessen, die Strategien und Ansatzpunkte der Kräfte, für die die demokratische Staatsform in mannigfacher Weise lästig und hinderlich ist, unter gewissen Bedingungen zwar annehmbar und als geringeres Übel, unter anderen Bedingungen aber eben nicht mehr tolerabel erscheint; über den sozialen Ort, dem diese Interessen entspringen, und über die nationalen Besonderheiten, die die Lage und das Denken der Handelnden mitgeprägt haben. Und zugleich ein Lehrstück über die Möglichkeiten, die Stärken und Schwächen derjenigen Kräfte, die auf die Demokratie angewiesen sind als elementare Voraussetzung dafür, ihre Interessen überhaupt artikulieren und mindestens in Ansätzen zur Geltung bringen zu können. So lassen sich insgesamt aus der Geschichte der Weimarer Republik Lehren gewinnen, die auch für das politische Handeln in der Bundesrepublik bedeutsam sind. Denn es haben sich zwar mancherlei Bedingungen verändert, die Eigentumsverfassung aber ist die gleiche geblieben – und mit ihr die Interessenstruktur, die diese Gesellschaft bestimmt. Betrachtet man die politischen und sozialen Auseinandersetzungen in unserer Zeit aus dieser Perspektive, so heben sich manche ideologischen Nebelgebilde, die den Blick trüben, und erkennbar werden die Grundstrukturen der Probleme, um die es wirklich geht.

Anmerkungen

Zur Vorgeschichte

1 Vgl. F. Fischer, Griff nach der Weltmacht. Die Kriegszielpolitik des kaiserlichen Deutschland 1914/18, Düsseldorf 1961

2 Vgl. dazu G. A. Ritter u. S. Miller (Hg.), Die deutsche Revolution 1918–1919. Dokumente, Frankfurt 1968; J. Berlin (Hg.), Die deutsche Revolution 1918/19. Quellen und Dokumente, Köln 1979; R. Rürup (Hg.), Arbeiter- und Soldatenräte im rheinisch-westfälischen Industriegebiet, Wuppertal 1975; E. Kolb (Hg.), Vom Kaiserreich zur Weimarer Republik, Köln 1972; H. Dähn, Rätedemokratische Modelle, Meisenheim 1975; F. L. Carsten, Revolution in Mitteleuropa 1918–1919, Köln 1973

3 Vgl. H. Mottek u. a., Wirtschaftsgeschichte Deutschlands, Bd. I, Berlin (DDR), 1968, bes. S. 245 ff. Vgl. zur ökonomischen Entwicklung auch F. W. Henning, Das vorindustrielle Deutschland 800 bis 1800, [2]Paderborn 1976; ders., Die Industrialisierung in Deutschland 1800 bis 1914, [3]Paderborn 1976

4 Vgl. Mottek, a. a. O., Bd. III, Berlin (DDR), 1975, S. 59 f.

5 Daten dazu bei R. Kühnl, Formen bürgerlicher Herrschaft. Liberalismus-Faschismus, Reinbek 1971, S. 107 f.

6 Vgl. dazu G. Lukács, Die Zerstörung der Vernunft, Neuwied 1962; W. Struve, Elites against Democracy. Leadership ideals in bourgeois political thought in Germany, 1890–1933, Princeton 1973; A. Kaiser (Hg.), Denkmalsbesetzung. Preußen wird aufgelöst, Berlin (West) 1982

7 Mottek, a. a. O., Bd. III, S. 66

8 Vgl. dazu bes. H.-J. Bieber, Gewerkschaften in Krieg und Revolution. Arbeiterbewegung, Industrie, Staat und Militär in Deutschland 1914–1920, 2 Bde., Hamburg 1981.; J. v. Freyberg u. a., Geschichte der deutschen Sozialdemokratie 1863–1975, Köln 1977.; H. Weber u. a. (Hg.), Quellen zur Geschichte der deutschen Gewerkschaftsbewegung im 20. Jahrhundert, bisher 2 Bde. (1914–1919 u. 1919–1923), Köln 1985

9 So der Titel des epochemachenden Werkes von F. Fischer, a. a. O.

10 Zit. nach E. Kogon, Die Angst vor den Russen, in: W. Jens (Hg.), In letzter Stunde, München 1982, S. 101–116, hier S. 103; vgl. auch G. Kade, Die Bedrohungslüge, Köln 1979, S. 13

Revolution und Konterrevolution

1 Zit. nach H. Böhme, Prolegomena zu einer Sozial- und Wirtschaftsgeschichte Deutschlands im 19. und 20. Jahrhundert, 2. Aufl., Frankfurt 1960, S. 112

2 E. Stadtler, Als Antibolschewist 1918/19, Düsseldorf 1935, S. 46 ff.

3 Zu dessen Herausbildung vgl. bes. G. Fülberth, J. Harrer, Die Deutsche Sozialdemokratie 1890–1933, Darmstadt. Neuwied 1974, Kap. A

4 Aufruf des Parteivorstandes «An Deutschlands Männer und Frauen» vom 17. 10. 1918, zit. nach Dokumente und Materialien zur Geschichte der deutschen Arbeiterbewegung, Reihe II, 1914–1945, Bd. 2, Berlin 1957, S. 252 ff.

5 Zit. nach Max von Baden, Erinnerungen und Dokumente, Stuttgart, Berlin, Leipzig 1927, S. 600

6 Correspondenzblatt der Generalkommission der Gewerkschaften Deutschlands 1919,

S. 11, zit. nach Ch. Seifert, Die deutsche Gewerkschaftsbewegung in der Weimarer Republik, in: F. Deppe u. a., Geschichte der deutschen Gewerkschaftsbewegung, Köln 1977, S. 146–210, hier S. 150

7 Peter Weiss, Ästhetik des Widerstands, Bd. 1, Frankfurt 1975, S. 106, 109 u. 111

8 Das Gesetz zur Unterdrückung der Arbeiterbewegung (1878–1890) hieß «Gesetz gegen die gemeingefährlichen Bestrebungen der deutschen Sozialdemokratie».

8a Zit. nach St. Reinhardt (Hg.), Lesebuch Weimarer Republik, Berlin (West) 1982, S. 43f.

9 Zit. nach K. Gossweiler, Kapital, Reichswehr und NSDAP 1919–1924, Berlin (DDR) 1982, S. 57f.; zur Mentalität dieser Freikorps vgl. auch U. Theweleit, Männerphantasien, 2 Bde., Reinbek 1980

10 Die Denkschrift ist abgedruckt in: Arbeiterklasse siegt über Kapp und Lüttwitz, Bd. 1, Glashütten/Taunus 1971, S. 25 u. 16

11 Die entsprechenden Forderungen und Programme sind abgedruckt in: Arbeiterklasse siegt über Kapp und Lüttwitz, a. a. O., Bd. 1, bes. S. 175ff., 210ff.

12 Stenographische Berichte, Bd. 336, Nr. 391. Bericht des Verfassungsausschusses, S. 180f., Sitzung vom 31. 3. 1919, zit. nach J. S. Drabkin, Die Entstehung der Weimarer Republik, Köln 1983, S. 444

13 Stenographische Berichte, Bd. 328, S. 1568, Sitzung vom 15. 7. 1919; vgl. Drabkin, S. 444

14 F. Naumann bei den Verfassungsberatungen, zit. nach J. S. Drabkin, Die Entstehung der Weimarer Republik, Köln 1983, S. 445

15 Zit. nach ebenda, S. 448; vgl. grundsätzlich hierzu P. Römer, Entstehung, Rechtsform und Funktion des kapitalistischen Privateigentums, Köln 1978

16 Vgl. E. Könnemann, H. J. Krusch, Aktionseinheit contra Kapp-Putsch, Berlin (DDR) 1972

17 Regierung der Volksbeauftragten, Bd. 2, S. 223ff., zit. nach Drabkin, S. 15

18 G. Ziebura, Weltwirtschaft und Weltpolitik 1922/24–1931, Frankfurt 1984, S. 108

Soziale Oberklassen und Machteliten

1 Vgl. E. Klöss, Von Versailles zum Zweiten Weltkrieg. Verträge zur Zeitgeschichte 1918–1939, München 1965; G. Schulz, Revolutionen u. Friedensschlüsse 1917–1920, München 1967

2 Zit. nach J. Kuczynski, Geschichte des Alltags des deutschen Volkes, Bd. 5, Köln 1982, S. 20; vgl. auch D. Lloyd George, The Truth about the Peace treaties, Vol. I., London 1938, S. 407f.

3 Aufruf vom 9. 5. und «Freiheit» vom 8. 5. 1919, zit. nach J. S. Drabkin, a. a. O., S. 361f.

4 Vgl. Drabkin, S. 384

5 Die Bevölkerung des Deutschen Reiches hatte 1913 67 Millionen betragen, fiel durch Kriegsverluste (2,4 Millionen) und durch die Gebietsabtretungen nach dem Ersten Weltkrieg auf 62 Millionen und stieg bis 1932 wieder auf 66 Millionen an.

6 Nach G. Hardach, Zur politischen Ökonomie der Weimarer Republik, in: R. Kühnl, G. Hardach (Hg.), Die Zerstörung der Weimarer Republik, Köln 1977, S. 14–37, hier S. 16

7 Abgedruckt in: J. Flemming, Die Republik von Weimar, 2 Bde., Düsseldorf 1979, Bd. 1, S. 74

8 Zu diesem sehr umstrittenen Kontinuitätsproblem vgl. besonders F. Fischer, Bündnis der Eliten. Zur Kontinuität der Machtstrukturen in Deutschland 1871–1945, Düsseldorf 1979; G. Hallgarten, J. Radkau, Deutsche Industrie und Politik von Bismarck bis heute, Frankfurt 1974; dagegen: A. Hillgruber, Die gescheiterte Großmacht. Eine Skizze des Deutschen Reiches, Düsseldorf 1980; ders., Großmachtpolitik und Militarismus im 20. Jahrhundert, drei Beiträge zum Kontinuitätsproblem, Düsseldorf 1974

9 Regierung der Volksbeauftragten, Bd. 2, S. 270f., Sitzung vom 14. 1. 1919, zit. nach Drabkin, S. 15f.

10 Mottek, Bd. 3, a. a. O., S. 231

11 Vgl. dazu auch G. D. Feldmann, H. Homburg, Industrie und Inflation, Hamburg 1977

12 Kuczynski, a. a. O., S. 29

12a Berichte der Notgemeinschaft der Deutschen Wissenschaft 1922 bis 1933, hier 1925, S. 118

13 Vgl. die Angaben bei Kuczynski, Geschichte des Alltags, Bd. 5, a. a. O., S. 22 f.; D. H. Aldcroft, Die 20er Jahre. Geschichte der Weltwirtschaft im 20. Jahrhundert, hg. v. W. Fischer, Bd. 3, München 1978, Tab. 15, S. 337; Ch. P. Kindleberger, Die Weltwirtschaftskrise 1929–1939. Geschichte der Weltwirtschaft im 20. Jahrhundert, a. a. O., Bd. 4, S. 293; G. Hardach, Deutschland in der Weltwirtschaft 1870–1970, Frankfurt 1977, S. 46 ff.

14 Tabelle und Zitat aus: Kuczynski, Geschichte des Alltags, a. a. O., S. 22; andere Berechnungen gelangten zu weniger günstigen Resultaten: vgl. D. Petzina, Die deutsche Wirtschaft in der Zwischenkriegszeit, Wiesbaden 1977, S. 14; Ziebura, a. a. O., S. 46 u. 93

15 Nach W. Ruge, Deutschland 1917–1933, Berlin (DDR) 1974, S. 285

16 Ziebura, a. a. O., S. 101

17 Ziebura, a. a. O., S. 100

18 Beleg in R. Kühnl, Der deutsche Faschismus in Quellen und Dokumenten, Köln 1975, S. 72 f.; vgl. auch Ziebura, a. a. O., S. 104

19 Vgl. K. Hildebrand, Vom Reich zum Weltreich. Hitler, Nationalsozialismus und koloniale Frage 1919–1945, München 1969, S. 56 ff.

20 Die folgende Argumentation gilt also auch dann, wenn man die Modernisierung der Produktion in Deutschland geringer einschätzt, als es hier geschieht; vgl. die in Anmerkung 14 genannten Autoren

21 Kuczynski, Geschichte des Alltags, a. a. O., S. 29

22 Ebenda, S. 27

23 So Ziebura, a. a. O., S. 90

24 Baldwin in einer Rede am 3. 10. 1924, zit. nach Kuczynski, a. a. O., S. 21

25 Vgl. Ziebura, a. a. O., S. 88

26 Ziebura, a. a. O., S. 88

27 Ziebura, a. a. O., S. 98

28 Ziebura, a. a. O., S. 96

29 Zur Diskussion über die Linien und die Ursachen der Differenzierung innerhalb der Führungsschichten vgl. besonders K. Gossweiler, Großbanken, Industriemonopole, Staat, Berlin (DDR) 1971; M. Nußbaum, Wirtschaft und Staat in Deutschland während der Weimarer Republik, Berlin (DDR) 1978; D. Stegmann, Zum Verhältnis von Großindustrie und Nationalsozialismus, 1930–1933, in: Archiv für Sozialgeschichte XIII (1973)

30 Vgl. die Denkschrift des RDI «Deutsche Wirtschafts- und Finanzpolitik» von 1925, die das erste große Gesamtprogramm des RDI darstellt (Veröffentlichungen des RDI, 1925, H. 29), sowie die RDI-Tagung zum Thema «Industrie und Parlament» vom Februar 1926 (ebenda, H. 30).

31 Zit. nach M. Hörster-Philipps, Großkapital, Weimarer Republik und Faschismus, in: Kühnl/Hardach, a. a. O., S. 38–141, hier S. 53 f.

32 Zit. nach ebenda, S. 56

33 So C. Duisberg, 1926–1931 der Vorsitzende des Reichsverbandes der Deutschen Industrie, der aus dem IG-Farben-Konzern kam, im Jahre 1925, zit. nach Hörster-Philipps, Großkapital, a. a. O., S. 12; vgl. zu dieser Richtung jetzt auch R. Neebe, Großindustrie, Staat und NSDAP 1930–1933. Paul Silverberg und der Reichsverband der Deutschen Industrie in der Krise der Weimarer Republik, Göttingen 1981

34 Vgl. J. John, Faschismus-«Kritik» in: «Der Arbeitgeber», in: Zeitschrift für Geschichtswissenschaft 1982, H. 12, S. 1072–1086, hier S. 1077 f.

35 ebenda

36 R. Opitz (Hg.), Europastrategien des deutschen Kapitals 1900–1945, Köln 1977, S. 33

37 Zit. nach Opitz, S. 32

38 Vgl. die Belege bei Opitz, bes. S. 505 f.

39 Zit. nach A. Thimme, Gustav Stresemann, Hannover, Frankfurt 1957, S. 93

40 Zit. nach Mottek, Bd. III, S. 262

41 Brief Stresemanns an den ehemaligen Kronprinzen Wilhelm von Hohenzollern vom 7. 9. 1925, in: Stresemann, Vermächtnis, Berlin 1932, S. 553–555, in Auszügen in: Kühnl, Der

deutsche Faschismus, S. 66f.; weitere Belege und Dokumente bei Opitz, Europastrategien, S. 501 ff.

42 Ziebura, S. 100

42a Vgl. dazu bes. U. Heinemann, Die verdrängte Niederlage. Politische Öffentlichkeit und Kriegsschuldfrage in der Weimarer Republik, Göttingen 1983

43 Vgl. dazu bes. Gossweiler, Großbanken, a. a. O.

44 So der BDI-Vorsitzende Duisberg in einem Interview in der BZ am Mittag vom 11.11.1929

45 Rede Duisbergs vom 24. 3. 1931, in Auszügen bei Opitz, Europastrategien, S. 581 f.; später korrigierte Duisberg diese offene Ankündigung eines Eroberungskrieges gegen die Sowjetunion und sagte: «von Bordeaux bis Sofia».

46 Vgl. die Belege bei M. Hörster-Philipps, Konservative Politik in der Endphase der Weimarer Republik, Köln 1982, S. 153f.

47 Vgl. dessen Buch «Paneuropa» von 1923, von dem Opitz Europastrategien, a. a. O., Auszüge bringt (S. 495–501), sowie R. Frommelt, Paneuropa oder Mitteleuropa. Einigungsbestrebungen im Kalkül deutscher Wirtschaft und Politik 1925 bis 1933, Stuttgart 1977

48 Interview von Ende 1919, abgedruckt in O. E. Schüddekopf, Das Heer und die Republik, Hannover, Frankfurt 1955, S. 52; Mitte der 20er Jahre wurde dieses Konzept in den Artikeln des Industriellen, Politikers und Publizisten A. Rechberg ausführlich dargelegt; vgl. die Auszüge bei Opitz, Europastrategien, S. 509f.

49 Stegmann, S. 26

50 Vgl. Dokumente zur deutschen Geschichte 1919–1923, S. 28f.

51 F. Thyssen, I paid Hitler, New York 1941, S. 80

52 Vgl. Dokumente zur deutschen Geschichte 1919–1923, hg. v. W. Ruge u. W. Schumann, Berlin (DDR) 1975, S. 68

53 Zit. nach: Die bürgerlichen Parteien in Deutschland, 2 Bde., Leipzig 1970, Bd. II, S. 917

54 Belege u. a. bei D. Stegmann, Großindustrie, a. a. O., S. 408

55 Resolution des RLB vom 15.2.1925, publiziert im Vorwärts vom 16.2.1925, zit. nach Stegmann, S. 407

56 Vgl. Stresemann, Vermächtnis, Bd. 2, S. 380f.; W. Ruge, Monopolbourgeoisie, faschistische Massenbasis und NS-Programmatik, in: D. Eichholtz u. K. Gossweiler u. a., Faschismusforschung. Positionen, Probleme, Polemik, Berlin (DDR) 1980, S. 140; Stegmann, S. 408 mit weiteren Belegen

57 Ruge, ebenda

58 Vgl. K. Gossweiler, Hitler und das Kapital, 1925–1928, in: Blätter f. dt. u. internat. Pol. 1978, H. 7. Hitler sprach 1926 vor dem Hamburger Nationalclub und bei mehreren Zusammenkünften von Ruhrindustriellen

59 Zit. nach E. Deuerlein (Hrsg.), Der Aufstieg der NSDAP 1919–1933 in Augenzeugenberichten, Düsseldorf 1968, S. 285f.; H. A. Turner, Faschismus und Kapitalismus in Deutschland, Göttingen 1972, S. 70

60 B. Weisbrod, Schwerindustrie in der Weimarer Republik, Wuppertal 1978, S. 28

61 Belege in: Die bürgerlichen Parteien in Deutschland, Bd. 2, S. 917; Hardach, Deutschland in der Weltwirtschaft, S. 77–80; vgl. auch Weisbrod, a. a. O.

62 Mottek, Bd. III, S. 285; Weisbrod, a. a. O.

63 Zit. nach Fischer, Bündnis der Eliten, S. 67f.

64 Denkschrift Seeckts von 1923, in Schüddekopf, Heer und Republik, S. 163

65 Denkschrift Seeckts, S. 165

66 G. D. Feldmann, H. Homburg, Industrie und Inflation, a. a. O., S. 22, 26 und 168f.

67 Erzberger war Mitglied der Zentrumspartei, im Oktober 1918 kaiserlicher Minister und 1919/20 Reichsfinanzminister; Rathenau war Großindustrieller, nach 1914 Organisator der Kriegsrohstoffwirtschaft, nach 1918 Mitglied der linksliberalen DDP und Reichsaußenminister

68 Vgl. D. Bald, Vom Kaiserheer zur Bundeswehr. Sozialstruktur des Militärs, Frankfurt 1981

69 M. Geyer, Deutsche Rüstungspolitik 1860–1980, Frankfurt 1984, S. 118

70 Zit. nach Flemming, Bd. 1, S. 71

71 So der Kommandeur des Wehrkreises VI, General von Loßberg, in einer Rede am 21.1.1924; Text in: Schüddekopf, S. 204; in Auszügen in: Kühnl, Der deutsche Faschismus, S. 79

72 Geyer, Rüstungspolitik, S. 121 f.

73 Ebenda, S. 122 f.

74 Vgl. H. Meier-Welcker, Seeckt, Frankfurt 1967, S. 311 f.

75 Vgl. Denkschrift des Generals von Seeckt vom Januar 1921, zit. nach K. Nuß, Militär und Wiederaufrüstung in der Weimarer Republik, Berlin (DDR) 1977, S. 115

76 So die Heeresleitung im Juli 1925, zit. nach Nuß, S. 182

77 F. v. Rabenau, Seeckt – aus seinem Leben 1918 bis 1936, Leipzig 1940, S. 360 f., in Auszügen bei Hörster-Philipps, Wer war Hitler wirklich? Großkapital und Faschismus 1918 bis 1945. Dokumente, Köln 1978, S. 55 f.

78 Erlaß vom 9.1.1924, in: Kühnl, Der deutsche Faschismus, S. 80

79 Geheime Denkschrift des Truppenamtes des Reichswehrministeriums «Die Abrüstungsfrage nach realpolitischen Gesichtspunkten betrachtet» vom März 1926, in: Akten zur deutschen auswärtigen Politik 1918–1943. Aus dem Archiv des Auswärtigen Amtes, Serie B, Bd. I/1, S. 343 ff.; Auszüge bei Hörster-Philipps, Wer war Hitler wirklich? S. 65 f.

80 So der Reichswehrminister General Groener im Oktober 1930; Vortragsnotizen in: Schüddekopf, S. 304, in Auszügen in: Kühnl, Der deutsche Faschismus, S. 83 f.

81 G. Schreiber, Maritimes Weltmachtstreben, in: Neue Politische Literatur 1981, H. 2, S. 256 f.; vgl. auch die Untersuchung von R. Lakowski u. W. Wunderlich, Zwischen Flottenschlacht und Zufuhrkrieg. Die Entwicklung des seestrategischen Denkens im imperialistischen Deutschland in Vorbereitung des Zweiten Weltkrieges, Berlin (DDR) 1978, die Schreiber hier rezensiert

82 Geyer, Rüstungspolitik, S. 127, 129 u. 131

83 Vgl. den Beitrag v. W. Wette in: W. Deist u. a., Das Deutsche Reich und der Zweite Weltkrieg, Bd. 1, Stuttgart 1979, sowie die Rezension dazu von J. Dülfer, in: Neue Polit. Lit., 1981, H. 1, S. 44

84 St. Förster, Der deutsche Militarismus im Zeitalter des totalen Krieges, in: Neue Polit. Lit., 1982, H. 2, S. 143

85 Vgl. E. J. Gumbel, Vier Jahre politischer Mord, Berlin 1922

86 Die Kooperation mit der Roten Armee hatte nicht die überragende Bedeutung, die ihr die herrschende Geschichtswissenschaft zuschreibt (vgl. die Zahlen bei Nuß, S. 340, Anm. 118, sowie allgemein S. 182 ff.)

87 Zit. nach K. Nuß, S. 212 f.

88 Zeitschrift Navel and Military Record vom 27.6.1928

89 Vgl. die Belege bei Nuß, S. 354, Anm. 171

90 M. Salewski, Entwaffnung und Militärkontrolle in Deutschland 1919 bis 1927, München 1966, S. 123 f.

91 Im Schatten Seeckts. Die Geschichte der «Schwarzen Reichswehr» von ihrem Führer Buchrucker, Berlin 1928, S. 6 ff.; ein anschauliches Bild vermitteln auch die Memoiren von R. Scheringer, Das große Los. Unter Soldaten, Bauern und Rebellen, Berlin (DDR) 1961

92 Zit. nach Nuß, S. 232

93 H. u. E. Hannover, Politische Justiz 1918 bis 1933, Frankfurt 1966, S. 32

94 E. Gumbel, Vier Jahre politischer Mord, Berlin 1922; ders., Vom Fememord zur Reichskanzlei, Heidelberg 1962

95 Vgl. zu diesen Fällen I. Staff, Justiz im Dritten Reich, Frankfurt 1978, S. 22 ff.; Hannover, Politische Justiz, S. 186 ff.

96 K. D. Bracher, Die Auflösung der Weimarer Republik, Villingen 1955, S. 195

97 Vgl. die Belege bei Hannover, S. 238 ff.

98 So der Bericht vom 8. Deutschen Richtertag in Köln 1929, zit. nach: Der Unrechts-Staat, hrsg. v. Redaktion Kritische Justiz, Bd. II, Baden-Baden 1984, S. 75

99 ebenda

100 Hannover, S. 237

101 Bracher, Die Zerstörung der Weimarer Republik, S. 195

102 Vgl. R. Wahsner, Faschismus und Arbeitsrecht, in: U. Reifner (Hrsg.), Das Recht des Unrechtsstaats, Frankfurt/New York 1981, S. 86–129, hier S. 88ff. u. 124

102a Zit. nach: Der Unrechts-Staat, Bd. II, S. 78

103 Bracher, Auflösung der Weimarer Republik, S. 180

104 Zit. nach Preußen. Zur Sozialgeschichte eines Staates, Reinbek bei Hamburg 1981 (Bd. 3 des fünfbändigen Werkes Preußen. Versuch einer Bilanz), S. 140

105 Bracher, Auflösung der Weimarer Republik, S. 185

106 ebenda, S. 176f.

107 Vgl. H. Mommsen, Beamtentum im Dritten Reich, Stuttgart 1966, S. 21, 28f.

108 Bracher, Auflösung der Weimarer Republik, S. 189

109 So der «Vorwärts», zit. nach Mommsen, Beamtentum, S. 30

110 Mommsen, Beamtentum, S. 13

111 Belege bei Gossweiler, Kapital, Reichswehr und NSDAP, a. a. O.

112 Der Deutsche vom 4.12.1926, zit. nach: «Reichsverband der Deutschen Industrie», in: Die bürgerlichen Parteien in Deutschland, a. a. O., Bd. II, S. 597

113 Belege ebenda

114 H. A. Winkler, Mittelstand, Demokratie und Nationalsozialismus, Köln 1972, S. 56 u. 58

115 Das Zitat stammt von dem stellvertretenden Vorsitzenden des BdL, J. v. Levetzow, zit. nach: «Reichs-Landbund», in: Die bürgerlichen Parteien in Deutschland, a. a. O., Bd. I, S. 523

116 Grundsätze der Deutschnationalen Volkspartei von 1920, zit. nach Kühnl, Der deutsche Faschismus, a. a. O., S. 52f.

117 Ebd.

118 Brief von Schlange-Schöningen an Hugenberg vom 19.5.1924, zit. nach Flemming, Bd. 1, a. a. O., S. 135

119 Grundsätze der DVP vom Oktober 1919, zit. nach Kühnl, Der deutsche Faschismus, a. a. O., S. 49ff.

120 Bracher, Die Auflösung der Weimarer Republik, a. aO., S. 87

121 Programm der DDP vom Dezember 1919, zit. nach Kühnl, Der deutsche Faschismus, a. a. O., S. 47

122 Flemming, Bd. 1, a. a. O., S. 98

123 Bracher, Die Auflösung der Weimarer Republik, a. a. O., S. 89

124 Aufruf und Leitsätze der Deutschen Zentrumspartei vom 30.12.1918, zit. nach Kühnl, Der deutsche Faschismus, a. a. O., S. 45

125 Bracher, Die Auflösung der Weimarer Republik, a. a. O., S. 87

126 Ebd.

127 Zit. nach M. Janssen-Jurreit, Sexismus, Frankfurt 1979, S. 254; vgl. insges. hierzu B. Greven-Aschoff, Die bürgerliche Frauenbewegung in Deutschland. 1894–1933, Göttingen 1981

128 Zur Rolle der Frau in der Geschichte des deutschen Volkes (1830–1945). Eine Chronik, Leipzig 1984, S. 115

129 G. Bäumer, Die Grundlage nationaler Sammlung, in: Die Frau, 1919, H. 1, S. 15

130 Zur Rolle der Frau, a. a. O., S. 116

131 Die Angaben sind publiziert in: ebd., unter dem jeweiligen Datum der Wahl

132 Zit. nach ebd., S. 128

133 Ebd., S. 173 und 182

133a Ebd., S. 196f.

134 Zit. nach ebd., S. 206

135 G. Bäumer, Lage und Aufgabe der Frauenbewegung in der deutschen Umwälzung, in: Die Frau, 1933, H. 7, S. 385, zit. nach H. Bradter, Bund Deutscher Frauenvereine, in: Lexikon zur Parteiengeschichte, Bd. 1, Leipzig 1983, S. 289–301, hier S. 298

135a Vgl. H.-J. Mauch, Nationalistische Wehrorganisationen in der Weimarer Republik. Zur Entwicklung und Ideologie des «Paramilitarismus», Frankfurt, Bern 1982

136 Zit. nach B. Mahlke, Stahlhelm – Bund der Frontsoldaten, in: Die bürgerlichen Parteien in Deutschland, Bd. II, S. 654–667, hier S. 661 f.

137 So der Stahlhelm-Führer Seldte im Rundfunk, zit. nach Mahlke, a. a. O., S. 665

138 A. Mahraun, Gegen getarnte Gewalten, Berlin 1928, S. 97; Mahraun war der Gründer und «Hochmeister» des Jungdeutschen Ordens

139 A. Mahraun, Das Jungdeutsche Manifest, Berlin 1928, S. 151

140 Ebd., S. 86

141 Vgl. dazu bes. H.-W. Prahl, Sozialgeschichte des Hochschulwesens, München 1978; Ch. v. Ferber, Die Entwicklung des Lehrkörpers der deutschen Universitäten und Hochschulen 1864–1954, Göttingen 1956; F. R. Pfetsch, Zur Entwicklung der Wissenschaftspolitik in Deutschland 1750–1914, Berlin 1974; W. Abendroth, Das Unpolitische als Wesensmerkmal der deutschen Universität, in: Universitätstage 1966. Nationalsozialismus und die deutsche Universität, Berlin (West) 1966, S. 189–208; H. P. Bleuel, Deutschlands Bekenner. Professoren zwischen Kaiserreich und Diktatur, Bern, München, Wien 1965

142 Vgl. W. Abendroth, Das Unpolitische, a. a. O.

143 Erklärung der Hochschullehrer des Deutschen Reiches, hg. v. D. Schäfer, Berlin 1914; vgl. insgesamt Aufrufe und Reden deutscher Professoren im Ersten Weltkrieg, hg. v. K. Böhme, Stutttgart 1975

144 Zit. nach B. W. Reimann, Die Politisierung der Ludwigs-Universität im Zeichen des Nationalsozialismus, in: Frontabschnitt Hochschule, Gießen 1982, S. 116–158, hier S. 117

145 Deutsche Hochschul-Stimmen 1914, H. 33

146 Ebenda, H. 37/38

147 Ebenda, H. 33

148 Ebenda

149 Ebenda, H. 37/38

150 Sog. «Delbrück-Erklärung» vom 9. 7. 1915, die der extrem-imperialistischen «Seeberg-Adresse» vom 20. 6. 1915 gegenübergestellt wurde

151 Reimann, a. a. O., S. 121

152 Die Erklärung ist abgedruckt bei Reimann, ebenda

153 Vgl. dazu insbesondere G. Lukács, Die Zerstörung der Vernunft, Neuwied 1962

154 B. Faulenbach, Deutsche Geschichtswissenschaft zwischen Kaiserreich und NS-Diktatur, in: ders. (Hg.), Geschichtswissenschaft in Deutschland, München 1974, S. 66–85, hier S. 67; vgl. allgemein auch K. Thiessenhusen, Politische Kommentare deutscher Historiker zur Revolution und Neuordnung 1918/19, in: Aus Politik und Zeitgeschichte. Beilage zur Wochenzeitung «Das Parlament» Nr. 45, 1969, mit vielen eindrucksvollen Zitaten

155 Vgl. dazu bes. Faulenbach, a. a. O., ders., Ideologie des deutschen Weges. Die Deutsche Geschichte in der Historiographie zwischen Kaiserreich und Nationalsozialismus, München 1980; H. Schleier, Die bürgerliche deutsche Geschichtsschreibung der Weimarer Republik, Köln 1975

156 Dazu bes. Schleier, a. a. O., S. 68 ff.

157 Zit. nach Faulenbach, Geschichtswissenschaft, S. 71

158 Dazu bes. Schleier, a. a. O., S. 68 ff.; die folgenden Zitate sind diesen Seiten entnommen

159 Eiserne Blätter vom 12. 9. 1926, zit. nach Bleul, a. a. O., S. 196

160 Vgl. dazu J. Maus, Bürgerliche Rechtstheorie und Faschismus, München 1976; J. Meinck, Weimarer Staatslehre und Nationalsozialismus, Frankfurt 1978; allgemein: Sontheimer, Antidemokratisches Denken, a. a. O., 4. Kap.

160a Vgl. bes. seine Schriften Der Hüter der Verfassung, Tübingen 1931, Verfassungslehre, München 1928, u. Legalität und Legitimität, München, Leipzig 1932

161 Vgl. bes. Lukács, Die Zerstörung der Vernunft, a. a. O.; W. Bergmann u. a., Soziologie im Faschismus 1933–1945, Köln 1981; Soziologie in Deutschland und Österreich 1918–1945. Materialien zur Entwicklung, Emigration und Wirkungsgeschichte, hg. v. R. M. Lepsius (KZSS-Sonderheft 23), Opladen 1981

162 H. Freyer, Der Staat, Leipzig 1925, S. 86

163 Ebenda, S. 146 und 199

164 Deutsche Hochschul-Zeitung vom 15.2.1923, zit. nach Bleuel, a. a. O., S. 181

165 Vgl. dazu R. Brämer (Hg.), Naturwissenschaftler im NS-Staat, Reihe Soz. Nat., Marburg 1983; H. Mehrtens u. St. Richter (Hg.), Naturwissenschaft, Technik und NS-Ideologie, Frankfurt 1984; A. D. Beyerchen, Wissenschaftler unter Hitler, Physiker im Dritten Reich, Köln 1980

166 Weimarer Zeitung vom 1.2.1924, zit. nach Bleuel, S. 151f.

167 Zit. nach B. Müller-Hill, Tödliche Wissenschaft. Die Aussonderung von Juden, (vgl. Lit. vz.) Zigeunern und Geisteskranken 1933 bis 1945, Reinbek 1984, S. 12

168 Ph. Kuhn, Die Führerfrage der Deutschen, Stuttgart 1933, S. 55

169 Vgl. dazu Müller-Hill, a. a. O.; G. Baader, U. Schultz (Hg.), Medizin im Nationalsozialismus, Berlin (West) 1980; W. Wuttke-Groneberg, Medizin im National-Sozialismus, Tübingen 1980, bes. S. 339 u. 348; B. Bromberger u. H. Mausbach (Hg.), Medizin und Faschismus, Köln 1984

170 Alle Zit. nach Wuttke-Groneberg, a. a. O., S. 63, 106 u. 310

171 Der Weltkampf, Mai 1928, S. 13 u. 11, zit. nach Bleuel, a. a. O., S. 18

172 M. Doeberl u. a. (Hg.), Das akademische Deutschland, Bd. III, Berlin 1930, S. 149

173 W. Kahl u. a., Die deutschen Universitäten und der Staat, Tübingen 1926, Reihe Staat und Recht, Nr. 44, S. 33

174 Vgl. dazu neben Schleier, a. a. O., H. Döring, Der Weimarer Kreis. Studien zum politischen Bewußtsein verfassungstreuer Hochschullehrer in der Weimarer Republik, Meisenheim 1975

175 Zit. nach Faulenbach, Geschichtswissenschaft, S. 70

176 F. Meinecke, Der Geist von Locarno, in: Neue Freie Presse, Wien 25.12.1925, abgedruckt in: Politische Reden und Schriften, hg. V. G. Kotowski, Darmstadt 1958, S. 397ff.

177 Ebenda, S. 397

178 Faulenbach, Geschichtswissenschaft, S. 69

179 Kahl, a. a. O., S. 11; vgl. auch K. Sontheimer, Die Haltung der deutschen Universitäten zur Weimarer Republik, in: Universitätstage 1966. Nationalsozialismus und die deutsche Universität, Berlin (West) 1966, S. 24–42, hier S. 24–26

180 Zum Fall Gumbel vgl. W. Benz, E. J. Gumbel, Die Karriere eines deutschen Pazifisten, in: U. Walberer (Hg.), 10. Mai 1933. Bücherverbrennung in Deutschland und die Folgen, Frankfurt 1983, S. 160–198, hier: S. 170ff.

181 So der Historiker R. Vierhaus, zit. nach Faulenbach, a. a. O., S. 85; allgemein vgl. A. Faust, Professoren für die NSDAP. Zum politischen Verhalten der Hochschullehrer 1932/33, in: M. Heinemann (Hg.), Erziehung und Schulung im Dritten Reich, Teil 2, Stuttgart 1980, S. 31–49, sowie die Einleitung von B. W. Reimann, in: Frontabschnitt Hochschule. Die Gießener Universität im Nationalsozialismus, Gießen 1982, S. 7–37

182 Abendroth, a. a. O., S. 203

182a H. Pross, Die deutsche akademische Emigration nach den Vereinigten Staaten 1933–1941, Berlin (West) 1955, S. 12

183 Vgl. bes. H. Jarausch, Deutsche Studenten 1800–1970, Frankfurt 1984; M. H. Kater, Studentenschaft und Rechtsradikalismus in Deutschland 1918–1933, Hamburg 1975; H. Kaelble, Chancenungleichheit und akademische Ausbildung in Deutschland 1910–1960, in: Geschichte und Gesellschaft 1975, H. 1, S. 121–149; A. Faust, Der Nationalsozialistische Deutsche Studentenbund, Studenten und Nationalsozialismus in der Weimarer Republik, 2 Bde., Düsseldorf 1973

184 Jarausch, a. a. O., S. 130

185 So der Vorsitzende des NS-Studentenbundes Baldur von Schirach, zit. nach Jarausch, a. a. O., S. 154

186 Vergleichende Daten dazu in: A. R. Michaelis u. R. Schmid, Wissenschaft in Deutschland, Stuttgart 1983

186a Vgl. hierzu insbes. J. Petzold, Ideologische Wegbereiter des deutschen Faschismus, Köln 1982; K. Fritzsche, Politische Romantik und Gegenrevolution, Frankfurt 1976; Deutsche Intellektuelle 1910–1933. Aufrufe, Pamphlete, Betrachtungen, hg. v. M. Stark, Heidelberg 1984

186b So H. Krüger über Hermann Hesses «Demian» in Frankfurter Allgemeine Zeitung vom 29. 2. 1984

187 O. Spengler, Briefe 1913–1936, hg. v. A. M. Koktanek, München 1963, S. 112f.

188 A. Moeller van den Bruck, Das Dritte Reich, Berlin 1923, S. 52

189 So vom linksliberalen «Tagebuch» am 21. 9. 1929 charakterisiert. Zu der von Ernst Jünger repräsentierten literarischen Richtung vgl. bes. K. Prümm, Die Literatur des soldatischen Nationalismus der 20er Jahre (1918–1933), 2 Bde. Kronberg/Taunus, 1974

190 Sontheimer, Antidemokratisches Denken, a. a. O., S. 129

191 E. Jünger, Vorwort zu dem von ihm herausgegebenen Sammelband «Der Kampf um das Reich», 2. Auflage o. J., S. 9, u. Tagebuch vom 21. 9. 1919, zit. nach Sontheimer, Antidemokratisches Denken, a. a. O., S. 129f.

192 E. Jünger, Der Arbeiter, S. 71

192a Sontheimer, Antidemokratisches Denken, a. a. O., S. 31 u. 34f.

193 Zit. nach Lesebuch Weimarer Republik, Deutsche Schriftsteller und ihr Staat von 1918 bis 1933, hg. v. St. Reinhardt, Berlin (West) 1982, S. 73

194 Ebenda, S. 105

195 Zit. nach Kühnl, Der deutsche Faschismus, Dok. 69, S. 134ff.

196 Lesebuch, a. a. O., S. 29f.

197 Ebenda, S. 79, 96, 122 u. 155f.

198 Sontheimer, Antidemokratisches Denken, S. 31 u. 34f.

199 Vgl. zum folgenden insbesondere die Belege bei Hörster-Philipps, Konservative Politik, S. 31ff., u. Petzold, Ideologische Wegbereiter des deutschen Faschismus, Köln 1982, a. a. O., durchgehend

200 Richtlinien des DHK vom 11. 11. 1924, zit. nach Hörster-Philipps, Konservative Politik, S. 45; dort auch eine Untersuchung des Mitgliederverzeichnisses (S. 49ff.)

201 A. E. Günther (Hg.), Was wir vom Nationalsozialismus erwarten, Heilbronn 1932

202 Lesebuch, a. a. O., S. 151

203 So die FAZ vom 4. 1. 1985 in einem rühmenden Nachruf auf den Historiker Walther Hubatsch, der nicht zufällig 1939 promovierte und 1943 habilitierte

204 Vgl. dazu H. Hiller, Die Geschäftsführer Gottes. Eine kritische Geschichte der Päpste, Hamburg 1983, S. 250ff.

205 Zit. nach Hiller, a. a. O., S. 252

206 Vgl. dazu L. Poliakov, Geschichte des Antisemitismus, Bd. III, Worms 1979, S. 153ff.; R. Hilberg, Die Vernichtung der europäischen Juden, Berlin (West) 1982, S. 11ff.

207 Zit. nach Hiller, a. a. O., S. 268

208 Angaben bei K. Deschner, Abermals krähte der Hahn. Eine kritische Kirchengeschichte von den Evangelisten bis zu den Faschisten, Düsseldorf, Wien 1980, S. 428, sowie allgemein: H. Kühner, Das Imperium der Päpste, Frankfurt 1980; A. Rhodes, Der Papst und die Diktatoren, Wien, Köln, Graz, 1980

209 Zit. nach S. A. Erdmann, Der Schwindel der klerikalen Arbeiterpolitik, Berlin 1906, S. 49

210 Vorwärts vom 16. 5. 1891

211 K. Hammer, Deutsche Kriegstheologie 1870–1918, dtv-Dokumente, München 1974, S. 85

212 Zit. nach H. Raab (Hrsg.), Kirche und Staat, dtv-Dokumente, München 1966, S. 273f.

213 Wahlaufruf der katholischen Pfarrer von Münster vom 10. 1. 1919 und Hirtenschreiben der preußischen Bischöfe vom 20. 12. 1918, abgedruckt in: G. A. Ritter, S. Miller (Hrsg.), Die deutsche Revolution 1918 bis 1919, Dokumente, Frankfurt 1968, S. 263 u. 259f. (letzteres in Auszügen)

214 Zit. nach H. Lutz, Demokratie im Zwielicht. Der Weg der deutschen Katholiken aus dem Kaiserreich in die Republik 1914 bis 1925, München 1963, S. 98

215 Zit. nach ebenda, S. 82

216 Zit. nach Hiller, a. a. O., S. 285

217 Zit. nach H. Gottwald, G. Wirth, «Zentrum», in: Die bürgerlichen Parteien in Deutschland, a. a. O., Bd. 2, S. 926

218 Zit. nach G. Wirth, M. Weißbecker, «Bayrische Volkspartei», in: Die bürgerlichen Parteien in Deutschland, a. a. O., Bd. 1, S. 82

219 Wie harmlos und geglättet sich diese gesamte Entwicklung des politischen Katholizismus seit dem 19. Jahrhundert aus der Sicht dieser Kräfte selbst darstellt, kommt in dem zweibändigen Werk «Der soziale und politische Katholizismus. Entwicklungslinien in Deutschland 1803–1963», hrsg. v. A. Rauscher, München, Wien 1981, anschaulich zum Ausdruck.

220 Zit. nach Gottwald, Wirth, «Zentrum», a. a. O., S. 928f.

221 So die katholische Zeitschrift «Germania» am 1.9.1932 in dem Artikel «Christi Armee marschiert»

222 Vgl. bes. H. Brüning, Memoiren, a. a. O.

223 Kaas in der «Germania» am 1.1.1933

224 Vgl. zu dieser Wende die Dokumentation von H. Müller, Katholische Kirche und Nationalsozialismus, Dokumente 1930–1935, München 1963; B. Zimmermann-Buhr, Die katholische Kirche und der Nationalsozialismus in den Jahren 1930–1933, Frankfurt, New York 1982

225 Vgl. dazu bes. R. Hilberg, Die Vernichtung der europäischen Juden, a. a. O., Kap. I

226 Vgl. zum folgenden bes. U. Schneider, Die Bekennende Kirche zwischen «freudigem Ja» und antifaschistischem Widerstand, Diss. Marburg 1985, Kap. I

227 Vgl. dazu auch G. Brakelmann, Protestantische Kriegstheologie im Ersten Weltkrieg, Bielefeld 1974; W. Bredendiek, Irrwege und Warnlichter. Die evangelische Kirche und der «Geist von 1914», Hamburg 1966

228 H. Prolingheuer, Kirchenkampf vor 1933 – ein Kampf gegen die Weimarer Republik (Neue Stimme Sonderheft 5), Köln 1980, S. 7

229 H. Christ, Der politische Protestantismus in der Weimarer Republik, Bonn 1967, S. 52ff.

230 Eckert im Religiös-Sozialistischen Pressedienst, März 1928, zit. nach M. Balzer, Klassengegensätze in der Kirche. Erwin Eckert und der Bund der Religiösen Sozialisten, Köln 1973, S. 33; hier auch Angaben über die soziale Zusammensetzung

231 K. Meier, Der evangelische Kirchenkampf in drei Bänden, Bd. 1, Göttingen 1977, S. 23

232 Vgl. dazu Balzer, a. a. O.

233 Zit. nach Oberhessische Zeitung vom 17.2.1933

234 In Auszügen abgedruckt in: Kühnl, Der deutsche Faschismus, a. a. O., hier S. 222

235 A. Paucker, Der jüdische Abwehrkampf, Hamburg 1968, S. 27

236 Satzung des C. V., zit. nach ebd., S. 30

237 Ebd., S. 94

238 «Gefahr in Sicht» vom 6.12.1929, zit. nach ebd., S. 166–169

239 Flugblatt des Reichsbundes jüdischer Frontsoldaten, abgebildet ebd., S. 214

240 Schreiben des K. C. vom 23.1.1932 an den Rektor der Universität Berlin, zit. nach ebd., S. 215

241 So das Standardwerk «Das Unterrichtswesen im Deutschen Reich» (Bd. III, S. 15) aus dem Jahre 1904; vgl. insges. hierzu P. Lundgreen, Sozialgeschichte der deutschen Schule im Überblick, 2 Bde., Göttingen 1980/81

242 E. Spranger, Der Aufstieg des Begabten, München o. J. (1916), S. 6f.

243 F. Nietzsche, Sämtliche Werke, München, Berlin (West), New York 1980, Bd. 9, S. 243

244 Geschichte der Erziehung, 11. Auflage, Berlin (DDR), 1973, S. 599 u. 589

245 Alle Zahlen beziehen sich auf Ende 1932; vgl. H. Schnorbach (Hg.), Lehrer und Schule unterm Hakenkreuz, Königstein 1983, S. 41f.

246 E. Spranger, Volk, Staat, Erziehung, Leipzig 1932, S. 77

247 Die Erziehung, 1933, H. 7, S. 410

248 Kundgebung des Katholischen Lehrerverbandes des Deutschen Reiches vom 1.4.1933, zit. nach Kühnl, Der deutsche Faschismus, Dok. 113, S. 210

249 Zit. nach D. Krause-Vilmar, Lehrerschaft, Republik und Faschismus 1918–1933, Köln 1978, S. 11; zur Entwicklung des Schulwesens in der Zeit des Faschismus vgl. vor allem: K. Ch. Lingelbach, Erziehung und Erziehungstheorien im nationalsozialistischen Deutschland, Weinheim, Berlin, Basel 1970; E. Nyssen, Schule im Nationalsozialismus, Heidelberg 1979; W. Feiten, Der Nationalsozialistische Lehrerbund, Weinheim, Basel 1981; Schule im Dritten

Reich, Erziehung zum Tod? Eine Dokumentation, hg. von G. Platner u. a., München 1983; H. J. Gamm, Führung und Verführung, Pädagogik des Nationalsozialismus, München 1964.

250 Vgl. Weimarer Republik, hg. v. Kunstamt Kreuzberg und dem Institut für Theaterwissenschaften der Universität Köln, Berlin (West) 1977, S. 370 u. 442f.

251 Ebenda, S. 394f.

252 Handbuch der deutschen Presse, hg. v. Institut für Zeitungskunde, Berlin 1932

253 Vgl. auch die Angaben in Weimarer Republik, a. a. O., S. 377 u. 397

254 So ein Jesuitenpaar, zit. nach ebenda, S. 397

255 Ebenda, S. 397f.

256 O. Groth, Die Zeitung, Mannheim, Berlin, Leipzig 1930, Bd. IV, S. 291f.

257 Ebenda, S. 49ff.

258 Zit. nach Weimarer Republik, a. a. O., S. 417

259 J. Toeplitz, Geschichte des Films, München 1973, Bd. I, S. 106

260 Weimarer Republik, a. a. O., S. 444

261 H. Traub, Die Ufa, Berlin 1943, S. 75

262 Arbeiter-Illustrierte-Zeitung, Nr. 28, 1929

263 Vgl. Weimarer Republik, a. a. O., S. 476

264 F. Wolter, in der Weltbühne, Jg. 1923, S. 598ff.

Arbeiterklasse und demokratische Potentiale

1 Abgedruckt bei G. A. Ritter und J. Kocka (Hg.), Deutsche Sozialgeschichte, Bd. II: 1870–1914, S. 248f. Vgl. im übrigen: Arbeiterleben um 1900, Autorenkollektiv unter Leitung von D. Mühlberg, Berlin (DDR) 1983

2 Ebenda, S. 272

3 Mottek, a. a. O., S. 224

4 Aufruf der Versammlung der Berliner Arbeiter- und Soldatenräte vom 10.11.1918, Reichsanzeiger vom 12.11.1918, abgedruckt in G. A. Ritter, S. Miller (Hg.), Die deutsche Revolution 1918–1919, Frankfurt 1968, S. 89–91

5 A. Klönne, H. Reese, Die deutsche Gewerkschaftsbewegung, Hamburg 1984, S. 105

6 Vgl. z. B. die Belege bei J. Berlin (Hg.), Die deutsche Revolution 1918/19. Quellen und Dokumente, Köln 1979, Dok. Nr. 59ff.

7 Zit. nach ebenda, Dok. Nr. 122, S. 163

8 Zit. nach Seifert, a. a. O., S. 152

9 Aufruf Eberts und Aussage Groeners sind abgedruckt in: Ritter/Miller, S. 74 und 91f.

9a Zit. nach W. Abendroth, Ein Leben in der Arbeiterbewegung, Frankfurt 1976, S. 38

10 Flugblatt Karl Liebknechts vom Mai 1915, in: K. Liebknecht, Geammelte Reden und Schriften, Bd. VIII, Berlin (DDR) 1972, S. 225ff., abgedruckt in: Berlin, a. a. O., S. 70f.

11 Seifert, a. a. O., S. 160; zur Mitgliederentwicklung der verschiedenen Gewerkschaften von 1913–1931 vgl. auch die Tabellen bei Klönne/Reese, a. a. O., S. 114 und 135

12 Seifert, a. a. O., S. 172

13 Vgl. im einzelnen Könnemann/Krusch, a. a. O.

14 Zit. nach Klönne/Reese, S. 126

15 Fülberth/Harrer, a. a. O., S. 172

16 Abendroth, Arbeiterbewegung, a. a. O., S. 39

17 Belege bei Fülberth/Harrer, a. a. O., S. 167f. und 182, Anm. 10 u. 14

18 Vgl. Abendroth, Arbeiterbewegung, a. a. O., S. 51

19 St. Bajohr, Die Hälfte der Fabrik. Geschichte der Frauenarbeit in Deutschland 1914 bis 1945, Marburg 1979, S. 189

20 Emmy Wolf, Mitglied des BDF, zit. nach ebenda

21 Zit. nach ebenda, S. 191; dort eine Fülle weiterer Belege

22 Zit. nach A. Rosenberg, Geschichte der Weimarer Republik, Frankfurt 1961, S. 130

23 Mottek, Bd. III, S. 258

24 Fülberth/Harrer, a. a. O., S. 87

25 F. Deppe/W. Roßmann, Wirtschaftskrise, Faschismus, Gewerkschaften, Köln 1981, S. 24

26 Rolle der Frau, a. a. O., S. 124

27 Nach der Volks- und Berufszählung 1925 waren 11,5 Millionen (36 %) der Frauen berufstätig, davon 5 Millionen als Arbeiterinnen, fast 1,5 Millionen als Angestellte oder Beamtinnen und 4,1 Millionen als mithelfende Familienangehörige

28 Rolle der Frau, a. a. O., S. 194

29 Ebenda, S. 149

30 Ebenda, S. 179

31 Ebenda, S. 151

32 Ebenda, S. 187

33 Klönne/Reese, a. a. O., S. 114

34 Wortlaut dieses «Stinnes-Legien-Abkommens» im Protokoll des 10. Kongresses der Gewerkschaften Deutschlands vom 30. 6. bis 5. 7. 1919, Berlin 1919, S. 178–182

35 Zu den folgenden Zahlen und weiterem Zahlenmaterial vgl. E. N. Cramer, Die Haltung des ADGB zur Frauenerwerbstätigkeit in der Weimarer Republik unter besonderer Berücksichtigung der Weltwirtschaftskrise, Diplomarbeit, Marburg 1982, S. 37 ff.

36 Klönne/Reese, a. a. O., S. 114

37 Ebenda

38 Ebenda, S. 135

39 Vgl. zu alledem Cramer, a. a. O., durchgehend; in Hinsicht auf Zahlenangaben bes. 37 ff.

40 Vgl. dazu H. M. Bock, Syndikalismus und Linkskommunismus von 1918 bis 1923, Meisenheim 1969

41 Vgl. J. v. Freyberg u. a., Geschichte der deutschen Sozialdemokratie, a. a. O.; S. Miller u. H. Potthoff, Kleine Geschichte der SPD, [4]Bonn 1981; G. Fülberth u. J. Harrer, Die deutsche Sozialdemokratie 1890–1933, Darmstadt, Neuwied 1974; Lern- und Arbeitsbuch deutscher Arbeiterbewegung. Darstellung, Chroniken, Dokumente, 2 Bde., hg. unter der Leitung von Th. Meyer u. a., Bonn 1984

41a Fülberth/Harrer, a. a. O., S. 217; diese Anträge wurden übrigens vom Parteivorstand nicht veröffentlicht (ebenda)

42 Ebenda, S. 175

43 Ebenda, S. 235

44 Rolle der Frau, a. a. O., S. 119 u. 122

45 Ebenda, S. 125

46 Zit. nach ebenda, S. 136

47 Ebenda, S. 189

48 Ebenda, S. 130

49 Ebenda, S. 159

50 Ebenda, S. 163

51 Ebenda, S. 152

52 Ebenda, S. 173

52a Vgl. allgemein O. Flechtheim, Die KPD in der Weimarer Republik, Frankfurt 1969; H. Weber, Die Wandlung des deutschen Kommunismus, 2 Bde., Frankfurt 1969

53 Vgl. bes. den «Offenen Brief» vom Januar 1921, in: Geschichte der deutschen Arbeiterbewegung, Bd. III, Berlin 1966, Dok. 119 (S. 610 ff.)

54 H. Weber, Zur Politik der KPD 1929–1933, in: M. Scharrer (Hg.), Kampflose Kapitulation. Arbeiterbewegung 1933, S. 121–161, hier S. 123

55 F. Engels, Der Ursprung des Privateigentums, der Familie und des Staates, MEW 21, Berlin (DDR) 1973; A. Bebel, Die Frauen und der Sozialismus, Berlin (DDR) 1965; C. Zetkin publizierte eine große Zahl von Artikeln in der «Gleichheit»

56 Die Rolle der Frau, a. a. O., S. 124, 176 u. 173

57 Ebenda, S. 125 u. 174

58 Dazu einige Zahlen: 1920 erhielt die KPD 37 % ihrer Stimmen von Frauen, die USPD 41 % und die SPD 43 %; die bürgerlichen Parteien erhielten mehr als 50 %. In der Folgezeit gab es gravierende Veränderungen nur bei der SPD: Der Anteil stieg nach 1928 auf über 50 % an.

Bei den Mitgliedern stieg der Anteil der Frauen in der KPD von 10 % im Jahre 1920 auf fast 13 % im Jahre 1927, reichte damit aber an die SPD, in der der Frauenanteil auf über 20 % anstieg, bei weitem nicht heran. Im Reichstag betrug der Anteil der Frauen nach den Maiwahlen 1924 insgesamt 5,7 %. Von den 100 SPD-Abgeordneten waren 11, von den 62 KPD-Abgeordneten 5 Frauen. Nach den Wahlen 1930 waren 7,3 % der Abgeordneten im Reichstag Frauen. Von den 143 Abgeordneten der SPD waren 16, von den 77 Abgeordneten der KPD waren 13 Frauen (alle Daten aus: Rolle der Frau, a. a. O., unter dem jeweiligen Datum)

59 Ebenda, S. 182

60 Vgl. dazu K. Rohe, Das Reichsbanner Schwarz-Rot-Gold, Düsseldorf 1966

61 Vgl. dazu K. Finker, Geschichte des Roten Frontkämpferbundes, Berlin (DDR) 1981

62 Weimarer Republik, a. a. O., S. 607

63 Ebenda, S. 612

64 Vgl. dazu u. a. Arbeiterkultur in Deutschland. Ergebnisse 26, Zeitschrift für demokratische Geschichtswissenschaft, Hamburg (Okt. 1984)

65 Weimarer Republik, a. a. O., S. 405 ff.

65a Der Allgemeine Deutsche Gewerkschaftsbund auf der Pressa, Köln 1928, S. 6 ff., zit. nach Weimarer Republik, a. a. O., S. 415; hier auch die näheren Angaben

66 Ebenda, S. 375, 377

67 D. Mühlberg, Zur Diskussion des Kulturbegriffs, in: W. D. Hund, D. Kramer, Beiträge zur materialistischen Kulturtheorie, Köln 1978, S. 239

68 Ebenda, S. 239

69 Brief an Franz Mehring vom 14. 9. 1904, zit. nach H. Koch, Vorwort zu C. Zetkin, Kunst und Proletariat, Berlin (DDR) 1977, S. 33 f.

70 Volksbühne, 7. Jahrgang, 1919, H. 9, S. 1, zit. nach Weimarer Republik, a. a. O., S. 843; vgl. zum folgenden auch R. Stübling, Kultur und Massen. Das Kulturkartell der modernen Arbeiterbewegung in Frankfurt am Main von 1925 bis 1933, Offenbach 1983

71 Vgl. dazu M. Brauneck (Hg.), Die Rote Fahne, Kritik, Theorie, Feuilleton 1918–1933, München 1973; R. Dybiona, Die Kulturpolitik der KPD in der Weimarer Republik, Diplomarbeit, Marburg 1984

72 Rote Fahne vom 19. 12. 1919

73 Heartfield-Grosz, in: Der Gegner, 1, 1919/20, zit. nach Brauneck, a. a. O., S. 471 u. 473

74 G. Alexander, zit. nach Brauneck, a. a. O., S. 65

75 Thalheimer, zit. nach ebenda, S. 75

76 E. Piscator, Über Grundlagen und Aufgaben des proletarischen Theaters, in: Literatur der Arbeiterklasse, Berlin/Weimar 1976, S. 183

77 Friesland, Kommunistische Bildungsarbeit, in: Rote Fahne vom 4. 2. 1921

78 Leitsätze für Bildungsarbeit der KPD, in: L. Hoffmann u. a., Deutsches Arbeitertheater 1918–1933, Bd. 1, München 1973, S. 99 ff.

79 Zit. nach Brauneck, a. a. O., S. 200

80 Rote Fahne vom 19. 9. 1926

81 Vgl. Weimarer Republik, a. a. O., S. 488

82 Ebenda, S. 493

83 Text in: Lesebuch Weimarer Republik, a. a. O., S. 12 ff. vgl. auch R. Greuner, Gegenspieler. Profile linksbürgerlicher Publizisten aus Kaiserreich und Weimarer Republik, Berlin 1969; Deutsche Intellektuelle 1910–1933, a. a. O.

84 Ebenda, S. 44

85 Ebenda, S. 46

86 Ebenda, S. 45

87 Rede von Thomas Mann vom 15. 10. 1922, zit. nach ebenda, S. 90

88 Aus den Feuersprüchen bei den Bücherverbrennungen am 10. Mai 1933; vgl. dazu: U. Walberer (Hrsg.), 10. Mai 1933. Bücherverbrennungen in Deutschland und die Folgen, Frankfurt 1983; dort steht (S. 115) allerdings versehentlich «Wahrhaftigkeit» statt «Wehrhaftigkeit»

89 Lesebuch Weimarer Republik, S. 132

90 Ebenda, S. 134

91 Aufruf vom 5.3.1926; Text in: ebenda, S. 140

92 Aufruf vom September 1928, in: ebenda, S. 160

93 FAZ vom 15.11.1984

94 Weimarer Republik, a. a. O., S. 478ff.

95 Brief von Hermann Hesse an Thomas Mann vom Dezember 1931, in: Lesebuch Weimarer Republik, S. 207

96 Ebenda, S. 229

97 «Deutsche Ansprache» von Thomas Mann vom 17.10.1930, gehalten im Berliner Beethoven-Saal, in: Lesebuch Weimarer Republik, S. 193f.

98 Ebenda

99 Text in: ebenda, S. 85

100 Vgl. ebenda, S. 152

101 Internationales Manifest vom Dezember 1930, ebenda, S. 175f.

102 Vgl. Balzer, Klassengegensätze in der Kirche, a. a. O.

103 J. Kuczynski, Die Geschichte der Lage der Arbeiter unter dem Kapitalismus, Teil 1, Bd. 5, S. 222

104 I. Langer-El Sayed, Familienpolitik: Tendenzen, Chancen, Notwendigkeiten, Frankfurt 1980, S. 74

105 Kuczynski, Geschichte des Alltags, a. a. O., Bd. 5, S. 133

106 Ebenda, S. 134f.

107 Ch. Seifert, a. a. O., S. 184

107a Vgl. G. Fülberth, Konzeption und Praxis sozialdemokratischer Kommunalpolitik 1918–1933, Marburg 1984

108 Vorwärts vom 17.10.1925

109 Vgl. R. Klinkhammer, Die Außenpolitik der Sozialdemokratischen Partei Deutschlands in der Zeit der Weimarer Republik, Freiburg 1955, bes. S. 119ff.; Ch. Butterwegge, H.-G. Hofschen, Sozialdemokratie, Krieg und Frieden. Die Stellung der SPD zur Friedensfrage von den Anfängen bis zur Gegenwart. Eine kommentierte Dokumentation, Heilbronn 1984

110 Vorwärts vom 30.6.1925

111 So der führende außenpolitische Theoretiker der SPD, Rudolf Breitscheid, in: Europäische Gespräche. Hamburger Monatshefte für Auswärtige Politik, 1926, H. IV, S. 171; ähnlich Rudolf Hilferding auf dem internationalen Sozialistenkongreß Marseille 1925 (in: Geschichte der deutschen Sozialdemokratie 1917–1945, Autorenkollektiv unter Leitung von H. Niemann, Berlin [DDR] 1982, S. 175)

112 Sozialdemokratischer Parteitag Magdeburg, Berlin 1929, S. 72; eine ausführliche Begründung ihrer Militärpolitik lieferte die SPD-Linke in: «Unsere Stellung zum Heer», in: Klassenkampf 6/1928, S. 186–189, abgedruckt in: Ch. Butterwegge, H.-G. Hofschen, Sozialdemokratie, Krieg und Frieden, a. a. O., S. 201f. (Auszüge)

113 Ebenda, S. 111 u. 288

113a Vgl. Geyer, a. a. O., S. 131

114 Vgl. bes. die im Auftrag des ADGB-Vorstands verfaßte Schrift von F. Naphtali u. a.; Wirtschaftsdemokratie. Ihr Wesen, Weg und Ziel, Frankfurt 1966 (ursprünglich 1928)

115 Ebenda, S. 11

116 Ebenda, S. 153

117 Vgl. R. Luxemburg, Ausgewählte politische Schriften in 3 Bänden, Frankfurt 1971; Lenin, Der Imperialismus als höchstes Stadium des Kapitalismus, Berlin 1966 (ursprünglich 1917); K. Kautsky, Bernstein und das sozialdemokratische Programm, Stuttgart 1899; R. Hilferding, Das Finanzkapital, Berlin 1947 (ursprünglich 1910)

118 Vgl. bes. C. Zetkin, Zur Intellektuellenfrage. Referat beim V. Kongreß der KI am 7.7.1924, in der Roten Fahne jedoch erst im Juli 1927 in Auszügen abgedruckt; Text in: Zetkin, Kunst und Proletariat, a. a. O., S. 139f.

119 Thesen über die Bolschewisierung, V. Tagung des erweiterten Exekutivkomitees der KI in Moskau am 6.4.1925, in: Geschichte der deutschen Arbeiterbewegung, a. a. O., Bd. 4, S. 408

120 Bericht über die Verhandlungen des 12. Parteitages der KPD, Berlin 1929, bes. S. 83,

96, 218, 692; zur Genese dieser Wendung vgl. auch H. Weber, Die Wandlung des deutschen Kommunismus, Frankfurt 1969, Bd. 1, bes. S. 191 ff.

121 Referat von Hans Käbnick beim 11. Bundestag des ATBD (Arbeiter-Theaterbundes) 1930, zit. nach M. Nössing u. a., Literaturdebatten in der Weimarer Republik, Berlin (DDR), Weimar 1980, S. 609 f.

122 A. Gabor, Über proletarisch-revolutionäre Literatur (1929), in: Zur Tradition der sozialistischen Literatur in Deutschland, 2. Aufl., Berlin (DDR), Weimar 1967

123 J. R. Becher, Einen Schritt weiter!, in: ebenda, S. 178

Die Krise und die Zerstörung der Republik

1 Vgl. vor allem Ch. P. Kindleberger, Die Weltwirtschaftskrise, a. a. O.; W. M. Breuer, Deutschland in der Weltwirtschaftskrise 1929/1932, Köln 1974; die Industrieproduktion sank im Verlauf der Krise in Deutschland um 44 Prozent, der Export um 58 Prozent, das Arbeitseinkommen um fast 50 Prozent, die Auslastung der Industriekapazitäten sank auf 35,7 Prozent, die Arbeitslosigkeit stieg von 6,3 Prozent auf 44,4 Prozent, das waren fast 8 Millionen

2 I. B. Berchin, Geschichte der UdSSR 1917–1970, Berlin 1971, S. 378

3 Vgl. die Daten und die Literatur in Anm. 1

4 Vgl. bes. die Angaben bei W. M. Breuer, a. a. O., S. 8 ff.

5 Mottek, Bd. III, a. a. O., S. 282

6 Vgl. bes. R. Opitz (Hg.), Europastrategien des deutschen Kapitals, a. a. O.

7 Zit. nach: Dokumente zur deutschen Geschichte 1929–1933, a. a. O., S. 35

8 Vgl. D. Stegmann, Kapitalismus und Faschismus in Deutschland 1929–1934, in: Gesellschaft. Beiträge zur Marxschen Theorie 6, Frankfurt 1976, S. 19–91, hier S. 27

9 Vgl. die Belege bei K. Nuß, Militär und Wiederaufrüstung in der Weimarer Republik, Berlin (DDR) 1977, S. 211

10 Am 24. Juli 1931 waren es schon 54 000 Studenten und 144 000 Akademiker (vgl. K. Nuß, a. a. O., S. 269)

11 Ebenda

12 Zit. nach Th. Vogelsang, Neue Dokumente zur Geschichte der Reichswehr 1930–1933, in: Vierteljahreshefte für Zeitgeschichte, H. 4, 1954, S. 397 ff.

13 Zit. nach Vogelsang, Neue Dokumente, a. a. O., S. 409

13a Dies geht klar aus den Akten zur deutschen auswärtigen Politik 1918–1945 hervor, deren Bände XVIII bis XX (1931/32) kürzlich publiziert worden sind (Göttingen 1982/83)

14 Zit. nach W. Müller, Die Monopolbourgeoisie und die Verfassung der Weimarer Republik, Phil. Diss. HU Berlin (DDR) 1970, S. 191

15 Vollständige Liste der Mitglieder bei Müller, Monopolbourgeoisie, a. a. O., S. 80–85; hier auch die übrigen Materialien zu den Bestrebungen der «Reichsreform»

16 Veröffentlichung des Reichsverbandes der Deutschen Industrie, (Berlin) 1930, Nr. 50, S. 37 ff.; Auszüge in Kühnl, Faschismus, S. 70–72

17 Die rheinisch-westfälische Schwerindustrie verlangte deshalb den Sturz der Regierung, weil «mit der Sozialdemokratie die großen gesetzgeberischen Aufgaben, die in allernächster Zeit erledigt werden müßten, ... nicht gelöst werden könnten» (zit. nach L. Döhn, Zur Verschränkung der Deutschen Volkspartei mit großwirtschaftlich-industriellen Interessen im Herrschaftssystem der Weimarer Republik, in: Industrielles System und politische Entwicklung in der Weimarer Republik, hg. von H. Mommsen u. a., Düsseldorf 1974, S. 884–906, hier S. 905 f.

18 K. Mammach, Der Sturz der Großen Koalition im März 1930, in: Zeitschrift für Geschichtswissenschaft 1968, H. 5, S. 565–586, hier S. 573

19 Bis heute steht in vielen geschichtswissenschaftlichen und den allermeisten populärwissenschaftlichen Darstellungen, daß die Weimarer Republik gescheitert sei, weil die SPD nicht bereit gewesen sei, die Arbeitslosenversicherung um ein halbes Prozent zu erhöhen, also ihren Parteiegoismus über das Wohl des Ganzen gestellt habe. Vgl. dagegen die Belege bei Döhn, a. a. O.; Hörster-Philipps, Großkapital, a. a. O., S. 70 ff.

20 Vgl. H. Brüning, Memoiren 1918–1934, Stuttgart 1970; Hörster-Philipps, Konservative Politik, a. a. O.

21 Brüning, a. a. O., S. 146; jene bis zum Ende der sechziger Jahre vorherrschende Interpretation, die behauptet hatte, daß diese Regierungen nur Notbehelfe gewesen seien, um die Republik über die Krise hinwegzubringen, daß sie also im Sinne der Demokratie unterstützungswürdig gewesen seien, mußte endgültig aufgegeben werden, als jener Heinrich Brüning, der den Präsidialregierungen 1930 bis 1932 als Kanzler vorstand, in seinen Memoiren die Wahrheit in aller Offenheit und Ausführlichkeit ausbreitete.

22 Nach Berliner Börsen-Courier vom 24. 6. 1931

23 Mottek, Bd. III, a. a. O., S. 290

24 Die IG-Farben zahlte auch 1931 bis 1933 noch jeweils 7 % Dividende (gegenüber 12 % in den Jahren 1928 bis 1930) aus (vgl. Hörster-Philipps, Großkapital, a. a. O., S. 63)

25 So auch das Konzept von Brüning selbst; vgl. die Belege ebd., S. 84

26 Nach Ruge, Deutschland 1917–1933, a. a. O., S. 434

27 Zu Geschichte und Struktur der NSDAP siehe bes. K. Pätzold, M. Weißbecker, Geschichte der NSDAP 1920–1945, Köln 1982; K. D. Bracher, Die deutsche Diktatur, Köln, 5. Aufl. 1976; K. Gossweiler, Kapital, Reichswehr und NSDAP, a. a. O.; G. Franz-Willing, Die Hitler-Bewegung, 3 Bde., Hamburg, Berlin (West) 1962 und Preußisch-Oldendorf 1975 u. 1977; W. Maser, Die Frühgeschichte der NSDAP. Hitlers Weg bis 1924, Frankfurt, Bonn 1965; R. Kühnl, Die NS-Linke 1925–1930, Meisenheim 1966; K. Heiden, Geschichte des Nationalsozialismus, Berlin 1932; H. A. Winkler, Mittelstand, Demokratie und Nationalsozialismus. Die politische Entwicklung von Handwerk und Kleinhandel in der Weimarer Republik, Köln 1972; J. Kocka, Angestellte zwischen Faschismus und Demokratie, Göttingen 1977

28 Vgl. A. Hitler, Der Weg zum Wiederaufstieg, in: H. A. Turner, Faschismus und Kapitalismus in Deutschland, a. a. O., S. 41–59; Auszüge in Kühnl, Der deutsche Faschismus, a. a. O., S. 116–119; vgl. im im übrigen das 1941 in London und New York erschienene Buch von Fritz Thyssen «I paid Hitler», das eine wahre Fundgrube über die Beziehungen zwischen Großindustrie und NSDAP darstellt

29 Vgl. Kühnl, Die NS-Linke, a. a. O.

30 Vgl. bes. D. Stegmann, Zum Verhältnis von Großindustrie und Nationalsozialismus 1930 bis 1933, in: Archiv für Sozialgeschichte, Bd. XIII, 1973, S. 399–482; ders., Kapitalismus und Faschismus in Deutschland 1929 bis 1934, in: Gesellschaft. Beiträge zur Marxschen Theorie 6, Frankfurt 1976, S. 19–90

31 Text in Schüddekopf, a. a. O., S. 190–192, in Auszügen bei Kühnl, Der deutsche Faschismus, a. a. O., S. 140–142

32 Vgl. Vogelsang, a. a. O., S. 127

33 Kühnl, ebenda, S. 147 ff.

34 Ebenda, S. 480 f.; Auszüge bei Kühnl, Der deutsche Faschismus, a. a. O., S. 157

35 Brüning, a. a. O., S. 192 ff.

35a Zit. nach Bracher, Auflösung, a. a. O., S. 441

36 Dazu Hörster-Philipps, Konservative Politik, a. a. O., S. 294 ff.

37 Es sei zu befürchten, «daß nach dem Ablauf des Krisenwassers alles wieder wie einst im Mai der ‹Systemzeit› wird ... Der Sinn der Krise müßte für das Unternehmertum sein, dies System ... loszuwerden ... In der Konjunkturzeit wird man es nie mehr los werden» (Deutsche Führerbriefe vom 1. und 4. 11. 1932). Ebenso der Vorsitzende der Zentrumspartei, der Prälat Kaas: «Wir wollen nicht wieder zurückfallen in den Parlamentarismus, sondern wir wollen ... eine autoritäre Regierung» (zit. nach K. Gossweiler, Zeitschrift für Geschichtswissenschaft 1958, S. 547).

38 Auszüge der Erklärung in Kühnl, Der deutsche Faschismus, S. 172–175

39 Abgedruckt ebenda, S. 160–162

40 Vgl. dazu A. Schildt, Militärdiktatur mit Massenbasis? Die Querfrontkonzeption der Reichswehrführung um General von Schleicher am Ende der Weimarer Republik, Frankfurt 1981

41 Fischer, Bündnis der Eliten, a. a. O., S. 71

42 IMT Beweisdokument D-203, Bd. XXXV, S. 42ff.; der Bankier von Schroeder drückte das in seiner Zeugenaussage vor den alliierten Untersuchungsbehörden 1945 mit vorsichtigen Worten so aus: «Die allgemeinen Bestrebungen der Männer der Wirtschaft gingen dahin, einen starken Führer in Deutschland an die Macht kommen zu sehen, der eine Regierung bilden würde, die lange an der Macht bleiben würde», sowie «Hitlers wirtschaftliches Programm in die Tat umzusetzen» (zit. nach Kühnl, Der deutsche Faschismus, S. 174)

43 Zu den Kontroversen über das faschistische Herrschaftssystem vgl. – neben den schon genannten Titeln über die NSDAP – R. Kühnl, Faschismustheorien, Reinbek 1979; D. Eichholtz, K. Gossweiler (Hg.), Faschismusforschung. Positionen, Probleme, Polemik, a. a. O.; K. D. Bracher u. a. (Hg.), Nationalsozialistische Diktatur 1933–1945. Eine Bilanz, Düsseldorf 1983

44 Kuczynski, Zur Lage, a. a. O., Bd. 5, S. 222

45 So das «Gesetz zur Ordnung der nationalen Arbeit» vom 20.1.1934 (vgl. Kühnl, Der deutsche Faschismus, a. a. O., S. 249ff.

46 Vgl. (neben der in Anm. 5 und 38 schon genannten Literatur) E. Heupel, Reformismus und Krise. Zur Theorie und Praxis von SPD, ADGB und AFA-Bund in der Weltwirtschaftskrise 1929–1932/33, Frankfurt 1981; H. Heer, Burgfrieden oder Klassenkampf. Zur Politik der sozialdemokratischen Gewerkschaften 1930–1933, Neuwied, Berlin (West) 1971; W. Saggau, Faschismustheorien und antifaschistische Strategie in der SPD, a. a. O.; E. Matthias, Die Sozialdemokratische Partei Deutschlands, in: E. Matthias und E. Morsey (Hg.), Das Ende der Parteien 1933, Düsseldorf 1960; F. Deppe, W. Roßmann, Wirtschaftskrise, Faschismus, Gewerkschaften, a. a. O.

47 Vgl. u. a. den «Dringenden Appell» vom Juli 1932, in: Lesebuch, a. a. O., S. 234

48 Vgl. bes. O. K. Flechtheim, Die KPD in der Weimarer Republik, a. a. O.; S. Bahne, Die KPD und das Ende von Weimar, Frankfurt, New York 1976; J. Schleifstein, Die «Sozialfaschismus-These», Frankfurt 1980

49 C. Zetkin, Ausgewählte Reden und Schriften, Bd. II, Berlin (DDR) 1960, S. 689ff.

50 Zit. nach J. Schleifstein, Zum historischen Hintergrund der «Sozialfaschismus-These», in: E. Varga, Wirtschaft und Wirtschaftspolitik, Bd. 1, Berlin (West) 1977, S. 121–148, hier S. 127f.

51 Vgl. dazu K. H. Tjaden, Struktur und Funktion der «KPD-Opposition» (KPO), Meisenheim 1964

52 Schleifstein, Zum historischen Hintergrund, a. a. O., S. 142

53 Jahrbuch der SPD 1930, S. IV

54 Stampfer im «Vorwärts» v. 3.12.1931

55 So A. Schifrin, zit. nach B. Hebel-Kunze, SPD und Faschismus, Frankfurt 1977, S. 60

56 K. Kautsky, Die materialistische Geschichtsauffassung, Bd. 2, Berlin 1927, S. 478

57 Hamburger Echo am 7.11.1932

58 W. Pahl in: Sozialistische Monatshefte 1928, H. 6, S. 490ff. u. W. Zappler, ebda., 1923, H. 9, S. 599

59 Zum Gesamtproblem W. Saggau, Faschismustheorien und antifaschistische Strategien in der SPD, Köln 1981

60 Diese Bewußtseinslage spiegelt sich sehr eindrucksvoll in den Memoiren von Wilhelm Hoegner, der damals Reichstagsabgeordneter der SPD war (Flucht vor Hitler. Erinnerungen an die Kapitulation der ersten deutschen Republik 1933, München 1977).

61 Vgl. z. B. Jahrbuch des ADGB 1931, S. 85

62 Vgl. M. Schneider, Das Arbeitsbeschaffungsprogramm des ADGB, Bonn 1975

63 Zit. nach Fülberth/Harrer, a. a. O., S. 232

64 Vgl. u. a. H. Heer, Burgfrieden oder Klassenkampf. Zur Politik der sozialdemokratischen Gewerkschaften 1930–1933, Neuwied, Berlin (West) 1971, bes. S. 31ff. u. 46ff.

65 Ch. Seifert, Deutsche Gewerkschaftsbewegung, a. a. O., S. 191

66 So der preußische Innenminister Severing am 15.10.1932 in der Dortmunder Westfalenhalle, zit. nach Hebel-Kunze, a. a. O., S. 66

67 Kühnl, Der deutsche Faschismus in Quellen und Dokumenten, a. a. O., Dok. Nr. 276, S. 407

68 Brüning, Memoiren, a. a. O., S. 462

69 So Friedrich Stampfer, Chefredakteur des «Vorwärts», Reichstagsabgeordneter und Beisitzer des Vorstands, in seinem Buch «Die ersten vierzehn Jahre der deutschen Republik», Offenbach 1947 (zuerst Karlsbad 1936), S. 608

70 Otto Wels auf dem Magdeburger Parteitag 1929, Protokoll S. 14 ff.; Otto Wels auf dem Leipziger Parteitag 1931, Protokoll S. 19; weitere Belege bei Hebel-Kunze, a. a. O., S. 41 ff. u. Fülberth/Harrer, a. a. O., S. 250, Anm. 98

71 A. Crespien in der Eröffnungsrede beim Berliner Parteitag der SPD 1924, Protokoll S. 49

72 Rededisposition «Um die Macht! . . .», hrsg. v. Parteivorstand der SPD, Berlin 1932, S. 4, zit. nach Hebel-Kunze, a. a. O., S. 47

73 So Otto Wels am 2. Januar 1933 im «Vorwärts»

74 Vgl. dazu Hebel-Kunze, a. a. O., S. 36 ff.

75 Der Klassenkampf, Sonderheft 1931, S. 29

76 Dazu H. Drechsler, Die sozialistische Arbeiterpartei Deutschlands, Meisenheim 1965

77 Kühnl, Der deutsche Faschismus in Quellen und Dokumenten, a. a. O., Dok. Nr. 99, S. 182 ff.

78 W. Pahl in der «Gewerkschaftszeitung», dem Organ des Bundesvorstands des ADGB, vom 29. 4. 1933

78a Vgl. bes. M. Schneider, Die christlichen Gewerkschaften, Bonn 1982; J. Aretz, Katholische Arbeiterbewegung und Nationalsozialismus, Mainz 1978; H. Gottwald: «Gesamtverband der christlichen Gewerkschaften», in: Lexikon zur Parteiengeschichte, a. a. O., Bd. 2, S. 729–768

78b Zit. nach Gottwald, a. a. O., S. 758 u. 760

79 Zit. nach Geschichte der deutschen Arbeiterbewegung, Bd. 4, a. a. O., S. 358 f.

80 F. Fischer, Bündnis der Eliten, a. a. O., S. 73

81 Vgl. dazu die Materialien bei V. J. Sipols, Die Vorgeschichte des deutsch-sowjetischen Nichtangriffsvertrages, Köln 1981

Nachwort

1 Vgl. Deutschlands Weg in die Diktatur. Internationale Konferenz zur nationalsozialistischen Machtübernahme im Reichstagsgebäude zu Berlin, Berlin (West) 1983

2 Vgl. R. Kühnl, Faschismustheorien – Ein Leitfaden, Reinbek 1979

3 Vgl. zuletzt K. Megerle, Die nationalsozialistische Machtergreifung, Berlin (West) 1982; K. D. Bracher u. a., Nationalsozialistische Diktatur 1933–1945. Eine Bilanz, Düsseldorf 1983, S. 17; W. Michalka (Hg.), Die nationalsozialistische Machtergreifung, Paderborn, München, Wien, Zürich 1984

4 Vgl. Hitlers Machtergreifung, hg. v. J. u. R. Becker, München 1983 (vgl. Lit. vz.)

5 Vgl. zuletzt Bracher u. a., Nationalsozialistische Diktatur, a. a. O., der das faschistische System definiert als «‹Führer›-diktatur» (S. 37); H. Höhne, Die Machtergreifung. Deutschlands Weg in die Hitler-Diktatur, Reinbek 1983; zur Kritik der Führerthese vgl. das Kapitel «Faschismus als Produkt des Führers», in: R. Kühnl, Faschismustheorien, a. a. O.

5a Mit dieser Darstellung und mit der Notwendigkeit eines allgemeinen Faschismusbegriffs, der auch den «Nationalsozialismus» umfaßt, habe ich mich beschäftigt in: Der deutsche Faschismus. Ursachen, Herrschaftsstruktur, Aktualität, Heilbronn 1983, bes. S. 43 ff. u. 97 ff.

6 Vgl. z. B. A. Hillgruber, Die Auflösung der Weimarer Republik, in: W. Tormin (Hg.), Die Weimarer Republik, Hannover, 13. Aufl. 1977, sowie E. Kolb, Die Weimarer Republik, München, Wien 1984

7 K. D. Erdmann, H. Schulze, Weimar. Selbstpreisgabe einer Demokratie, Düsseldorf 1980

8 Kühnl/Hardach (Hg.), Die Zerstörung der Weimarer Republik, a. a. O.

9 Vgl. Deutschlands Weg in die Diktatur, a. a. O., S. 177 ff.

10 Ebenda, S. 185 ff. u. 42 ff.

11 Vgl. z. B. E. Paterna u. a., Deutschland von 1933 bis 1939, Berlin (DDR) 1969; dazu meine Kritik in: Das Argument 58, 12. Jg., August 1970, S. 271 ff.; B. Kröpelin, Entwicklung und Struktur einer Theorie über den Faschismus in der Geschichtswissenschaft der DDR, Diss., Marburg 1982

Literaturverzeichnis

1) Zeitgenössische Texte

Arbeiter-Illustrierte-Zeitung
Berliner Börsen-Courier
BZ am Mittag
Deutsche Führerbriefe
Deutsche Hochschul-Stimmen
Die Erziehung
Germania
Gewerkschaftszeitung
Hamburger Echo
Rote Fahne
Navel and Military Record
Vorwärts
Weltbühne

Akten zur deutschen auswärtigen Politik 1918–1945. Aus dem Archiv des Auswärtigen Amtes, Göttingen 1966–1985
M. v. Baden, Erinnerungen und Dokumente, Stuttgart/Leipzig 1927
G. Bäumer, Die Grundlage nationaler Sammlung, in: Die Frau, 1919, H. 1
G. Bäumer, Lage und Aufgabe der Frauenbewegung in der deutschen Umwälzung, in: Die Frau, 1933, H. 7
A. Bebel, Die Frau und der Sozialismus, Berlin (DDR) 1965 (zuerst 1878)
Bericht über die Verhandlungen des 12. Parteitages der KPD, Berlin 1929
R. Breitscheid, in: Europäische Gespräche, Hamburger Monatshefte für Auswärtige Politik, 1926, H. IV, S. 169–175
Doeberl, M. u. a. (Hg.), Das akademische Deutschland, 4 Bde., Berlin 1930/31
F. Engels, Der Ursprung des Privateigentums, der Familie und des Staates, Berlin (DDR) 1973
S. A. Erdmann, Der Schwindel der klerikalen Arbeiterpolitik, Berlin 1906
H. Freyer, Der Staat, Leipzig 1925
D. E. Günther (Hg.), Was wir vom Nationalsozialismus erwarten, Heilbronn 1932
E. J. Gumbel, Vier Jahre politischer Mord, Berlin 1922
O. Groh, Die Zeitung, Bd. IV, Mannheim, Berlin, Leipzig 1930
K. Heiden, Geschichte des Nationalsozialismus, Berlin 1932
R. Hilferding, Das Finanzkapital, Berlin 1947 (ursprünglich 1910)
Institut für Zeitungskunde (Hg.), Handbuch der deutschen Presse, Berlin 1932
Jahrbuch des ADGB, Berlin 1931
Jahrbuch der SPD, Berlin 1930
E. Jünger, Der Arbeiter. Herrschaft und Gestalt, Hamburg 1932
W. Kahl u. a., Die deutschen Universitäten und der Staat, Tübingen 1926
K. Kautsky, Bernstein und das sozialdemokratische Programm, Stuttgart 1899
ders., Die materialistische Geschichtsauffassung, Bd. 2, Berlin 1927
Der Klassenkampf, Sonderheft 1931
Ph. Kuhn, Die Führerfrage der Deutschen, Stuttgart 1933

W. I. Lenin, Der Imperialismus als höchstes Stadium des Kapitalismus, Berlin 1966 (ursprünglich 1917)

K. Liebknecht, Ges. Reden und Schriften, Bd. VIII, Berlin (DDR) 1972

D. Lloyd George, The Truth about the Peace Treaties, Vol. I, London 1938

R. Luxemburg, Ausgewählte politische Schriften in 3 Bänden, Frankfurt 1971

A. Mahraun, Gegen getarnte Gewalten, Berlin 1928

A. Mahraun, Das Jungdeutsche Manifest, Berlin 1928

F. Meinecke, Politische Schriften und Reden, hg. v. B. Kosowski, Darmstadt 1958

A. Moeller van den Bruck, Das Dritte Reich, Berlin 1923

F. Naphtali u. a., Wirtschaftsdemokratie. Ihr Wesen, Weg und Ziel, Frankfurt 1966 (ursprünglich 1928)

F. Nietzsche, Sämtliche Werke, Bd. 9, München, Berlin, New York 1980

W. Pahl, in: Sozialistische Monatshefte 1928, H. 6, S. 490 ff.

Protokoll des 10. Kongresses der Gewerkschaften Deutschlands vom 30. 6. bis 5. 7. 1919, Berlin 1919

Protokoll des sozialdemokratischen Parteitages vom 11. bis 14. 6. 1924 in Berlin

Protokoll des sozialdemokratischen Parteitages vom 26. bis 31. 5. 1929 in Magdeburg

Protokoll des sozialdemokratischen Parteitages vom 31. 5. bis 5. 6. 1931 in Leipzig

F. v. Rabenau, Seeckt – aus seinem Leben 1919–1936, Leipzig 1940

Reichsverband der Deutschen Industrie. Aufstieg oder Niedergang? (Veröffentlichungen des RDI Nr. 50), Berlin 1930

Reichsverband der Deutschen Industrie, Industrie und Parlament (Veröffentlichungen des RDI, 1926, H. 30)

Reichsverband der Deutschen Industrie, Deutsche Wirtschafts- und Finanzpolitik (Veröffentlichungen des RDI, 1925, H. 29)

D. Schäfer (Hg.), Erklärung der Hochschullehrer des Deutschen Reiches, Berlin 1914

C. Schmitt, Der Hüter der Verfassung, Tübingen 1931

ders., Verfassungslehre, München 1928

ders., Legalität und Legitimität, München, Leipzig 1932

O. Spengler, Briefe 1913–1936, hg. v. A. M. Koktanek, München 1963

E. Spranger, Volk, Staat, Erziehung, Leipzig 1932

E. Spranger, Der Aufstieg der Begabten, München o. J. (1916)

E. Stadtler, Als Antibolschewist 1918/19, Düsseldorf 1935

F. Stampfer, Die ersten vierzehn Jahre der deutschen Republik, Offenbach 1947 (zuerst Karlsbad 1936)

G. Stresemann, Vermächtnis, Berlin 1932

F. Thyssen, I paid Hitler, New York 1941

H. Traub, Die Ufa, Berlin 1943

Das Unterrichtswesen im Deutschen Reich, Bd. III, 1904

W. Zappler, in: Sozialistische Monatshefte 1923, H. 9

C. Zetkin, Ausgewählte Reden und Schriften, Bd. II, Berlin (DDR) 1960

dies., Kunst und Proletariat, hg. v. H. Koch, Berlin (DDR) 1977

2) Sekundärliteratur

W. Abendroth, Sozialgeschichte der europäischen Arbeiterbewegung, Frankfurt 1965

W. Abendroth, Das Unpolitische als Wesensmerkmal der deutschen Universität, in: Universitätstage 1966. Nationalsozialismus und die deutsche Universität, Berlin (West) 1966, S. 189 ff.

D. H. Aldcroft, Die 20er Jahre. Geschichte der Weltwirtschaft im 20. Jahrhundert, Bd. 3, München 1978

Arbeiterklasse siegt über Kapp und Lüttwitz. Quellen ausgewählt und bearbeitet von E. Könnemann u. a., 2 Bde., Glashütten/Taunus 1971

Arbeiterkultur in Deutschland. Ergebnisse 26, in: Zeitschrift für kritische Geschichtswissenschaft, Hamburg (Oktober) 1984

Arbeiterleben um 1900, Autorenkollektiv unter Ltg. v. D. Mühlberg, Berlin (DDR) 1983

J. Aretz, Katholische Arbeiterbewegung und Nationalsozialismus, Mainz 1978

G. Baader, U. Schultz (Hg.), Medizin im National-Sozialismus, Berlin (West) 1980

S. Bahne, Die KPD und das Ende von Weimar, Frankfurt, New York 1976

St. Bajohr, Die Hälfte der Fabrik. Geschichte der Frauenarbeit in Deutschland 1914–1945, Marburg 1979

D. Bald, Vom Kaiserheer zur Bundeswehr. Sozialstruktur des Militärs, Frankfurt/M. 1981

F. M. Balzer, Klassengegensätze in der Kirche, Köln 1973

J. u. R. Becker, Hitlers Machtergreifung, München 1983

I. B. Berchin, Geschichte der UdSSR 1917–1970, Berlin 1971

F. Berger, V. Hauschild, R. Links (Hg.), In jenen Tagen …, Leipzig u. Weimar 1983

W. Bergmann (Hg.), Soziologie im Faschismus 1933–1945. Darstellung und Texte, Köln 1981

L. Bergsträsser, Geschichte der politischen Parteien in Deutschland, München, 11. Aufl. 1965

J. Berlin (Hg.), Die deutsche Revolution 1918/19. Quellen und Dokumente, Köln 1979

A. D. Beyerchen, Wissenschaftler unter Hitler. Physiker im Dritten Reich, Köln 1980

H. J. Bieber, Gewerkschaften in Krieg und Revolution, Arbeiterbewegung, Industrie, Staat und Militär in Deutschland 1914–1920, Hamburg 1981

H. P. Bleuel, Deutschlands Bekenner. Professoren zwischen Kaiserreich und Diktatur, Bern, München, Wien 1965

H. M. Bock, Syndikalismus und Linkskommunismus von 1918–1923, Meisenheim 1969

H. Böhme, Prolegomena zu einer Sozial- und Wirtschaftsgeschichte Deutschlands im 19. und 20. Jahrhundert, Frankfurt 1960

K. Böhme (Hg.), Aufrufe und Reden deutscher Professoren im Ersten Weltkrieg, Stuttgart 1975

K. D. Bracher, Die Auflösung der Weimarer Republik, Villingen 1971

ders., Die deutsche Diktatur, Köln 1976

K. D. Bracher u. a. (Hg.), Nationalsozialistische Diktatur 1933–1945. Eine Bilanz, Düsseldorf 1983

H. Bradter, Bund Deutscher Frauenvereine, in: Lexikon zur Parteiengeschichte, Bd. 1, Leipzig 1983

R. Brämer (Hg.); Naturwissenschaftler im NS-Staat, Reihe Soz. Nat., Marburg 1983

G. Brakelmann, Protestantische Kriegstheologie im Ersten Weltkrieg, Bielefeld 1974

M. Brauneck (Hg.), Die Rote Fahne, Kritik, Theorie, Feuilleton 1918–1933, München 1973

W. Bredendiek, Irrwege und Warnlichter. Die evangelische Kirche und der «Geist von 1914», Hamburg 1966

W. M. Breuer, Deutschland in der Weltwirtschaftskrise 1929/1932, Köln 1974

B. Bromberger u. H. Mausbach (Hg.), Medizin und Faschismus, Köln 1984

H. Brüning, Memoiren 1918–1934, Stuttgart 1970

Ch. Butterwegge, H.-G. Hofschen, Sozialdemokratie, Krieg und Frieden. Die Stellung der SPD zur Friedensbewegung von den Anfängen bis zur Gegenwart. Eine kommentierte Dokumentation, Heilbronn 1984

F. L. Carsten, Reichswehr und Politik 1918–1933, Köln, Berlin (West) 1964

ders., Revolution in Mitteleuropa 1918–19, Köln 1973

H. Christ, Der politische Protestantismus in der Weimarer Republik, Bonn 1967

C. M. Cipolla, K. Borchardt (Hg.), Europäische Wirtschaftsgeschichte, Bd. 3–5, Stuttgart, New York 1976–1980

E. N. Cramer, Die Haltung des ADGB zur Frauenerwerbstätigkeit in der Weimarer Republik unter besonderer Berücksichtigung der Weltwirtschaftskrise, Diplom-Arbeit, Marburg 1982

H. Dähn, Rätedemokratische Modelle, Meisenheim 1975

W. Deist u. a., Das Deutsche Reich und der 2. Weltkrieg, Bd. 1, Stuttgart 1979

F. Deppe u. a. (Hg.), Geschichte der deutschen Gewerkschaftsbewegung, Köln 1977

F. Deppe, W. Roßmann (Hg.), Wirtschaftskrise, Faschismus, Gewerkschaften. Dokumente zur Gewerkschaftspolitik 1929–1933, Köln 1981

K. Deschner, Abermals krähte der Hahn. Eine kritische Kirchengeschichte von den Evangelisten bis zu den Faschisten, Düsseldorf, Wien 1980

E. Deuerlein (Hg.), Der Aufstieg der NSDAP 1919–1933 in Augenzeugenberichten, Düsseldorf 1968

Deutsche Intellektuelle 1910–1933. Aufrufe, Pamphlete, Betrachtungen, hg. v. M. Stark, Heidelberg 1984

Deutschlands Weg in die Diktatur. Internationale Konferenz zur nationalsozialistischen Machtübernahme im Reichstagsgebäude zu Berlin, Berlin (West) 1983

Die bürgerlichen Parteien in Deutschland, Leipzig 1970

H. Döring, Der Weimarer Kreis. Studien zum politischen Bewußtsein verfassungstreuer Hochschullehrer in der Weimarer Republik, Meisenheim 1975

Dokumente zur deutschen Geschichte 1919–1923, hg. v. W. Ruge u. W. Schumann, Berlin (DDR) 1975

Dokumente und Materialien zur Geschichte der deutschen Arbeiterbewegung, Reihe II, 1914–1945, Bd. 2, Berlin 1957

J. S. Drabkin, Die Entstehung der Weimarer Republik, Köln 1983

H. Drechsler, Die Sozialistische Arbeiterpartei Deutschlands, Meisenheim 1965

R. Dybiona, Die Kulturpolitik der KPD in der Weimarer Republik, Diplom-Arbeit, Marburg 1984

D. Eichholtz, K. Gossweiler u. a., Faschismusforschung. Positionen, Probleme, Polemik, Köln 1980

K. D. Erdmann, Die Weimarer Republik, Stuttgart 1973 (Neudruck München 1980) (= Gebhardt. Handbuch der deutschen Geschichte 4/1)

K. D. Erdmann, H. Schulze, Weimar. Selbstpreisgabe einer Demokratie, Düsseldorf 1980

B. Faulenbach, Deutsche Geschichtswissenschaft zwischen Kaiserreich und NS-Diktatur, in: ders. (Hg.), Geschichtswissenschaft in Deutschland, München 1974, S. 66ff.

B. Faulenbach, Ideologie des deutschen Weges. Die deutsche Geschichte in der Historiographie zwischen Kaiserreich und Nationalsozialismus, München 1980

A. Faust, Professoren für die NSDAP. Zum politischen Verhalten der Hochschullehrer 1932/33, in: M. Heinemann (Hg.), Erziehung und Schulung im Dritten Reich, Stuttgart 1980

ders., Der Nationalsozialistische Deutsche Studentenbund. Studenten und Nationalsozialismus in der Weimarer Republik, 2 Bde., Düsseldorf 1973

W. Feiten, Der Nationalsozialistische Lehrerbund, Weinheim, Basel 1981

G. D. Feldmann, H. Homburg, Industrie und Inflation, Hamburg 1977

Ch. v. Ferber, Die Entwicklung des Lehrkörpers der deutschen Universitäten und Hochschulen 1864–1954, Göttingen 1956

K. Finker, Geschichte des Roten Frontkämpferbundes, Berlin (DDR) 1981

F. Fischer, Bündnis der Eliten. Zur Kontinuität der Machtstrukturen in Deutschland 1871–1945, Düsseldorf 1979

ders., Griff nach der Weltmacht. Die Kriegszielpolitik des kaiserlichen Deutschland 1914/18, Düsseldorf 1981

W. Fischer, Deutsche Wirtschaftspolitik 1918 bis 1945, Opladen [3]1968

O. Flechtheim, Die KPD in der Weimarer Republik, Frankfurt 1969

J. Flemming u. a. (Hg.), Die Republik von Weimar, 2 Bde., Königstein, Düsseldorf 1979

St. Förster, Der deutsche Militarismus im Zeitalter des totalen Krieges, in: NPL 1982, H. 2, S. 133ff.

Frankfurter Allgemeine Zeitung (FAZ) 1985

G. Franz-Willing, Die Hitler-Bewegung, 3 Bde., Hamburg, Berlin (West) 1962 und Preußisch-Oldendorf 1975 u. 1977

J. v. Freyberg u. a., Geschichte der deutschen Sozialdemokratie 1863–1975, Köln 1977

K. Fritzsche, Politische Romantik und Gegenrevolution. Fluchtwege in der Krise der bürgerlichen Gesellschaft: Das Beispiel des «Tat»-Kreises, Frankfurt 1976

R. Frommelt, Paneuropa oder Mitteleuropa. Einigungsbestrebungen im Kalkül deutscher Wirtschaft und Politik 1925–1933, Stuttgart 1977

G. Fülberth, Konzeption und Praxis sozialdemokratischer Kommunalpolitik. Ein Anfang, Marburg 1984

G. Fülberth, J. Harrer, Die deutsche Sozialdemokratie 1890–1933, Darmstadt-Neuwied 1974

272

H. J. Gamm, Führung und Verführung, Pädagogik des Nationalsozialismus, München 1964

Geschichte der deutschen Arbeiterbewegung, hg. v. Institut für Marxismus-Leninismus beim Zentralkomitee der SED, 8 Bde., Berlin (DDR) 1966

Geschichte der Erziehung, 11. Aufl., Berlin (DDR) 1973

Geschichte der deutschen Sozialdemokratie 1917–1945, hg. v. Autorenkollektiv unter Leitung von H. Niemann, Berlin (DDR) 1982

M. Geyer, Deutsche Rüstungspolitik 1860–1980, Frankfurt/M. 1984

K. Gossweiler, Karl-Dietrich Brachers «Auflösung der Weimarer Republik», in: Zeitschrift für Geschichtswissenschaft 1958, H. 3, S. 508 ff.

ders., Hitler und das Kapital 1925–1928, in: Blätter für deutsche und internationale Politik 1978, H. 7, S. 842 ff. und H. 8, S. 993 ff.

ders., Kapital, Reichswehr und NSDAP 1919–1924, Berlin (DDR) 1982

ders., Großbanken, Industriemonopole, Staat, Berlin (DDR) 1971

H. Gottwald, «Gesamtverband der christlichen Gewerkschaften», in: Lexikon zur Parteiengeschichte, Bd. 2, Köln 1984, S. 729 ff.

R. Greuner, Gegenspieler. Profile linksbürgerlicher Publizisten aus Kaiserreich und Weimarer Republik, Berlin 1969

B. Greven-Aschoff, Die bürgerliche Frauenbewegung in Deutschland. 1894–1933, Göttingen 1981

E. J. Gumbel, Vom Fememord zur Reichskanzlei, Heidelberg 1962

G. Hallgarten, J. Radkau, Deutsche Industrie und Politik von Bismarck bis heute, Frankfurt 1974

K. Hammer, Deutsche Kriegstheologie 1870–1918, München 1974

H. u. E. Hannover, Politische Justiz 1918–1933, Frankfurt 1966

G. Hardach, Deutschland in der Weltwirtschaft 1870–1970, Frankfurt 1977

B. Hebel-Kunze, SPD und Faschismus, Frankfurt 1977

H. Heer, Burgfrieden oder Klassenkampf. Zur Politik der sozialdemokratischen Gewerkschaften 1930–1933, Neuwied, Berlin (West) 1971

U. Heinemann, Die verdrängte Niederlage. Politische Öffentlichkeit und Kriegsschuldfrage in der Weimarer Republik, Göttingen 1983

F.-W. Henning, Das vorindustrielle Deutschland 800 bis 1800, Paderborn, 2. Aufl. 1976

ders., Die Industrialisierung in Deutschland 1800 bis 1914, Paderborn, 3. Aufl. 1976

V. Hentschel, Geschichte der deutschen Sozialpolitik 1880–1980, Frankfurt 1983

F. Hervé (Hg.), Geschichte der deutschen Frauenbewegung, Köln 1982

E. Heupel, Reformismus und Krise. Zur Theorie und Praxis von SPD, ADGB und AFA-Bund in der Weltwirtschaftskrise 1929–1932/33, Frankfurt 1981

R. Hilberg, Die Vernichtung der Europäischen Juden, Berlin (West) 1982

K. Hildebrand, Vom Reich zum Weltreich. Hitler, NSDAP und koloniale Frage. 1919–1945, München 1969

H. Hiller, Die Geschäftsführer Gottes. Eine kritische Geschichte der Päpste, Hamburg 1983

A. Hillgruber, Die gescheiterte Großmacht. Eine Skizze des Deutschen Reiches 1871–1945, Düsseldorf 1980

ders., Großmachtpolitik und Militarismus im 20. Jahrhundert, drei Beiträge zum Kontinuitätsproblem, Düsseldorf 1974

P. Hinrichs, L. Peter, Industrieller Friede? Arbeitswissenschaft und Rationalisierung in der Weimarer Republik, Köln 1976

W. Hoegner, Flucht vor Hitler. Erinnerungen an die Kapitulation der ersten deutschen Republik 1933, München 1977

H. Höhne, Die Machtergreifung. Deutschlands Weg in die Hitler-Diktatur, Reinbek 1983

U. Hörster-Philipps, Wer war Hitler wirklich? Großkapital und Faschismus 1918–1945, Köln 1978

dies., Konservative Politik in der Endphase der Weimarer Republik. Die Regierung Franz von Papen, Köln 1982

L. Hoffmann u. a., Deutsches Arbeitertheater 1918–1933, Bd. 1, München 1973

W. D. Hund, D. Kramer, Beiträge zur materialistischen Kulturtheorie, Köln 1978

M. Janssen-Jurreit, Sexismus, Frankfurt 1979

K. H. Jarausch, Deutsche Studenten 1800–1970, Frankfurt 1984

J. John, Faschismus-Kritik, in: «Der Arbeitgeber», in: Zeitschrift für Geschichtswissenschaft 1982, H. 12, S. 1072 ff.

Juden in Deutschland zwischen Assimilation und Verfolgung. Geschichte und Gesellschaft, Zeitschrift für Historische Sozialwissenschaft 1983, H. 3

G. Kade, Die Bedrohungslüge, Köln 1979

H. Kaelble, Chancenungleichheit und akademische Ausbildung in Deutschland 1910–1960, in: Geschichte und Gesellschaft 1975, H. 1, S. 121 ff.

A. Kaiser (Hg.), Denkmalsbesetzung. Preußen wird aufgelöst, Berlin (West) 1982

M. H. Kater, Studentenschaft und Rechtsradikalismus in Deutschland 1918–1933, Hamburg 1975

U.-K. Ketelsen, Völkisch-nationale und nationalsozialistische Literatur in Deutschland 1890–1945, Stuttgart 1976

Ch. P. Kindleberger, Die Weltwirtschaftskrise 1929–1939. Geschichte der Weltwirtschaft im 20. Jahrhundert, Bd. 4, München 1973

F. Klein, Deutschland von 1897/98 bis 1917, Berlin (DDR) 1977

R. Klinkhammer, Die Außenpolitik der Sozialdemokratischen Partei Deutschlands in der Zeit der Weimarer Republik, Freiburg 1955

A. Klönne, H. Reese, Die deutsche Gewerkschaftsbewegung, Hamburg 1984

W. Koch, Biographisches Staatshandbuch, Bd. 2, Bern, München 1963

J. Kocka, Angestellte zwischen Faschismus und Demokratie, Göttingen 1977

E. Könnemann, H. J. Krusch, Aktionseinheit contra Kapp-Putsch, Berlin (DDR) 1972

E. Kogon, Die Angst vor den Russen, in: W. Jens (Hg.), In letzter Stunde, München 1982

E. Kolb (Hg.), Vom Kaiserreich zur Weimarer Republik, Köln 1972

ders., Die Weimarer Republik, München, Wien 1983

D. Krause-Vilmar, Lehrerschaft, Republik und Faschismus 1918–1933, Köln 1978

B. Kröpelin, Entwicklung und Struktur einer Theorie über den deutschen Faschismus in der Geschichtswissenschaft der DDR, Marburg 1982

J. Kuczynski, Die Geschichte der Lage der Arbeiter unter dem Kapitalismus, Teil 1, Bd. 5, Berlin (DDR) 1967

ders., Geschichte des Alltags des deutschen Volkes, Studien 5: 1918–1945, Köln 1982

R. Kühnl, Der Faschismus. Ursachen, Herrschaftsstruktur, Aktualität, Heilbronn 1983

ders., Der deutsche Faschismus in Quellen und Dokumenten, Köln 1975

ders., Faschismustheorien. Ein Leitfaden, Reinbek 1979

ders., Formen bürgerlicher Herrschaft. Liberalismus – Faschismus, Reinbek 1971

ders., Die NS-Linke 1925–1930, Meisenheim 1966

R. Kühnl, G. Hardach (Hg.), Die Zerstörung der Weimarer Republik, Köln 1979

R. Lakowski, W. Wunderlich, Zwischen Flottenschlacht und Zufuhrkrieg, Berlin (DDR) 1978

I. Langer-El Sayed, Familienpolitik: Tendenzen, Chancen, Notwendigkeiten, Frankfurt 1980

Lern- und Arbeitsbuch deutscher Arbeiterbewegung. Darstellung, Chroniken, Dokumente, 2 Bde., hg. unter der Leitung von Th. Meyer u. a., Bonn 1984

Lexikon zur Parteiengeschichte. Die bürgerlichen und kleinbürgerlichen Parteien und Verbände in Deutschland (1789–1945), 4 Bde., Köln 1983 ff.

K. Chr. Lingelbach, Erziehung und Erziehungstheorien im nationalsozialistischen Deutschland, Weinheim, Berlin, Basel 1970

Literatur der Arbeiterklasse, Berlin / Weimar 1976

G. Lukacs, Die Zerstörung der Vernunft, Neuwied 1962

P. Lundgreen, Sozialgeschichte der deutschen Schule im Überblick, 2 Bde., Göttingen 1980/81

H. Lutz, Demokratie im Zwielicht. Der Weg der deutschen Katholiken aus dem Kaiserreich in die Republik 1914 bis 1925, München 1963

K. Mammach, Der Sturz der großen Koalition im März 1930, in: Zeitschrift für Geschichtswissenschaft 1968, H. 5, S. 565 ff.

W. Maser, Die Frühgeschichte der NSDAP. Hitlers Weg bis 1924, Frankfurt, Bonn 1965

E. Matthias u. E. Morsey (Hg.), Das Ende der Parteien 1933, Düsseldorf 1960

H.-J. Mauch, Nationalsozialistische Wehrorganisationen in der Weimarer Republik. Zur Entwicklung und Ideologie des «Paramilitarismus», Frankfurt, Bern 1982

J. Maus, Bürgerliche Rechtstheorie und Faschismus, München 1976

K. Megerle, Die nationalsozialistische Machtergreifung, Berlin (West) 1982

H. Mehrtens/St. Richter (Hg.), Naturwissenschaft, Technik und NS-Ideologie. Beiträge zur Wissenschaftsgeschichte des Dritten Reiches, Frankfurt 1980

K. Meier, Der evangelische Kirchenkampf in 3 Bänden, Bd. 1, Göttingen 1977

H. Meier-Welcker, Seeckt, Frankfurt/M. 1967

J. Meinck, Weimarer Staatslehre und Nationalsozialismus. Eine Studie zum Problem der Kontinuität im staatsrechtlichen Denken in Deutschland 1928 bis 1936, Frankfurt, New York 1978

F. Meyer, Schule der Untertanen, Hamburg 1976

A. R. Michaelis, R. Schmid, Wissenschaft in Deutschland, Stuttgart 1983

W. Michalka (Hg.), Die nationalsozialistische Machtergreifung, Paderborn, München, Wien, Zürich 1984

W. Michalka, G. Niedhart (Hg.), Die ungeliebte Republik, München 1980

G. Michalski, Der Antisemitismus im deutschen akademischen Leben in der Zeit nach dem 1. Weltkrieg, Frankfurt 1980

S. Miller u. H. Potthoff, Kleine Geschichte der SPD. Darstellung und Dokumentation 1848–1980, Bonn, 4. Aufl. 1981

H. Mommsen, Beamtentum im Dritten Reich, Stuttgart 1966

H. Mommsen u. a. (Hg.), Industrielles System und politische Entwicklung in der Weimarer Republik, Düsseldorf 1974

H. Mottek, Wirtschaftsgeschichte Deutschlands, 3 Bde., Berlin (DDR) 1968

H. Müller, Katholische Kirche und Nationalsozialismus. Dokumente 1930–1935, München 1963

W. Müller, Die Monopolbourgeoisie und die Verfassung der Weimarer Republik, Diss., Berlin (DDR) 1970

B. Müller-Hill, Tödliche Wissenschaft. Die Aussonderung von Juden, Zigeunern und Geisteskranken 1933–1945, Reinbek 1984

R. Neebe, Großindustrie, Staat und NSDAP 1930–1933. Paul Silverberg und der Reichsverband der Deutschen Industrie in der Krise der Weimarer Republik, Göttingen 1981

M. Nössing u. a., Literaturdebatten in der Weimarer Republik. Zur Entwicklung des marxistischen literaturtheoretischen Denkens 1918–1933, Berlin, Weimar 1980

K. Nuß, Militär und Wiederaufrüstung in der Weimarer Republik. Zur politischen Rolle und Entwicklung der Reichswehr, Berlin (DDR) 1977

M. Nußbaum, Wirtschaft und Staat in Deutschland während der Weimarer Republik, Berlin (DDR) 1978

E. Nyssen, Schule im Nationalsozialismus, Heidelberg 1979

R. Opitz, Der deutsche Sozialliberalismus 1917–1933, Köln 1973

ders. (Hg.), Europastrategien des deutschen Kapitals 1900–1945, Köln 1977

Die bürgerlichen Parteien in Deutschland, Leipzig 1970

E. Paterna u. a., Deutschland von 1933 bis 1939, Berlin (DDR) 1969

K. Pätzold, M. Weißbecker, Geschichte der NSDAP 1920–1945, Köln 1981

A. Paucker, Der jüdische Abwehrkampf, Hamburg 1968

D. Petzina, Die deutsche Wirtschaft in der Zwischenkriegszeit, Wiesbaden 1977

J. Petzold, Ideologische Wegbereiter des deutschen Faschismus, Köln 1982

F. R. Pfetsch, Zur Entwicklung der Wissenschaftspolitik in Deutschland 1750–1914, Berlin 1974

L. Poliakov, Geschichte des Antisemitismus, Bd. III, Worms 1979

H. W. Prahl, Sozialgeschichte des Hochschulwesens, München 1978

Preußen. Zur Sozialgeschichte eines Staates (Bd. III des fünfbändigen Werkes: Preußen. Versuch einer Bilanz), Reinbek 1981

H. Prolingheuer, Kirchenkampf vor 1933 – ein Kampf gegen die Weimarer Republik, Köln 1980

H. Pross, Die deutsche akademische Emigration nach den Vereinigten Staaten 1933–1941, Berlin 1955

275

Der Prozeß gegen die Hauptkriegsverbrecher vor dem Internationalen Militärgerichtshof Nürnberg 1947–49

K. Prümm, Die Literatur des soldatischen Nationalismus der 20er Jahre (1918–1933), 2 Bde., Kronberg/Taunus 1974

H. Raab (Hg.), Kirche und Staat, München 1966

A. Rauscher (Hg.), Der soziale und politische Katholizismus. Entwicklungslinien in Deutschland 1803–1963, München/Wien 1981

U. Reifner (Hg.), Das Recht des Unrechtsstaats, Frankfurt/M., New York 1981

B. W. Reimann, Einleitung, in: Frontabschnitt Hochschule: die Gießener Universität im Nationalsozialismus, Gießen 1982

B. W. Reimann, Die Politisierung der Ludwigs-Universität im Zeichen des Nationalsozialismus, in: Frontabschnitt Hochschule: die Gießener Universität im Nationalsozialismus, Gießen 1982, S. 116ff.

St. Reinhardt (Hg.), Lesebuch Weimarer Republik, Berlin (West) 1982

G. A. Ritter u. J. Kocka (Hg.), Deutsche Sozialgeschichte, Bd. II: 1870–1914, München 1974

G. A. Ritter, S. Miller (Hg.), Die deutsche Revolution 1918–1919. Dokumente, Frankfurt 1968 (Hamburg 1975)

P. Römer, Entstehung, Rechtsform und Funktion des kapitalistischen Privateigentums, Köln 1978

K. Rohe, Das Reichsbanner Schwarz-Rot-Gold, Düsseldorf 1966

Zur Rolle der Frau in der Geschichte des deutschen Volkes (1830–1945). Eine Chronik, Leipzig 1984

A. Rosenberg, Geschichte der Weimarer Republik, Frankfurt 1961

R. Rürup (Hg.), Arbeiter- und Soldatenräte im rheinisch-westfälischen Industriegebiet, Wuppertal 1975

W. Ruge, Deutschland von 1917 bis 1933, Berlin (DDR) 1974

ders., Hindenburg, Berlin (DDR) 1977

W. Saggau, Faschismustheorien und antifaschistische Strategien in der SPD, Köln 1981

M. Salewski, Entwaffnung und Militärkontrolle in Deutschland 1919–1927, München 1966

R. Scheringer, Das große Los. Unter Soldaten, Bauern und Rebellen, Berlin (DDR) 1961

A. Schildt, Militärdiktatur mit Massenbasis? Die Querfrontkonzeption der Reichswehrführung um General von Schleicher am Ende der Weimarer Republik, Frankfurt 1981

H. Schleier, Die bürgerliche deutsche Geschichtsschreibung der Weimarer Republik, Köln 1975

J. Schleifstein, Zum historischen Hintergrund der «Sozialfaschismus-These», in: E. Varga, Wirtschaft und Wirtschaftspolitik, Bd. 1, Berlin (West) 1977, S. 121ff.

ders., Die «Sozialfaschismus-These», Frankfurt 1980

M. Schneider, Die christlichen Gewerkschaften, Bonn 1982

U. Schneider, Die Bekennende Kirche zwischen «freudigem Ja» und antifaschistischem Widerstand, Diss., Marburg 1985,

H. Schnorbach (Hg.), Lehrer und Schule unterm Hakenkreuz, Königstein 1983

G. Schreiber, Maritimes Weltmachtstreben, in: NPL 1981, H. 2, S. 256ff.

O. E. Schüddekopf, Das Heer und die Republik, Hannover, Frankfurt 1955

Schule im Dritten Reich. Erziehung zum Tod? Eine Dokumentation, München 1983

H. Schulze, Weimar. Deutschland 1917–1933, Berlin (West) 1982

V. J. Sipols, Die Vorgeschichte des deutsch-sowjetischen Nichtangriffsvertrages, Köln 1981

K. Sontheimer, Antidemokratisches Denken in der Weimarer Republik. Die politischen Ideen des deutschen Nationalismus zwischen 1918 und 1933, München 1962

ders., Die Haltung der deutschen Universitäten zur Weimarer Republik, in: Universitätstage 1966. Nationalsozialismus und die deutsche Universität, Berlin (West) 1966, S. 24ff.

Soziologie in Deutschland und Österreich 1918–1945. Materialien zur Entwicklung, Emigration und Wirkungsgeschichte, hg. v. R. M. Lepsius (KZSS-Sonderheft 23), Opladen 1981

D. Stegmann, Kapitalismus und Faschismus in Deutschland 1929 bis 1934, in: Gesellschaft. Beiträge zur Marx'schen Theorie 6, Frankfurt 1976, S. 19–90 ders., Zum Verhältnis von Großindustrie und Nationalsozialismus 1930–1933, in: Archiv für Sozialgeschichte, Bd. XIII, 1973, S. 399 ff.

R. Stollmann, Ästhetisierung der Politik, Stuttgart 1978

W. Struve, Elites against Democracy. Leader-Ship ideals in bourgeois political thought in Germany, 1890–1933, Princeton University Press 1973

R. Stübling, Kultur und Massen. Das Kulturkartell der modernen Arbeiterbewegung in Frankfurt am Main von 1925 bis 1933, Offenbach 1983

K. Theweleit, Männerphantasien, 2 Bde., Reinbek 1980

K. H. Tjaden, Struktur und Funktion der «KPD-Opposition» (KPO), Meisenheim 1964

A. Thimme, G. Stresemann. Eine politische Biographie zur Geschichte der Weimarer Republik, Hannover, Frankfurt 1957

J. Toeplitz, Geschichte des Films, Bd. 1, München 1973

H. A. Turner, Faschismus und Kapitalismus in Deutschland, Studien zum Verhältnis zwischen Nationalsozialismus und Wirtschaft, Göttingen 1972

Der Unrechts-Staat. Recht und Justiz im Nationalsozialismus, hg. v. Redaktion Kritische Justiz, Bd. II, Baden-Baden 1984 (Frankfurt 1979)

Th. Vogelsang, Neue Dokumente zur Geschichte der Reichswehr 1930–1933, in: Vierteljahreshefte für Zeitgeschichte, 1954, H. 4, S. 397 ff.

U. Walberer (Hg.), 10. Mai 1933. Bücherverbrennung in Deutschland und die Folgen, Frankfurt 1983

H. Weber, Zur Politik der KPD 1929–1933, in: M. Scharrer (Hg.), Kampflose Kapitulation. Arbeiterbewegung 1933, Reinbek 1984 S. 121 ff.

ders., Die Wandlung des deutschen Kommunismus, 2 Bde., Frankfurt 1969

ders. u. a. (Hg.), Quellen zur Geschichte der deutschen Gewerkschaftsbewegung im 20. Jahrhundert, bisher 2 Bde. (1914–1919 u. 1919–1923), Köln 1985 (geplant sind 7 Bde.)

H.-U. Wehler, Das deutsche Kaiserreich 1871–1918, Göttingen 1973

Weimarer Republik, hg. v. Kunstamt Kreuzberg und Institut für Theaterwissenschaften der Universität Köln, Berlin (West) 1977

B. Weisbrod, Schwerindustrie in der Weimarer Republik, Wuppertal 1978

P. Weiss, Ästhetik des Widerstands, 3 Bde., Frankfurt 1975

H. A. Winkler, Mittelstand, Demokratie und Nationalsozialismus. Die politische Entwicklung von Handwerk und Kleinhandel in der Weimarer Republik, Köln 1972

W. Wuttke-Groneberg, Medizin im National-Sozialismus, Tübingen 1980

G. Ziebura, Weltwirtschaft und Weltpolitik. 1922/24–1931. Zwischen Rekonstruktion und Zusammenbruch, Frankfurt 1984

B. Zimmermann-Buhr, Die katholische Kirche und der Nationalsozialismus in den Jahren 1930–1933, Frankfurt/New York 1982

Ausgewählte Literatur zu zentralen Problemen

Gesamtdarstellungen

K. D. Erdmann, Die Weimarer Republik, Stuttgart 1973 (Neudruck: München 1980)
(= Gebhardt. Handbuch der deutschen Geschichte 4/1, 9. Aufl. Stuttgart 1973)
J. Flemming u. a. (Hg.), Die Republik von Weimar, 2 Bde., Königstein/Düsseldorf 1979
E. Kolb, Die Weimarer Republik, München, Wien 1983
H. Mommsen u. a. (Hg.), Industrielles System und politische Entwicklung in der Weimarer Republik, Düsseldorf 1974
W. Ruge, Deutschland von 1917 bis 1933, Berlin (DDR), 2. Aufl. 1974
H. Schulze, Weimar. Deutschland 1917–1933, Berlin (West) 1982

Voraussetzungen

F. Fischer, Griff nach der Weltmacht, Die Kriegszielpolitik des kaiserlichen Deutschland 1914/18, Düsseldorf 1981
A. Kaiser (Hg.), Denkmalsbesetzung. Preußen wird aufgelöst, Berlin (West) 1982
F. Klein, Deutschland von 1897/98 bis 1917, Berlin (DDR) 1977
G. Lukacs, Die Zerstörung der Vernunft, Neuwied 1962
H. U. Wehler, Das deutsche Kaiserreich 1871–1918, Göttingen 1973

Revolution

J. Berlin (Hg.), Die deutsche Revolution 1918/19. Quellen und Dokumente, Köln 1979
F. L. Carsten, Revolution in Mitteleuropa 1918–1919, Köln 1973
J. S. Drabkin, Die Entstehung der Weimarer Republik, Köln 1983
G. A. Ritter u. S. Miller (Hg.), Die deutsche Revolution 1918–1919. Dokumente, Frankfurt 1968 (Hamburg 1975)

Wirtschaftsentwicklung

C. M. Cipolla, K. Borchardt (Hg.), Europäische Wirtschaftsgeschichte, Bd. 3–5, Stuttgart, New York 1976–1980
W. Fischer, Deutsche Wirtschaftspolitik 1918–1945, Opladen, 3. Aufl. 1968
G. Hardach, Deutschland in der Weltwirtschaft 1870–1970, Frankfurt 1977
C. P. Kindleberger, Die Weltwirtschaftskrise 1929–1939, München 1973
H. Mottek, Wirtschaftsgeschichte Deutschlands, 3 Bde., Berlin (DDR) 1968
M. Nußbaum, Wirtschaft und Staat in Deutschland während der Weimarer Republik, Berlin (DDR) 1978
D. Petzina, Die deutsche Wirtschaft in der Zwischenkriegszeit, Wiesbaden 1977
G. Ziebura, Weltwirtschaft und Weltpolitik. 1922/24–1931, Frankfurt 1984

Soziale Oberklassen

F. Fischer, Bündnis der Eliten. Zur Kontinuität der Machtstrukturen in Deutschland 1871–1945, Düsseldorf 1979

K. Gossweiler, Großbanken, Industriemonopole, Staat, Berlin (DDR) 1971

G. Hallgarten, J. Radkau, Deutsche Industrie und Politik von Bismarck bis heute, Frankfurt 1974

R. Opitz (Hg.), Europastrategien des deutschen Kapitals 1900–1945, Köln 1977

B. Weisbrod, Schwerindustrie in der Weimarer Republik, Wuppertal 1978

Bildung, Kultur, gesellschaftliche Organisationen

L. Bergsträsser, Geschichte der politischen Parteien in Deutschland, München, 11. Aufl. 1965

K. Deschner, Abermals krähte der Hahn. Eine kritische Kirchengeschichte von den Evangelisten bis zu den Faschisten, Düsseldorf, Wien 1980

K. H. Jarausch, Deutsche Studenten 1800–1970, Frankfurt 1984

M. H. Kater, Studentenschaft und Rechtsradikalismus in Deutschland 1918–1933, Hamburg 1975

Lexikon zur Parteiengeschichte. Die bürgerlichen und kleinbürgerlichen Parteien und Verbände in Deutschland (1789–1945), 4 Bde., Köln 1983 ff.

P. Lundgreen, Sozialgeschichte der deutschen Schule im Überblick, 2 Bde., Göttingen 1980/81

K. Meier, Der evangelische Kirchenkampf in 3 Bänden, Bd. 1, Göttingen 1977

H. W. Prahl, Sozialgeschichte des Hochschulwesens, München 1978

St. Reinhardt (Hg.), Lesebuch Weimarer Republik, Berlin (West) 1982

K. Sontheimer, Antidemokratisches Denken in der Weimarer Republik, München 1962

Weimarer Republik, hg. v. Kunstamt Kreuzberg und Institut für Theaterwissenschaften der Universität Köln, Berlin (West) 1977

Militär, Justiz, Staatsapparat

D. Bald, Vom Kaiserheer zur Bundeswehr. Sozialstruktur des Militärs, Frankfurt 1981

F. L. Carsten, Reichswehr und Politik 1918–1933, Köln, Berlin (West) 1964

M. Geyer, Deutsche Rüstungspolitik 1860–1980, Frankfurt 1984

H. u. E. Hannover, Politische Justiz 1918–1933, Frankfurt 1966

H. Mommsen, Beamtentum im Dritten Reich, Stuttgart 1966

K. Nuß, Militär und Wiederaufrüstung in der Weimarer Republik. Zur politischen Rolle und Entwicklung der Reichswehr, Berlin (DDR) 1977

Frauen

St. Bajohr, Die Hälfte der Fabrik. Geschichte der Frauenarbeit in Deutschland 1914–1945, Marburg 1979

B. Greven-Aschoff, Die bürgerliche Frauenbewegung in Deutschland. 1894–1933, Göttingen 1981

Zur Rolle der Frau in der Geschichte des deutschen Volkes (1830–1945). Eine Chronik, Leipzig 1984

Arbeiterklasse und Arbeiterbewegung

F. Deppe u. a. (Hg.), Geschichte der deutschen Gewerkschaftsbewegung, Köln 1977

F. Deppe, W. Roßmann (Hg.), Wirtschaftskrise, Faschismus, Gewerkschaften. Dokumente zur Gewerkschaftspolitik 1929–1933, Köln 1981

O. Flechtheim, Die KPD in der Weimarer Republik, Frankfurt 1969

J. v. Freyberg u. a., Geschichte der deutschen Sozialdemokratie 1863–1975, Köln 1977

G. Fülberth, J. Harrer, Die deutsche Sozialdemokratie 1890–1933, Darmstadt, Neuwied 1974

Geschichte der deutschen Arbeiterbewegung, hg. v. Institut für Marxismus-Leninismus beim Zentralkomitee der SED, 8 Bde., Berlin (DDR) 1966

Geschichte der deutschen Sozialdemokratie 1917–1945, hg. v. Autorenkollektiv unter Leitung von H. Niemann, Berlin (DDR) 1982

J. Kuczynski, Geschichte des Alltags des deutschen Volkes, Studien 5: 1918–1945, Köln 1982

S. Miller u. H. Potthoff, Kleine Geschichte der SPD. Darstellung und Dokumentation 1848–1980, Bonn, 4. Aufl. 1981

H. Weber, Die Wandlung des deutschen Kommunismus, 2 Bde., Frankfurt 1969

Krise und Zerstörung der Weimarer Republik

K. D. Bracher, Die Auflösung der Weimarer Republik, Villingen 1971

U. Hörster-Philipps, Konservative Politik in der Endphase der Weimarer Republik. Die Regierung Franz von Papen, Köln 1982

R. Kühnl, G. Hardach (Hg.), Die Zerstörung der Weimarer Republik, Köln 1979

A. Schildt, Militärdiktatur mit Massenbasis? Die Querfrontkonzeption der Reichswehrführung um General von Schleicher am Ende der Weimarer Republik, Frankfurt 1981

D. Stegmann, Zum Verhältnis von Großindustrie und Nationalsozialismus 1930–1933, in: Archiv für Sozialgeschichte, Bd. XIII, 1973, S. 399 ff.

Faschismus

K. D. Bracher, Die deutsche Diktatur, Köln 1976

Deutschlands Weg in die Diktatur. Internationale Konferenz zur nationalsozialistischen Machtübernahme im Reichstagsgebäude zu Berlin, Berlin (West) 1983

D. Eichholtz, K. Gossweiler u. a., Faschismusforschung. Positionen, Probleme, Polemik, Köln 1980

K. Gossweiler, Kapital, Reichswehr und NSDAP 1919–1924, Berlin (DDR) 1982

U. Hörster-Philipps, Wer war Hitler wirklich? Großkapital und Faschismus 1918–1945, Köln 1978

R. Kühnl, Der Faschismus. Ursachen, Herrschaftsstruktur und Aktualität, Heilbronn 1983

ders., Faschismustheorien. Ein Leitfaden, Reinbek 1979

ders., Der deutsche Faschismus in Quellen und Dokumenten, Köln 1975

W. Michalka (Hg.), Die nationalsozialistische Machtergreifung, Paderborn, München, Wien, Zürich 1984

Eine Auswahl
zum Thema

Herausgegeben
von
Freimut Duve

C 2004/8 a

5236

5256

Nationalsozialismus

Benno Müller-Hill
Tödliche Wissenschaft
Die Aussonderung von Juden, Zigeunern
und Geisteskranken 1933-1945 (5349)

Ingrid Müller-Münch
Die Frauen von Majdanek
Vom zerstörten Leben der Opfer und
Mörderinnen (4948)

Lisa Scheuer
Vom Tode, der nicht stattfand
Theresienstadt, Auschwitz, Freiberg,
Mauthausen. Eine Frau überlebt (5239)

Martin Gilbert
Endlösung
Die Vertreibung und Vernichtung der
Juden. Ein Atlas. Großformat (5031)

I. Brodersen/K. Humann/S. v. Paczensky
**1933: Wie die Deutschen Hitler zur
Macht verhalfen**
Ein Lesebuch für Demokraten (5118)

Eine Auswahl
zum Thema

Herausgegeben
von
Freimut Duve

C 2004/8 b

5253   5537

Politische Atlanten im Großformat

rororo aktuell 5031
316 Karten

rororo aktuell 5237
40 vierfarbige Karten

rororo aktuell 4726
Über 60 vierfarbige Schaubilder

rororo aktuell 5445
57 vierfarbige Karten

Herausgegeben von
Freimut Duve

C 2087/2

Zeitgeschichte

Analysen
und
Lebensläufe

Herausgegeben
von
Freimut Duve

Jörg Friedrich
Freispruch
für die Nazi-Justiz
Die Urteile gegen NS-Richter seit 1948
Eine Dokumentation

Signe Seiler
Die GIs
Amerikanische
Soldaten
in Deutschland

5348   5541

C 2175/1